증보판

교정학

이 윤 호

Corrections

박영사

증보판 머리말

1960년대에서 80년대 걸쳐서 교정학이 비교적 활발했던 시기에 비해 얼마간 학문적 관심이 그리 활성화되지 못하고 있다는 아쉬움이 없지 않다. 더욱 안타까운 것은 범죄자의 출소 후 재범률이나 재입소율이 개선되지 않는다는 것이며, 동시에 사회전반의 범죄문제도 나아지지 않는 상황에서 교정의 중요성이 더 강조되어야 함에도 불구하고 교정에 대한 현실적 관심과 그로 인한 학문적 관심이 기대에 미치지 못하고 있지 않나 하는 우려가 앞선다.

이런 연유에서이기도 하지만 필자의 능력과 열정의 부족이 더해져서 교정학이 처음 세상에 나온 지 무려 30여 년이 되었음에도 그동안 그리 큰 개정이나 보완을 하지 못하였다. 이번에 그럼에도 불구하고 교정학의 증보판이 나오게 된 것은 그와 같은 아쉬움을 조금이라도 달래고 싶은 이지의 소산이다. 현대 형사정책과 형사사법의 지구적 추세의 하나가 되고 있는 "회복적 사법(restorative justice)"이 한국에서 그리고 교정에서도 예외가 될 수는 없을 것으로 믿어 의심치 않기 때문이다. 물론 전편에서도 교정에 있어서의 회복적 사법을 아주 조금이나마 다루었지만 이번 증보판에서는 이를 조금 더 강조하고 보완한 것이라고 할 수 있다.

본 증보판은 당연히 필자만이 아니라 여러 사람들의 노력이 결집된 결과이며, 필자는 그들의 노력에 지면을 통해서나마 조금이라도 위로하고 감사하고 싶다. 먼저 필자의 저술과 연구를 이어갈 수 있도록 기회를 베풀어 준 고려사이버대학교 법인과 김진성 총장께 심심한 감사를 전하고 싶다. 또한 필자의 거의 모든 학술서적 10여 권 이상을 출판해 준 도서출판 박영사의 안상준 대표를 비롯한 임직원 여러분, 그리고 자신의 학업에도 불철주야 바쁠 텐데도 불구하고 필자의 지근거리에서 도움을 아끼지 않고, 특히 저자의 소위 Digital Divide 간극을 줄여주려고 정과 성을 다해 준 동국대학교 경찰사법대학 박사과정의 전용재 군과 석사과정의 박시영 군에게 고마움을 전하고 학문적 성취 크게 이루길 기원한다. 끝으로, 필자의 존재이유가 된 가족, 특히 본서의 표지 일러스트를 그려 준 아내 박진숙 작가, 미국에서 물류와 구매전문가로서의 경력과 능력을 쌓아가고 있는 큰 아들 창욱과 아버지의 뒤를 이어 범죄학자로서 이제는 미국 University of Southern Indiana 교수가 된 둘째 아들 승욱에게도 감사와 사랑을 전한다.

2020년 11월 삼청동 연구실에서

저자 이 윤 호

제3판 머리말

우리가 살아가는 현대사회는 지나치게 복잡다단하고 인간의 사회적 행위 또한 너무나 다양하기 때문에 지나치게 광범위한 유형의 범죄행위가 유발될 수 있다. 그러므로 교정이 보호하고자 하는 사회도 그 사회의 가치와 규범이 다양하고 복잡할 수밖에 없기 때문에 교정 역시 그만큼 복잡화되고 만다.

교정은 형벌을 집행하는 과정이나 범죄자를 처벌하기 위해 이용되는 관행 그리고 단순히 구치소나 교도소를 운용하는 이상의 의미를 가지고 있다. 즉, 교정은 우리 사회가 그것을 통하여 사회의 정의를 실현하기 위해 추구하는 하나의 체제 또는 체계라고 할 수 있다. 만약 우리가 교정을 이처럼 하나의 체제로 본다면 교정의 이론과 관행을 이해하는데도 다양한 분야의 학문이 기여할 수 있을 것이다.

본 서는 이미 교정학개론이라는 최초 초판과 두 번에 걸친 개정판으로 출간된 바 있다. 필자가 학생들을 가르치며 교정 전반을 이해하는 데 한계와 부족한 점을 느낀바, 다시 한 번 개정판을 출간한다. 본 개정판에서는 교정학의 규범론 부분은 과감하게 도려내고, 새로운 내용을 일부 추가하였다. 현대 행형의 교정시설, 특수 교정에 있어서의 외국인 수형자에 대한 내용, 교정처우론에서 집중인성교육 부분을 추가하여 현대 교정의 이념과 관행을 반영한바 대학 교재로서의 성격에 더욱 부합하도록 하였다. 추후에도 학문적 변화와 발전을 위하여 끊임없이 수정·보완하겠다.

마지막으로 본 서는 주변의 많은 분들의 도움이 있었기에 가능했다. 처음부터 끝까지 원고 정리, 교정 작업을 도맡아 준 김지연 박사, 작은 오탈자 하나라도 꼼꼼하게 교정작업을 도와준 박사과정에 재학 중인 조상현 조교, 석사과정에 재학 중인 임하늘 조교, 그리고 가족이란 이름으로 큰 힘과 행복을 주는 아내와 두 아들도 고마움을 전한다. 그리고 이 책이 출판되기까지 밤낮으로 애써준 박영사 관계자 여러분, 특히 안상준 상무와 강상희 과장, 전채린 대리에게도 고마움을 전한다.

2015년 8월

저자 이 윤 호

초판 **머리말**

현대사회는 정보화사회에서 지식산업사회로 급속도로 빠르게 변화하고 있으며, 우리 고유
의 전통적 가치를 뒤로 하고 첨단과학기술의 발전으로 일상적인 생활양식도 변화하고 있다. 이
러한 사회의 양상은 범죄에 있어서도 저연령화, 흉포화 그리고 엽기적 범죄행태로 반영되고 있
어 사회전반의 범죄에 대한 두려움이 여전한 실정이다.

그러므로 과거의 전통적인 범죄현상과 원인 및 환경은 물론이고, 우리가 겪지 못했던 새로
운 범죄유형과 원인 및 환경을 연구하는 것은 범죄문제의 해결을 위해 매우 중요한 일이다.

이에 따라 최근 형사사법제도는 끊임없는 사회집단의 역량 변화와 갈등해결 수단의 다양화
로 인해 보다 합리적인 범죄자 처벌과 범죄억제를 위한 제도적 모색을 위해 많은 노력과 변화
를 추구해 왔다. 특히, 형사사법제도의 가장 마지막 단계라 할 수 있는 교정 또한 지속적인 변
화와 제도적 모색, 그리고 끊임없는 연구를 통해 범죄문제에 효과적으로 대응할 수 있는 궁극
적인 방안을 강구하고 있다.

교정이라는 것은 교도소의 조직, 관리, 수형자의 지위, 보안 처분, 피석방자의 보호, 복권
따위와 행형 개혁의 문제 등을 연구를 통하여 사회가 교정활동을 통하여 사회정의를 실현하기
위해 추구하는 체계라 할 수 있다. 특히 교정은 형벌의 확실한 집행과 범죄자의 엄격한 처벌 그
리고 구치소나 교도소의 시설을 운용하는 이상의 의미와 목적을 지니고 있어 실무뿐만 아니라
학문적으로도 날로 그 중요성이 더해가고 있다.

따라서 이미 발생한 범죄를 어떻게 처리할 것인가, 특히 범죄자를 어떻게 교정, 교화할 것
인가는 중요한 국가정책이 아닐 수 없다. 이에 본 교재는 범죄자의 처리라는 관점에서 범죄문
제를 해결하기 위하여 필요한 형사정책의 마지막 단계로서의 교정에 대한 이해와 기본적 지식
을 전달하고자 하였다.

본 서는 이미 교정학개론이라는 최초 초판과 두 번에 걸친 개정판으로 출간된 바 있다. 특
히 기존의 교정학개론에서는 교정학에 대한 접근방법에 있어 행형이라는 소극적 개념에서 비롯
된 규범학적 접근에서 현실적 문제의 해결의 어려움을 극복하기 위하여 사실적인 접근을 시도
한 바 있다.

그러나 금번에 새로이 발간하는 교정학에서는 기존에 상술하고 있는 점들을 구체적으로 보

완하였고, 나아가 '제3의 사법모델'로 인식하고 있는 회복적 사법 프로그램 등을 교정의 과정으로서 접근하였다. 특히 최근 모든 형사절차에서 그러하듯 교정에 있어서도 피해자의 역할이 증대되고 있고, 피해자와 지역사회에 대한 보다 광범위한 관심을 통해 교정 자체가 큰 변화를 겪고 있기 때문에 교정단계에서의 회복적 사법에 많은 비중을 두고 저술하였다. 또한 이를 통해 본 서를 탐독하는 많은 이들에게 향후 교정이 지향해야 할 궁극적인 방향을 제시하고자 하였다.

　　마지막으로 본 서의 출간을 허락하여 주신 박영사 임직원 여러분에게 감사드리며, 언제나 내게 무한한 용기와 힘을 주는 사랑하는 내 아내와 두 아들, 그리고 본 서의 발간에 수고를 아끼지 않은 저자의 제자 원주 한라대학교 남재성 교수, 그리고 무더운 날씨에 묵묵히 노력해 준 동국대학교 대학원 경찰행정학과 박사과정에 재학중인 김순석 조교, 김대권 조교에게도 진심으로 고마움을 전하고 싶다.

2007년 8월
땀방울이 맺히는 어느 무더운 날 목멱산 연구실에서
저자 이 윤 호

제1편   교정기본론

제1장   교정의 특성

제2장   교정의 이념

제3장   교정의 역사

제 2 편　교정관리론

제 1 장　구 금

제 2 장　교정관리의 특성

제 3 장　교정시설의 관리

제 4 장　수형자의 권리

제 3 편   교정문화론

제 1 장   교도관의 세계

제 2 장   재소자의 세계

제 4 편   분류심사론

제 1 장   분류와 누진

제 2 장   분류심사의 기초

제 5 편　교정처우론

제 1 장　교육과 작업

제 2 장　교정상담

제 3 장　교정처우의 구분

제 6 편   특수교정론

제 1 장   여성범죄자의 교정

제 2 장   청소년범죄자의 교정

제 3 장   특수범죄자의 교정

제 7 편 미래교정론

제 1 장 남녀공동/공학교도소

제 2 장 교정의 민영화의 현안

제 3 장   교정에 있어서의 피해자 역할증대와 회복적 사법의 지향

제 1 편

교정기본론

CORRECTIONS

제1장
교정의 특성

제1절 교정의 복잡성

　사전적 의미로서 또는 사실적 의미로서 교정(corrections)이란 "범죄피의자나 수형자를 관리할 책임이 있는 조직, 시설, 서비스 그리고 프로그램의 집합"이라고 할 수 있다.[1] 물론 보편적 의미에서의 교정이란 유죄가 확정된 범죄자, 즉 수형자에게 적용된 행동이라고 보아야 할 것이다. 이것과 관련적 의미에서의 교정은 사회의 요구에 따라 유죄가 확정된 범죄자를 처벌하고, 그들이 장래 사회에 유용한 삶을 영위할 수 있도록 그들을 지역사회로 재통합시키기 위해 취해지는 행동으로 볼 수 있다. 따라서 법률에 의해 취해지는 처벌이란 그것이 잠재적 범죄자의 범죄동기를 억제(deterrence)하기 위해서이건, 교화개선(rehabilitation)을 하기 위해서이건, 범죄자의 범죄능력을 무력화(incapacitation)시키기 위한 것이건, 아니면 단순히 범죄에 대한 죄과로서 응보(retribution)를 위한 것이건 교정에 있어서 중요한 영역이 되는 것이다.

　그러나 이와 같이 우리들의 교정에 대한 보편적 인식은 지나치게 단순한 것이다. 무엇보다도 교정이 취급하는 사람이 모두 범죄자는 아니다. 예를 들어 구치소나 보호관찰소의 경우는 아직 유죄가 확정되지 않았거나 어쩌면 결코 유죄가 확정되지 않을 사람들에 관한 업무를 수행하고 있으나 보호관찰이나 구치소를 우리는 중요한 교정의 한 부분으로 삼고 있다. 그리고 교정이란 용어 자체가 담고 있는 가정, 즉 범죄자는 교정될 수 있다는 용어에 내포된 이론이 적지 않은 논란의 여지를 안고 있다. 혹자는 교정의 이론이나 관행보다도 범죄자의 성숙이나 성장만이

1　Todd R. Clear and George F. Cole, *American Corrections*(2nd ed.), Pacific Grove, CA : Brooks/Cole Publishing Company, 1990, p. 5.

법을 준수하도록 영향력을 미칠 수 있는 유일한 대책이라고 주장하기도 한다. 이를 우리는 성숙효과(maturate effect)라는 용어로 표현한다. 마지막으로 교정운용에 관한 거의 모든 제도와 체제가 지역에 따라, 국가에 따라 혹은 사회에 따라 나름대로의 구조적·실용적 특성을 가지고 있어서 통일성을 기하지 못하며, 따라서 교정분야를 이루고 있는 교정의 관행이나 개념들은 상당히 다양하다.

제 2 절   교정의 종합과학성

이러한 교정의 특성으로 인해서 학문적으로 다양한 분야에서 교정학의 발전에 기여하고 있다. 교정학도로서 우리는 교정의 역할, 범죄통제와 관련된 교정의 관행 그리고 교정인들의 업무 수행 절차와 방법 등 다양한 분야의 물음에 답해야 할 의무를 가지고 있다.

그런데 교정은 형벌을 집행하는 과정이나 범죄자를 처벌하기 위해 이용되는 관행 그리고 단순히 구치소나 교도소를 운용하는 이상의 의미를 가지고 있다. 즉, 교정은 우리 사회가 그것을 통하여 사회의 정의를 실현하기 위해 추구하는 하나의 체제 또는 체계라고 할 수 있다. 만약 우리가 교정을 이처럼 하나의 체제로 본다면 교정의 이론과 관행을 이해하는 데도 다양한 분야의 학문이 기여할 수 있을 것이다. 지금까지 교정학의 발전에 크게 기여한 학문분야로는 대체로 역사학·사회학·심리학 등을 들 수 있다.

제 2 장
교정의 이념

제1절 개 관

　　교정의 역사를 통해 범죄행위에 대한 다양한 종류의 처벌이 있어 왔음을 알 수 있는데, 그러한 다양성은 범죄행위의 원인이나 범죄자에 대한 처벌의 이유에 관한 새로운 관점에 의해서 변화하고 있음을 볼 수 있다. 즉 범죄가 개인의 자유로운 선택의 결과인지 아니면 통제할 수 없는 요인에 의해서 결정되는 것인가라는 범죄의 원인에 따라 책임의 소재가 가려지고 그에 따라서 처벌되어야 한다고 주장되기도 한다. 혹은 선택의 결과라기보다는 그 어떤 요인에 의해서 결정되는 것이라면 행위에 대한 책임의 추궁도 있을 수 없고, 따라서 처벌되어서는 안 되며 오히려 치료되고 처우되어야 한다고 주장한다. 이러한 두 주장이 바로 자유의사론과 결정론의 논쟁이다. 한편 범죄자는 왜 처벌되어야 하는가는 처벌의 정당성의 문제로서 논의되고 있다. 그러나 이 두 관점 모두 범죄원인과 처벌의 정당성은 상호연관된 것으로 보여, 단지 범죄의 원인에 따라 범죄자에 대한 처벌도 그 정당성을 달리 할 수밖에 없다고 주장한다.

　　다른 말로 표현하자면 모든 상황은 항상 다소간의 결정인자를 내포하고 있다는 것이다. 그렇다면 무엇이 자유로운 것인가는 어떠한 대안이 있어야 하는가를 선택하는 것이 아니라 이들 가능한 대안 중에서 어떤 대안을 선택하는가 하는 자유를 의미한다. 즉, 인간의 행위는 전적으로 자유로울 수 없고 단지 제한된 선택만을 할 따름이다.[1]

　　아무튼 자유의사론은 범죄행위가 자유의사를 가진 인간의 선택의 결과로 보는 반면, 결정론은 범죄행위가 인간이 어찌할 수 없는 환경과 요인에 의해서 결정된 결과로 보고 있다. 또 자유

---

1 R. M. MacIver, *Social Causation*, New York : Harper Torchbooks, 1964, p. 241.

의사론은 인간의 선택의 자유와 그 선택에 따른 책임을 강조하고 범죄자도 도덕적 장애자로 보아 범죄자는 처벌되어야 한다고 주장한다. 반면, 결정론은 범죄는 개인의 선택이 아니라 자신이 통제할 수 없는 사회적·생물학적 요인에 의해서 결정되는 것이기 때문에 범죄자도 일종의 사회적 병약자로 본다. 따라서 그에게 책임을 물어 처벌할 수 없고 오히려 그를 치료하고 처우해야 한다고 주장한다.[2]

그러나 인간은 완전히 자유롭지도 않으며, 그렇다고 완전히 환경에 지배받지도 않는다. 더불어 이러한 자유의사와 결정론도 개인에 따라 차이가 있으므로 인간의 행위를 자유의사와 결정론이라는 이분법적으로 나눌 수 있는 것이 아니다. 결국 자유의사와 결정론은 인간의 행위를 이해하는 데 있어서 상호배타적인 것이 아니라 상호보완적으로 공존하는 개념이기 때문에 따라서 어떠한 행위도 전적으로 자유로울 수도 없고 전적으로 결정될 수도 없는 것이다. 오히려 인간의 행위는 결정론, 상황적 결정론, 자유의사 그리고 완전한 무작위성에 이르는 일련의 연속선상의 다양한 요인의 복합적 작용으로 파악되어야 한다.[3]

<표 2-1>에서 결정론에 따르면 인생의 전과정은 시계바늘처럼 필연적으로 이미 정해져 있다는 것으로, 이에는 생물학적 결정론과 사회적 결정론이 있다.

표 2-1 범죄행위원인의 연속성[4]

결 정 론				상황적 결정론	자유의사	무작위성
생물학적 결정론		사회적 결정론		여건의 산물	제한된 선택	우 연
비전도	전도	초기 아동기	현재의 환경	상황의 특성	선택결정과정	이론보다 무작위화에 기초한 예측
XYY 염색체이론	호르몬 불균형이론	Freud 인성이론	차별적 접촉이론	drift status threat	Matza의 becoming willing	동전 던지기
검사와 분류 (예방적 구금·단종)	검사와 처우 (호르몬 주입 등)	환경조정 (범죄원인 예방)	개인처우 (환경적 원인 극복을 위한 재사회화)	상황 범죄적 예측/상황에 예방 안 빠지게 함	· 처벌: 교육/특별 불법적 · 지시기회의 제한: 일반제지	범죄통계 응용곤란

---

2 자유의사론과 결정론에 대한 자세한 논의는 이윤호, 한국형사사법정책론, 법전출판사, 1992, 15~34쪽까지를 참조하기 바람.

3 Rechard Hawkins and Geoffrey P. Alpert, *American Prison Systems : Punishment and Justice*, Englewood Cliffs, NJ : Prentice-Hall, 1989, p. 64.

4 Hawkins and Alpert, *ibid.*, p. 65의 그림 3-1과 p. 70의 그림 3-2를 재편한 것임.

　　생물학적 결정론에는 유전적으로 전도가 가능한 요인과 전도가 불가능한 요인이 있는데 전도 불가능한 요인은 이상염색체이론이 이에 속하며, 전도 가능한 요인으로는 호르몬불균형이론을 들 수 있다. 이는 가장 극단적인 결정론임에도 불구하고 우연의 요소를 전혀 배제할 수는 없다. 즉 공격적 경향의 사람은 폭력에 호소하는 상황이 존재하게 되면 뇌관에 불을 질러야만 행동으로 나타나게 되는데, 이들은 이러한 폭력을 유도하는 상황에 처했을 때 폭력은 거의 자동적 결과가 되고 만다는 것이다.

　　한편 사회학적 결정론에는 프로이드의 인성이론과 같이 초기아동기의 경험을 현재 범죄행위에 대한 중요한 요인으로 보는 일종의 심리학적 결정론과 범죄행위를 학습된 결과로 보는 서덜랜드의 차별적 접촉이론과 같은 사회학습이론을 들 수 있다. 즉 초기아동기의 경험으로 이미 범죄자로 결정되거나 범죄를 학습할 수 있는 환경에 놓이게 되어 범죄를 학습할 수밖에 없다는 것이 이들의 결정론적 이론의 주장이다.

　　인간의 행위에 대한 자유의사와 상황적 결정론으로서 범죄원인을 규명한 이론은 많지 않다. 그러나 인간의 행위에 대한 자유의사의 영향을 가장 잘 보여 준 연구가 Matza의 잠재적 마리화나흡연자에 대한 연구이다. 즉 마리화나는 구하기도 용이하고 값도 비싸지 않아서 많은 사람이 흡연하지만, 그럼에도 불구하고 흡연하지 않는 사람이 더 많은 것을 보면 마리화나흡연은 전적으로 자신이 선택한 결과이지 강요되거나 이미 결정된 것일 수 없다는 것이다.

　　상황적 범죄에 대한 이론은 많지 않지만, 범죄발생에 있어서 상황적 요소의 중요성을 제시하는 경험적 연구는 많이 있다. 대부분의 청소년 비행이 계획되지 않고 갑작스럽게 집단적으로 행해지고 있다는 사실이 범죄의 상황적 결정론을 보여 주는 좋은 예라고 할 수 있다. 물론 상황적 범죄가 청소년범죄에만 국한된 것은 아니다. 살인사건이나 폭행사건에 있어서도 피해자유발(victim precipitation),[5] 무기나 알코올의 존재[6] 그리고 노상대면시 지위위협(status threat)[7] 등과 같은 상황적 요인이 내포되어 있다. 상황적 범죄이론이라고 할 수 있는 이론으로서 Matza의 표류(drift)이론을 들 수 있는데[8] 청소년들이 범죄적 상황으로 표류하기 때문에 비행을 한다는

---

5 Marvin Wolfgang, *Patterns in Criminal Homicide*, Philadelphia : University of Pennsylvania Press, 1958.

6 Charles H. McCaghy, *Deviant Behavior*(2nd ed.), New York : Macmillan, 1985.

7 James F. Short, Jr. and Fred L. Strodtbeck, *Group Process and Gang Delinquency*, Chicago : University of Chicago Press, 1965.

8 David Matza, Delinquency and Drift, New York John Wiley, 1964 ; *Becoming Deviant*, Englewood Cliffs, NJ : Prentice－Hall, 1969 참조.

주장이다.

그러나 범죄에 있어서의 상황성은 범죄유형에 따라 상당한 차이가 난다. 즉 폭행과 살인은 상황적 요소가 강하고,[9] 절도와 횡령 등은 대체로 계획적이라는 것인데, 물론 같은 유형의 범죄라도 좀 더 세부적으로 구분하면 상황성의 정도에 차이가 있음을 알 수 있다. 예를 들면 살인범죄 중에서도 격정적이거나 피해자유발적인 것도 있고, 계약살인이나 보험살인은 오히려 상황적이라기보다는 계획적인 것이며, 자동차절도는 상황적이나 나머지 절도는 계획적이다. 상황적 범죄는 대체로 비직업적 초보자나 아마추어에 의해서 행해지고, 직업적 또는 전문적 범죄자는 이러한 상황적 범죄를 거의 범하지 않는다.[10]

그런데 이러한 상황적 결정론을 강조하면 다수의 범죄학적 가정들이 위협받게 된다. 범행에 있어서 범죄자가 비범죄자에 비해 특별히 범행성동기가 크다는 가정부터 흔들리게 된다. 즉 범죄자의 범행은 상황적 압력과 여건 및 범행의 기회라는 전적으로 행위자 이외의 요인에 의해서 이루어지는 것으로 이해되어야 한다. 그렇다면 범죄학적 관심도 범죄자지향적(person-oriented) 관점에서 범죄적 상황에 대한 관심으로 바뀌어야 한다.[11] 결국 다수의 범죄자는 일탈의 초기단계에서는 일반시민과 거의 구별하기 힘들어지며, 인과관계에 대한 전통적 견해도 다수의 범죄자에 대해서 적용될 수 없게 된다. 한편으로는 형사정책에 있어서 범죄예방의 중요성은 강조되고, 기존의 범죄자에 대한 교화개선적 노력은 그 의미가 축소될 것으로 볼 수 있다.

지금까지 살펴본 바와 같이 범죄원인에 따라 범죄통제전략도 당연히 달라질 수 있을 것으로 사료된다. <표 2-1>에서 볼 수 있듯이, 자유의사론적 입장에서는 범죄자가 자신의 범죄행위에 대해서 책임이 있다고 간주되기 때문에 그에 상응한 처벌이 가장 적절한 전략일 수 있다. 반면에 결정론적 입장에서는 인간의 행위는 자신이 통제할 수 없는 것이기 때문에 범죄행위에 대해서 책임을 묻고 비난하거나 처벌하는 것은 비도덕적인 것이 된다. 오히려 이들에게는 요법처우의 비처벌적 이념이 강조되어야 한다는 것이다. 한편 이처럼 범죄의 원인을 개인이 통제할 수 없는 것으로 본다면, 범죄통제에 있어서 환경이나 개인에 초점을 맞춘 범죄예방이 강조될 것이다.

결정론에서는 환경의 수정과 조정이 강조되고 있음에도 대부분의 교정교화노력은 개인에게

---

9 David F. Luckenbill, "Criminal Homicide as a Situated Transaction," *Social Problems*, 1977, 25 : 176~186; Richard B. Felson, "Impression Management and the Escalation of Aggression and Violence," *Social Psychology Quarterly*, 1982, 45 : 245~254.

10 Hawkins and Alpert, *op. cit.*, p. 69.

11 Don C. Gibbons, "Observations on the Study of Crime Causation," *American Journal of Sociology*, 1971, 77 : 262~278.

초점을 맞추고 있다. 즉 범죄의 원인을 범죄자 개인보다는 사회환경적 요인이 기인한 바 크다고 강조하면서도 범죄자 개인에 대한 개인단위의 개별적 교정만을 거듭하고 있는 실정이다. 이러한 문제의 해결방안으로서 현대 교정에서도 범죄자만의 변화와 개선은 결코 성공할 수 없으며, 범죄자와 사회가 동시에 변화·개선되어 재통합할 수 있을 때 성공적인 교정이 될 수 있다는 재통합적 교정이념(reintegration)이 대두되고 있다.

   개인을 표적으로 하는 것은 사실 형법의 전통에서 기인된 바 크다. 자유의사의 가정에 기초한 형사사법제도는 범죄행위에 대해 책임 있는 것으로 간주되는 범죄자를 처벌한다. 그러나 범죄자가 정신장애와 같이 무능력자라면 개인적으로 책임이 주어질 수 없다. 바로 이 점이 교정에 있어서 의료모형의 기틀이 되었다. 그렇다면 범죄자에 대한 사회적 통제는 결국 두 가지로 대별될 수 있다. 범죄행위에 대해 책임이 있는 사람은 처벌이 동조성을 확보할 수 있는 가장 적절한 기제이며, 반대로 범죄자 개인에게 책임을 물을 수 없다면 전환(diversion)을 통한 통제인 처우가 권장되어야 한다.

   이와는 달리 상황적 결정론의 경우는 범죄통제전략이 매우 복잡해진다. 만약 범죄가 여건(setting)의 문제라면 두 가지 전략이 있을 수 있다. 그 첫째는 상황의 통제(control of situation)이며, 두 번째는 사람들로 하여금 범죄적 상황에 처해지지 않게 하는 것이다.

   상황의 통제는 범죄유발적 상황의 예방으로서 종종 최신기술을 가진 장치의 환경으로 개입을 요구한다.[12] 예를 들어 자동차 도난방지장치, 주택의 방범보안장치, 가로등의 조도조정 혹은 범죄다발지역의 순찰강화를 통한 경찰의 가시성(police visibility) 증대 등이 이에 해당되는 통제전략이다. 한편 사람들을 범죄적 환경에 처하지 않게 하는 것은 시민의 자유를 제한하는 경우가 생기기 때문에 자유사회에서는 그 적용이 쉽지 않아서 대부분 긴급상황에만 제한적으로 활용되고 있다. 예를 들어 위험지역에서의 통행제한이나 금지 등을 들 수 있다. 또 다른 예로서 음주자가 운전을 시도하면 자동차의 시동이 걸리지 않게 하는 기술적 장치는 음주운전을 방지하며 자동차열쇠를 자동차에 두고 내려서 생긴 차량손상에 대해서는 차량소유자에게 책임을 묻게 하는 법률이나 보험정책의 시행 등은 자동차절도를 예방하는 하나의 좋은 방안일 수 있다. 이러한 범죄의 상황적 통제가 환경설계를 통한 범죄예방론의 전개를 계기로 활발하게 발전되고 있으나,[13]

---

12 R.V.G. Clarke, "Situational Crime Prevention : Theory and Practice," *British Journal of Criminology*, 1980, 20 : 136~147.

13 Ray C. Jeffery, Crime Prevention Through Environmental Design, Beverly Hills, CA : Sage Publications, 1971; Oscar Newman, *Defensible Space : Crime Prevention Through Urban Design*, New York : Collier Books, 1973;

그렇다고 상황적 통제가 범죄자의 처벌과 처우를 결코 대체할 수는 없다. 다만, 상황적 통제에 의해서 범행기회를 축소하거나 제거할 수 있어서 범죄를 줄일 수 있는 대단한 잠재성이 있고, 적어도 범죄를 다른 지역에서 발생하게 하는 대치효과(displacement effect)[14]를 기대할 수 있는 것이다.

끝으로, 만약 범죄가 순전히 우연의 문제라면 범죄통제도 가능한 전략이 있을 수 없다. 왜냐하면 누가 범죄자요, 언제 어디서 어떻게 범죄가 일어날 것인지 전혀 예측할 수 없기 때문이다. 그러나 현재 아무런 특별한 동기가 없는 폭력범죄 등의 무작위폭력(random violence)이 증가하고 있는 현실을 고려할 때, 이에 대한 더 많은 연구와 논의가 필요하다.

제 2 절　형벌의 정당성과 교정의 목적

1. 처벌을 위한 교정

범죄자에 대한 형벌의 부과는 일반적으로 응보적(retributive) 정당성과 공리적(utilitarian) 정당성에서 그 합리성을 찾고 있다. 그런데 형벌의 정당성에 대한 이 두 관점은 사실은 전혀 다른 의미를 갖고 있다.

응보적 정당성이 범죄자의 과거 실제행위에 초점을 맞추고 있는 반면, 공리적 정당성은 미래의 범죄예방에 초점을 맞추고 있다.[15] 따라서 형벌의 합리성을 논하는 데 있어서 시간적 개념, 즉 미래지향적이냐 아니면 과거지향적이냐 라는 방향성이 중요한 기준이 되고 있음을 알 수 있다. 만약 우리가 형벌을 부과하는 데 있어서 과거를 중시한다면 그것은 응보적 의미가 강조되는

Clarke, *op. cit.*, 1980.

14 Thomas A. Reppetto, "Crime Prevention and the Displacement Phenomenon," *Crime and Delinquency*, 1976, 22 : 166~177.

15 정의의 실현은 분배적 정의와 응보적 정의의 실현을 통해서 이루어질 수 있는데, 분배적 정의는 사전예방적인 것으로 주로 보상의 베품에 있어서 공정성을 의미하고, 응보적 정의는 사후대응적인 것으로 어떤 행위에 대한 처벌의 부과에 있어서의 공정성에 관한 것이다.

응보적 정당성으로 형벌을 합리화하는 것이며, 반대로 미래를 염두에 둔 것이라면 그것은 공리성이 형벌을 합리화하는 중요한 기준이 되는 것이다.

다음으로 형벌의 정당화논의에 있어서 중요한 기준은 정당화를 위한 평가근거를 어디에 두고 있느냐 하는 것이다. 즉 만약 형벌의 정당성이 경험적 근거에 따라 평가된다면 그것은 공리적 정당성을 논하기 위한 것일 가능성이 크며, 반대로 도덕적 근거에 기준하여 형벌의 정당성을 찾는다면 그것은 응보적 정당성을 논하는 것이 된다. 예를 들어 자동차절도범을 사형집행하여 장래 자동차절도범죄의 발생이 실제로 줄어들 것인가를 기준으로 형벌을 평가한다면 그것은 경험적 기준에 의한 공리적 정당성을 추구하는 것이며, 반대로 과연 자동차절도범이 그들의 범행의 대가로 사형집행 되어야 마땅한가를 평가한다면 그것은 도덕적 기준에 의한 응보적 정당성을 추구하는 결과가 된다. 이처럼 공리적 정당성이 경험적 기준을 중시하고 응보적 정당성은 도덕적 기준을 고려하여 평가하기 때문에 공리적 정당성과 응보적 정당성을 비교하는 것을 어렵게 만들고 있을 뿐 아니라, 상호비판을 하는 그 대상이 되기도 한다. 그러나 도덕적 기준과 경험적 기준이 전적으로 상호배타적인 것은 아니다. 때로는 공리성도 효율성만을 주장하지도 않고, 반대로 도덕성이 경험적 기준을 전혀 무시하는 것도 아니기 때문이다.[16]

(1) 응보(retribution)로서의 목적

범죄에 대해 처벌을 부과하고 그것을 정당화시키는 초기의 방법 중 하나는 절도범에게는 벌금을, 살인에 대해서는 사형을 부과하는 등 처벌이란 피해자에게 가해진 해악의 정도뿐만 아니라 그 피해가 가해진 방법과 형태에도 상응해야 한다는 소위 말하는 보복의 법칙이라는 동해형법(lex talionis)의 원칙에 호소하는 것이었다.[17] 이러한 보복을 Kant는 국가에 대한 의무 이상의 도덕적 요구로 간주하여 이를 시민이 국가와 맺고 있는 사회계약 이상의 것으로 고려하였다.[18] 이러한 Kant의 입장은 복수를 정당화하는 것으로 해석될 수 있는데, 이러한 입장은 복수란 통제하기 어려운 것이어서 매우 위험한 가설이라 하지 않을 수 없다.[19]

Durkheim의 비판처럼 Kant의 입장과 같은 보복과 복수는 지나치게 직감적이고 분별없는

---

16 이에 대한 깊이 있는 논의는 Jack P. Gibbs, Crime, Punishment and Deterrence, New York : Elsevier, 1975와 Dean H. Clarke, "Justification for Punishment," Contemporary Crisis, 1982, 6 : 25~57을 참조할 것.

17 Joel Feinburg and Hyman Gross, Punishment : Selected Readings, Encino, CA : Dickenson Publishing Co., 1975, p. 4.

18 Ted Honderich, Punishment : The Supposed Justification, 1971, pp. 22~23.

19 Emile Durkheim, The Division of Labor in Society, New York : Free Press, 1964, p. 87.

것이기 때문에 후기 응보주의자들은 복수의 예측곤란함과 열정적 특성으로 이를 거부한다. 그들은 오히려 범죄자를 처벌함으로써 모든 사람으로 하여금 자신의 행위에 대한 당연한 응보(deserts)를 깨닫게 한다는 Kant의 당위적 공과(just deserts) 개념에 초점을 맞추고 있다. 즉 처벌은 복수를 성취하기 위해서 또는 복수심을 만족시키기 위해서 행해져서는 안 되며, 범죄자가 당연히 벌을 받아야 마땅하기 때문에 가해지는 것이어야 한다는 논리이다.

이러한 당위적 공과(just deserts)에 의하면 범죄자는 자신이 처벌을 벌었기 때문에 처벌받아 마땅한 것이다. 여기서 벌었다(earning)라는 것은 의무를 상정하여 일종의 빚이 범죄자에게 지워져 있고, 그 빚은 반드시 되돌려 갚아져야 한다. 물론 범죄자가 지고 있는 빚은 피해자뿐만 아니라 사회에도 지고 있다. 바로 여기서 도덕적 의무가 파생된다. 만약 법을 준수하는 사람들이 위협받는다면 그 빚은 반드시 되갚아져야 하며,[20] 여기서 빚갚음이란 바로 처벌을 뜻한다.

그런데 위에서 언급된 빚짐(indebtedness)이란 것은 만약 처벌이 법준수 하나만을 추구한다면, 범죄자의 필요에 맞출 수가 있기 때문에 중요한 의미를 지닌다. 만약 빚이 범죄자에 기초한다면 응보의 원칙에 따른 처벌이 범죄자에 맞춰지게 하는 것이다. 그러나 만약 우리가 이런 주장을 따른다면 결코 법준수에 대한 빚은 갚아질 수 없다. 그 대신 응보와 관련된 바람직한 주장은 역시 처벌은 범죄에 맞춰져야 한다는 것이다. 이러한 주장은 사회와 법 자체에 대한 의무를 동시에 제시하기 때문이다. 이는 법으로 범죄에 대한 처벌을 위협하고, 사회는 범죄자를 처벌함으로써 빚을 갚게 되는 것이다.[21]

결국 응보주의적 합리성은 범죄자의 과거 법률위반에 의해 벌어진 당연한 처벌의 원칙에 기초하고 있다. 당위적 공과(just deserts)는 범죄라는 불법적 소득에 대해 그것을 상쇄할 만한 처벌이라는 비용을 부과함으로써 가능한 사회와 범죄자 간의 형평성(equity)을 추구하는 한 방법으로 간주된다. 이러한 입장의 기초는 도덕적 판단인데, 거기에는 두 가지 경험적 분야가 있다.

첫째는 그 범죄자가 범행을 하였으며, 그가 비난받아 마땅한가 등 범죄자가 처벌받을 자격이 있는지를 밝혀야 한다. 두 번째는 범죄와 처벌의 균형(proportionality) 문제이다.

실무적으로는 이 두 가지 경험적 분야 ― 책임과 비례 ― 가 겹치고 있다. 혹자는 피해와 비난을 포함하는 범행의 중요척도(seriousness scales)를 부르짖기도 하는데,[22] 실제로 어떤 행동에 대한 피해 또는 손상을 부과하는 것은 매우 어려운 문제가 아닐 수 없다. 더구나 모든 범행에

---

20 Earnest van den Haag, *Punishing Criminals*, New York : Basic Books, 1975, p. 17.

21 *Ibid.*, p. 15.

22 Andrew von Hirsch and Kathleen Haneahan, *The Question of Parole*, Cambridge : Ballinger, 1979, p. 16.

대해서 피해와 비난에 따라 정도를 매기는 것도 쉽지 않은데, 모든 범행을 상대적으로 평가하여 척도를 매긴다는 것은 더 어려운 일이다. 바로 이러한 상대적 해악과 비난 정도의 조율문제가 응보적 합리성에 있어서의 경험성을 어렵게 하고 있다. 그러나 이러한 경험적 장애에도 불구하고 처벌에 기초한 공과(desert-based punishment),[23] 적절한 공과제안(commensurate deserts proposal)[24] 그리고 수정된 공과모델(modified deserts model)[25] 등의 방법으로 형벌에 대한 응보적 합리성의 도덕적 기초를 마련하려는 연구가 지속되고 있다.

(2) 공리주의(utilitarianism)적 목적

범죄학에 있어서 고전학파의 발전은 교정에 있어서 형벌의 잔혹성 등을 개선하는 데 많은 기여를 하였다. Beccaria는 '범죄와 형벌'(crime and punishment)에서 고전학파의 원리를 기술하면서 "형벌의 목적은 사회의 복수를 대행하는 것이 아니라 사람들이 범행하지 않도록 제지하는 것이다. 형벌의 엄중성이라든가 형벌의 신속성과 확실성이 바로 이런 목적에 가장 적합한 것이다. 형벌은 철저히 범죄에 의해 야기된 사회적 해에 상응한 확실하고 신속한 처벌이어야 한다"라고 주장하여 공리주의적 형벌관을 제시하였다.[26] 이어 Bentham은 이러한 고전학파의 주장을 더욱 진전시켜서 인간은 이성적이기 때문에 최대의 즐거움과 최소한의 고통을 얻기 위해 필요한 모든 것을 행한다고 보고, 만약 형벌이 범죄에 상응하다면 형벌이 범죄행위를 억제할 수 있을 것이라고 확신하였다.[27]

그런데 이러한 형벌에 대한 공리적 합리성의 주장은 처벌이란 특정의 바람직한 목표를 성취할 수 있도록 이용되어야 한다는 것이다. 범죄는 과거의 일이며, 그 과거를 돌이켜서 과연 얻을게 무엇인가? 따라서 이들에게 있어서 주된 관심사는 형벌이 건설적인 목적으로 이용될 수는 없는가 하는 것이다.

만약에 형벌을 통해서 미래에 어떠한 건설적인 목적을 추구한다면, 그것은 대체로 무능력화(incapacitation), 억제(deterrence) 또는 복귀(rehabilitation)가 그것일 것이다. 즉 구금함으로써 범

---

23 John Kleining, *Punishment and Desert*, The Hague : Martinus Nijihoff, 1973.

24 Andrew von Hirsch, *Doing Justice : The Choice of Punishment*, New York : Hill and Wang, 1976.

25 Hirsch and Haneahan, *op. cit.*

26 Haeey Elmer Barnes and Negley K. Teeters, *New Horizons in Criminology*(3rd ed.), Englewood Cliffs, NJ : Prentice-Hall, 1959, p. 285.

27 Ysabel Rennie, *The Search for the Criminal Man : A Conceptual History of the Dangerous Offender*, Lexington, MA : Heath, 1978, p. 22.

죄자가 구금기간 동안 범행할 수 없도록 범행의 능력을 무력화시키거나, 구금이 범죄자로 하여금 형벌에 대한 고통과 두려움을 갖게 함으로써 다시는 범행하지 않도록 범죄동기를 억제하거나 또는 구금함으로써 범죄자에게 자신을 변화·개선하여 사회에 복귀하여 재범하지 않도록 하여 형벌이 공리적 목적을 달성할 수 있다는 것이다. 물론 이들은 갈등적일 수도 있다. 형벌의 강화는 억제효과를 높일 수 있으나, 교화개선이나 사회복귀를 어렵게 한다. 반면, 때로는 이들 목적이 상호간 영향을 미치기도 하는데, 예를 들어 재소자 스스로가 다른 재소자가 처벌받는 것을 봄으로써 일반억제는 물론이고 한편으로는 특별억제효과도 지향할 수 있게 된다.

또 다른 한편으로는 이들 목적이 상호 논리적으로 정반대의 입장에 있는 경우도 있는데, 예를 들어 무능력화는 교화개선이념을 무시하고 있다고 할 수 있다. 그러나 이들 목적이 공통으로 가지고 있는 것은 범죄율을 줄이기 위한 처벌의 미래공리성을 바탕에 깔고 있다는 것이다.

그런데 이들 공리적 합리성이 추구하는 목적의 일부는 응보적 합리성이 추구하는 목적과 유사한 것일 수도 있다. 예를 들어 당위적 공과(just deserts)에 기초한 양형은 일종의 중형·중벌정책으로서 일반제지·억제효과를 동시에 높일 수도 있는 것이다. 뿐만 아니라 처벌의 두려움 때문이라기보다는 태도의 변화를 통하여 응보적 중벌정책이 교화개선적 효과까지도 얻게 되는 경우가 있을 수 있다. 한편 이와 같은 형벌의 미래지향적 기초라고 할 수 있는 형벌의 공리적 정당성은 어쩌면 범죄자에게는 아무런 이익이 되지 않을 수도 있다.

공리적 정당성은 앞에서 기술한 바와 같이 경험적 기준에 따라 평가되는 것이 중요하나, 도덕적 수준에서 볼 때 최대다수의 최대선이라는 공리적 격언이 종종 형벌을 정당화하기 위해서 이용되고 있으므로 도덕적 기준 위에서도 평가되어야 한다. 즉 사회의 주요 기관이나 제도가 소수범죄자를 처벌함으로써 다수시민에게 이익을 줄 수 있다는 뜻에서 최대한의 집합적 만족과 최소한의 집합적 고통을 성취하고자 한다면, 그 사회는 제대로 질서가 잡힌 사회라고 주장한다.[28] 다시 말해서 형벌은 가능한 결과에 의해서 정당화되어야 하는데, 형벌이 사회의 이익을 효과적으로 증진시킨다면 그 형벌은 정당화되어야 한다는 것이다.[29] 그런데 이 '소수의 고통'도 효과가 있을 때만이 윤리적으로 정당화될 수 있는 것이며, 이는 곧 공리적 주장의 경험적 기초를 말한다. 즉 만약 형벌이 공공의 안전을 증진시킨다면(무능력화), 만약 범죄자가 다시 제 2·제 3의 범행을 하지 못하도록 했다면(특별제지) 또는 만약 일반시민들이 법을 준수하도록 설득할 수

---

28 Andrew von Hirschi, *op. cit.*, 1976, p. 50.

29 John Rawls, "Punishment," in J. Feinburg and H. Gross(ed.), *Punishment : Selected Readings*, Encino, CA : Dickerson Publishing Co., 1975, p. 59.

있었다면(일반제지) 그리고 재교육과 동조성이 성취된다면(교화개선) 형벌은 적어도 공리적 기준으로 정당화될 수 있는 것이다.

이와 같이 공리성이란 효과성을 중시하는 면이 있는데, 우리가 효과를 논할 때 두 가지 점이 고려되어야 한다. 첫째, 어느 정도의 효과가 있어야 그 형벌이 정당화될 수 있느냐이고, 두 번째는 경제성의 문제로서 과연 그만한 효과를 얻는 데 그만큼의 비용을 감수하는 것이 바람직한 것인가라는 의문이 우리가 답해야 할 핵심이다.

1) 제지(deterrence)

위에서 언급된 바와 같이 제지이론은 인간은 합리적으로 즐거움과 고통, 이익과 비용을 계산할 줄 아는 이성적 존재이기 때문에 범죄의 비용이 높을수록 범죄수준은 낮아질 것이라는 가정, 즉 처벌을 강화하면 범죄는 줄어들 것이라는 가정에 기초하고 있다. 다시 말해서 처벌이라는 부정적인 형사제재에 대한 두려움과 공포로 인하여 사람들의 범죄동기가 억제되고 따라서 그 범죄행위가 제지될 때, 소위 말하는 제지 또는 억제효과가 있는 것으로 가정된다. 결국 형벌의 대상이 될 수 있다는 가능성에 대한 두려움이 제지이론을 뒷받침해 주는 기제라고 할 수 있다.

이러한 제지이론은 전통적으로 일반제지(general deterrence)와 특별제지(special deterrence)의 두 가지 형태로 논의되어 왔다. 일반제지란 특정한 법 위반자에 대한 처벌이 처벌받지 않은 일반 시민대중에게 바로 그 범죄의 비용에 대한 정보를 제공해 주어 그들의 법위반을 줄이는 과정을 두고 하는 말이다.

반면에 특별제지란 형벌이 특정범죄로 처벌받은 범죄자의 법률위반을 줄이는 과정이라고 할 수 있다. 그래서 어떤 경우이건 처벌이란 처벌받지 않은 일반 사람들(일반제지)이나 처벌받은 사람(특별제지)으로 하여금 형벌의 현실을 깨닫고 민감해지도록 하여 또 다른 범죄를 하지 않게 하는 것이다.

물론 이러한 구분, 즉 일반제지 혹은 특별제지라고 하는 이분법적 구분은 때로는 잘못된 경우도 있다. 예를 들어 대부분의 성인들은 교통벌칙을 당하는 등 불법행위로 인한 공식적인 제재를 받은 경험을 갖고 있기 때문에 모든 처벌에 대한 위협은 특별제지의 의미를 내포하고 있다. 반대로 처벌을 직접 경험한 사람이나 직접 경험하지 않고 만약 똑같은 행위를 한다면 마찬가지로 처벌받을 것이라고 상상만 하는 일반인에게나 잠재적 형벌에 대한 공포에 있어서는 크게 다를 바 없기 때문에 특별제지란 의미 없는 것인지도 모른다. 따라서 이 두 가지 제지효과에 대해서 보다 깊이 있는 연구가 필요하다. 그러나 상식적으로 몇 가지 경우를 상상해 볼 수는 있다.

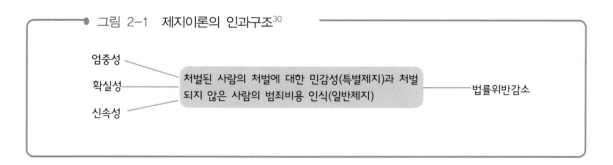

그림 2-1   제지이론의 인과구조[30]

엄중성
확실성
신속성
처벌된 사람의 처벌에 대한 민감성(특별제지)과 처벌되지 않은 사람의 범죄비용 인식(일반제지)
법률위반감소

우선 형벌을 직접 경험하지 않은 사람일수록 형벌에 대한 막연한 두려움을 더 많이 가질 수도 있고, 반면에 직접 경험한 사람은 형벌의 실체를 알기 때문에 형벌의 두려움이나 위협을 더 적게 느낄 수도 있다. 이와는 반대로 한번 처벌받은 사람이 다시 한번 처벌받게 되면, 그 처벌이 가중된다는 사실을 알기 때문에 더 많은 두려움을 가질 수도 있다. 그러나 한 가지 분명한 것은 제지효과의 여부에 대해서는 그것이 일반제지이건 특별제지이건 상관없이 마찬가지인 것이다.

형벌의 제지효과는 바로 처벌의 확실성(certainty), 엄중성(severity) 그리고 신속성(celerity)의 세 가지 차원에 의해 결정되는 것으로 알려지고 있다. 처벌의 엄중성이란 벌금의 양이나 형기와 같은 형벌의 정도 내지는 강도를 일컫는 것인데, 일반적으로 처벌이 엄할수록 법률위반의 정도는 낮아진다고 가정되고 있다. 한편 처벌의 확실성이란 범죄의 결과 처벌을 경험할 가능성으로서 처벌받을 확률이 높을수록, 즉 처벌이 확실할수록 법률위반의 정도는 줄어들 것이라고 가정된다. 또한 처벌의 신속성이란 범죄행위와 처벌경험의 시간적 간격을 말하는 것으로 범행 후 빨리 처벌될수록 범죄가 더 많이 제지될 것이라고 가정된다. 따라서 <그림 2-1>에서처럼 처벌이 확실하지도 않고 처벌되더라도 강하지 않으며, 그 처벌도 시간이 오래 경과한 후에 이루어질 때 법률위반은 가장 많게 된다는 결론이다. 이를 놓고 보면 제지이론은 이들 세 가지 차원의 상대적 효과, 각 효과의 형태 그리고 이들의 연합효과 등의 견지에서 매우 애매한 면이 없지 않다.

우선 첫째, 제지효과의 세 가지 요소들의 상대적 효과에 대한 논의는 과연 처벌의 확실성, 엄중성 또는 신속성 중 어느 것이 가장 제지효과를 크게 고양할 것인가 하는 것이다.

둘째, 각 요소의 효과가 어떻게 나타나는가 하는 것으로 대체로 선형(linear)일 것으로 믿어지기 때문에 처벌이 확실하고 강하며 신속할수록 범죄는 더 많이 제지될 것으로 믿어지나, 때에 따라서는 처벌이 어느 수준에 달하기까지는 아무런 효과가 없을 수도 있다는 것이다.

---

30 Allen E. Liska, *Perspectives on Deviance*, Englewood Cliffs, NJ : Prentice-Hall, 1981, p. 95.

　　셋째, 과연 각 요소들이 범죄에 독립적인 효과를 미치는가 하는 것이다. 즉 처벌의 강도는 처벌의 확실성이 전제되어야 하는데, 사람들은 처벌의 강도 이전에 처벌의 확실성을 먼저 고려한 다음 범행을 결정할 것이기 때문이다.

　　특정행위에 대해서 극형이 제도화되어 처벌의 강도는 극대화시켰을지라도 만약 그 범죄에 대한 해결률이 지나치게 낮아서 아무도 처벌되지 않는다면, 처벌의 강도는 아무런 효과를 기대할 수 없게 된다. 결국 처벌의 확실성이 높을수록 처벌의 엄중성도 그 효과가 커질 것이다. 만약 이러한 논의가 사실이라면, 각각의 범죄제지요소의 효과를 독립적으로 가산하는 것은 종합적인 제지효과를 측정하는 올바른 방법이 아닐 수 있다.

　　이러한 논의를 기초로 혹자는 처벌의 강도보다는 처벌의 확실성이 범죄의 제지효과가 더 크다고 주장하기도 한다.[31] 즉 범죄행위에 대해서는 누구를 막론하고 반드시 처벌받는다는 인식을 심어 주는 것이 가장 효과적으로 범죄를 제지할 수 있다는 것이다. 더욱이 처벌의 확실성은 그 자체가 독립적으로 범죄제지효과를 낼 수 있으나, 처벌의 엄중성은 특정수준의 확실성이 인식된 상태에서만 효과를 발할 수 있다는 면에서도 중요성이 있다.[32]

　　이처럼 처벌의 확실성이 엄중성보다 중요시되는 데는 몇 가지 이론적 이유가 있을 수 있다. 우선 처벌의 제지효과는 처벌의 객관적 확실성이나 엄중성보다는 주관적으로 인식된 엄중성과 확실성에 크게 좌우되는 것이기 때문에 사람들이 처벌의 확실성보다 엄중성을 인식하는 것이 더 어려운 일이다. 또한 사람들은 보통 나쁜 것은 잊으려고 하나 좋은 것은 간직하려는 습성이 있어서 처벌의 엄중성에 대해서도 마찬가지로 생각하며, 더욱이 미래에 대한 부정적 사고를 회피하려는 일반적 속성에 기인한다. 또한 만족감을 지연시키기 어려운 인간의 속성상 미래의 부정적 결과에 대한 무감각성도 처벌의 엄중성을 둔화시킨다.

　　한 예로 사람들은 3년형이 1년형에 비해 그 강도가 3배가 강한 엄한 처벌이라고 말할 수 없는 것이다. 바로 이러한 처벌의 엄중성에 대한 인지적 장애로 말미암아 사람들에게 처벌의 엄중성을 현실적으로 느끼게 하려는 의도에서 시도되었던 Scared Straight, Shock Sentences 등의 교정프로그램이 만족할 만한 효과를 거두지 못한 이유이다.[33] 처벌의 엄중성이 덜 중시되

31　Franklin E. Zimring and Gordon J. Hawkins, *Deterrence : The Legal Threat in Crime Control*, Chicago : University of Chicago Press, 1973, p. 161.

32　Charles R. Tittle and Charles H. Logan, "Sanctions and Deviance : Evidence and Remaining Questions," *Law and Society Review*, 1973, 7 : 371~392.

33　James Q. Finckenauer, *Scared Straight! and the Panacea Phenomenon*, Englewood Cliffs, NJ : Prentice—Hall, 1982.

는 또 다른 이유는 범죄자가 체포되어 기소되고 재판받으며 수형생활을 하는 과정에서의 부정
적인 관점이라고 할 수 있는 '절차적 처벌'(procedural punishment)이 적지 않음에도 이 점이 일
반인에게는 무시되고 있다. 이러한 절차를 거쳐서 법원에서 선고되는 처벌을 실질적 처벌
(substantive punishment)이라고 하며, 이러한 실질적 처벌에 의해 직업선택의 자유가 박탈되고
투표권이나 피선거권 등이 박탈되는 등 박탈적 처벌(deprivative punishment)을 받게 되는데, 사
람들은 실질적 처벌만 어느 정도 생각하지 박탈적 처벌에 대해서는 거의 고려하지 않는다.[34]

　　더구나 처벌의 엄중성, 즉 중형이나 중벌주의가 범죄를 억제할 수 있는 점도 없지 않으나
이는 형벌의 제지가 전혀 필요 없는 법을 준수하는 사람들에게는 효과가 있으나 형사정책의 주
요 표적이 되는 중누범자에게는 처벌 자체가 별다른 위협이 되지 못한다. 또한 처벌의 엄중성은
곧 형기의 장기화를 의미할 수 있으며, 형기의 장기화는 재소자의 범죄학습과 부정적 낙인을 초
래하여 범인성을 악화시켜 결국은 범죄를 제지하기보다는 배양하는 결과를 초래할 수도 있다.

　　한편 처벌의 신속성이 제지효과를 논할 때 항상 제기되고 있지만, 전통적으로 처벌의 신속
성이란 일반제지에 있어서는 거의 효과가 없는 것으로 알려지고 있다. 즉 처벌을 경험하지 않은
일반인에게는 사법절차의 속도라고 할 수 있는 처벌의 신속성은 아무런 의미가 없는 것이다. 심
지어 특별제지의 경우에도 재빠른 처벌이 사람의 행위를 변화시킨다는 것은 극히 순간적인 시
간에나 작용하는 것이기 때문에 긴 시간을 요하는 사법절차의 신속성은 큰 영향을 미치지 못한
다는 것이다.

　　또한 처벌의 신속성을 논할 때 과연 우리는 빨리 체포되는 것을 의미하는지, 아니면 빨리
기소하고 빨리 재판하는 것을 의미하는지 분명치 않다. 더구나 사형의 집행과 같이 처벌에 따라
서는 처벌이 지연될수록 더 큰 고통을 줄 수도 있는 것이다.[35] 이러한 이유로 처벌의 속도는 원
래 공리주의자들이 기대하였던 방향이 아니라 오히려 그 반대, 즉 처벌이 지연될수록 처벌의 엄
중성을 배가시켜서 처벌의 제지효과를 더 크게 한다고 볼 수 있다. 그렇다면 처벌의 신속성문제
는 처벌의 엄중성이 흡수할 수 있는 요소가 될 수 있으며, 이는 최근의 연구에서 처벌의 신속성
이 거의 연구되지 않는 점을 보면 잘 알 수 있는 사실이다.

　　한편 재소자권익의 신장이나 적법절차의 강화 등 사법부의 개입과 처우이념의 강조, 부정기
형의 실시 그리고 보호관찰이나 전환(diversion)제도의 운용 등 최근의 형사정책들이 인간적·인

---

34 Jack P. Gibbs, Crime, *Punishment and Deterrence*, New York : Elsevier, 1975, pp. 102~103.
35 Gibbs, *ibid.*, 1975, p. 131.

본주의적 교정을 강조하고 있는 점도 형벌의 엄중성에 호소한 형벌의 제지효과를 둔화시키는 한 요인이 되고 있다.

2) 무능력화(incapacitation)

만약에 모든 범죄자와 잠재적 범죄자가 물리적으로 범죄를 행할 수 없는 처지가 된다면, 범죄예방의 목적은 쉽게 달성될 수 있을 것이다. 물론 이러한 정책은 인권을 침해하고, 형법이란 범죄를 행한 사람에게만 해당되는 것이지 잠재적 범죄자에 대한 제약은 있을 수 없으며, 더군다나 누가 범죄의 잠재성이 높은지 예측하거나 알 수 없어서 완전한 무능력화는 불가능한 것이다. 그럼에도 불구하고 무능력화는 국외추방이나 사형집행과 같은 초기의 형벌에서도 볼 수 있었던 오래된 형벌관행이다. 쉽게 말하자면 범죄자를 추방하거나 사형하거나 구금함으로써 그 범죄자가 만약 사회에 그대로 있었다면 저지를 수 있는 범죄를 행하지 못하게 범죄의 능력을 무력화시키자는 논리이다.

범죄자를 구금함으로써 구금의 목적이 교화개선, 응보 또는 제지라고 하더라도 무능력적 효과는 거둘 수 있다. 그 이유는 설사 교화개선을 목적으로 하더라도 교화개선을 위해서는 범죄자의 수용을 전제로 하는 경우가 많고 응보나 제지도 구금을 전제로 하기 때문이다. 그러나 무능력화는 응보와는 달리 미래지향적이고, 일반제지와 달리 범죄의 특성이 아니라 범죄자의 특성에 기초하며, 교화개선과 달리 범죄자를 개선하고자 의도하지 않는다는 점에서 다른 세 가지 목적과 다르다.[36]

이러한 무능력화는 현대에 있어서 집합적 무능력화(collective incapacitation)와 선별적 무능력화(selective incapacitation)의 두 가지 형태로 나타나고 있다. 집합적 무능력화는 유죄가 확정된 모든 강력범죄자에 대한 장기형의 선고를 권장하는 것인 반면, 선별적 무능력화는 과학적 방법에 의해 재범의 위험성이 높은 것으로 판단되는 개인을 구금하기 위해서 활용되고 있다. 집합적 무능력화의 경우 부정기형제도하에서는 보호관찰부 가석방의 지침이나 요건을 강화하는 등 보호관찰부 가석방심사를 통해서 가석방을 지연시킴으로써 가능해지며, 정기형하에서는 장기형을 강제하는 법률의 제정에 의하거나 아니면 선시제도를 이용하여 선행에 대한 가산점을 줄임으로써 가능하다. 한편 선별적 무능력화는 위험성이 높은 범죄자일수록 장기간 수용되는 부정기형제

36 Todd R. Clear and George F. Cole, *American Corrections* (2nd ed.), Pacific Grove, CA : Brooks/Cole Publishing Co., 1990, p. 100.

도와 궤를 같이한다. 그러나 어떤 형태이건 무능력화는 범죄의 예방이 그 목표이다.

그런데 최근 들어 비교적 소수의 중누범자 또는 직업범죄자가 대부분의 강력범죄를 저지른다는 사실을 바탕으로 이들에 대한 장기간의 수용을 요구하는 목소리가 높아지며, 선별적 무능력화에 대한 관심이 고조되고 있다. 즉 이들 중누범자들을 장기간 구금한다면 상당한 범죄감소효과를 거둘 수 있다는 주장인데, 물론 반론이 없는 것은 아니다. 대표적인 반론이 바로 범죄자 대체이다. 이들 중누범자가 구금되더라도 그 자리는 다른 범죄자들이 대신 차지하게 되어 범죄감소효과는 사실상 기대하기 어렵다는 것이다. 한편 설사 어느 정도의 범죄감소효과가 있다고 하더라도 많은 중누범자들을 장기간 시설에 수용하기 위해서는 다수의 시설과 경비가 필요하게 되며, 체포되면 강력한 처벌을 장기간 받게 되는 것을 알기 때문에 잡히지 않기 위해서 범죄가 기술적으로 고도화되고 흉포화되어 범죄현상을 더욱 악화시킬 수 있으며, 사형을 제외하고는 아무리 중누범자들이라도 영원히 사회로부터 격리시켜 무능력화시킬 수 없기 때문에 일시적 효과에 지나지 않으며 오히려 이들의 감정만 악화시킬 수 있고, 강력한 응징을 위해서는 경찰의 증거수집능력이 향상되지 않으면 안 된다는 지적을 받고 있다.[37]

이러한 반론에도 불구하고 무능력화를 주장하는 사람들은 장기간의 수용이 범죄율을 낮추는 이유에 대해서 다음과 같은 가정을 주장한다. 다수의 범죄가 누범자들에 의해서 행해지며, 형기를 장기화함으로써 범죄를 줄일 수 있고, 사회로부터 격리되면 범죄자는 대체되지 않으며, 출소시 그들의 잃어버린 시간을 보상하기 위해서 범죄를 더 많이 하지 않을 것이며, 미래의 범죄위험성은 비교적 정확하게 예측될 수 있다고 가정한다. 그러나 이들 가정은 모두 옳지 않은 것임을 쉽게 알 수 있다.

우선 대부분의 범죄는 신고되지 않고, 신고된 일부 범죄 중에서도 해결되는 사건은 많지 않으며, 범인이 체포된 경우에도 기소되어 자유형을 받고 교정시설에 수용되는 경우는 극히 일부에 지나지 않아서 사실상 극히 일부 범죄자만을 무능력화시킬 수 있기 때문에 전체 범죄율에 미치는 영향은 미약할 수밖에 없다. 더구나 누범자일수록 범행기술이 교묘하고 잘 붙잡히지 않기 때문에 이들에 대한 무능력화는 따라서 그 효과가 크지 않다고 볼 수 있다.[38] 결국 무능력화는 이론적으로 또는 이념적으로는 아직도 많은 지지를 받고 있지만, 현실적으로 성공한 형사정책이라고는 할 수 없다.

---

37 Clear and Cole, *op. cit.*, p. 101.

38 Alfred Blumstein, Jaquelin, and Daniel Nagin, *Deterrence and Incapacitation : Estimating the Effects of Criminal Sanctions on Crime Rates*, Washington, D.C. : National Academy of Science, 1978, p. 69.

구체적으로 이들 무능력화 주장자들의 다섯 가지 가정을 보자.

상당수의 범죄가 소수 중누범자에 의해서 이루어진다고 하나 사실은 초범자들이 훨씬 많은 비율을 차지하고 있다. 또한 장기수용으로 인하여 범죄자의 절정기를 시설에서 보내게 된다고 주장하나 경험적 연구에 의하면 수용되지 못하였다.[39] 대체효과를 거부하는 가정도 실제로 대부분의 범죄자가 초범자이며, 직업적 누범자들의 위치는 반드시 다른 후계자나 추종자 등에 의해서 대치되고 있음이 확인되고 있다.

끝으로 장기수용 후 출소하더라도 잃어버린 시간을 보상하기 위해서 범행을 더 강화하지 않는다는 가정도 장기수용에 의한 범죄학습이나 낙인의 심화로 인하여 범인성이 더욱 악화되고, 따라서 더 심한 중누범자가 되는 경우를 볼 수 있어서 믿기 어려운 가정이라 하지 않을 수 없다. 이와 함께 무능력화정책의 집행에 따른 경제적·도덕적 비용부담을 고려할 때 무능력화는 사실상 비효과적인 시책일 수밖에 없다.

더구나 더 중요한 문제는 장기간 무능력화시킬 대상자의 선별에 있다. 현재의 과학수준으로서는 정확한 예측이 가능하지 않다고들 믿고 있다. 이러한 예측의 어려움으로 인하여 파생되는 문제는 두 가지로서 하나는 잘못된 긍정(false positive)이고, 다른 하나는 잘못된 부정(false negative)이다. 전자는 위험성이 있는 것으로 예측되었으나 사실은 아무런 위험성이 없는 경우, 즉 위험성이 없는 데도 위험한 것으로 예측되어 장기간 구금되어 선별적으로 무능력화되는 경우로서, 이는 개인의 자유와 인권의 침해가 관련되기 때문에 심각한 윤리적·도덕적 문제뿐만 아니라 법률적 문제도 야기시킬 수 있다.

후자는 위험성이 없는 것으로 예측되었으나 사실은 위험성이 높은 경우로서, 위험이 있음에도 없는 것으로 예측되어 수용을 통해 구금되지 않음으로써 범죄능력이 무력화되지 않아 사회에 대한 위험을 야기시키는 경우가 되는데 둘다 모두 잘못된 예측이라 할 수 있다.[40]

만약 미래의 폭력적 범죄가 예측의 표적이라면 잘못된 부정(false negative)예측은 최소화되어야 하나 이는 곧 잘못된 긍정(false positive)의 가능성을 증대시키며, 안전한 사람에 대한 지속적인 수용을 의미하여 과밀수용(prison overcrowding)의 문제를 야기시킨다. 그러나 대체로 교정분야에 있어서는 개인의 인권보다는 사회적 위험과 그로 인한 책임의 추궁이 더 중요시되어 잘못된 긍정(false positive)과 과밀수용(prison overcrowding)이 문제시되며, 이는 곧 부정의 또는 불

---

39 John P. Conrad, *The Dangerous and the Endangered*, Lexington, MA : Heath, 1985, pp. 70~72.

40 Noval Morris, *The Future of Imprisonment*, Chicago : University of Chicago Press, 1974, pp. 66~68.

공정의 형사정책이라는 비판의 소지를 갖게 된다.[41]

3) 처벌모형의 평가

이러한 고전학파의 형벌관은 현대에 있어서도 상당한 호응을 얻고 있는데, 그 단적인 증거는 과거 어느 때보다 세계적으로 교정시설에 수용된 재소자가 10년 전에 비해 무려 2배에 가까울 정도로 늘어났다는 사실이다. 또한 근래에 와서는 미국에서 채택되었던 부정기형제도의 폐지나 강제적 정기형의 강조, 보호관찰부 가석방의 폐지논란 또는 최근에 입법화되고 있는 소위 말하는 삼진법(three strikes out), 즉 3번째는 가석방을 허용 않는 종신형의 부과 등의 형사정책들이 바로 이러한 의도에서 시작된 것이다. 물론 이러한 형사정책의 복고화는 지금까지 우리가 시도해 온 다양한 유형의 교정이나 형사정책이 사실상 실패했기 때문이기도 하다. 즉 사회는 범죄로부터 보호되어야 하나 교정처우나 교화개선적 노력으로 만족할 만한 성과를 거두지 못하였다면, 최선의 선택은 범죄자에 대한 처벌만 가능하다는 것이다.

그러나 형벌의 역사에 있어서 성공적인 형벌정책이 없었고 그로 인해 현재, 형사정책의 복고화가 추진되기도 하였다지만, 긴 형벌의 역사를 통해 볼 때 마찬가지로 범죄에 대한 억압적 반응이라는 처벌적 형벌 또한 성공하지 못했다는 것은 우리 모두가 아는 사실이다. 이러한 부정적 견해에 대한 이유는 범죄자가 범죄의 비용과 이득을 이성적으로 계산한 다음 범죄의 결과 얻어지는 결과가 필요한 비용보다 클 때 범행을 하게 된다는 가정부터 잘못되었기 때문이다.

즉 대부분의 범죄자는 합리성을 결한 사람들이며, 이들의 범죄는 계산된 결과라기보다는 특수한 상황의 감정이나 필요에 대한 단순한 반응의 결과이기 때문이다. 예를 들어 격정범죄와 같은 수많은 종류의 비공리적 범죄가 이를 대변해 준다. 한편 이들의 논리는 범죄의 원인을 구성하고 있는 사회의 구조적 모순과 병폐, 즉 범죄의 사회적 책임을 무시하고 있는 점도 비판받고 있다. 또한 범죄로 인한 사회적 해악은 주로 처벌의 대상이 되고 있는 전통범죄보다는 화이트칼라범죄 등의 해악이 더 지대함에도 불구하고 형벌의 대상이 되지 않고 있어서 형사정책의 불공정·불평등·부정의 등을 파생시킨다는 점에서도 비판받고 있다.

결국 처벌모형에 대한 비판을 요약하면 우선 범죄에 대한 억압만으로는 범죄문제가 해결되

---

41 John Monahan, "The Prediction of Violent Criminal Behavior : A Methodological Critique and Prospectus," in Blumstein *et al.*(eds.), *op. cit.*, 1978, p. 250.

지 않으며, 둘째로 처벌모형은 더욱 비인간적이고 불공정한 형사사법제도를 만들게 되고, 셋째로 이 모형은 범죄를 유발할 수 있는 제반 사회적 문제를 무시하고 있다는 것이다.

2. 교화개선(rehabilitation)을 위한 교정

(1) 교화개선의 이해

형벌과 교정의 목적 중에서 공리적 측면의 마지막으로서 범죄자를 건설적이고 법을 준수하는 방향으로 전환시키기 위해 범죄자를 구금하는 것을 교정의 교화개선적 목적이라고 할 수 있다. 그러나 지역사회의 안전에 초점을 맞추는 제지나 무능력화와는 달리 교화개선은 범죄자에 초점을 맞추고 있다. 물론 범죄자가 교화개선되어 사회에 복귀되면 지역사회도 더 안전하게 되겠지만, 그것은 어디까지나 이차적 목적이어야 한다.

그런데 영어의 rehabilitation의 어원이라고 할 수 있는 habilitation은 투자하다, 자격을 주다 등의 의미로서 rehabilitation은 따라서 잃어버린 기술이나 장비 또는 능력 등을 구금기간 동안 범죄자에게 되돌려 주는 것이라고 말할 수 있다. 그러나 재소자들을 보다 면밀히 관찰하면 대부분의 재소자는 교육수준이 낮고 지능지수가 낮으며 직장을 가지지 못하는 등 처음부터 아무런 기술이나 장비나 능력을 가지지도 못했던 사람들이지 결코 그들이 기술이나 지식을 잃어버린 것이 아니라는 것을 알 수 있다. 따라서 재소자들을 재훈련하고 재교육한다는 것은 잘못된 인식이다.

즉 교화개선(rehabilitation)을 통해 재소자들은 잃어버린 기술과 지식을 재습득이 아니라 처음부터 필요한 기술과 지식을 습득하는 것이다. 따라서 수형기간은 구금으로 인하여 잃게 된 과거의 지위 등을 회복시키는 것이 아니라 사회에서 건설적인 생활을 추구하고 영위하는 데 필요한 준비와 자격을 얻을 수 있도록 해 주는 데 초점이 모아져야 한다. 이를 위해서는 재소자가 사회로 돌아갔을 때 범죄활동을 하지 않고도 자급자족할 수 있도록 기술, 지식 그리고 전문성을 제공하여야 한다.[42]

그러나 비록 재소자들의 교화개선이 필요하다는 것이 인식되어 그들에게 필요한 교화개선

---

[42] Richard Hawkins and Geoffery P. Albert, *American Prison Systems*, Englewood Cliffs, NJ : Prentice-Hall, 1989, p. 184.

적 노력이 제공되었더라도 재소자들이 출소 후에 성공적으로 사회에 복귀하기 위해서는 재소자들에게 합법적 직업에 접근할 수 있는 기회가 주어져야 하고 차별받지 않아야 한다. 불행하게도 아무리 훌륭한 교화개선프로그램이라도 이와 같은 사회의 실업과 취업문제, 취업에 있어서의 차별 그리고 지역사회의 수용 등에 대해서는 아무런 힘이 미치지 못한다. 바로 이러한 이유로 재소자들의 변화와 개선은 물론이고, 지역사회의 변화와 수용을 동시에 강조하는 재통합모형이 새로운 교화개선모형으로 강조되고 있는 이유이다.[43]

전통적으로 범죄자에 대한 처우는 범죄의 원인에 대한 결정론의 주장에 영향받은 바 큰데, 결정론에는 크게 보아 생물학적 결정론과 사회학적 결정론으로 구분되어 범죄의 원인을 다르게 보기 때문에 범죄자들에 대한 처우와 교화개선도 이들의 관점에 따라 두 가지로 나누어질 수 있다.

생물학적 결정론에 따르면 범죄자는 법을 준수하는 사람들과는 다른 일종의 병자이고, 이들의 반사회적 인성은 치료될 수 있다고 보는 의료모형(medical model)이 그들의 주요 처우방법이다. 한편 사회학적 결정론자들은 사회경제적 조언을 범죄행위의 주요 원인으로 보아 범죄자는 시장성 있는 기술이 부족하기 때문에 합법적 취업기회가 없어서 범죄행위를 하게 된다고 규정하고, 이들에 대한 처우방법으로 사회경제적 기회의 제공을 강조하는 경제적 모형(economic model)을 주장한다.

이들 경제적 모형론자들은 취업시장에서 경쟁성을 제고하기 위한 기술을 범죄자에게 제공하는 것과 취업알선이나 취업기회의 증대 등 출소 후 합법적 기회를 향상시키고자 하는 두 가지 방법으로 범죄자를 복귀시키고자 한다.[44] 그러나 경제적 모형에 대해서는 교정당국에서 할 수 있는 부분이 거의 없기 때문에 이 부분에 대해서는 크게 발전된 것이 없으나, 현대교정이 교정만의 문제가 아니라 사회 전체의 문제이기 때문에 범죄자와 사회가 공동으로 변화·개선되어 다시 재통합될 수 있어야 된다는 재통합이론이 강조되면서 그 가치가 더욱 강조되고 있다.

이 밖에 경제적 모형이 잘 이루어지지 않는 반면, 의료모형이 대중성을 가지는 또 다른 이유는 의료모형의 가정과 특성에 기인하는 것이다. 즉 의료모형에 의하면 범죄자는 병약자이여서 그의 범행은 그가 앓고 있는 질병의 증상이자 현상이고 따라서 도움을 필요로 한다. 그러므로 이들에 대해서는 조기에 정확하게 진단하여 즉각적으로 효과적인 치료개입을 한다면 긍정적인

---

43 Hawkins and Alpert, *op. cit.*, p. 184.
44 Hawkins and Alpert, *op. cit.*, pp. 190~191.

진전, 즉 교화개선이 이루어질 수 있다고 가정하기 때문이다.[45] 물론 그렇다고 경제적 모형이 전혀 무시되는 것은 아니고, 오히려 교정시설에서 주류를 이루고 있는 시설 내 처우인 직업훈련과 교육은 대표적으로 경제적 모형에 속한다고 볼 수 있다. 그러나 이들 경제적 모형의 처우들도 사실은 상담 등의 의료모형을 거치거나 적어도 이들과 동시에 이루어지고 있는 실정이다.

(2) 교화개선모형의 철학적 기초

1) 의료모형(medical model)

Francis Allen은 의료모형의 기본가정을 다음과 같이 기술하고 있다. 인간의 행위는 선례적 원인의 산물이며, 이러한 원인을 찾아내는 것이 과학자들의 의무이며, 이렇게 선례적 원인을 밝혀냄으로써 인간의 행위를 통제할 수 있으며, 범죄자를 처우하기 위해서 채택된 방안들은 범죄자 자신의 만족, 건강 그리고 행복을 위하여 범죄자의 행위를 변화시킬 수 있도록 고안되어야 한다고 주장한다.[46]

한편 American Friends Service Committee(AFSC)는 의료모형을 다음과 같이 합리화하고 있다. AFSC는 특정범죄자유형을 분류하고 처우하는 데 중요한 의미를 갖지 못한다면 특정범죄행위는 교정에 있어서 아무런 의미가 없으며, 범죄자에 대한 형기는 범죄행위에 대한 것이 아니라 범죄자를 교화개선시키는 데 요구되는 시간이어야 한다고 주장하였다.[47]

요약하자면 범죄는 우리가 밝힐 수 있는 원인에 의해서 이루어지며 치료하고 완치시킬 수 있다. 그러므로 처벌은 범죄자의 문제를 해결하는 데는 아무런 도움이 안 되며, 오히려 범죄자가 이미 가지고 있는 부정적인 관념을 재강화시키기 때문에 범죄자의 처벌은 바람직하지 않다. 즉 범죄자는 자신의 이성을 이용하여 자신의 자유에 따라 의사결정하고 선택할 능력을 결하고 있기 때문에 이들에 대한 책임을 묻는 것으로 볼 수 있는 처벌은 옳지 못하다는 것이다. 그래서 의료모형에서는 범죄자에 대한 지식과 진단능력을 기초하여 형사사법제도에서 폭넓은 의사결정권을 가질 것을 주장하며, 범죄자의 치료를 위해서 다양한 정신건강시설의 폭넓은 활용을 권장하고 있다.

---

45 Donal E. J. MacNamara, "The Medical Model in Corrections," *Criminology*, 1977, 14 : 439~447.

46 Francis A. Allen, *The Borderland of Criminal Justice*, Chicago : University of Chicago Press, 1964, p. 26.

47 American Friends Service Committee, *Strugle for Justice*, New York : Hill and Wang, 1971, p. 37.

2) 적응모형(adjustment model)

1960~1970년대 들어 의료모형에 대한 불만이 새로운 교화개선모형의 출현을 부채질하였다. 물론 이 새로운 모형도 의료모형과 같이 범죄자는 비범죄자와 다른 병자이며 그들은 처우를 필요로 하며 치료될 수 있다고는 믿고 있다. 하지만 범죄자도 자신에 대해서 책임질 수 있고 법을 준수하는 의사결정을 할 수 있다고 주장한다.[48]

적응모형은 다음과 같은 4가지 가정에 기초하고 있다.

첫째, 범죄자는 사회적 기대감에 동조하기 위해서 처우나 도움을 필요로 한다. 그들의 부적응적 행위, 부정적 태도나 부적절한 대인관계가 그들을 범죄로 이끌었기 때문이다.

둘째, 범죄자도 범죄 없는 자유로운 생활을 할 능력이 있으며, 따라서 교정처우에 있어서 범죄자도 그들의 현재 행동에 책임이 있으며, 그들의 범죄행위에 대한 변명으로서 과거의 문제를 들추지 않아야 한다는 신념이 강조되어야 한다.

셋째, 사회환경과 개인의 환경과의 상호작용이 반사회적 행위를 이해하는 데 중요한 요소이기 때문에 처벌은 범죄자의 사회로부터의 소외와 문제행위를 더욱 악화시킬 따름이다.[49]

적응모형은 범죄자들이 사회에 보다 잘 적응하도록 도와주는 데 주요 관심을 두기 때문에 시설수용의 지나친 이용에는 반대하고 있다. 그러나 이들이 주로 사용하는 처우기법으로는 시설 내 처우인 현실요법(reality therapy), 교류분석(transactional analysis), 집단지도상호작용(Guided Group Interaction: GGI), 환경요법(milieu therapy), 요법처우공동체(therapeutic community) 그리고 행동수정(behavior modification) 등이 있다.

3) 재통합모형(reintegration model)

재통합모형의 가장 기본적인 가정은 범죄자의 문제는 범죄문제가 시작된 바로 그 사회에서 해결되어야 한다는 것이다. 위에서 기술한 바와 같이 경제모형에서 그 필요성은 인정되지만 현실적으로 교정당국에서 이를 위해서 할 수 있는 일이란 아무것도 없다라고 본다. 따라서 범죄자의 교화개선은 물론이고 교화개선 된 범죄자가 더 이상 문제없이 사회에서 정상적인 생활을 영위할 수 있기 위해서는 범죄문제를 유발하였던 그 사회도 변화·개선되어 교화개선된 범죄자를

---

48 Clemens Bartollas and Stuart J. Miller, *The Juvenile Offender : Control, Correction, and Treatment*, Boston : Holbrook Press, 1978, pp. 14~15.

49 Clemens Bartollas, *Correctional Treatment*, Englewood Cliffs, NJ : Prentice-Hall, 1985, p. 27.

수용하여 사회와 범죄자가 다시 통합되어야만이 범죄자문제는 완전히 해결될 수 있다는 것이다.

이러한 주장의 배경에는 우리 사회가 범죄문제에 대해서 일말의 책임을 가지고 있기 때문에 그 책임을 다하는 방법으로서 범죄자가 사회와 재통합할 수 있도록 도와주는 것이라고 할 수 있다. 이를 위해서 사회는 범죄자에게 법을 준수하는 행위를 개발할 수 있도록 도움을 주고, 범죄자는 이런 기회를 이용하는 방법을 습득해야 하는 것이다. 그리고 범죄자의 사회재통합을 위해서는 지역사회와의 의미 있는 접촉과 유대관계가 중요한 전제이다. 그러므로 범죄자는 일반시민으로서, 직장인으로서, 가족구성원으로서 자신의 정상적인 역할을 수행할 수 있는 기회를 가질 수 있어야 한다.

따라서 이들은 이러한 전제와 가정을 가장 효율적으로 달성할 수 있는 대안으로서 지역사회에 기초한 교정(community-based corrections)을 강조한다. 즉 이들은 핵심적인 주요 강력범죄자를 제외하고는 지역사회교정이 바람직하며, 시설수용이 어쩔 수 없는 일부 강력범죄자에게도 가능한 한 다양한 사회복귀프로그램이 제공되어야 한다고 주장한다.[50]

(3) 교화개선모형의 평가

이러한 교화개선모형에 대한 평가는 대단한 논쟁의 대상이었다. 먼저 교화개선에 대해서 부정적으로 평가하고 비판하는 입장에서는 주로 다음의 세 가지 근거에서 그들의 입장을 합리화하고 있다.

그 첫째는 교화개선모형의 가정들이 인간의 기본적 가치와 어울리지 않는다는 것이다. 교화개선모형의 전개로 형벌이나 교정에 있어서 중요한 제지와 같은 요소들이 무시되거나 충분히 다루어지지 않는 결과를 초래했다는 것이다. 즉 교화개선모형은 교화개선을 위하여 범죄자를 수용하는 교정시설의 구금적이고 억압적인 특성을 가장하고 있다는 주장이다.

사실 교화개선 특히 부정기형제도와 같은 노력은 수용의 장기화를 초래하고, 강제된 처우는 개인의 자유를 위협하며 적법절차를 위반하여 형벌의 비인간화와 심각화를 초래하였다. 바로 이런 점 때문에 교화개선이 도움이 아니라 처벌로 받아들여지고 인간의 자유와 의지라는 가치와 충돌하는 것으로 인식되고 있다.[51]

또한 교화개선모형은 범죄행위보다는 범죄자에 초점을 맞추고 따라서 범죄자 개인에 따라

---

50 The President's Commission on Law Enforcement and Administration of Justice, *Task Force Report : Corrections*, Washington, D.C. : U.S. Government Printing Office, 1967, p. 7.

51 Allen, *op. cit.*, pp. 28~38.

교화개선의 방법과 시간을 달리하기 때문에 그가 치유되었을 때 석방된다는 부정기형을 전제로 하게 되고, 이는 곧 정의감, 공정성, 헌법적 보호장치 그리고 합리성 등을 결하게 된다. 한편 부정기형과 개별화된 처우로 인하여 교화개선모형에 있어서 폭넓게 허용되고 있는 재량권은 이러한 부정적인 면을 더욱 악화시킬 수 있다.

교화개선모형에 대한 두 번째 비판은 실증적인 것으로, 과연 범죄자의 교화개선은 가능하며 얼마나 효과적인가 하는 것이다. 결론부터 말하자면 Martinson이 언급한 '무의미한 일'(nothing works)이라는 것에서 알 수 있듯이 대체로 부정적인 평가를 받고 있다. 즉 교화개선이 몇몇 특수한 예를 제외하고는 재범률에 미치는 영향이 크지 않다는 것이다.[52] Bailey도 교정처우가 효과적이라는 증거는 거의 없다고 주장하면서, 그 이유로 교정처우 자체가 효과적이지 않거나, 교정처우가 현재의 교정환경에서는 효과적일 수 없거나, 현재 교정처우라고 일컬어지는 대부분이 사실상 교정처우라고 할 수 없거나, 일부 교정처우는 일부 특정범죄자에게는 효과적일 수 있어도 이를 측정할 수 없거나, 교정처우가 범죄의 원인에 대한 잘못된 가정에 기초하기 때문일 수 있다고 설명하였다.[53]

이보다 더 강한 비판으로 Ward는 교정처우가 오히려 처우참여자에게 부정적인 영향을 미쳤다고 주장하면서 그 이유를 교정처우참여자들이 통제집단보다 직원들에게 더 적대적이었으며, 더 많은 중요한 규칙을 위반하였으며, 또한 보호관찰을 더 자주 위반하였고 출소 후 보호관찰조건을 더 빨리 위반하였으며, 당해 사건보다 더 강력한 범죄를 보호관찰중 범행하였기 때문이라고 증거를 제시하였다.[54]

그렇다고 교정처우가 전혀 어떤 범죄자에게도 효과적이지 못하다는 것은 아니다. nothing works라고 하더라도 현재 교정시설에서 이루어지고 있는 많은 교육훈련이나 상담 등이 아무런 효과가 없는 것은 아니기 때문이다. 따라서 가장 적절한 결론은 모든 범죄자를 교화개선시킬 수 있는 처우기법은 없을지 모르지만, 교정처우는 처우의 종류에 따라 그에 적합한 범죄자에게 바람직한 환경 하에서 제대로 시행된다면 효과적일 수 있다는 것이다. 이런 점에서 처우의 개별화와 전문화의 필요성이 대두되고 있다.

52 Robert Martinson, "What Works? Questions and Answers about Prison Reform," *The Public Interest*, 1974, 42 : 22~54.
53 Walter C. Bailey, "Correctional Outcome : An Evaluation of 100 Reports," *Journal of Criminal Law, Criminology and Police Science*, 1966, 57 : 153~160.
54 David A. Ward, "Evaluative Research for Corrections," in Lloyd E. Ohlin(ed.), *Prisoners in America*, Englewood Cliffs, NJ : Prentice-Hall, 1973, pp. 190~191.

이러한 비판에 대해 교화개선론자들의 반론도 만만치는 않다. 우선 처우효과에 대한 부정적 평가로서 nothing works라는 극언에 대해서 자신들의 연구결과에 의하면 교화개선의 효과가 전혀 없는 것이 아니라 무시 못할 정도로 효과가 있다고 주장한다. 그 예로 개별상담, 집단상담, 지역사회에서의 개별적 심리요법, 집중보호관찰 및 환경요법 등은 범죄자의 특성에 따라서는 매우 효과적인 경우도 있었다고 한다.[55] 이와 함께 Palmer는 Martinson의 연구가 교화개선의 효과측정에 있어서 중요한 영향을 미치는 세 가지 요소, 즉 재범률은 처우형태보다는 범죄자의 특성이 더 중요하며, 교정처우가 이루어지는 환경과 여건이 중요한 변수이며, 사례연구가(caseworker)의 자질 등이 재범률의 감소에 중요한 영향을 미친다는 점 등을 경시하고 있다는 점을 논박하였다.[56] 구체적으로 Gendreau와 Ross는 자신들이 조사한 95개의 처우프로그램 중에서 86%는 성공적이었으며,[57] 이들 성공적인 처우의 대부분은 범죄행위의 사회학습개념에 기초하였고 부적절한 행위의 수정에 초점을 맞춘 것들이었다고 지적하면서[58] 교정처우가 능력 있는 담당자들에 의해서 성실하고 제대로 적절한 표적집단에게 행해진다면 범죄예방과 재범감소에 효과적일 수 있다고 주장하였다.[59]

한편 교정처우주장자들은 지금까지의 교정처우는 아직까지 평가받을 충분한 기회도 갖지 못했다고 반격한다. 즉 교정처우가 적은 예산과 부족한 인력으로 이상적이지 못한 여건에서 제대로 수행될 수 없었기 때문에 대단한 변화를 기대한다는 것은 잘못이라는 것이다.[60] 더군다나 교정처우의 자원이 충분하지 못하여 극히 소수의 재소자들에게만 실시될 수 있었고, 처우전문가들과 보안요원 간의 갈등으로 처우전문가들의 입지가 좁아서 제대로 기능하기 어려웠다. 심지어 교화개선된 재소자라 할지라도 반드시 따라야 하는 사후관리, 즉 지역사회에서의 추후지도가 충분치 못하였던 점도 교화개선론자들이 교정처우에 대한 비판을 반박하는 자료로 이용되고 있다.

끝으로 교정에 있어서 교화개선이 포기된다면 아마도 교정은 더욱 억압적이고 비인간적일 수밖에 없으며, 사실 교화개선이 국가로 하여금 범죄자를 배려하고 그들이 필요로 하는 도움을

---

55 Ted Palmer, *Correctional Intervention and Research : Current Issues and Future Prospects*, Lexington, MA : Heath, 1978, pp. 18~19.

56 Ted Palmer, "Martinson Revisited," *Journal of Research in Crime and Delinquency*, 1975, 12 : 133~152.

57 Paul Gendreau and Robert Ross, "Effective Correctional Treatment : Bibliotherapy for Cynics," *Crime and Delinquency*, 1979, 27 : 463~489.

58 Robert Ross and Paul Gendreau, "Offender Rehabilitation : The Appeal of Success," *Federal Probation*, 1981, 45 : 46.

59 Robert Ross and Paul Gendreau, *Effective Correctional Treatment*, Toronto : Butteworth, 1980, p. 8.

60 Seymour L. Halleck and Ann D. Witte, "Is Rehabilitation Dead?" *Crime and Delinquency*, 1977, 23 : 375.

제공하도록 의무지우는 유일한 교정정책이라는 점에서도 교정처우나 교화개선은 없어서는 안될 것이라고 주장한다. 또한 많은 범죄자들은 그들의 과거를 돌이켜 볼 때 스스로 자신을 추스르는 데 실패했기 때문에 전문가의 도움을 필요로 하며, 이들이 교화개선 되지 않고 과거의 문제를 그대로 안고 사회로 되돌려진다면 사회의 피해자화는 당연한 결과일 것이므로 범죄자에 대한 처우는 반드시 필요하다고 주장한다.

이러한 평가를 기초로 교화개선모형이 새로운 변화를 모색하고 있는 것도 사실이다. 우선 범죄자를 수용하는 것이 처우를 목적으로 한다기보다는 범죄자에게 기회를 제공한다는 의미에서 처우의 필요성을 제기한다. 이렇게 함으로써 처우에의 참여가 강제가 아닌 자발적인 것이 되며, 자발적 참여를 전제로 하기 때문에 그 효과가 증대됨은 물론이고 처우의 형평성에 대한 논란도 없어질 수 있다.

3. 사법정의(justice)를 위한 교정

(1) 정의모형의 개관

교정에 있어서 정의모형은 한 마디로 교화개선모형과 처벌모형에 대한 불만과 비판을 기초로 하고 있다. 우선 교화개선모형은 교정시설에서의 잔혹성을 숨기기 위한 것에 불과하며, 재소자들은 처우되고 있기 때문에 적법절차를 요하지 않고, 많은 교정사고의 원인이 바로 교화개선이 전제로 하는 부정기형의 산물이며, 부정기형은 재소자의 형기를 장기화하여 처벌을 강화하는데 일조를 했고, 석방일의 불확실성은 재소자를 불안에 휩싸이게 하였다고 비판받아 왔다. 그럼에도 불구하고 교화개선이 추구하는 교정의 목적, 즉 재소자의 사회복귀는 그다지 효과적인 결과를 성취하지 못하였다.

결국 적지 않은 비용을 투자하여 차별적 형사정책이라는 비난을 받아가면서 추진한 교화개선이 만족할 만한 성과를 거두지도 못할 바에야 형사정책의 가장 기본적인 목적이라고 할 수 있는 사법정의의 실현이라도 추구하는 편이 더 바람직할 수 있다는 데서 정의모형은 출발한다.

이러한 정의모형은 David Fogel에 의해서 가장 잘 표현되고 있다.[61] 그는 형사사법의 최우선은 정의를 실현하는 것이라고 주장한 철학자 John Rawls로부터 많은 영향을 받았다. Rawls는

---

61 David Fogel, "⋯We are the Living Proof"(2nd ed.), Minneapolis : Anderson Publishing Co., 1979.

법이나 제도가 아무리 효과적이고 잘 정돈되었더라도 그것이 정의롭지 못하다면 개선되거나 폐
지되어야 한다고 주장하였다.[62] 결국 Fogel은 사법정의가 교화개선보다 바람직하고 성취 가능한
형사사법목표이며, 이는 공정하고 합리적이며 인본적이고 합헌적인 관행에 의해서 이루어질 수
있다고 주장하였다.

　　이러한 정의모형의 기본가정은 역시 자유의사론적 개념에 기초한 바 크다. 형사사법에 대한
신고전주의적 접근을 시도하였던 Schafer의 영향을 받아[63] Fogel은 인간은 의지를 가지고 있으
며, 따라서 자신의 행위에 대해서도 책임이 있다고 생각하였다. 인간은 의지적이고 책임 있는
존재이므로 범죄자는 법률위반에 대해서 당연히 처벌받아야 마땅하며, 따라서 처벌이란 그들의
필요가 아니라 그들의 행동에 대해 그들이 응당 받아야 할 처분에 기초하여 이루어져야 한다.[64]

　　그러나 범죄자에게 가해지는 처벌은 범죄로 인하여 사회에 가해진 사회적 해악이나 범죄의
경중에 상응한 것이어야 한다. 바로 이것이 당위적 공과론(just deserts)으로서 정의모형의 철학적
기초가 되고 있으며, 이는 벌에 대한 일종의 공리적 접근으로서 범죄자에 대한 처벌은 제지나
교화개선과 같이 차후 범죄자나 사회에 이익이 되기 위해서 이루어지는 것이 아니다. 범죄자를
처벌하는 유일한 이유는 그가 처벌을 마땅히 받아야 하기 때문이다.[65]

　　다음으로 정의모형은 형사사법기관의 재량권의 남용이 바로 시민에 대한 국가권력의 남용
이기 때문에 공정성으로서의 정의(justice－as－fairness)가 다루어져야 한다고 주장한다.[66] 법관의
재량권으로 동일한 범죄를 한 범죄자들이 서로 다른 처벌을 받고, 가석방심사위원회의 재량권
때문에 재소자들이 위원회와 속고 속이는 사태를 빚게 되기 때문이다. 더불어 교도관들은 적법
절차를 무시하며 권한을 남용하고 있다. 따라서 교정이 범죄자에게 법을 준수하도록 가르칠 수
있는 유일한 방법은 법을 준수하는 방식으로 재소자를 처우하는 길 밖에 없다는 것이다.[67]

　　또한 정의모형은 자신의 운명을 협상할 기회를 부여받아야 할 재소자를 책임 있는 존재로
취급하지 않는다면, 그는 변화를 성취할 수 있는 방안으로서 폭력을 행사할 수밖에 없다. 즉 재
소자 자신이 원하는 프로그램을 자발적으로 선택할 수 있게 하고, 법이 규정하는 모든 권리를

---

62 John Rawls, *A Theory of Justice*, Cambridge : Harvard University Press, 1972, p. 3.
63 Stephen Schafer, *The Political Criminal : The Problem of Morality and Crime*, New York : Free Press, 1974,
　　Fogel, *op. cit.*, p. 185에서 재인용.
64 Andrew von Hisch, *Doing Justice : The Choice of Punishment*, New York : Hill and Wang, 1976, p. 98.
65 David Fogel and Joe Hudson, *Justice as Fairness : Perspectives on the Justice Model*, Cincinnati : Anderson, 1981, p. 1.
66 Fogel, *op. cit.*, p. 227.
67 Fogel, *op. cit.*, p. 204.

제공하며, 재소자에 관한 모든 의사결정을 확실하게 하며, 그들에 관한 불공정한 결정에 대해서
청원할 수 있는 기제를 만들고, 교정시설 내의 어느 정도의 재소자자치에 참여할 수 있는 기회
를 제공함으로써 책임 있는 존재로서 취급하여야 한다는 것이다.[68]

(2) 정의모형의 평가

McAnany는 정의모형에 대한 몇 가지 심각한 비판을 제기하였다. 우선 범죄의 경중을 결정
하는 일이 일종의 정치적 속성을 가지고 있기 때문에 정의모형의 실현에 적지 않은 장애요인이
된다고 비판한다. 한편 정의모형은 실제로 형사사법기관의 특성상 실현되기 어려운 과제이기 때
문에 정의모형의 주장은 일종의 구두선에 그치기 쉽다는 것이다.[69]

한편 Cullen과 Gilbert는 이보다 더 심각한 비판을 제기한다. 그들은 응보적 원칙에 뿌리를
둔 정의모형은 범죄자의 개선을 목표로 하는 형사사법체제에 비해 더 정의롭고, 공정하며, 인본
주의적이고, 효과적이라고 할 수 없다고 주장한다. 예를 들어서 정기형은 형벌의 엄중함을 부추
기고, 검찰의 기소권을 확대시키며, 교정시설의 과밀수용을 부채질하기 때문에 정의모형이 의도
하는 목적, 즉 사법정의의 실현이 어려울 것이라고 의문을 제기한다.[70]

이와 함께 그들은 정의모형을 비판하였던 형사사법의 재량권에 대해서 이는 불공정성을 증
대시키는 것이 아니라 오히려 부정의를 회피하기 위한 것이라고 반박한다. 예를 들어 청소년범
죄자에 대한 재량권의 허용은 청소년범죄자에 대한 부정적 낙인을 줄여 줄 수 있으며, 가석방심
사는 범죄자의 형기를 줄여 줄 수 있다는 것이다. 끝으로 교화개선을 인간적이고 정의로운 방법
으로 운영하지 못한다고 비판하는 바로 그 형사사법제도에 정의롭고 인간적인 정기형제도를 실
현할 것을 기대한다는 것은 다분히 역설적일 수밖에 없다는 것이다.[71]

이러한 비판에도 불구하고 정의모형은 몇 가지 강점도 가지고 있다. 우선 정의모형은 범죄
자를 처벌하되 인간적인 방법으로 할 것을 권한다는 점에서 바람직한 면이 있다. 이는 교정의
기본목표인 교화개선사상에 대해서 우리 사회가 더 이상 미련을 갖지 않으려는 강경대응
(get-tough)의 분위기 때문에 정의모형(just deserts)이 교화개선보다는 사회적으로 쉽게 수용될

68 Fogel, *op. cit.*, p. 206.
69 Patrick D. McAnany, "Justice in Search of Fairness," in Fogel and Hudson(eds.), *Justice Fairness*, pp. 29~30, 39, 41, 45.
70 Francis T. Cullen and Karen E. Gilbert, *Reaffirming Rehabilitation*, Cincinati, Anderson, 1982, pp. xii, 159, 160, 164, 165.
71 *Ibid.*, p. 177.

수 있는 정책이기 때문이다. 더구나 모든 교정의 과정에 있어서 무엇을 하건 공정한 처우와 적
법절차는 우선적 관심사가 되어야 한다는 점에서도 정의모형은 그 값어치가 적지 않다.

　　끝으로 정의모형에서는 교정시설생활의 잔혹성, 재소자들이 보호관찰부 가석방을 얻기 위해
서 가석방심사위원회와 벌이는 속고 속이는 일종의 게임, 사회의 강력범죄자를 지키는 교도관들
의 어려움과 형편없는 대우, 범죄피해자가 갖는 경제적·감정적 고통, 과거 재소자에게 가해졌던
학대 그리고 교정에서의 변화를 추구하는 것의 어려움까지도 관심의 대상으로 삼고 있어서 현
실적인 고려가 되고 있다는 점도 하나의 매력이라고 볼 수 있다.

　　그러나 결론적으로 볼 때, 범죄자가 사회에 끼친 해악에 상응한 처벌을 받아야 마땅하다는
것을 확인해 주는 당위적 공과론(just deserts) 또는 정당한 처벌(just punishment)이라는 개념이
정의모형의 치명적인 결함이 될 수 있다. 물론 범죄의 경중에 따른 상응한 처벌이 양형에 있어
서 공정하고 인본주의적인 기준으로 정의될 수도 있으나, 교정의 궁극적인 목적이 응보라는 사
실은 희망적이기보다는 절망적인 것일 수밖에 없다. 사실 당위적 공과론(just deserts)의 이상이
수세기에 걸쳐 존재해 왔지만 선진사회의 형사정책을 지배하지 못하고 있으며, 앞으로도 형사정
책을 지배할 수 있을 것이라는 데는 의문의 여지가 많다.[72]

---

72 Francis A. Allen, *The Decline of the Rehabilitative Ideal*, New Haven : Yale University Press, 1981, p. 69.

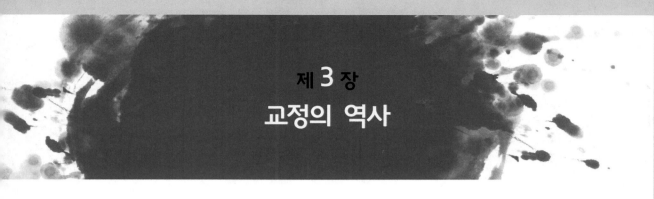

제3장
교정의 역사

제1절 교정사의 단계

1. 복수적 단계

복수적 단계시대는 원시시대부터 고대국가형성 시까지를 말하며, 복수적 악행은 개인 상호 간, 부족 혹은 민족 사이에 행하여졌던 것으로 복수는 잘못한 사람이나 그 가족이 맡아야 할 의무였다. 이 시대의 복수관념을 나타내는 탈리오(Talio)법칙이란 범죄행위에 대한 처벌로써 눈에는 눈, 이에는 이로 보복을 가한다는 의미이다. 다른 말로 동해보복(同害報復)사상이라고도 한다. 또한 이 시기에는 개인적인 형벌에 입각한 복수관(사형벌위주의 시기)과 더불어 종교적·미신적 사회규범(Taboo)에 의한 속죄형제도도 존재하였다.

2. 위하적 단계

위하적 단계[1]시대는 고대국가부터 18세기까지를 말하며, 14~15세기의 이단자탄압의 시기에는 특히 교회법의 위반자를 처벌하면서도 동시에 일반사회의 범죄인들의 피난처로서 교회가 이용되기도 하였다. 16세기경에는 왕권강화와 강력한 공형벌(일반예방에 입각한 심리강제와 위하)개념에 따른 준엄하고 잔인한 공개적인 처벌을 포함한 형벌제도와 순회판사제도가 있었던 시기로

---

1 위하주의시대에 이르러 국가적 형벌관이 확립되었다고 볼 수 있다. 한편 중국 춘추전국시대의 형기간무형(刑期干無刑)이란 형벌을 과함으로써 형을 과할 일이 없도록 한다는 의미인데, 이것도 일반예방사상을 표현한 것이라고 할 수 있다.

카롤리나형법전이 대표적인 법전이라 할 수 있다. 이러한 위하적 단계에서의 수형자에 대한 행형이란 야만성을 탈피하지 못했고, 교육적 목적이 전혀 고려되지 않은 음침한 지하의 혈창, 성벽의 폐허 등의 행형건축이 주로 이용되었다.

3. 교육적 개선단계

교육적 개선단계시대는 18세기 말엽부터 19세기 중반까지를 말하며, 유럽의 문예부흥기와 산업혁명으로 인한 잉여노동의 성장 그리고 공리주의의 영향을 받으면서 인간의 '자아발견'에 이르러 국가형벌권도 박애주의사상에 입각하기 시작하였다. 위하적 혹형(酷刑)에서 박애적 관형(寬刑)으로, 죄형천단(擅斷)주의에서 죄형법정주의(형벌의 법률화)로, 형벌도 생명형과 신체형으로부터 자유형으로 변화되어 가는 시기라 할 수 있다. 따라서 자유의 박탈은 응보적·위하적·배해적(排害的) 목적에서 교정적·개선적·교화적 목적으로 바뀌게 된다.

국가는 수형자의 개선을 위하여 질서생활, 근로에 의한 교화개선에 중점을 두었는데, 특히 네덜란드의 암스테르담 노역장에서는 교육적 개선형을 처음 실시하여 부랑인·불량소년·유해자들이 가지고 있는 노동 혐오심을 교정하는 데 주력한 바 있다. 그리고 18세기 미국에서는 주야 엄정독거로 자신의 비행에 대한 회오(悔悟)반성을 유도하는 펜실바니아제(Penitentiary : '뉘우치는', '참회하는'의 의미), 침묵조건하에 주간에는 공동작업을 시키고 야간에는 독거시키는 오번제 그리고 형기를 수개로 나누어 개선의 정도에 따라 자유의 제한을 완화하고 처우와 책임을 누증하여 개선을 촉진하는 오스트리아의 누진제 등이 이 시대의 영향을 받은 것이라 할 것이다.

4. 과학적 처우단계

과학적 처우단계 시기는 19세기 말부터 20세기 초를 거치면서 형벌의 개별화가 주장된 때라 할 수 있는데, 이때는 진취적이고 실증적인 범죄의 분석과 범죄자에 대한 처우를 통해 사회를 범죄로부터 구제 내지 방어하려는 방향을 제시하였다. 따라서 훈련된 교도관으로 하여금 수용자의 구금분류와 처우를 담당하게 할 것과 수용자의 적성발견과 개별적 처우로써 건전한 사회인으로 재사회화를 도모하는 것에 초점을 두었다. 또한 행형건축도 수용자의 교육과 사회복귀를 위한 직업훈련시설을 갖추고 질병의 감염방지와 건강을 고려한 의료적 배려하에 현대식 건축이 세워졌으며, 행형의 집행기구는 보다 집약적인 교정업무를 강력히 수행할 수 있도록 개편

되었다.

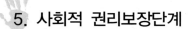

5. 사회적 권리보장단계

사회적 권리보장단계시대는 제 2 차 세계대전 이후 범죄자에 대한 개선·치료모델의 실패로 범죄자가 다시 복귀해야 할 사회와의 재통합을 전제로 한 사회 내 처우가 주목을 받으면서 보호관찰·가석방·중간처우 등의 사회 내 처우프로그램들이 인기를 얻게 된 시기라 할 수 있다. 또한 1960년대 후반 세계 각국에서 인권운동이 전개되면서 소수민족차별대우철폐, 여성인권운동, 학생들의 교육제도 개선요구 등 종래의 질서에 대한 일대 저항을 불러일으켰고, 수형자들도 자신들의 권리를 주장하고 나섰다. 그동안 수형자를 처우의 객체로 보고 무조건 처우에 강제적으로 참여시켜 왔던 것에 대한 새로운 비판에 봉착하게 되었다. 그 후 1971년 9월에 발생한 뉴욕주의 Atica 주립교도소의 폭동사건을 계기로 수형자의 침해된 권리의 구제를 위한 자유로운 소송제기가 보장되었으며, 헌법상 보장된 권리들이 수형자들에게도 폭넓게 인정되어 미국의 교정제도는 다각적인 측면에서 수형자의 사회적 권리보장을 위한 교정제도개선에 박차를 가하게 되었다.

제 2 절 우리나라의 행형사

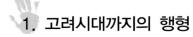

1. 고려시대까지의 행형

(1) 고조선시대의 행형

이 시대의 형벌사상은 한서지리지에 기록된 8조법금 등에서 그 내용을 알 수 있다. 사람을 죽인 자는 사형에 처하고, 남에게 상해를 입힌 자는 곡물로써 배상케 하며, 남의 물건을 훔친 자는 노예로 삼거나 돈으로 배상한다고 규정함으로써 다분히 복수주의적 응보형이 주류였음을 알 수 있다. 구체적으로 부여의 경우에는 절도죄를 지은 자에게 1책 12법을 적용한 바 있고, 부녀의 간음과 투기에 대하여는 모두 극형에 처하여 산 위에 버렸다는 기록이 있다. 이러한 형벌은 옥저와 동예도 유사하였다고 전해지며, 삼한에서는 소도라는 치외법권적인 지역이 있어서 죄인이 이 지역으로 도망가면 그를 붙잡지 못하였다고 한다. 한편 부족국가로 알려진 부여국에 원형옥(圓形獄)이 있었던 것으로 전해지는데, 이러한 원형옥(round shape prison)은 신라·고려로 이어져 왔고, 조선시대 한양의 대표적 교정시설인 전옥서를 포함하여 일제가 주권을 침탈한 직후인 1914년경까지 2천년 이상 원형의 형태로 전래되었다고 한다. 이러한 전통옥의 형태가 원형이었던 이유로 '감시와 편리함' 때문이라는 주장이 있다. 그러나 원형옥을 짓고 사용해 온 더 큰 의미는 '범죄인을 어질고 의롭게 다스려 교육하고 개선시키기 위함'이라고 보는 것이 더 타당하다.

(2) 삼국시대의 행형

고구려에서는 부여와 마찬가지로 절도자에게 1책 12법을 적용하고 그 자녀를 노비로 삼아 갚게 한 바 있으며, 패전자·강간자 등은 사형에 처한 것으로 전해진다. 그리고 백제는 국가공권력에 의한 행형을 중시하였으나 고구려 등과 마찬가지로 응보적 수준의 행형이 주류였다고 한다. 한편 신라의 형률은 반역자와 전쟁에서 퇴각한 자 등을 엄단하고, 살인자는 사형에 처하며, 절도자는 배상을 물게 하였다고 한다. 당시 삼국의 감옥명칭으로는 영어(囹圄)·뇌옥(牢獄)·형옥(刑獄)·수옥(囚獄) 등이 사용되었다고 한다.

(3) 고려시대의 행형

고려시대의 행형을 보면 11대 문종왕 때 중국의 형법을 고려의 고유한 법속에 결합시켜 죄형법정주의개념의 형법체계가 수립된 바 있는데, 특히 이 시대에서는 유교·불교·도교 등과 같은 종교적 인애사상이념이 행형에 적극 반영되었다. 감옥을 전옥서라 하였으며, 정형(定刑)주의를 확립시킨 시기로 평가된다. 그리고 제4대 광종 때는 노비법 개정과정에서 급증하는 수용자를 관리하기 위해 전옥서 외에 임시로 사용할 감옥을 설치하였는데, 이를 가옥(假獄)이라고 하였다. 한편 고려시대의 형벌로는 태·장·도·유·사 등 5종이 근간을 이루고, 여기에 부가형으로 삽루형·경면형·노비몰입·가산몰수 등이 있었다. 또한 일정한 조건 아래 형을 대신하여 속전을 받는 제도가 있었다고 한다.

2. 조선시대행형의 특징

조선시대행형의 특징은 유교적 색채를 반영한 것이다. 또한 엄중한 형벌집행에 있어서는 신중을 기하는 면을 보여 주고 있는데, 사형에 대하여는 3번 심사를 하는 삼복제(三覆制)를 시행하고, 국왕의 재결을 받아 집행했다는 점에서 그 근거를 찾을 수 있다. 이 당시도 고려시대와 마찬가지로 죄수의 구금[2]을 담당하는 시설을 전옥서[3]라 하였다. 한편 관찰사는 유형 이하의 사건만 처리하였고, 군·현의 수령은 장형 이하의 것만 처리토록 하였다.

(1) 행형관장기관

표 3-1   조선시대 행형관장기관과 관장업무

형 조 (刑曹)	조선 초기에 설치된 육조의 하나로 국가의 사법업무와 노예에 관한 사무를 총괄	
	4사(司)	상이사(祥履司)	중죄에 대한 복수업무의 주관부서
		고율사(考律司)	율령에 관한 사항을 관장
		장금사(掌禁司)	감옥과 범죄수사 업무처리
		장예사(掌隷司)	노예의 호적과 소송, 포로에 관한 업무
	전옥서(典獄署)		죄수의 구금을 담당
사 헌 부	감찰기관	
의 금 부	왕명에 의한 특수범죄를 담당	
한 성 부	수도·가옥의 소송, 묘지소송을 관장	
관 찰 사	행형에 관하여 군·현을 감독	
수 령	행형에 대한 사무는 형방의 소관	

(2) 형벌제도

1) 태형(笞刑)

태형은 가장 가벼운 형벌로서 10대(度)에서 50대(度)까지 5등급으로 나누었고, 집행은 죄수를 형틀에 묶은 다음 하의를 내리고 둔부를 노출시켜 대(度)수를 세어가며 집행하였다. 하지만 부녀자의 경우는 옷을 벗기지 않았으나 간음한 여자는 옷을 벗겨 집행하였고, 나이가 70세 이상인 자, 15세 미만인 자와 폐질환자, 임산부는 태형을 집행치 않고 대신 속전(贖錢)을 받았다. 이러한 태형은 조선 말 장형이 폐지된 후에도 존속하다가 1920년에 완전 폐지되었다.

---

2 조선왕조실록에 의하면 조선 세종대왕이 1432년 7월 11일 형조에 "남자죄수와 여자죄수, 경범죄자와 중범죄자를 구별하여 방을 정하라"는 명령을 내린 기록이 있으며, 영조 14년에 사형확정자는 남간에 수용하는 것을 영구히 법으로 정한다는 기록이 있다.

3 조선시대에는 대명률의 오형제도(五刑制度)에 따라서 감옥은 단순한 미결구금 또는 사형 등 형집행을 위한 일시구금시설의 기능을 담당하였을 뿐이고, 구금 자체가 형벌로 인정되지는 않았다(배종대, 1999).

2) 장형(杖刑)

장형은 태형보다 중한 벌로서 60대에서 100대까지 5등급으로 나누고, 대체로 도형과 유형에 이를 병과하는 것이 보통이었다. 그런데 장형은 행형에 있어서 형을 남용하는 남형(濫刑)의 폐해가 가장 많았다고 한다. 이러한 장형은 갑오개혁 다음 해인 1895년에 행형제도의 개혁과 동시에 폐지되었다.

3) 도형(徒刑)

도형은 오늘날의 징역형에 해당하는 것으로 도형기간 동안 관아에서 노역에 종사케 하는 자유형의 일종으로 고려시대 당률의 영향을 받아 고려형법에서 처음으로 도입하여 시행되었고, 조선에서는 경국대전의 형전과 대명률직해, 속대전 등에 이를 규정하였다. 도형의 기간은 최단기 1년에서 최장기 3년까지 5종으로 구분되고, 도형에는 반드시 장형이 병과 되었다. 도형을 대신하는 것으로는 충군[4]이 있었는데, 이는 도역에 복역하는 대신 군역에 복무시키는 것으로 일종의 대체형벌이라 할 수 있다.

4) 유형(流刑)

유형은 중죄자를 지방으로 귀양보내 죽을 때까지 고향으로 돌아오지 못하게 하는 형벌로 도형과 함께 자유형에 속하지만, 도형과는 달리 기간이 정하여 지지 않았다는 점에서 오늘날의 무기금고형에 해당한다. 유형에 처해진 자는 임금의 사령 등 왕명에 의해서만 석방이 될 수 있었고 유형은 장형이 병과 되는 것이 보통이었으며, 유배죄인에 대한 계호와 처우의 책임은 그 지방의 수령에게 있었다.

유형수(流刑囚) 중 정치범에게는 식량 등의 생활필수품을 관에서 공급하였고, 유배지에 처와 첩은 따라가며, 직계존속은 본인의 희망에 따라 동행을 허가해 주었다고 한다. 유형 중 중도부처(中途付處)란 관원에 대하여 과하는 형벌이고, 안치(安置)[5]는 왕족이나 현직고관인 사람에 한하

---

4 충군에 대하여 경국대전과 대전통편 그리고 대전회통은 군복무기간이 도형기간을 경과하면 석방할 것을 규정하고 있다.
5 안치의 종류
 ·본향안치(本鄕安置): 죄인을 그의 고향에 안치시키는 것(범죄인에 대한 은전적 성격).
 ·절도안치(絕島安置): 외딴 섬에 범죄인을 안치시키는 것.
 ·위리안치(圍籬安置): 금오천극 죄인이라 하여 집주위에 가시나무를 둘러치고 그 안에 유폐시키는 형벌.

여 일정한 장소에 격리시켜 유지케 하는 것으로 유형 중에서도 행동의 제한을 가장 많이 받는 형벌이었다. 또한 천도(遷徒)는 조선 초 북변개척을 위한 이민정책의 일환으로 범죄자와 그의 가족을 천리 밖으로 강제 이주시키거나 연변지역으로 이주시키는 것을 제도화한 것인데, 특히 전가천도는 일반유형의 효력이 죄인당사자에 한하는 데 비하여 이는 전가족에게 영향이 미치는 것으로 가혹한 것이었다.

5) 사형(死刑)

사형에는 교형과 참형, 능지처참 등이 있는데, 능지처참이란 가장 중한 극형에 해당하는 것으로 신체를 여러 부분으로 절단하여 죽이는 형벌이다. 이는 주로 대역죄나 유교적 윤리에 근본적으로 반하는 범죄에 대하여 적용하였으며, 민중에 대한 위하의 목적으로 오살(五殺)[6]·능지처사(凌遲處死)[7]·차열(車裂)·효수(梟首)·기시(棄市)[8] 등 잔인한 방법으로 집행되었다. 사사(賜死)란 왕명으로 독약을 마시게 하여 죽게 하는 것이며, 부관참사(剖棺斬死)는 대역죄 등의 범죄에 대하여 죽은 자의 무덤을 파헤쳐 시체를 꺼내 능지처참을 행하는 것으로 명문 규정은 없다.

6) 부 가 형

부가형으로 자자형(刺字刑)은 신체의 어느 부위에 먹물로 글씨를 새겨 넣는 형벌인데, 주로 절도범으로 장형·도형·유형에 처하여진 자에게 가해졌고, 경면이란 얼굴에 글씨를 새기는 제도로 이는 일반백성들에게 그가 전과자임을 알려 수치심을 갖게 하는 동시에 요시찰자로 관리하기 위한 것이었다. 이것은 주로 도둑의 횡포를 막기 위한 방편으로 사용되었으나, 평생 동안 전과자라는 낙인을 찍고 살아야 하는 가혹한 처벌로 영조 16년(1740)에 자자의 도구를 소각시키고 완전히 폐지되었다. 노비몰입이란 범죄인이나 그 가족을 노비에 편입시키는 것으로 절도재범자, 대역·모반 등 10악(惡)에 해당하는 강상죄인의 가족에게 적용하였다. 재산몰수란 역모 등의 경우에 관련자의 가족을 노비몰입하고 전재산을 몰수하는 것이며, 그 밖에 권리박탈적 명예형인

---

6 오살이란 역적을 처형할 때에는 우선 죄인의 머리를 찍어 죽인 다음 각(脚) 등을 베어버리는 순서로서 집행하는 것을 말한다.

7 능지처사란 모반대역죄나 친부모살인죄와 같은 최고의 반도덕범에 대하여서만 적용되던 것으로 죄인의 머리·양팔·양다리·몸체를 찢어 각지로 보내 여러 사람에게 보이거나 신체의 특정된 수개 처에 칼질을 하여 상처를 내고 목을 베는 형벌로, 능지처사된 죄인의 매장은 허용되지 않았다.

8 기시란 참형에 처하되 그 집행 장소를 사람이 많이 모이는 시장으로 한 다음 시체를 길거리에 버리는 방법이다.

윤형(閏刑), 피해자에게 배상하는 피해배상제도가 있었다고 한다.

(3) 휼형제도

휼형(恤刑)이란 '범죄인에 대한 수사·신문·재판·형집행과정을 엄중·공정하게 진행하되 처리를 신중히 하고, 죄인을 진실로 불쌍히 여겨 성심껏 보살피며 용서하는 방향으로 고려해 주는 일체의 행위'를 가리키는 것이라고 정의할 수 있다. 휼형은 삼국시대에도 시행되었다는 기록이 있고, 고려를 거쳐 조선후기로 오면서 더욱 폭넓게 사용되었다. 조선시대의 휼형사례로는 죄를 용서하여 벌을 면제하는 사면(赦免), 감강종경(減降從輕)이라 하여 사형에 해당하는 죄는 유형으로, 유형은 도형으로, 도형은 장형으로 처리하는 감형(減刑), 구금중인 죄인의 건강이 좋지 않거나 구금 중에 친상(親喪)을 당한 때에 죄인을 옥에서 석방하여 불구속 상태로 재판을 받게 하거나 상을 치르고 난 후 다시 구금하는 보방제도(保放制度) 등이 있었다. 이는 오늘날의 구속집행정지나 형집행정지, 그리고 귀휴제도와 유사하다고 볼 수 있다. 결국 조선시대 휼형사례를 보면 죄지은 사람은 법에 따라 엄중하게 처벌하되 용서해 줄 여지가 있으면 이를 적극적으로 용서해 온 것이 조선 형정(刑政)의 특징이라고 할 수 있다. 이처럼 조선의 형벌제도는 백성을 중히 여기는 민본사상(民本思想)과 인정(仁政)에 그 기반을 두고 있었다.

(4) 감옥제도

감옥제도로서 전옥서는 고려의 제도를 계승하여 개국 초부터 형조에 소속되어 죄인의 수감을 맡아 하던 관서로 갑오개혁 이후 전옥서는 경무청 감옥서로 변경되었고, 1907년 감옥업무가 법부로 이관된 후 경성감옥으로 개칭되었다. 한편 육전조례 전옥서에 의하면 남옥(男獄)과 여옥(女獄)으로 분리수용하고, 대부분의 형사법전에 구금할 수 있는 기관, 구금의 요건 등을 상세히 규정하여 구금에 신중을 기하고 피구금자의 인권을 최대한 보호하고자 하였다.

(5) 형구(刑具)

죄인에게 형벌을 집행하기 위하여 또는 구속이나 고문을 하기 위하여 사용되는 도구로서 일명 옥구(獄具)라고도 한다. 형구의 종류에는 태(笞)·장(杖)·신장(訊杖 : 고문에 사용한 가시나무 회초리)·가(枷 : 목에 씌우는 나무칼)·추(杻 : 수갑)·철삭(鐵索)·요(鐐 : 쇠뭉치가 달린 쇠사슬)의 7종이 있었다. 곤장의 종류인 태와 장은 태형과 장형을 집행하는 데 사용하고, 신장은 범죄인을 합법적으로 고문하는 데 사용하였으며, 가·추·철삭·요는 범죄인의 도주를 방지하기 위하여 사용되

표 3-2   사(私)형벌의 종류

관습적으로 관(官)에서 행하던 형벌	주뢰(周牢): 주리를 트는 것
	압슬(壓膝): 양쪽 정강이뼈를 목봉으로 강하게 누르고 문지르는 것
	낙형(烙刑): 불에 달군 쇠로 낙인
	난장(亂杖): 다수에 의한 집단 폭행
권문세도가에서 행하던 사(私)형벌	의비(劓鼻): 코를 벰
	월형(刖刑): 아킬레스건을 제거
	비공입회수(鼻孔入灰水): 코에 잿물을 주입
	팽형(烹刑): 삶아 죽임
	고족(刳足): 발을 쪼갬

었다고 한다.

(6) 법외(法外)의 형벌

조선시대에 공형벌주의를 원칙으로 하고, 예외적으로 사(私)형벌주의를 인정하였다. 사형벌을 인정하는 경우로는 조부모나 부모에 대한 가해자를 자손이 구타한 경우에 그 상해의 정도가 중상 이상이 아니면 불문에 붙이고, 또한 조부모 또는 부모의 피살현장에서 자손이 범인을 살해한 것도 불문에 붙인다(가해자에 대한 자손의 보복). 한편 자손으로서 조부모나 부모를 구타하거나 처가 남편의 조부모 또는 부모를 구타하는 경우 그녀를 살해하거나 교령(敎令)에 위반하는 자를 징계하다가 우연히 사망한 경우 및 과실치사한 경우에는 가해자는 불문에 붙이며, 남편이 처를 구타하는 것은 이유를 막론하고 이로 인한 상해의 정도가 중상해가 아니면 불문에 붙인다(자손이나 처에 대한 조부모·부모·남편의 징계). 더불어 명령에 복종하지 아니하는 노예에 대하여 징계권을 행사하다가 우연히 사망하거나 과실치사한 경우에는 가해자는 불문에 붙인다(노예에 대한 주인의 징계).

3. 우리나라의 근대적 행형

(1) 갑오개혁시 행형관계법

1) 홍범 14조 13항의 지침

근대적 행형제도가 도입된 시기인 갑오개혁시 홍범 14조 13항의 지침에 의거하여 형조의

폐지와 법무아문의 신설, 의금부의 의금사로의 개편, 연좌제의 폐지, 고형(拷刑)폐지, 관·민의
재판권을 법무아문에 귀속처리, 경무청 관제개편, 감옥사무를 내무아문으로 이관하였다.

2) 재판소구성법

재판소구성법은 1895년 3월 5일자 법률 제1호인데, 여기서 행정권으로부터 사법권을 독립
시키는 근대적 사법제도의 기본원리를 실체적으로 처음 시도하였다. 경무청 감옥서에서 감옥사
무를 일원화하여 관장하고 직수아문에 부설되었던 감옥을 모두 폐지하였다. 오형(五刑) 중 장형
을 폐지하고, 도형을 징역으로 바꾸고, 유형은 정치범에 한해서 적용했으며, 미결수와 기결수를
구분하여 분리수용하고, 징역형을 받은 자는 감옥서에서 노역에 종사시켰다.

(2) 광무시대 행형관계법

1) 감옥규칙

감옥규칙은 고종 31년(1894) 11월 25일에 제정되어 새로운 감옥사무의 지침이 마련되었는
데, 처음으로 미결감과 기결감을 구분하여 판·검사의 감옥순시를 명시하였으며, 재감자 준수사
항 등을 규정하였다. 그리고 감옥규칙의 제정에 따라 징역수형자의 누진처우를 규정한 징역표는
범죄인의 개과촉진을 목적으로 수용자를 4등급(특수기예자·보통자·부녀자·노유자로 구분)으로 분
류하고, 1~5등급으로 나누어 일정기간이 지나면 상위등급으로 진급시켜 점차 계호를 완화하는
등의 단계적 처우를 실시하였는데, 이는 조선의 전통적 행형에서 근대적 행형으로 전환하는 과
도기적 특징을 지닌다.

2) 형률명례(刑律名例)

형률명례는 1896년 4월 4일 법률 제 3 호로 제정·공포되었는데, 조선구제(舊制)의 형벌제도
를 근간으로 하면서 근대적 법률체계를 갖춘 과도기적 형법의 형태를 보여 준다.

여기서는 장형을 없애고, 형의 종류를 사형·유형·도형·태형의 4종으로 구분하고, 사형은
교수(絞首), 유형은 종신·15년·10년의 3등, 도형은 17등, 태형은 10등으로 구분하였다. 한편 도
형·태형은 국사범 외에는 범죄의 종류나 경중을 참작하여 속전으로 대신할 수 있었고, 가(枷)와
쇄체는 도주우려자에게 사용했으나 노약자와 부녀자에게는 이의 사용을 금하였다. 그 밖에 재판
관에게 형벌을 완화할 수 있는 재량이 인정되었다.

3) 형법대전

형법대전은 광무 9년(1905) 4월 29일 법률 제2호로 제정·공포된 것으로 조선왕조에서 시행한 마지막 형법으로 근대서구의 법체계를 모방한 법전이다. 이는 형사실체관계에 관한 규정, 형사절차 및 행형에 관한 규정 등이 포함되어 있고, 국한문을 혼용한 전문 680조로 되어 있다.

(3) 융희시대 행형관계법

융희시대에는 1907년 12월 27일 법무령 제1호 [경성감옥서를 설치하는 건]이 반포되고, 1908년 4월 11일 법무령 제2호로 전국 8개 감옥의 명칭과 위치를 정하였는데, 1908년 4월 25일 법무령 제3호로 간수와 간수장 중간에 간수부장직급을 신설하고, 1908년 5월 12일에는 [간수 및 여감취체직무규정(女監取締職務規定)]을 제정하였으며, 1908년 7월 13일 법무령 제10호 [감옥사무개시에 관한 건]에 의하여 7월 16일부터 감옥업무가 개시되었고, 1908년 11월 20일 법무령 제19호로 8개 감옥분감(分監)이 증설되었다.

(4) 일제침략기의 행형

일제시대에는 1917년 '간수교습규정' 등에 의거 교도관학교를 설치·운영할 근거를 마련한 바 있으며, 1923년 5월 5일 감옥을 형무소로 개칭하였고, 1924년 김천지소를 김천소년형무소로 개편하였고, 1936년에 인천소년형무소 설치를 통한 소년행형을 실시하였다. 행형관계법규에 있어서는 일본행형법규를 의용하였으므로 외형상 근대적 모습을 띠고 있었지만, 실제에 있어서는 조선감옥령을 제정하였다. 이에 근거하여 총독의 명령으로 행형에 관한 별도의 규정을 둘 수 있게 하고, 태형제도·예방구금을 인정하는 등의 민족적 차별과 응보주의적인 행형을 시행하였다.

(5) 미군정시대의 행형

미군정시대에는 행형의 기본이념을 민주행형에 두었지만 실제로 일제시대의 조선감옥령을 의용하고, 조선총독부의 행형조직을 그대로 인수하여 운영하면서도 미국교정의 이념에 근거를 두어 우리나라에서 본격적으로 교화이념에 입각한 행형이 시작된 과도기의 시대라 할 것이다. 따라서 미군정법령 제172호 '우량수형자석방령과 재소자석방청원제,[9] 형구사용의 제한과 징벌제

---

9 석방청원제란 1945년 11월 19일 군정장관 사령 제36호에 의거 검사에 의하여 공소되지 아니하고 조사중에 있는 구속피

도의 개선' 등의 조치가 단행된 바 있다.

4. 우리나라의 현대적 행형

대한민국의 수립 이후 교정행정의 중앙기구는 1948년 7월 17일 대한민국 헌법이 제정·공포됨에 따라 법률 제1호로 정부조직법이 제정되었고, 1948년 11월 4일에 대통령령 제21호(법무부직제)로 법무부는 1실 4국 21개 과로 발족하였으며, 교정행정을 총괄하는 형정국은 감사과, 형무과, 작업과, 교육과 및 후생과의 6개 과로 조직되었으며, 1962년 5월 21일에는 형정국이 교정국으로 개칭되었다.

일선기구는 1908년 4월 11일 법무부령 제2호에 의하여 8개 감옥이 설치되어 1909년 9개의 분감이 설치(근대행형이념에 대응하는 시설을 갖춤)되고, 1923년 5월 5일 총독부령 제75호로 감옥을 형무소로, 분감을 지소로 개칭하여 전국에 형무소 15개소, 소년형무소 1개소, 지소 13개소 등 29개소를 설치·운영하였다. 1945년 8월 15일 남북이 분리되어 남한지역의 11개 형무소와 7개 지소를 관장하였고, 1950년 3월 18일 대통령령 제289호 형무소직제를 제정하였다.

2013년 전국 교도소와 구치소 현황을 보면 다음과 같다. 구치소는 1967년 7월 서울구치소가 신설된 이래 현재 11개의 구치소가 운영되고 있으며, 교도소는 전국에 36개 시설이 설치되어 운영되고 있다. 그 외 지소 3개와 2010년 12월에 개청한 민영교도소인 소망교도소를 포함하여 현재 전국에 51개의 교정시설이 설치·운영되고 있다.[10]

의자 또는 피고인으로서 30일 이상 수용중에 있는 자는 미군정청의 법무국장에게 석방청원을 할 수 있고, 이를 접수한 법무국장이 그로부터 그 피의 또는 공소사실에 대한 증거유무를 확인하여 확실한 증거가 없다고 인정되면 석방을 명할 수 있는 형사제도를 말한다(허주욱, 1999).

10 교정본부, 2014 교정통계연보, 법무부 교정본부 교정기획과, 2014, pp. 52~53.

제3절 회복적 사법(restorative justice)과 교정

범법자를 구금하는 것은 범죄에 대응하는 방식으로서 중심적이고 피할 수 없는 한 부분이다. 비록 정신질환 범죄자나 약물 중독이나 알코올 중독 범죄자 등의 증가로 처벌만이 아니라 치료의 필요성과 중요성이 강조되기도 하지만 대다수 대중은 특히 폭력 범죄자나 성범죄자 등 범법자들에 대해서 구금률을 더 높이고 더 오래 구금할 것을 요구하고 지지한다. 그러나 실무전문가와 학자들은 이런 방식은 억압적이며, 비인간적이고, 비용이 많이 들면서도 범죄를 억제하거나 준법시민으로 사회에 복귀시키는 데 비효과적이라고 생각한다. 이들은 바로 '회복적 사법'이 미래 지향적 해답이라고 주장한다. 실제로 구금의 경험은 고통과 박탈로 특징됨에도 불구하고, 구금으로 범죄의 직접적 감소를 보여주는 증거는 별로 없어서 제한된 억제효과만을 확인해 줄 뿐이고, 구금을 통한 범행능력의 일시적 무능력화로 미래 범행을 크게 줄일 수 있다는 증거도 범죄대체효과로 분명하지 않아서 무능력화의 잠재성 또한 제한하고 있으며, 오로지 일부 특별한 경우를 제외하고는 수용이 수형자에게 긍정적 효과를 주지 못한다는 연구결과는 교화개선의 잠재적 효과도 의문시되게 한다. 이 뿐만 아니라 구금의 경제적 비용도 엄청나서 구금의 비용－편익도 부정적이다.[11]

이런 비판적 경험을 토대로, 일부에서는 회복적 사법이 범법자들을 지역사회에 두고서 전통적 교정이 기대해온 기능들을 더 잘 할 수 있다고 믿는다. 그럼에도 불구하고 이들은 다른 한편으로는 우리 사회가 더 많은 범법자들을 교도소로 보내게 되고, 사실 일부 범법자들에게는 교도소가 어쩌면 피할 수 없는 적절하고 필요한 제재일 수도 있다는 점 또한 인지하고 있다. 그런 점에서 이들은 만약에 구금된 범법자, 피해자 그리고 사회가 회복적 사법으로 이익을 얻을 수 있으려면 교도소 내에서 이루어져야 할 필요가 있다고 강조한다. 교정, 특히 교도소 내에서의 회복적 사법의 실험은 교도소의 목적은 무엇이며, 교도소는 어디에 위치해야 하고, 그 크기와 규모는 어느 정도야 하며, 어떻게 운영되어야 하고, 정부 어느 부서에서 운영과 관리 책임을 맡아야 하는지 등과 같은 교도소 정책에 대한 근본적인 의문에 대한 우리들의 생각에 상당한 함의

---

11 M. Dhami, Mantle, G. and Fox, D., "Restorative Justice in prison," *Contemporary Justice Review*, 2009, 12(4) : 433~448.

를 던져준다.[12]

　　회복적 사법에서 범죄에 대한 대응은 피해자, 가해자, 그리고 지역사회는 물론이고 형사사법전문가까지 망라되어 참여하는 것이다. 함께 범죄로 인한 해악을 바로잡고, 화합, 피해자 치유, 그리고 가해자 교화개선과 재통합의 여정을 시작하기 위한 상호 동의할 수 있는 해결책을 용이하게 하는 대화에 참여하는 것이다. 당연히 회복적 사법 실천의 일차적 위치는 양형 선고 이후나 교정환경보다는 선고 전 단계나 전환단계라고 할 수 있다. 이는 회복적 사법이 범법을 다루기 위한 지역 공동체사회의 가용자원으로 관심을 주는 구금의 확대이용에 대한 대안으로 처음 시작되었기 때문이다. 회복적 사법 초기 주창자들은 범죄에 대한 지역사회 대응을 지지하는 회복적 목표와 형사사법제도를 형성하고 있는 응보적 충동 사이의 확실한 대조를 보이곤 하였다. 구금은 회복적 사법이 고안되고 도전하고자 하는 응보적 충동의 제도적 표출이기에 교도소에서 회복적 사법을 실행하는데 있어서 핵심적 어려움은 각각의 의도가 교도소가 처벌하기 위한 것인 반면에 회복적 사법은 치유를 위한 것이라는 점이다.[13]

　　교도소가 다소간 회복적으로 되는 정도에 영향을 미치는 요소는 다양하지만, 가장 강력한 영향의 하나는 회복적 사법으로 파생된 창조적 긴장에 교정관리자와 종사자들이 얼마나 수용적이거나 저항적인가 그 정도라고 한다. 즉, 회복적 사법의 도입과 승패는 교도소 관리자와 교도관에 따라 크게 영향받고 좌우된다는 것인데, 이는 다시 교도소 목적에 대한 지배적인 인식을 반영하는 것이다. 교도소가 단순히 범법자를 처벌하기 위한 의도인지 아니면 범법으로 손상된 관계의 회복에 기여할 수 있는 광의의 사회적 책임이 있는지 묻게 된다. 교정정책과 관행이 이런 광의의 사회적 책임에 대응하고자 하는 만큼 회복적 사법과 구금이 상호보완적것으로 보일 것이다. 교도소가 범죄의 피해자에 대한 사회의 의무를 취하기 시작하고, 해악을 야기한 사람과 깊이 상처를 입은 사람 사이 중재를 위한 잔전한 장소로서 이용되며, 교도소가 범법자의 사회로의 재통합에 있어서 자리를 차지하게 되는 경우에 교도소에서의 회복적 사법이 상호 보완적이 된다. 회복적 사법의 철학이 교정제도에 가져다주는 것은 사회의 사법제도가 범죄와 그 영향에 대한 대응방식에 있어서 혁명적 발전이 아닐 수 없다.[14]

---

12 M. Dhami, Mantle, G. and Fox, D., "Restorative Justice in prison," *Contemporary Justice Review*, 2009, 12(4) : 433~448; D. Van Nees, "Prisons and Restorative Justice," pp. 312~324; in Johnstone G. and Van Nees, D.(eds.), *Handbook of Restorative Justice*, 2006, Cullompton : Willan.

13 R. Immarigeon, "What is the place of punishment and imprisonment in Restorative Justice?" in H. and B. T. Zehr(eds.), *Critical Issues in Restorative Justice*, Devon, UK : Wilan Publishing, 2004, p. 150; M. Dhami, Mantle, G. and Fox, D., "Restorative Justice in prison," *Contemporary Justice Review*, 2009, 12(4) : 433~448.

1. 회복적 사법과 구금(imprisonment)

회복적 사법 주창자들에게 있어서 구금은 회복적 사법의 전체적인 관점에 너무나 대조적, 정반대이기 때문에 그것을 적용하기에 적절한 유일한 방법은 범법자를 구금으로부터 지역사회에 기초한 회복적 사법 프로그램으로 전환시키는 것이다. 그러한 관점에서 보면 교도소에서 회복적 사법의 활용은 교도소 문화와 환경이 심각하게 회복적 사법으로 불릴만한 어떤 것이라도 할 수 있는 가능성을 심각하게 방해한다는 점에서 전혀 쓸데없는 것일 뿐 아니라, 동시에 위험하기도 한 것이다. 특히 위험한 것은 교도소 내에서의 회복적 사법을 선택할 수 있다는 또 다른 하나의 선택지로 인하여 다수의 법관이나 양형기관에게 양형유형의 하나로서 교도소가 매우 매력적인 것이 될 수도 있다는 점이다. 이와는 반대로, 회복적 사법 옹호론자들에게는 회복적 사법이 교도소 밖 지역사회 환경에서만 전개된다면 젊고 경미한 범법자와 그들의 피해자들에게만 적정하지 강력 범죄자와 그들의 피해자들에게는 적정치 않은 것으로 간주된다. 교도소와 회복적 사법은 계속해서 연속선상에서 서로 대척점에 있는 것으로 보이고, 강력범행에 대한 회복적 사법의 잠재성은 심각하게 제한될 것이다. 따라서 범죄에 대한 사회적 대응의 테두리 안에서 회복적 사법의 활용을 극대화가 위한 목표라면 일종의 타협이 필요해진다. 즉, 회복적 사법운동은 구금과 회복적 사법 사이의 긴장을 관리, 해소할 방법을 찾아야 할 필요가 있다.[15]

구금과 회복적 사법이 상호 상반되지만 화합될 수 있다면, 교도소에서도 회복적 사법을 실행하는 것이 잠재적 이점이 있을 수 있지 않을까. 그러나 구금과 회복적 사법 사이의 철학적이고 실무적인 이질성이나 다면성은 교도소에서의 회복적 사법의 잠재적 한계를 보여주기도 한다. 그렇다면 과연 교도소에서의 회복적 사법이 잠재적으로 보완적이고 이익이 될 수는 없는가. 회복적 사법의 주창자들은 물론 구금의 경험과 교도소의 역할에 긍정적인 영향을 미칠 잠재성이 있다고 본다. 우선 그 가능성은 회복적 사법과 구금 둘 다 범법자의 과거 범죄행위와 싸우고 그들의 범죄행위의 근본원인을 해결함으로써 재범행을 줄이는 것을 목표로 하고 있다는 공통점을 가지고 있다.

또한, 회복적 사법은 수형자, 피해자, 지역사회, 그리고 교도소와 직원에게도 잠재적 이익이

---

14 K. Edgar and T. Newell, *op cit.*, p. 216.

15 K. Edgar and Newell, T., *Restorative Justice in Prisons : A Guide to Making It Happen*, Winchester : Waterside Press, 2006, pp. 24~29.

될 수 있다고 한다. 예를 들어, 회복적 사법은 범죄자가 자신의 범행이 피해자에게 끼친 영향에 대한 이해도를 높여주며, 사죄나 또는 차후에 고용기회와 기술도 증대시켜주는 지역사회 봉사와 같이 피해자에 대한 상징적 배상을 통하여 보상할 수 있는 기회를 제공하고, 수형자로 하여금 자신의 범행원인을 파악하고, 교도소 내에서 동료 수형자들과는 물론이고 석방 후 지역사회에서도 건강한 관계를 갖는 데 필요한 자아존중과 친사회적 기술을 향상시켜주고, 지역사회에 대한 태도와 지역사회 참여도 높여준다. 회복적 사법은 이처럼 가해자만이 아니라 피해자에게도 긍정적 영향을 미친다. 피해자가 자신의 가해자가 교도소에 구금 중인 동안 그에 관해서 고지를 받게 되고, 교도소에서 가해자와의 만남은 피해자화(victimization)를 이해하고 심리적, 감정적 치유를 권장하는데 필요한 정보를 제공할 수 있고, 피해자로 하여금 범법자와 범행을 구별할 수 있도록 하여 재피해자화(revictimization)의 두려움을 줄일 수 있는 경험하고 학습하게 한다.[16]

　　회복적 사법은 교도소로 하여금 외부 지역사화와의 연계를 구축, 발전시킬 수 있게 해주고, 이를 통하여 지역사회는 교도소의 핵심 역할과 임무 등을 알 수 있을 뿐만 아니라 교도소와의 보다 의미 있는 관계를 가질 수 있게 해주고, 그 결과 지역사회는 수형자의 성공적 사회 재정착이 지역사회에도 사회적 장점이 될 수 있음을 인지하게 되고, 수형자의 사회봉사명령을 통하여 가시적이고 유형적인 이익을 누릴 수도 있게 되며, 특히 교도소에 지역사회가 적극 참여함으로써 범죄자에 대한 인식의 변화, 범죄에 대한 두려움의 감소, 그리고 전과자의 사회 재통합의 준비에까지 이를 수 있게 한다. 뿐만 아니라 회복적 사법은 수형자는 자신의 시간을 긍정적으로 활용하고 교도소는 보다 공정하고 인간적이게 만들며, 교도소 내 따돌림이나 사고는 물론이고 교도관 다른 교도소 내 피해자화를 다루는 데도 도움이 된다. 당연히 교도관도 긍정적 직업관을 가지게 하고, 프로그램 진행자나 촉매자로서 특별한 전문적 기술도 배울 수 있게 되며, 범죄자에 대한 정형화된 인식도 바꿀 수 있게 하고, 교도소 내 인간관계도 원활하게 만들어 교도관의 직업적 스트레스나 탈진도 줄여준다고 한다.[17]

　　반대로, 교도소에서의 회복적 사법이 잠재적으로 구금과는 정반대이고 따라서 제한적이라는 주장도 만만치 않다. 이런 주장의 근저에는 구금과 회복적 사법이 너무나 다른 점이 많다는 것이다. 교도소는 대체로 범법자와 범죄에 초점을 맞추는 반면, 회복적 사법은 피해자화(victimization), 즉 피해자의 필요에 초점을 맞추고, 인지된 범죄의 해악을 바로 잡는 데 가해자와 피해자 그리

---

16 G. Johnstone, "Restorative justice and the practice of imprisonment," *Prison Service Journal*, 2007, 174 : 15 – 20.

17 M. K. Dhami, Mentle, G. and Fox, D., "Restorative justice in prison," *Contemporary Justice Review*, 2009, 12(4) : 435.

고 지역사회를 참여시키는 것이다. 구금이 범죄자를 피해자와 지역사회로부터 격리하는 반면에 회복적 사법은 화합과 재통합을 시작하기 위하여 피해자와 지역사회를 함께 두려고 한다. 회복적 사법은 수형자의 자발적 참여를 전제로 하지만 구금은 수형자의 자율성은 억제하고 통제와 책임을 강조한다. 교도소는 무리화시키지만 회복적 사법은 개별성을 강조하고, 구금이 낙인과 수치심을 경험하게 하지만 회복적 사법은 사람 존중을 강조한다. 일반적으로 수형은 범죄 이후 상당한 시간이 경과되고서야 이루어지기 때문에 구금과 범죄 사이에 상당한 시간적 간극이 있지만 회복적 사법은 범죄로부터 야기된 갈등을 빨리 그리고 분명하게 해결하려고 한다.[18]

또한 교도소에서의 회복적 사법에는 한계가 있다고 한다. 예를 들자면, 회복적 사법을 교도소에서 실행하기 위해서는 적어도 제한된 독거구금, 교화개선의 기회, 인간적이고 위엄한 처우, 다른 동료 재소자들로부터의 개인적 안전과 보안을 요한다고 한다. 또한, 교도소 회복적 사법의 보편적 사례인 피해자-가해자 중재를 조직화하려면 상당한 자원이 추가로 필요하고, 가해자-피해자 만남이 교도소에서 열리게 되면 피해자에게 상당한 위협이 될 수도 있다고 한다. 더구나 교도소는 일정이 빡빡하게 정해져 있어서 융통성을 요하는 회복적 사법이 이를 방해할 수도 있다. 회복적 사법이 누구에게나 유용한 것도 아니어서 성범죄자, 알코올 중독자, 또는 약물중독자 등의 범죄자는 중독의 해소가 전제되어야만 하고, 점증하는 사이코패스 범죄자들도 회복적 사법에의 참여가 적절하지 않으며, 직원들도 의심과 저항으로 바라볼 수 있다. 피해자도 어쩌면 조기석방이라는 자신의 가해자에게 도움이 되는 이런 프로그램에 참여하는 자체를 바라지 않을 수 있으며, 지역사회 연계가 핵심 중 하나임에도 가해자와 피해자가 속한 지역사회 자체가 해체되었거나 참여가 용이하지 않다면 회복적 사법 자체가 실행될 수도 없다는 것이다.[19]

2. 교도소에서의 회복적 사법 접근방식

교도소가 완전하게 회복적일 수 있을지에 대해서는 논쟁이 있을 수 있으나 회복적 사법이 선호하는 일련의 결과와 가치에 교도소를 더 가까이 접근시킬 수 있는 조치는 취해질 수 있다고 간주되며, 교도소에서의 최대한의 회복적 사법이 되기 위해서는 다음과 같은 기본적 요소들이

---

18 M. K. Dhami, Mentle, G. and Fox, D., "Restorative justice in prison," *Contemporary Justice Review*, 2009, 12(4) : 436.

19 M. K. Dhami and Joy, P., "Challenges to establishing volunteer run community-based restorative justice program," *Contemporary Justice Review*, 2007, 10 : 9~22; R. Bastiansen and Vercruysse, J., "Review of restorative justice in Belgium prisons : Commentary on responding to the crisis," *Prison Service Journal*, 2002, 140 : 18~20.

내포되어야 한다. 먼저 교도소가 교도소 공동체 내에서 중재와 갈등해결을 활용하여 건설적 과업이 행해질 수 있는 안전한 장소로 되도록 교도소 운영형태가 회복적이어야 한다. 회복적 사법이 피해자 지향적인 만큼 피해자가 회복적 사법 과정에 참여를 원한다면, 적절한 보살핌이 담보될 수 있도록 피해자 필요와 요구가 충족되어야 한다. 더불어 학습, 교육이나 대리 피해자의 도움을 받아 가해자로 하여금 피해자에 대한 이해와 동정심을 갖도록 권장해야 하며, 더 나아가 가해자가 직접적인 피해자나 대리 피해자(surrogate victim)를 만나는 피해자 – 가해자 집단이 가능해져야 한다. 프로그램이 성공하기 위해서는 지역사회의 피해자 지원과 연계되어야 하고, 지역사회를 위한 작업, 자선활동, 교도소로의 지역사회 초청 등을 통해서 가해자로 하여금 지역사회에 대한 보상을 하도록 하며, 동시에 수형자로 하여금 자신의 행동과 미래의 삶에 대한 책임을 지도록 권장하는 프로그램을 통하여 범법자의 회복도 강조하며, 모든 단계에서 지역사회와 동반자 관계를 구축해야 한다.[20]

3. 교도소에서의 바람직한 회복적 사법의 핵심요소

(1) 피해자–초점(victim-focused)

회복적 사법은 근본적으로 피해자 – 중심의 과정인데 그것은 범죄로 인하여 가장 직접적으로 해악을 당한 사람의 치유를 강조하기 때문이다. 진정으로 회복적이라고 할 수 있는 과정은 어떤 것이든 피해자의 필요에 민감하고 그들의 경험에 대하여 목소리를 내고 정당화하는 방향으로 진행되어야 함은 당연한 것이다. 그러나 가해자 – 중심으로 가해자에 초점을 맞추는 교도소는 피해자의 필요를 우선하는 데 도움이 되지 않는다. 교도소에서 이루어지는 회복적 사법을 추구하는 피해자가 항상 민감하고 예민하게 대해지는 것도 아니고 교도소 직원과 교도소 일상이 오히려 피해자의 필요를 우선하는 경향이 더 크다. 따라서 일부에서는 피해자 – 가해자 회합이 수형자가 일시 휴가 중일 때 피해자가 보다 편하게 느끼는 장소에서 이루어지거나 교도소 안이 아니라 피해자가 선호하는 접견실 등에서 이루어져야 한다고 제안하기도 한다.

---

20 O. V. Guidoni, "The Ambivalence of Restorative Justice: Some reflections on an Italian Prison Project," *Contemporary Justice Review*, 2003, 6 : 58.

(2) 안전

당연히 피해자는 물론이고 수형자와 기타 참여자의 안전이 담보되지 않는 회복적 사법은 있을 수 없다. 안전하고 건강한 교도소를 만들고 유지하는 것이 교도소에서의 회복적 사법의 미래와 발전을 위한 핵심 전제가 되어야 한다. 이를 위하여 회복적 사법 과정은 자발적이고 모든 참여자가 존중하도록 해야 하며, 수형자가 다른 참여자들이 위협하거나 결과적으로 적대적인 말을 하는 집단에 두어서는 안 되며, 특정한 비지지적인 직원이 회합이 참여하지 못하도록 요청할 수 있는 기회도 수형자에게 제공되어야 한다고 제안한다.[21]

(3) 비밀유지

안전과 밀접하게 관련된 것으로, 가능한 최대한으로 참여자와 과정의 비밀을 보호할 필요가 있다. 폐쇄적 교정시설에서 밀접하게 생활하는 수형자들을 고려한다면 재소자에 대한 정보공유는 바람직하지 않은 결과를 초래할 수도 있다. 이런 이유에서 실제로 회복적 사법 참여 사실은 재소자 서류에 기재되지 않으며, 보호관찰관에게도 참여에 대한 고지를 하지 않는다. 이는 기밀을 보호할 뿐만 아니라 참여가 가석방 심사에서 일종의 제도적 이익으로 비춰지지 않게도 한다.[22]

(4) 정직성

회복적 사법은 사법정의가 실험되기 위하여 정직과 신뢰의 가치에 의존하고 있다. 정직은 단순히 상황의 진실을 밝힐 뿐만 아니라 누가 책임이 있는지 확인하는 것이 중요하며, 동시에 범행의 경험과 그것이 피해자에게 끼친 감정적 영향을 자세히 이야기 하는 데도 핵심적이다. 회복적 사법에서 진정한 사죄와 용서가 핵심인 이유에서다. 그러나 교도소라는 환경에서는 이 신뢰와 정직이 보편적인 것이 아니며, 대부분 수형자 서로는 물론이고 수형자와 교도관 사이에도 극단적으로 서로 무례하고 경시하기 일쑤다. 이런 이유에서 회복적 사법 프로그램 중재자가 매우 기술적이고 경험이 많아야 하고, 피해자가 있을 때 가해자는 진정한 반성과 후회를 하도록 해야 한다고 주장한다.[23]

---

21 M. Lofty, "Restorative justice in prison," *Prison Service Journal*, 2002, 140 : 15~16.

22 D. Crocker, "Implementing and evaluating restorative justice projects in prison," *Criminal Justice Policy Review*, 2015, 26(1) : 58.

23 R. Bastiansen and Vercruysse, J., "Commentary on 'Responding to the crisis'," *Prison Service Journal*, 2002, 140 : 18~20.

(5) 준비성

회복적 사법 중재자들은 종종 각각의 참여자들과의 사전 모임이 어떤 건설적 회합에서도 절대적으로 핵심이라고 같은 목소리를 낸다. 이는 교도소에서도 예외가 아니다. 회합 전 과정이 다양한 참여자들의 저변의 동기와 감정적 적성을 평가하고 이해하는 데 매우 중요하다는 것이다. 사전 만남에서, 사전에 철저히 준비시켜서 회합에 완전하게 준비된 사람만 참여시키고, 참여 수형자의 우울증이나 자해 등의 가능성 등을 제대로 파악하여 회복적 사법과정이 참여자에게 어떤 영향을 미칠 것인지 정확하게 분석, 파악해야 하며, 회복적 사법은 때로는 강력한 감정을 촉발하기도 하기 때문에 참여자의 감정적이고 언어적인 능력도 파악되고 준비되도록 해야 한다는 것이다.[24]

(6) 지역사회 참여

회복적 사법의 궁극적 목표는 출소자가 성공적으로 사회에 재통합되게 하는 것이다. 이러한 재통합적 과정은 당연히 수형자와 지역사회 양측에서 모두 일어나야 하는데, 재소자는 자신이 배상했다고 느끼고 다시 한 번 사회에 기여자가 될 수 있도록 시작할 수 있다고 느낄 필요가 있으며, 반면에 사회는 잘못에 대해서는 용인하지 않지만 동시에 수형자의 전환을 지원할 자원을 확대할 필요가 있는 것이다. 회복적 사법은 돌아가는 수형자와 지역사회 사이의 관계로부터 일어나는 필요성의 범위와 복잡성을 다루기에 가장 적합한 상황이라고 할 수 있다. 이를 위하여, 지역사회는 교도소가 수형자의 교화개선을 어떻게 돕고 있는지 잘 알아서 재통합에 필요한 것을 구체적으로 준비할 수 있어야 하고, 수형자는 자신의 범행이 지역사회는 물론이고 피해자에게 미친 영향을 제대로 알아야 하며, 회복적 사법 프로그램에 지역사회 구성원을 참여시킴으로서 수형자에게 교도소 밖 삶에 대한 희망을 주고 바깥세상과의 지지적 연계를 제공해 주는 중요한 역할을 한다.[25]

---

24 Liebmann, *op cit.*, pp. 233~235; Crocker, op cit., p. 58; B. Albrecht, "The Limits of restorative justice in prison," *Peace Review : A Journal of Social Justice*, 2011, 23(3) : 327~334.

25 Crocker, *op cit.*, p. 58.

(7) 교정당국의 저항

교도소에서 회복적 사법을 실행하는 데 있어서 가장 중요한 압박 중 하나는 교도관들의 저항이나 협조의 정도라고 한다. 교정직원들의 이런 저항은 그 이유가 다양하지만, 그중에서 회복적 사법이 불필요하거나 가벼운 조건이라는 직원들의 견해, 직원들에게 요구되는 추가적 에너지와 성가심, 회복적 사법이 교도관의 전통적 역할을 경시할 수 있다는 두려움, 교도소의 지배적인 관행과 가치에 대한 의문으로 이어질 수 있다는 걱정 등이 대표적이라고 할 수 있다. 결론적으로 회복적 사법을 교정환경에서 발전시키는 데 제약이 있다면 대부분은 교도관의 역할과 관련된 것이라고 한다. 회복적 결과에 영향을 미치는 것으로 알려진 교정 직원들의 특징으로, 교도관의 강제력(coercion)은 명령을 주고, 그것을 제재로 강요하는 것은 개인적 강화(impowerment)를 제한하며, 가해자와 피해자 사이의 물리적 분리를 위한 구조는 대화를 어렵게 만든다. 수형자의 제한된 자율성으로 피해자에게 직접적으로 배상하는 것을 더 어렵게 하며, 자유의 박탈이라는 형벌로 인하여 수형자에게 가능한 선택지가 제한되어, 그들로 하여금 자신도 피해자로 느끼게 만들어 자신이 다른 사람에게 행한 행동에 대한 책임을 수용하는 것을 더 어렵게 한다는 것이다.[26]

4. 교도소에서의 회복적 사법 프로그램

(1) 피해 인식과 공감능력 함양 프로그램

이런 유형의 프로그램은 가해자로 하여금 자신의 범행이 피해자에게 끼친 영향을 더 잘 이해할 수 있도록 도움을 주기 위하여 설계된 것으로, 피해자에 대한 인지와 인식을 높이는 데 초점을 맞추며 이런 이유로 교화개선 프로그램과 제휴되는 경우가 많다. 사용되는 기법에는 가해자 자신의 피해자화 경험, 피해자 관점에서 자신이 행한 최악의 범행 작성하기, 피해자에게 발송하지는 않지만 편지 쓰기 등이 포함된다. 대부분의 범법자들이 사실 그들 스스로도 피해자였기에 자신이 타인을 어떻게 얼마나 피해를 주고 희생시켰는지 이해할 수 있도록 하자는 희망으로 가해자 자신의 피해자화 경험으로 시작하는 것이다. 많은 경우, 실제 피해자를 직접 참여시

---

26 Nees, *op cit.*, p. 319.

키지 않고 대신에 대리 피해자(surrogate victim)이나 피해자지원단체 회원을 활용하는 것이 보편적이다.[27]

(2) 배상(amends) 프로그램

이는 가해자로 하여금 피해자에게 직접적으로 또는 피해자 관련 단체를 통하여 재정적 배상을 함으로써 자신의 잘못에 대한 능동적 책임을 지도록 설계된 프로그램이다. 다만 수형자들은 보편적으로 재정적 자원에 한계가 있기 때문에 수형자로 하여금 프로그램에 참여하도록 한 다음에 지역사회 봉사를 하고 그 대가를 받아 피해자에게 직접 또는 피해자가 지정한 자선단체 등에 제공하도록 한다. 이런 접근법의 숨은 의도는 여타 민사적 판단과는 다르게 피해자에게 보상하려는 것이다. 수형자가 자신이 지불해야만 하는 여러 가지 빚 중의 하나를 수동적으로 지불하는 것보다는 피해자에 대한 자신의 책임을 능동적, 긍정적으로 취하도록 하는 것이다.[28]

(3) 피해자-가해자 중재/대화(victim-offender mediation/dialogue)

아마도 회복적 사법의 가장 초기 형태라고 할 수 있는 프로그램으로서 오랜 역사만큼이나 다양한 형태로 시행되고 있지만 한 가지 공통점은 범죄의 결과로 초래된 고통을 받는 사람과 수형자 사이에 어떤 형태로건 대화가 이루어진다는 것이다. 70년대 미주에서 시작된 회복적 사법의 잉태 이후 핵심 프로그램으로서 초기에는 피해자-가해자 화해(Victim-Offender Reconciliation Project, VORP) 프로젝트로 시작하여 다음엔 피해자-가해자 중재(Victim-Offender Mediation)로 운영되어 왔다.

(4) 교도소-지역사회 연계(prison-community connection)

재통합에 초점을 맞추는 다수의 선고 후 회복적 사법 프로그램들은 종종 교도소와 지역사회 기관 사이의 직접적인 동반자관계(partnership)를 구축해 왔다. 이는 이런 노력을 통하여 출소자와 수형자들에 대한 지역사회의 정형화된 인식을 깨고 또한 수형자가 출소하면 지역사회가 실질적으로 도움을 줄 준비를 하도록 하려는 것이다. 대체로 이런 유형의 프로그램은 안경이나 자

---

27 M. Umbreit and Armour, M. P., *Restorative Justice Dialogue : An Essential Guide for Research and Practice*, New York : Springer Publishing co., 2010, p. 304.

28 D. W. Van Ness, "Prisons and Restorative Justice," pp. 314~318; in Gerry and Daniel van Ness Johnston(eds.), *Handbook of Restorative Justice*, Devon, UK : Wilan Publishing, 2007.

전거를 수리하여 자선단체에 기부하는 등 교도소 밖 지역사회가 필요로 하는 무언가에 수형자
가 기여함으로써 배상할 수 있는 기회를 주는 것이다. 이런 지역사회봉사가 지역사회와 수형자
사이의 신뢰를 구축할 수 있는 기회를 제공하는 동시에, 수형자의 자아인식을 일탈적 이방인으
로부터 생산적인 기여자로 이동시키자는 것이다. 이런 프로그램이 회복적인 이유는 수형자들이
배상에 대한 책임을 지고, 지역사회는 그들의 도움을 받고 그들을 보다 긍정적으로 보는 것이
다. 이렇게 함으로써 범법자들이 석방과 함께 재통합하는 데 기여할 수 있다는 것이다.[29]

(5) 갈등해결(conflict resolution)

경험을 통하여 교도소에서 보다 개척자적인 회복적 사법이 되기 위해서는 회복적 사법이 일
상생활 속에서 회복적 사법의 가치를 실천하는 보다 광범위한 환경의 한 부분으로 행해질 때 가
장 효과적이란 것을 알아야 한다. 그냥 단순히 무언가가 잘못 되었을 때 활용하는 개입으로서가
아니라 보다 조화로운 환경을 추구하는 데 있어서 회복적 관계를 함양하기 위한 시도여야 더 효
과적이라는 것이다. 갈등해결 프로그램이 성공하기 위한 핵심 열쇠는 전체 지역사회가 평화조정
자, 중재자가 되어 폭력보다 평화조정, 중재가 규범이 되게 하는 것이다. 예를 들어, 수형자가
처음 참여자에서 촉진가로 서서히 이동하도록 하고, 마지막에는 촉진자로서 훈련에 초점을 맞추
는 프로그램이다. 이런 수형자 참여 프로그램은 수형자들로 하여금 자신에 대한 주인의식을 높
이고, 결과적으로 광의의 교도소 문화의 규범도 그렇게 형성하게 할 것이다.[30]

(6) 체계적 전환(systemic transformation)

교도소에서 가장 혁신적인 회복적 사법은 아마도 교도소 전체나 교도소 내 어느 한 단위를
회복적 사법의 원리와 가치 위에 새롭게 전환시키는 것이다. 당연히 위에서 소개된 대부분의 프
로그램들이 다 함축되지만, 교도소의 실질적 목적을 새롭게 그리는 단계까지 한 단계 더 나아가
는 것이다. 수형자에 대한 상호적 의무와 협동, 친 사회적 행위 등을 강조하는 관행과 프로그램
을 통하여 함양될 수 있는 도덕교육과 미덕 함양의 장소로 교도소를 보는 것이다. 이런 유형의

---

29 M. K. Dhami, Mentle, G. and Fox, D., "Restorative justice in prison," *Contemporary Justice Review*, 2009, 12(4)
   : 435; M. Liebmann, *Restorative Justice : How It Works, London and Philadelphia*, Jessica Kingseley Publishers,
   2007, p. 205.

30 B. Toews and Katounas, J., "Have offender needs and perspectives been adequately incorporated into
   restorative justice?" in Barb Toews and Howard Zehr(eds.), *Critical Issues in Restorative Justice*, 2004, Devon,
   UK : Wilan Publishing, p. 112; Liebmann, *op cit.*, p. 248.

프로그램이 성공하기 위해서는, 교도소와 지역사회가 잘 연계되어야 하고, 수형자들이 공개적으로 인식되는 다른 사람들을 위한 일을 하도록 권장하여 수형자들이 이타주의자가 되도록 하며, 피해자 집단이 교도소에 더 적극적으로 참여하도록 권장하고, 수형자로 하여금 범죄피해자의 고통에 대해서 더 잘 이해하고 인지하도록 권장하며, 교도소 내 갈등과 불만을 해결하는 대안적 모형을 개발하는 것이다. 물론 교도소에서의 모든 회복적 사법이 성공하기 위한 핵심 요소는 공통적으로 교정 직원들의 인식과 태도라고 한다.

제 2 편

교정관리론

CORRECTIONS

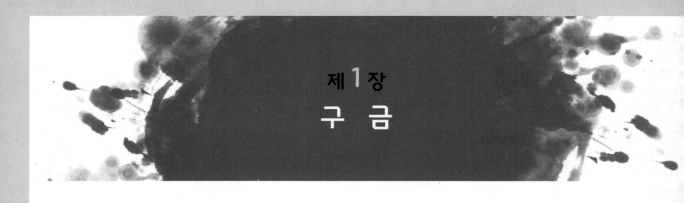

제1장
구 금

제1절 구금의 목적

　　교화개선사상이 싹트기 이전의 전통적인 교정시설의 모습은 그 규모가 우선 방대하며, 교도
소사회가 사회와 철저히 격리되어 있었으며, 재소자들의 통신과 접견 등도 지극히 제한되었다.
엄격한 이상생활에 따라 재소자와 교도관도 엄격하게 구분된 사회적 계층을 형성하였으며, 계급
과 훈육이 중시되어 재소자의 처우를 위해서라기보다는 구금의 확보가 우선적인 관심사였다.

　　1950년대 이후 교정에 있어서도 많은 변화를 겪게 되는데, 그중에서도 가장 중요한 변화는
역시 교화개선 또는 범죄자처우사상의 도입이었다. 그 결과 부정기형의 실시, 재소자에 대한 심
사분류와 그 결과에 따른 처우 그리고 교화개선적 교정의 중요한 부분인 가석방이 시행되었다.
따라서 상담전문가·교육전문가·심리학자 등의 처우전문인력이 교정인력에 가담하게 되었다. 이
와 함께 외부세계의 교정시설 참여가 시작된 것도 바로 이 시기였다.

　　이로 인하여 더 이상 교정시설이 사회로부터 철저하게 격리되지 않았고, 이것은 교정시설의
여러 가지 관행에 대단한 영향을 미치게 되었다. 이와 더불어 민권의 신장으로 재소자도 그들의
권익을 요구하게 되고, 그 결과 교정에 대해서는 3권분립의 원칙과 교정시설의 폐쇄성으로 지금
까지 견지하였던 무개입의 원칙(hands-off)에서 벗어나 교정에도 개입하기 시작하여(hands-on)
교정시설이 이제는 사법부의 개입을 받고 헌법이 요구하는 바에 의하여 운영되기에 이르렀다.

　　그러나 교화개선사상에 대한 불만과 정치적 보수화 및 범죄현상의 악화로 교정에 있어서도
보수화의 바람이 일게 되었다. 부정기형을 대신하여 정기형의 목소리가 많아지고, 그 결과 수용
인구가 급격히 증가하게 되어 교정시설에 과밀수용을 초래하고, 교정시설에서 폭력과 폭동 등의

제반문제가 증대되었다. 그래서 현재의 교정시설은 인본주의적 구금을 실현하는 것을 중요한 목표로 삼게 되었다.

이러한 구금과 교정시설의 변천과정을 보면, 구금은 대체로 관리(custodial)·교화개선(rehabilitation)·재통합(reintegration)모형이 지배해 왔음을 알 수 있다. 관리모형은 교정시설의 보안·훈육·질서를 강조하고, 교화개선모형은 교정시설에 수용된 자 등을 개선시키기 위해 고안된 처우프로그램의 제공을 강조하는 시설모형이며, 재통합모형은 재소자와 소년원생이 언젠가는 사회로 되돌아갈 것이라는 사실을 인식하여 재소자와 소년원생을 개선하는 방법으로서 범죄자를 지역사회 및 가족과 유대관계를 유지하는 것을 강조하는 교정시설의 모형을 일컫는다.[1]

관리모형은 재소자의 무능력화, 제지, 응보 그리고 사회의 보호를 목적으로 구금된다는 가정에 기초하고 있다. 따라서 교정기관장의 권위에 복종함으로 질서와 보안을 유지하는 것을 강조하며, 훈육이 엄격히 적용되고 대부분의 행위가 철저히 규제된다. 오늘날의 대다수 중구금교도소가 이에 속하는 것으로 볼 수 있다.

교화개선모형의 교정시설은 보안과의 소내 관리활동이 교화개선노력을 위한 기본적인 틀로 간주된다. 교정조직의 거의 모든 것이 교화개선을 지향해야 한다는 사상에 따라 전문적인 처우전문가가 다른 직원에 비해 더 높은 위상을 갖게 된다. 그러나 1980년대 이후 교화개선사상과 목적에 대한 재인식의 필요성이 대두되면서 교화개선모형을 지향하는 시설이 감소추세에 있으나, 대부분의 교정시설에서는 아직도 다양한 형태의 처우프로그램이 시행되고 있다. 그러나 엄격하게 말해서 이들 교정시설을 교화개선모형에 속한다고 규정하기는 힘들다.

재통합모형은 지역사회교정의 목표와 구조에 연계되지만, 교정시설의 운영에 직접적인 영향을 미치고 있다. 즉, 물론 범죄자는 교정시설에 수용되지만, 수용의 경험이 사회로의 재통합을 지향하는 것으로 받아들여진다. 이들 교정시설은 재소자에게 수용기간 동안 자유와 책임감을 점증적으로 제공하며, 보호관찰 등으로 지역사회로 석방하기 전에 지역사회교정센터(community correctional center)나 중간교도소(halfway house) 또는 외부통근(work release) 등을 시키고 있다. 일종의 지역사회교정과 유사한 관점으로서 재소자와 소년원생이 자유사회와의 유대관계를 유지 발전시키는 것이 매우 중요하다는 가정에 기초하고 있다. 따라서 재통합모형의 전적인 초점은 바로 사회인으로서의 정상적인 생활을 되찾는 데 두고 있다.

---

1 Todd R. Clear and George F. Cole, *American Corrections*(2nd ed.), Pacific Grove, CA : Brooks/Cole Publishing Co., 1990, p. 282.

제 2 절   구금의 방법

 ## 1. Pennsylvania system

Quaker교도들의 감옥개량운동의 결실로 Pennsylvania주의 Walnut Street Jail에서 시도하였던 구금제도로서, 범죄의 원인은 범죄자의 마음에 근원하기 때문에 독거구금되어 침묵을 강요당함으로써 자신의 범죄에 대해서 반성하고 속죄케 하는 정신적 개선에 중점을 둔 구금제도이다. 따라서 주야구분 없이 엄정한 독거수용을 원칙으로 하기 때문에 모든 재소자가 노작을 포함한 모든 활동을 각자 자신의 거실에서 함으로써 재소자 상호간에 철저하게 격리된 구금제도이다. 미국의 Pennsylvania의 동부감화원(Eastern Penitentiary)에서 구금제도로서 독거제(separate confinement)가 시작되었다고 하여 Pennsylvania system이라고 한다. 이 곳에서는 모든 재소자가 먹고, 자고, 일하고, 종교지도를 받는 등 모든 것을 자신의 거실에서 행한다. 따라서 재소자들은 동료재소자를 보거나 접촉할 수 없고, 오로지 간헐적인 종교인이나 교도관의 거실문이 다른 사람을 접촉할 수 있는 유일한 것이었다.

이러한 Pennsylvania system은 다음과 같은 가정에 기초하고 있다.

첫째, 재소자는 다수로 취급되기보다는 각 개인에게 어렵고 선별적인 형태의 고통을 통하여 자신의 생활을 변화시킬 수 있다는 것을 확신시킬 수 있는 방향으로 취급되어야 한다.

둘째, 교정시설이 악풍감염으로부터 헤어나기 위해서는 모든 재소자의 독거가 필요하다.

셋째, 재소자들이 격리된 채 은둔함으로써 자신의 잘못에 대하여 반성하고 참회할 수 있는 기회를 가져야 한다.

넷째, 인간의 본성이 사회적 존재이기 때문에 독거는 일종의 처벌적 훈육이다.

다섯째, 독거는 재소자들이 그들의 구금으로부터 정신적 개선을 하는 데는 긴 시간을 요하지 않고, 교도관이 많이 필요치 않으며, 의복비도 적게 들기 때문에 경제적이다.[2]

따라서 이 곳의 재소자들은 자신의 거실에서 혼자서 일하고, 성경책을 읽고, 자신을 되돌아보는 것 외에는 아무런 방해를 받지 않기 때문에 재소자의 도덕적 교화개선에 유리한 구금제도

---

2 Thorsten Sellin, "The Origin of the Pennsylvania System of Prison Discipline," *Prison Journal*, 1970, 50 : 15∼17.

로 알려졌었다.

이를 현실적인 차원에서 평가하면 재소자간의 통모가 불가능하고 더불어 악풍감염의 염려가 없으며, 개인적 시간을 주기 때문에 반성의 기회가 많고 개별처우와 감시·감독 등 재소자관리가 용이하다는 장점이 있다. 반면에 인간이 사회적 존재임에도 불구하고 공동생활이 불가능하기 때문에 사회적 훈련이 어렵고, 혼자만 있게 하기 때문에 정신적·심리적 문제를 유발할 소지가 있으며, 자살의 우려나 건강상의 문제가 있을 수 있고 많은 수의 개인 거실을 필요로 하기 때문에 행형경비가 많이 필요하다는 단점도 있다.

2. Auburn system

기존의 교정시설이 과밀수용으로 인해 제반문제의 발생으로 뉴욕주에서는 Auburn에 새로운 주립교도소를 신설하기에 이르렀고, 과거 독거제의 성공에 힘입어 독거제를 도입하되 효과성을 검증하기 위해서 실험을 거치기로 하였다. 그래서 처음 8명의 재소자를 노동이나 적정한 운동을 허용치 않은 채 자살의 방에서 혼자 생활하는 독거수용을 한 결과 피험자인 재소자들이 자살·정신이상·질병 등을 일으켜 그 실험은 실패로 끝나고 말았다.[3]

그 후 Elam Lynds가 소장으로 부임하여 새로운 혼거제(congregate system)를 시행하게 되었다. 혼거제는 재소자들이 밤에는 각자 상호 격리된 채 자신의 방에서 독거하나 낮에는 말을 할수는 없지만 동료재소자들과 함께 일을 하는 제도이다. Lynds는 재소자들도 대부분 노동을 하여이윤을 추구하는 어쩔 수 없는 사람들이기 때문에 작업능률의 향상이 교정시설의 목표가 되어야 한다고 믿었다.

이 곳에서의 재소자들은 치료요법으로서뿐만 아니라 교정시설의 자족하는 방법으로 교도작업에 참여하였다. 정부가 상품제조자와 계약을 하면 업자가 재료를 제공하여 교정시설에서 재소자들이 완제품을 만들었다. 재소자들은 매우 엄격한 통제를 받았으나 작업결과로 얻어진 돈의일부를 스스로 간직할 수도 있었다. 따라서 재소자들에게 도덕적 개선보다는 일하는 습관을 심어 줌으로써 재범을 방지하는 데 더 관심을 두었다.

이 Auburn제도는 독거제의 단점과 혼거제의 결함을 동시에 보완할 수 있는 제도로서 의미를 부여받고 있는데, 그 이유는 공동작업을 통하여 독거수용에 따른 문제점이 해결되고 작업중

---

3 Barnes and Teeters, *op. cit.*, p. 520.

엄중침묵을 강요함으로써 재소자간 통모나 범죄학습 등의 문제도 해결할 수 있기 때문이다. 따라서 엄정독거에 비하여 사회적 처우가 어느 정도 가능하기 때문에 보다 인간적이며, 작업중 침묵으로 인하여 악풍감염의 문제가 해소되고, 집단작업을 통하여 사회적 훈련이 가능해지며, 정신건강이나 자살의 위험 등 주야엄정독거제의 폐해를 줄일 수 있다는 장점이 있다. 반면, 재소자간의 의사소통을 금지하기 때문에 인간관계의 형성이 어렵고, 같이 있지만 말을 못하게 함으로써 새로운 고통을 부과하는 결과가 되며, 작업시 의사소통을 허용치 않기 때문에 작업능률이 떨어질 수 있다는 단점도 지니고 있다.

3. Pennsylvania system과 Auburn system의 비교논쟁

독거제(Pennsylvania system)는 정직한 사람을 만들고자 하였던 반면, 혼거제(New York 또는 Auburn system)는 복종적인 시민을 만들고자 하였다. 양제도는 공히 재소자는 사회로부터 격리되고 훈육된 일상생활을 해야 한다고 믿었다. 그들의 일탈은 지역사회에 팽배한 타락의 영향의 결과이며, 교회나 가정 등의 기관에서는 더 이상 사회의 타락으로부터 영향을 차단할 수 없다고 생각하였다. 따라서 범죄자를 타락된 사회와 유혹으로부터 격리하여 체계적이고 규칙적인 생활습관을 터득케 함으로써 유용한 시민으로 만들 수 있다고 믿었다.

그러나 이들 두 제도를 구분할 수 있는 것은 재소자의 개선이 이루어지는 방법의 차이이다. Auburn system은 재소자는 침묵과 집단훈련을 통해 일단 자신을 깨부셔서 재사회화되어야 한다고 주장하나, Pennsylvania system은 엄격한 훈육을 비판하고 물리적 처벌이나 기타 인간의 존엄성을 침해하는 일들을 제한하였다. Auburn제도를 주창하는 사람들은 침묵제도가 비용이 적게 들며, 재소자의 노동력을 효율적으로 이용할 수 있고, 산업사회에 필요한 노동의 훈련을 받고 지역사회로 되돌아갈 수 있는 사람을 만들 수 있다고 주장하였다. 한편 Pennsylvania제도를 주창하는 사람들은 Auburn제도가 비용－편익이라는 부수적인 목표를 위하여 개선(reformation)이라는 원칙적 목표를 희생시킨다고 비판하면서 대규모작업을 통하여 재소자의 노동력을 착취하는 것이 결코 직업윤리를 증진시키지 못한다고 주장하였다.

결국 Penn제도는 과거의 종교적 수공업사회를 지향하였던 반면, Auburn제도는 막 싹트기 시작한 산업사회를 지향하였던 것으로 보인다. 그래서 Conley는 Penn제도가 Auburn제도에 진 것은 Penn제도가 지나치게 낙후된 노동제도를 고집하였기 때문이라고 지적하였다. 즉 Auburn제도는 교정시설의 비용을 자족하기 위해서 재소자의 노동력을 착취하는 수단을 제공하며, 국가에 이익을 줄 수 있는 공장에서의 대량생산이라는 새로운 요구와 도전에 궤를 같이하였다. 바로 이 점에서 Auburn제도가 20세기 산업교도소의 전신이라고 볼 수 있다.[4]

제3절 구금시설의 보안수준

교정의 목적이 처벌, 제지, 교화개선 또는 무능력화이건 간에 이는 모두 구금을 전제로 하고 있으며, 구금에 있어서 가장 중요한 관심은 역시 보안의 유지라고 할 수 있다.[5] 그런데 이러한 보안은 교정의 목적에 따라 그리고 사회의 지배적 성향에 따라 그 수준을 달리하고 있다.

그러나 교정시설이란 처음부터 최대한의 보안을 강조하는 장소로서 지어졌으며, 이는 전형적으로 높은 담과 전기가 통하는 철망, 무장한 교도관 등으로 표현되는 사회로부터 멀리 격리된 중구금시설(maximum security prison)이다. 이들 중구금교도소는 바로 처벌을 위해서 고안된 시설임을 알 수 있다. 따라서 이들 중구금시설에서 석방되는 재소자는 처음 수용되기 전보다 감정적으로 더 불안정한 상태이기 쉽다.[6] 그런데 이러한 중구금시설은 교정이 재소자의 처우에 관심을 집중시키기 시작하면서 약간은 변하고 있지만, 아직도 대부분의 교정시설은 중구금시설임에는 틀림없다.

20세기 들어 이들 중구금교도소에 대한 여러 가지 대안들이 실험되면서 상당수의 신설교도소가 중구금시설(medium security prison)로 세워지고 있다. 물론 초기의 중구금시설(medium security prison)은 재소자의 통제가 절대적인 관심이라는 면에서는 과거의 전통적 중구금교도소(maximum security prison)와 크게 다를 바가 없지만, 그 속의 재소자들은 자신이 감시당하고 있다는 것을 쉽게 느낄 수 있는 정도는 아니다.

---

4 John A. Conley, "Prisons, Production, and Profit : Reconsidering the Importance of Prison Industries," *Journal of Social History*, 1980, 14 : 257~275.

5 Clemens Bartollas, *Introduction to Corrections*, New York : Harper & Row, 1981, p. 287.

6 Harry E. Allen and Clifford E. Simonsen, *Corrections in America*(4th ed.), New York : Macmillan Publishing Co., 1986, p. 165.

또한 이들 중구금시설(medium security prison)은 과거 중구금시설(maximum security prison) 에 비해 재소자들의 일상생활이 덜 억압적이고 몰인격성이 지배하지도 않으며, 더불어 가장 중 요한 것은 그 규모가 대체로 상당히 작아졌다는 사실이다.

최근에 신설되는 중구금시설(medium security prison) 중에는 소위 말하는 캠퍼스모형으로 설 계되어 사동이 아니라 마치 대학교정의 기숙사와 같은 느낌을 주기도 한다. 이 곳에서의 감시는 도주의 위험보다는 수형자 상호간의 보호를 위해서이며, 보안의 유지는 대체로 전기 등의 감시 장치가 대신하고 있다. 만약 우리가 범죄에 대한 반응으로서 구금을 활용한다면, 이와 같은 새 로운 형태의 중구금시설(medium security prison)이 되어야 할 것으로 보인다.

한편 오늘날 이들 重拘禁(maximum) 또는 中拘禁(medium security)교도소 외에 재소자와 소 년원생보다는 시골농장이나 공공사업의 필요성을 충족시키기 위해서 설계된 경구금(minimum security)시설과 개방시설(open institution)을 볼 수 있다. 대체로 위험성이 적은 것으로 분류된 재 소자가 농장에서부터 캠프에 이르기까지 다양한 이들 시설에 수용되고 있다.

이들 경구금시설이나 개방시설은 여러 가지 면에서 장점이 있다. 대규모시설에서 있을 수 있는 개인적 위험과 억압적 구금에서 오는 감정적 불안정으로부터 재소자를 보호할 수 있다. 그 러므로 범죄자 자신은 물론이고 사회에 대해서도 위협이 적은 재소자와 소년원생이 충분한 정 도의 기간 동안 전통적 교도소 대신 개방시설에 구금하는 것이 더 유리할 수 있다.

반대로 중구금(maximum)교도소에서의 교육, 직업훈련 기타 처우프로그램을 더욱 개발한다 면, 경구금시설이나 개방시설에 수용된 재소자는 그러한 기회를 놓칠 수도 있다. 또한 지역사회 에 기초한 교정이 위험성이 적고 처우가능한 재소자와 소년원생을 더 많이 수용할수록 개방시 설은 지역사회교정에 적합하지 않은 위험성이 높은 중누범자를 처우하는 데는 적합하지 않기 때문에 개방시설의 가치도 그만큼 줄어들 수 있다. 물론 이러한 가정 하에서 교정당국에서는 교 정처우를 이유로 재소자와 소년원생을 지역사회교정에 보내기보다는 경제적인 이유로 재소자와 소년원생을 경구금시설이나 개방시설에 계속해서 수용하려고 노력할 것이다.[7]

---

7 Allen and Simonsen, *ibid.*, p. 173.

제 2 장
교정관리의 특성

    대부분의 사람들은 교정의 역사를 범죄자의 처리에 따라 복수, 제재 그리고 개선의 3단계로 요약하고 있는데, 현재는 범죄자를 사회로 재통합시키는 단계에까지 이르렀다. 그런데 교정관리는 범죄자에 대한 처리방법에 따른 교정이념과 목표를 반영하는 것으로 알려지고 있다.

    그러나 교정이 무엇을 강조하고, 무엇을 목표로 삼고 있는가는 상대적인 것이지 절대적인 개념은 아니기 때문에 현재의 교정이라고 할지라도 앞선 단계의 교정을 반영하고 통합한 결과로 보는 것이 타당하다. 예를 들어 교도소가 주로 응보나 제재를 위한 곳이라고 할지라도 범죄자를 교화개선하려는 노력도 게을리하지 않고 있으며, 반면에 사회재통합적인 교정이라도 재통합뿐만 아니라 사회의 안전을 위해서나 범죄자의 동조성을 유도하기 위한 제재도 동시에 행해지고 있는 실정이다.

    전통적인 교도소는 하나의 독재정치와 유사한 것이어서 이들의 목표는 재소자에 대한 구금의 확보가 유일한 것이었다. 이를 위해서 교도소는 군대의 계선조직과 유사한 매우 엄격한 계층제를 유지발전시켜 왔다. 그러나 교정의 발전과 더불어 전통적 계선조직에 보안요원이 아닌 소위 처우요원을 추가로 필요로 하게 되었다. 그 결과 공식조직의 권한과 권위의 재분배를 초래하게 되었다.

    더구나 이러한 발전은 의사결정환경에 영향을 미치게 되었고, 이러한 환경은 교정의 발전에 따라 교정조직과 관리에 있어서 급격한 변화를 야기시켰다. 그 중 가장 중요한 변화는 의사결정이 하위직 일선실무자에게로 넘겨질 수 있게 되었고, 그에 따라 주요 의사결정에 대한 책임까지도 이들 일선 하위직실무자에게 주어지게 되었다. 이처럼 교정시설의 몇 가지 특성이 교정분야의 관리유형과 과정을 조정하는 것으로 보인다.[1]

---

1 Harry E. Allen and Clifford E. Simonsen, *Corrections in America*(4th ed.), New York : Macmillan Publishing Co., 1986, pp. 345~347.

그런데 교정관리의 특성을 형성하는 데는 다음의 세 가지 중점이 교정관리의 전반에 걸쳐 흐르고 있음을 알 수 있다.

먼저, 과거 범죄자에 대한 제재(restraint)나 개선(reformation)의 목표는 범죄자를 도덕적·심리적·신체적·교육적으로 열등한 존재로 치부하여 향상되고 통제되어야 할 존재로 보는 교정행정의 인식을 더욱 강화시키게 되었다. 그 결과 교정행정은 교정자원을 우선적으로 범죄자 개인에 초점을 맞추게 되었다. 이처럼 조직활동의 표적이 범죄자 개인인 만큼 재통합모형의 핵심인 지역사회자원의 동원과 협조에는 별다른 노력을 경주하지 않았다. 이러한 교정관리는 범죄자를 처우하고 감독하기 위해서 사례별로 분리하였고, 상호협조가 잘 이루어지지 않는 다양한 분야의 전문가를 받아들이게 되었으며, 반면 학교와 같은 지역사회기관과의 협조체제가 잘 이루어지지 않는 결과를 초래하였다.

교정관리의 두 번째 속성은 프로그램의 개발과 변화에 대한 점진적 접근이다. 이는 교정행정이 새로운 아이디어에 대해서 약간은 호의적이지 않으며, 옛것으로부터 무엇을 삭제하고 옛것에 무엇을 가미할 것인가를 결정하는 데도 일반적으로 엄격하지도 과학적이지도 못하다는 것이다. 그러나 이러한 교정행정의 보수주의적 현실이 진정 행정만의 문제라고는 할 수 없다. 범죄문제의 원인과 해결이 너무나 불확실하여, 기존의 사회과학으로는 적절한 대안의 도입과 그에 따른 결과의 평가를 확신할 수 없기 때문이다.

교정관리의 세 번째 속성은 교정관리에 있어서 매우 중요한 위치를 점하고 있는 교도소문화(prison culture)에 그 근원을 둔 고립주의(isolationism)와 퇴행성(withdrawal)이다. 그 결과 교정에 대한 실상을 일반 시민으로부터 숨기고 교정에 대한 정형화와 신비감을 영속화하는 데 기여하게 되었다. 물론 교도소란 처음부터 범죄자를 시민의 눈과 마음으로부터 멀게 하기 위한 것이지만, 교정행정은 이를 애써 지키려고 한다. 지역사회교정이 싹트기 시작할 때 대부분의 교정당국에서는 교정이 시민의 심사와 평가에 노출되는 것을 꺼려했다는 사실이 이를 입증하고 있다. 이로 인하여 교정은 변화를 위해서 필요한 공공의 이해와 지원을 확보하지 못하였고, 결과적으로 범죄자의 특성과 처우에 대한 잘못된 인식이 아직도 사회에서의 교정에 대한 생각의 주류를 이루고 있는 실정이다.

한편 지난 수십년 동안의 교정발전에 있어서 가장 중요한 변화는 교정서비스의 통합을 추구하는 현상이라고 할 수 있다. 현대의 교정이 단순히 범죄자에 대한 구금의 확보와 응보적인 처벌 내지는 제지에만 목표를 두지 않고 범죄자의 교화개선과 재통합을 추구하고 있음에 비추어 교정서비스의 양적 증대와 질적 향상은 필연적 전제라고 할 수 있다.

그러나 범죄자가 필요로 하는 서비스를 제공하는 기관과 제도의 지나친 분권화와 분파주의
는 오히려 서비스의 통합에 장애가 되고 있다. 특히 자원의 한계와 다양한 전문적 처우의 필요
성을 고려할 때 유관기관과의 협조는 더욱 중요한 의미를 지닌다. 더욱이 교정조직의 분권화와
할거주의는 교정자원의 낭비를 초래할 수도 있기 때문에 이들의 합리적 조정이 필요하다.

반면에 현대교정은 시설수용과 사회처우, 소년교정과 성인교정 등 다양하게 분산되어 있음을
알 수 있다. 이러한 문제의 해결을 위해서는 우선 교정행정의 위상이 향상되고 분산되어진 교정
조직이 통합되어 하나의 중심적인 조직체로 재구성되고, 결과적으로 유관기관과의 상호작용에 있
어서 교정기관의 위치만 높아지고 능력이 향상될 필요가 있다. 이렇게 함으로써 비로소 교정의
궁극적 목표인 범죄자의 사회재통합을 위해서 요망되는 총체적 교정(comprehensive corrections)을
실현할 수 있을 것이다.

제3장
교정시설의 관리

제1절 개 관

    교정학의 연구와 발전에 행정학이 기여한 바가 적지 않은 반면 교정학에 대한, 특히 교정시설(prison management)과 그 관리에 대한 행정학적 연구가 많지 않다. 대부분의 연구는 교정시설을 통치·제재·관리되어야 할 제도라기보다는 사회체제(social system)를 갖는 전체제도(total institution)로서 보는 사회학자들에 의해서 다루어져 왔다. 사회학자들은 수형생활이 재소자에게 미치는 영향, 교화개선프로그램의 결과, 교도소화와 수형자문화 그리고 교정시설권위의 비공식적 분배 등에 많은 관심을 조명해 왔다. 따라서 재소자와 교도관을 관리하는 데 도움이 되는 실질적인 연구는 그리 많지 않다는 것이다. 교도소란 재소자와 교도관의 비공식적 사회망(informal social networks)을 통해서 주로 돌아가기 때문에 사실 교정행정가가 교정시설을 관리하기 위해서 할 수 있는 것은 많지 않기 때문이라는 것이다.[1]

    그러나 교정시설이 잘 운영되고 아니고는 재소자의 특성이나 과밀수용의 정도 또는 교정시설의 규모 등이 아니라 바로 재소자와 교도관에 대한 건전하고 확고한 관리에 달렸다고 한다. 따라서 좋은 교정시설이란 주어진 인적 그리고 재정적 자원의 범위 내에서 가능한 양질의 서비스, 쾌적함 그리고 질서를 제공할 수 있는 교정시설이라고 주장한다.[2]

    즉 국가가 범죄자를 교정시설에 강제로 수용했기 때문에 다른 사람의 안전을 위협하는 사건이나 행동 또는 일이 없도록 안전을 확보하는 것은 국가의 의무이며(질서), 물론 호텔처럼 운영

---

1 John J. Dilulio, Jr., *Governing Prisons*, New York : Free Press, 1987, p. 13.
2 John J. Dilulio, *ibid.*, p. 12.

해서는 안 되겠지만 재소자의 정신적·육체적 건강을 해치지는 않도록 양질의 의식주를 제공하는 등 재소자의 안락함을 향상시키고(쾌적함), 직업훈련, 교육 그리고 취업기회와 같은 재소자의 인생을 살찌울 수 있는 각종 프로그램을 제공하는 데 있어서 상대적으로 우수한 교정시설이 좋은 교정시설이다. 그런데 다른 공공기관의 행정관리와는 다를 뿐만 아니라 전체권력의 결함(defect of total power), 교도관이 활용할 수 있는 보상과 처벌의 한계, 교도관과 재소자의 호선(co-optation), 재소자의 특성과 과밀수용 그리고 법원의 개입 등 몇 가지 이유가 교정시설을 관리함에 있어 어렵게 한다.[3]

제2절 교정시설관리의 특성

교정시설을 통치하기 어려운 조직사회로 만드는 가장 큰 이유는 교정시설 내의 전체권력의 결함(the defects of total power)이 기인한 바 크다고 한다. Gresham Sykes는 교정시설은 공식적인 입장에서는 교정시설이 지배하고 동조를 끌어내도록 되어 있는 사람, 즉 재소자들에 관한 한 전대미문의 비교할 바 없는 위치이지만, 사실 그럴 수 있는 교도관의 능력은 제한되어 있고 그것도 상당부분 수형자의 협조에 의존하고 있다고 주장하였다.[4] 이러한 현상은 교정시설에 대한 일반의 생각과는 전혀 다른 것인데, 일반적 시각은 교도관과 명령에 일방적으로 수형자가 복종하는 권위적 체제하에서 수형생활을 하는 것으로 본다. 즉 교정시설에는 지켜야 할 규율이 많이 있고, 그 규율은 엄격하게 집행되며, 교도관은 처벌과 보상의 권한이 있고 강제력의 수단도 가지고 있기 때문이다.

교정사회는 강제력에 의해서 지배되는 비협조적이고 적대적인 수형자들로 구성되어 있어서 합법적으로 격리시키고 협조할 때까지 신체적으로 학대할 수 있으며 지속적으로 감시할 수 있다. 그러나 이러한 관행은 시민은 교정시설이 인본주의적으로 운영되기를 기대하기 때문에 오래

---

3 Clear and Cole, *op. cit.*, pp. 310~311.
4 Gresham Sykes, *The Society of Captives*, Princeton : Princeton University Press, 1958, p. 41.

지속될 수 없다. 더불어 군대와는 달리 재소자는 자신의 지배자, 즉 교도관이나 교정시설의 합법성을 인정하지 않고 따라서 협조하는 쪽으로 행동하지도 않는다.

즉 재소자가 교정시설의 규율이나 교도관에게 동조할 아무런 의무감도 갖지 않는다는 것이다. 다시 말해서 규율이나 명령에 대한 복종과 동조는 개인의 내재화된 도덕성으로부터 발현되는 것이어서 명령이나 규율이 있는 그대로 명령이요 규율로서 간주될 때만이 인간의 행위를 수정하는 기초가 되는 것이지, 복종과 동조의 결과 얻어질 수 있는 이익에 대한 합리적인 계산에 기초할 수는 없다는 것이다.[5]

그 밖에 교도관이 재소자에 대해서 완전한 전반적인 권한을 가지고 있다는 주장이 잘못되었다는 사실을 보여주는 근거는 또 있다. 교도관이 재소자를 동조하도록 물리적으로 강제할 수 있는 능력이란 교정시설의 일상적 활동을 고려할 때 일종의 환상에 지나지 않으며, 위기의 순간에는 오히려 의문스러운 가치이기도 하다. 사람들로 하여금 명령을 따르도록 강제하는 것은 기본적으로 복잡한 임무를 수행토록 하는 데는 비효율적인 수단과 방법이며, 더욱이 교도관 한 사람이 수십 명의 재소자를 담당하고 있고 교정시설 자체가 잠재적인 위험성을 안고 있다는 현실을 고려한다면 비효율성은 더욱 커질 수밖에 없다.[6]

물론 그렇다고 교도관이 재소자를 통제하기 위한 수단으로 물리적 강제력을 사용하지 않는 것은 아니다. 실제로 체벌 등 물리적 강제력을 이용하여 재소자를 통제하고 교도관들의 융화감도 유발하며, 재소자와 교도관의 상이한 지위도 유지하고 교도관의 진급에도 도움이 되었다는 사실이 입증되고 있다.

교정시설의 관리를 어렵게 하는 두 번째 이유는 교정시설에서 이용가능한 보상과 처벌이 극히 제한되어 있다는 사실이다. 상식적으로 사람을 통제할 수 있는 방법으로 당근과 채찍, 즉 보상과 처벌이 이용되고 있다. 긍정적인 행위에 대해서는 긍정적인 보상이 주어지고, 부정적인 행위에 대해서는 부정적 처벌이 가해지는 것이다. 교정시설에서도 재소자를 관리하고 통제하기 위해서 또는 재소자의 협조를 구하기 위해서 재소자에 대한 보상과 처벌을 활용할 수 있을 것이다.

구속된 공간에서 생활하는 대규모의 재소자들의 질서와 보안을 유지하기 위한 노력으로서 교도관들은 강력한 행동규칙을 부과하고 있다. 재소자들의 복종을 확보하기 위해서 물리적 방법을 사용하기보다는 동조행위에 대해서는 특전이나 혜택을 줌으로써 보상하고, 일탈행위에 대해

---

5 Gresham Sykes, *ibid.*, p. 47.

6 Gresham Sykes, *ibid.*, p. 49.

서는 특전과 혜택을 박탈함으로써 처벌하는 것이다. 동조행위에 대한 긍정적인 보상으로는 선시제도를 통한 형기의 단축, 교통권의 확대, 호의적인 가석방심사보고 등 다양한 유형이 있다.

그러나 이러한 보상과 처벌로서 재소자를 통제하거나 그들의 협조와 동조를 구하는 데는 몇 가지 결점이 있다. 규칙위반에 대한 처벌이 사실은 교정시설의 일상적인 수용생활과 크게 다를 바 없어서 처벌로서의 충분한 효과를 기대하기 힘들다는 것이다. 재소자는 그들의 구금수용과 함께 Sykes가 말하는 구금의 고통, 즉 자유, 생활물품, 이성교제, 자율성, 안전의 박탈 등 각종의 고통을 받고 있기 때문에 부가적인 처벌이 더 이상의 의미가 없다는 것이다.

더구나 교정시설 내의 수인사회와 그들의 부문화는 오히려 규율의 위반과 그로 인한 처벌을 자신에게 수인사회에서의 지위를 확보해 주는 하나의 수단으로까지 생각하기도 하기 때문에 처벌이 때에 따라서는 재소자의 규율위반이나 비협조, 비동조 또는 권위에의 도전 등을 더욱 부추길 수도 있다.

한편 재소자에게 주어질 수 있는 보상이 사실은 수형 초기에 주어지고 단지 규율위반이 있을 때 일부 보상이 박탈되는 실정이어서 수형생활이 오랫동안 지속된 재소자에게 동기를 부여할 수 있을 정도의 이용가능한 추가적인 보상이 사실은 없다는 것이다.

물론 일정한 수형기간이 지나서 재소자의 사회재통합이 필요한 시기에 도달해서야 귀휴, 외부통근, 중간처우소로의 전출 등과 같이 규칙을 준수할 만한 유인책이 있을 수 있으나, 수형기간의 대부분은 이러한 보상이 적용될 수 없는 경우가 많다. 더욱이 일선교도관의 입장에서는 어떠한 종류의 보상이나 처벌일지라도 자신의 재량으로 취할 수 있는 조치는 거의 없는 실정이기 때문에 재소자들에 대한 이들의 권위나 통제력이 쉽게 먹혀들기 힘들 수밖에 없다.[7]

재소자관리를 어렵게 하는 세 번째 문제는 교도관과 재소자 간의 상관관계에서 찾을 수 있다. 교도관 한 사람이 한꺼번에 수십 명, 수백 명을 담당해야 할 정도로 과중한 업무를 수행하면서 그들이 활용할 수 있는 효과적인 통제수단이 그리 많지 않은 상태이다. 만약에 있을 수 있는 문제에 대한 책임추궁의 위험성을 면하기 위해서는 자신이 맡고 있는 사동이나 사방의 원활한 관리가 필수적이기 때문에 때로는 교도관들이 재소자의 협조와 도움을 받는 경우가 있다. 간단한 예로 재소자가 주요한 보안구금의 요건이나 규율을 지키는 조건으로 교도관은 일부 경미한 규칙의 위반은 눈감아 주는 경우가 그것이다.

일선교도관과 재소자는 하루 종일 가까이서 생활을 하고 많은 시간을 보내고 있다. 물론 이

7 Clear and Cole, *op. cit.*, pp. 312~313.

들의 신분이나 지위는 공식적으로는 극단적으로 지배와 피지배의 차이가 있다고 할 수 있으나, 사실은 어떤 면에서는 상호 의존적인 면이 적지 않다. 교도관은 상급자에게 잘 보이기 위해서 어쩔 수 없이 재소자들의 협조를 필요로 하고, 재소자들은 엄격한 규율을 조금이라도 벗어나기 위해서는 교도관의 도움을 필요로 한다. 경우에 따라서는 질서와 규율의 위반에 대해서 엄격하게 처벌하는 것이 바람직할 수도 있으나, 많은 경우 교도관들은 자신의 권한으로 이들 수형자들과 협상하고 거래하는 것이 오히려 수월하다는 사실을 알게 된다.

결과적으로 다른 쪽에서 규율의 위반을 눈감아 줌으로써 더 큰 쪽의 복종이나 동조를 확보할 수 있게 된다. 이러한 현실이 가능한 것은 재소자들은 외견상 교정시설의 주요 규율에 대해서는 자발적으로 동조하고 있으며, 따라서 구금이나 보안의 확보도 부드럽게 이루어진다. 즉, 오로지 시설 내에 눈에 보이는 문제와 경계의 원인이 없으면 되는 외견상의 질서만을 유지하면 되는 것이 일선교도관에게 기대되는 역할이기 때문이다.[8] 이는 바로 일선교도관은 물론이고 전체 교정행정에 있어서 업무평가가 전적으로 교정효과나 비용—편익이 아니라 외견상의 표면적인 질서와 보안의 유지, 즉 사고나 문제 없는 사방, 사동, 교정시설의 운영과 유지에 의해서 평가되기 때문이다. 따라서 교도관과 재소자는 많은 경우 상호의존적인 관계를 유지하는 것이 상호 편리한 경우가 되는 것이다. 그러나 지나친 상호의존성은 재소자에 의한 교도관에 대한 협박 등을 통해서 교도관의 권위를 타락시켜서 교도관의 권위와 지도력이 재소자에게 넘겨지고, 교정시설의 관리도 교도관이 아니라 재소자에게 맡겨지는 경우가 생길 수 있다.

끝으로, 재소자들의 지도체계의 변화 또한 현대교정시설의 관리를 어렵게 하는 하나의 요인으로 작용하고 있다. 과거에는 교정당국에서 재소자사회체계상의 지도자를 파악하여 서열화하고 그에 상응한 대우를 해줌으로써 어느 정도의 질서유지가 가능한 면이 있었다. 즉 재소자 중 지도자적 위치에 있는 수형자에게 모범수형자로서 처우해 줌으로써 교정시설은 재소자들의 사회체계와 투쟁하기보다는 평화를 확보할 수 있었다.[9]

그러나 현대교정시설은 수용인구가 범행의 유형이나 정치성 또는 권리의식 등 모든 면에서 변화했기 때문에 과거와 같은 방법으로는 재소자사회를 관리하기 힘들어진 것이다. 물론 외관상으로는 현대교정시설이 과거보다는 훨씬 과밀수용의 정도가 심하지만, 과거에 비해 교정시설의 폭력과 같은 수용사고도 적어졌고 시설도 과거에 비해 보다 효과적으로 돌아가고 있다. 그것은

---

8 Robert B. Reich, "Bargaining in Correctional Institutions : Restructuring the Relationship between the Inmate and the Prison Authority," *Yale Law Journal*, 1972, 81 : 726.

9 Richard Korn and Lloyd W. McCokle, "Resocialization within Walls," *Annals*, 1954, 293 : 191.

재소자사회체계는 변하였을지 모르지만, 교도관은 동료재소자들의 추앙을 받는 지도적 재소자들을 통해서 교정시설을 관리할 수 있게 되었기 때문이다. 그러나 이런 방법으로 교정시설의 질서가 유지되고 재소자가 관리된다면 몇몇 일부 수형자지도자들의 지위는 향상될 수 있으나, 그것은 다른 재소자들의 피해를 담보로 할 수밖에 없다. 이들 일부 지도적 재소자는 불법적으로 받은 물품이나 혜택을 동료재소자들에게 정치적으로 분배해 줌으로써 자신의 지위와 권위를 지속적으로 유지할 수 있게 된다.

제 4 장
수형자의 권리

제1절 수형자권리의 기초와 특성

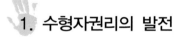 1. 수형자권리의 발전

　　형법과 같은 공식적 사회통제제도는 항상 불이익을 내포하게 되어 있다. 형벌의 책임을 공공기관에 위임한다는 것은 처벌행위를 일반적 지식과 검증으로부터 격리하고 대신 일부 전문가의 손에 맡기게 되는 것이다. 그러나 이들 전문가가 특정목표에 집착하여 일반적인 목표를 추구하지 못하는 경우를 자주 볼 수 있었다. 이와 관련하여 우리는 형벌의 특성을 제한하는 기본적인 원칙이나 원리가 있는지, 그리고 형벌기관에 의해 취해진 행위가 그 형벌행위에 부과된 한계를 합리적으로 지키고 있는가라는 두 가지 문제점에 봉착하게 된다.[1]

　　상식적으로 우리는 원치 않는 교정행정당국에 법원이 한계를 설정하고 제한하는 것으로 생각할 수 있으나 사실은 그렇지 않다. 현재의 향상된 수형자권리가 상당부분 교정에 대한 사법부의 개입에 힘입은 바 큰 반면, 초기에는 법원이 교정행정에 개입하기를 꺼려하였다. 이것을 우리는 교정에 대한 법원의 무간섭(hands-off)정책이라고 한다.

　　전통적으로 법원은 형벌의 특성에 대한 입법적 결정이나 처벌적 여건에서의 훈육의 특성에 대해서 간여하기를 원치 않았다. 법원의 이러한 입장은 대체로 교정은 전문성을 요하는 특수한 부분이라는 생각과 3권분립의 원칙을 따른 결과라고 할 수 있다. 우선 교정행정이 매우 폐쇄적이기 때문에 심지어 법원에서조차 교정행정에 대해서 아는 것이 많지 않았고, 결과적으로 교정

---

1 David Duffee, *Corrections : Practice and Policy*, New York : Random House, 1989, p. 311.

74

시설 안에서 어떤 일이 일어나고 있는지 잘 알지 못하였다.

이와 더불어 교정은 일반행정과 달리 범죄자를 대상으로 하는 특수한 전문성을 요하는 분야이기 때문에 자신보다는 교정전문가가 더 잘 알고 있으며, 따라서 법원이 교정이라는 전문영역에 개입한다는 것은 바람직하지 않은 것으로 여겼다. 더불어 일반적 상식과 공공의 인식이 범죄자인 수형자에게까지 법원이 관심을 가져야 한다는 당위성을 인정하지 않는 경향이 있기 때문에 수형자의 권리와 관련하여 교정행정에 개입하기를 주저하였다. 또한 현대민주주의는 확실한 3권분립을 통하여 상호 견제와 균형을 추구하는 것이 이상적인데, 사법부가 교정이라는 행정권에 간섭하는 것은 3권분립의 정신에 위배되는 것으로 여겼다.[2]

그러나 사회 전체의 인권운동과 그 결과물이라고 할 수 있는 민권의 신장 및 민주화의 진전으로 시민의 권리에 대한 욕구와 관심이 증대하게 되었다. 이러한 사회전반적인 인권운동과 민권의 신장으로 어쩌면 인권이 사각지대로 인식되었던 교정시설에까지 관심의 영역이 넓혀지게 되었다. 그 결과 많은 수의 재소자가 자신의 권익에 관한 소송을 법원에 제기하게 되었다. 특히 사회전반적으로 학력수준이 높아짐에 따라 일반범죄자의 의식과 지식수준도 높아졌으며, 더구나 학생이나 정치인, 기업인 등 소위 지식층 또는 지도층 인사의 수용이 증대됨으로써 더욱 수형자 자신의 권익에 대해서 눈을 뜨게 되었다. 이러한 재소자에 의한 소송의 폭발적인 증가와 민권단체 등의 다양한 인권운동에 영향을 받아 법원은 서서히 교정행정에 개입하게 되는데, 이를 우리는 간섭(hands-on) 정책이라고 한다.

이처럼 교정행정에 대한 법원의 개입으로 수형자에 대한 제반권리와 권익의 향상은 물론이고, 수형생활의 개선도 상당부분 이루어졌음은 부인할 수 없는 사실이다. 실제로 교정행정에 있어서 수형자들의 목소리가 상당히 커진 데 비해, 교정당국은 수형자관리의 어려움을 호소하고 있는 실정이다. 물론 법원의 개입만으로 교정행정과 재소자의 인권이 개선되는 것은 아니다. 입법부의 입법적 지원은 물론이고 이를 바탕으로 교정당국에서의 혁신적인 개선의지가 전제되지 않는 한 수형자의 권익이 실질적으로 보호될 수 없는 것이다.

---

2 Frances S. Goles, "The Impact of Bell V. Wolfish upon Prisoner's Rights," *Journal of Crime and Justice*, 1987, 10 : 47~70, pp. 49~50.

2. 수형자권리의 특성

역사적으로 재소자는 헌법이나 기타 법률적으로 규정된 인간의 기본적 권리를 만족스럽게 향유하지는 못했다. 일반 자유시민이 누리는 동일한 권리를 누릴 수 있는 존재로서 인정받고자 하는 재소자들의 투쟁은 어렵고 길었다. 그것은 구금이라는 것이 형벌로서 간주되어야 하며, 따라서 재소자들의 특정권리의 상실은 바로 그 형벌의 중요한 요소라고 인식되었기 때문이다. 그래서 재소자를 다양한 과학적인 의료와 사회적 실험용 흰쥐 정도로 인식하는 것도 전혀 이상하지 않은 것처럼 보이기도 하였다. 실지로 재소자들이 새로운 약품의 임상실험의 대상으로 이용되기도 하였다. 물론 현재도 재소자들이 이러한 실험에 고지된 동의와 자발성을 기초로 부분적으로 참여할 수 있게 하고 있다.[3]

그러나 교정시설은 법을 어긴 범죄자를 구금하기 위해서 고안된 것이며, 따라서 교정시설은 바로 이 기본적 목적을 수행하고 있다. 교정시설은 국가재정의 분배에 있어서 그 우선순위가 매우 낮기 때문에 재소자를 위한 충분한 예산의 확보가 어렵다. 그 결과 교정시설은 항상 시설 자체가 부족하고, 있는 시설마저도 낙후되기 십상이다. 따라서, 대부분의 교정시설이 재소자의 최소한의 건강과 안전을 위해 개·보수되어야 할 실정인 경우가 적지 않다. 물론 아직은 법원에서조차 교정시설이 편안한 곳이고 골프장의 클럽하우스처럼 운영되어야 한다고는 판단하는 것은 아니지만, 재소자의 건강이나 안전에 관한 최소한의 기준에 관련한 재소자의 소송이 빈번해지고 있다는 것을 간과해서는 안 된다.[4]

다시 말해서 재소자의 구금이 갖는 강제적 특성과 교정시설에서 유지되어야만 하는 엄격한 훈육으로 인해서 재소자는 각종 약탈과 비존엄성 그리고 외부세계의 생활과는 동떨어진 각종 처우를 받게 된다. 그러므로 교정시설이 각종 청원과 소송 등의 표적이 되고 있다. 결국 교정시설의 질서를 유지하고 수용가능한 재소자의 행동을 확보할 수 있는 이성적 사회체계를 구축하면서 재소자의 헌법적 권리가 완벽하게 보호될 수 있도록 균형을 이루는 것은 매우 어려운 형편이다.

그래서 재소자들이 자신의 구금의 합법성에 대해서 의문을 제기하게 되었다. 즉 자신의 구금이 충분히 이유 있는 것으로 적법한 것인가를 묻기 시작하였다. 구속적부심의 제기 등도 이에

3 Kathleen Schroeder, "A Recommendation to the FDA Concerning Drug Research on Prisoners," *Sourthern California Law Review*, 1983, 56 : 969~1000.

4 Dean J. *Champion, Corrections in the United States*, Englewood Cliffs, NJ : Prentice-Hall, 1990, pp. 366~367.

대한 하나의 작은 예라고 할 수 있다. 구금의 합헌성논란은 구금사실 그 자체는 물론이고, 구금의 특성까지도 그 대상으로 하고 있다. 구금의 특성에 대한 논쟁은 구금의 본질상 재소자의 구금임에도 불구하고 그가 누릴 수 있는 권리를 박탈하고, 이러한 권리의 박탈이 구금을 더욱 짐스럽게 만든다고 주장한다.[5]

　자신의 권리를 요구하는 수형자에게 주요한 문제의 하나는 국가의 노예나 시민으로서 죽은 사람 또는 민권을 상실한 사람이 아닌 사람으로서의 신분이나 지위를 회복하는 것이다. 수형자의 권리요구는 그들이 타인에 대해서 잘못을 저질렀으며, 교도소의 운영은 행동에 대한 엄격한 제재를 요한다는 두 가지 사실에 의해서 심각하게 제한되고 있다. 그러나 반드시 재소자의 권리가 교정관리의 호의나 선처에만 달려 있는 것은 아니다. 대부분의 학자들은 응보에 있어서의 형평성을 강조한다. 즉 형벌은 반드시 범죄에 상응한 것이어야 한다는 주장이다. 이러한 Just desert의 개념은 곧 형벌의 유형과 정도에 일종의 한계를 분명히 긋고 있다. 이와 더불어 타인을 구금한다는 것은 물론 구금의 특성에 따라 요청되는 보호나 배려가 결정되겠지만, 어떤 형태나 정도이건 그 사람에 대한 보호의 법적 의무도 동시에 지는 것을 의미한다.[6] 정부의 재소자에 대한 배려나 보호의무는 다시 건강과 생활을 유지할 수형자의 권리로 이어져야 한다. 이와 함께 근본적인 공정성이 전제되지 않는 한 건강과 생활에 대한 권리도 적용되기 어려운 것이기 때문에 공정성의 개념도 중시되어야 한다. 한편 공정성은 의사결정에 있어서 신뢰성이나 타당성을 확보하는 것이며, 이는 최소한의 적법절차를 전제로 가능해진 것이다.

　바로 이러한 인본주의적인 보호와 배려의 개념과 적법한 절차와 과정을 중시하는 사실이 구금된 재소자라도 어느 정도의 권리를 가지며, 그것이 침해되었을 때는 구제의 수단이 제공되어야 한다는 것을 의미한다. 그러나 중요한 것은 어떠한 원리와 규율에 의해서 이들의 기본적인 권리가 집행되는가 하는 것이다. 여기서 상호 경쟁적인 두 가지 포괄적인 원칙이 제시될 수 있다. 하나는 자유주의진영의 주장으로 일반 자유시민의 모든 권리를 수형자도 가져야 한다는 주장이다. 즉 재소자도 질서 있는 구금을 확보하는 데 필요한 제재나 교정사회의 모든 구성원에게 신체적 안전과 권리를 보호하기 위해서 필요한 제재를 제외하고는 일반 자유시민과 마찬가지의 자유가 있다는 주장이다. 반대로 이와는 대조적으로 보수주의진영에서는 재소자는 그들에게 명

---

5 John W. Palmer, *Constitutional Rights of Prisoners*, Cincinnati, OH : Anderson, 1985, pp. 222~223.

6 Fred Cohen, "Legal Issues and Mentally Disordered Inmates," pp. 32~95 in New York State Department of Correctional Service, *Sourcebook on the Mentally Disordered Prisoner*, Washington, D.C. : National Institute of Corrections, 1985, p. 36.

확하게 주어진 권리나 그것을 적용하는 데 필요한 권리를 제외하고는 모든 권리를 상실했다고 보는 견해이다. 이러한 두 가지 주장 중에서 아직도 보수적인 기준과 원칙이 더 많이 활용되고 있다.[7]

이러한 원칙 외에 실질적으로는 수형자권리가 권리침해의 정도와 교정시설체제의 결함 정도에 따라 그 강도가 결정된다고 한다. 우선 권리침해의 정도는 침해된 권리로 인해 그 피해나 손상이 클수록 권리구제나 요구도 커진다는 것이다. 즉 수형자의 심리적 · 신체적 존엄성이나 자유의 조건에 미치는 영향이 클수록 절차적 권리나 실질적 권리에 대한 요구와 구제가 강해진다는 것이다. 한편 다른 하나의 기준은 교정시설체제의 결함 정도에 따라 권리구제나 요구가 강해진다는 주장인데, 이는 법원에서 수형자권리침해 여부를 결정할 때 주로 이용되는 것으로 교정시설의 전반적인 수용조건이 최소한 납득할 만한 수준이라면 그만큼 권리구제를 명하는 결정을 잘 하지 않는다는 것이다. 즉 교정시설의 상태나 조건이 최악이면, 그에 요구되는 것 또한 최고일 수밖에 없다는 것이다.[8]

제 2 절 수형자권리의 주요 내용

일반시민들이 누리는 권리에는 대체로 절차적 권리(procedural rights)와 실질적 권리(substantive rights)가 있다. 절차적 권리는 글자 그대로 개인에 대한 국가의 행위를 제한하고 지도하는 규율인 적법절차(due process of law)에 관한 권리이다. 대부분의 적법절차에 대한 분석은 생명이나 재산과 같은 보호받을 이익이 정부의 행위에 의해서 부정적으로 영향받는가를 밝히고, 만약 그러한 이익이 있다면 어떠한 절차가 요구되며 그 이익이 자의적으로 거부되지 않았는가를 밝히는 것이다.[9]

---

7 Fred Cohen, *ibid.*, p. 40.

8 Fred Cohen, *ibid.*, p. 37

9 Robert R. Henak, "Prisoners' Rights," in *1981 Annual Survey of American Law*, New York : John Wiley, 1982, pp. 291~292; Richard Hawkins and Geoffrey P. Albert, American Prison Systems, Englewood Cliffs, NJ : Prentice—Hall,

그러나 문제는 재소자들에게 있어서도 생명·재산·자유와 같은 보호받을 권리가 구성될 수 있는가 하는 것이다. 수형생활에 있어 자연적으로 박탈되는 기본적 권리가 면할 수 있는가라는 의문이다. 만약 그러한 기본적 권리가 존재하지 않는다면 적법절차의 논의는 충분한 의제가 될 수 있다. 법은 비록 구금되었더라도 일부 실질적 권리는 유지하는 것으로 보고 있으며, 만약 재소자들이 일부 실질적 권리를 유지한다면 적법절차는 반드시 제공되어야 한다고 보고 있다. 비슷한 예로 미국의 법원에서는 사형제도를 잔인하고 비정상적인 처벌이라서가 아니라 실질적 적법절차가 위반되었기 때문에 위헌이라는 판결을 내리기까지 하였다.

권리의 두 번째 유형인 실질적 권리는 말을 하거나 집회를 하는 등 무엇인가를 할 수 있는 자유 또는 잔인하거나 비정상적인 처벌을 경험하지 않을 자유 등 특정한 조건으로부터의 자유와 관련된 권리이다. 이러한 자유는 헌법으로 보장된 인간의 기본적 권리이다. 그러나 문제는 역시 헌법에 의해서 보장된 이들 권리 중 어떤 것이 교정시설에서까지 보장될 수 있는가 하는 의문이다.

1. 절차적 권리

교도관에게 주어진 광범위한 재량권으로 말미암아 일정의 공식적인 절차적 기제를 통하여 교정인력에 의한 의사결정에 도전할 수 있는 적법절차에 대한 권리를 가질 수 있는 때는 언제인가에 관한 의문이 제기되고 있다. 이러한 문제는 교도관에게 주어진 지나친 재량권과 애매한 규율이 심각한 문제를 야기시키기 때문이다.

그러나 법원에서 재소자를 위한 절차적 권리(procedural rights)를 인식하기 시작한 것은 비교적 최근의 일이다. 물론 적법절차에 대한 권리의 제공이 모든 재량권을 제거하지는 않지만, 일부 결정의 자의적 특성을 줄이고 결정이 적어도 검색될 수 있는 기회를 제공할 수 있다. 이러한 적법절차에 대한 관심은 교정시설에서의 일관적인 법치를 위한 필수적인 기초를 제공하게 되었다. 그래서 최근의 형사정책이 강력하게 주장하는 하나의 목표인 정의모형(justice model)도 사실은 적법절차의 확립 없이는 실패할 수밖에 없는 실정이다.

이처럼 중요한 의미를 갖고 있지만 적법절차가 교정시설에 직접 바로 정착되지 못하고, 오히려 교정시설의 출구를 통하여 우회적으로 자리잡게 되었다. 즉 보호관찰의 파기와 교정시설로

1989, p. 385에서 재인용.

의 재수감에 관한 법원의 결정으로부터 교정시설에서의 적법절차의 권리가 논의되었다는 것이
다. 다시 말해서 교정시설 밖에서 교정시설로 다시 들어가는 것과 관련해서 적법절차가 논의되
기 시작하였기 때문에 출구를 통한 정착이라고 한다. 보호관찰의 파기와 결과적인 재수감은 조
건부자유의 심대한 상실이다. 따라서 재소자는 적법절차의 보호를 받을 권리가 있다는 것이다.[10]

그렇다면 심대한 자유의 상실이라는 개념에 의한 보호관찰과 관련된 이러한 범죄자의 적법
절차권리가 교정시설 안에서도 수형자에게 적용될 수 있는 것인가, 대표적으로 훈육문제로 인한
재소자에 대한 징벌의 경우에도 적법절차권리는 유용한 것인가라는 의문이다. 물론 대답은 적법
절차에 의하지 않은 심대한 훈육과 징벌 등은 부과될 수 없다고 한다. 이처럼 적법절차의 권리
가 교정시설의 재소자에게 확대된 것은 교정시설과 재소자의 독특한 특성 때문이다. 재소자는
시설보안과 같은 국가의 이익에 대해서 비교되어야 할 제한된 자유이익을 소유하고 있는 것으
로 간주되기 때문에 이러한 제한된 자유이익도 특전의 상실이 아니라 징벌상의 구금이나 선시
의 상실 등의 경우에 청문 등 모든 적법절차의 권리를 요구하고 있다.

이러한 교정시설에서의 징벌 등에 있어 적법절차의 요구는 교정시설에 대한 법인의 가장 중
대한 개입으로 받아들여지고 있다. 물론 이러한 절차적 권리가 필연적으로 재소자에 대한 최고
의 보호라고는 할 수 없지만, 적어도 교정에 있어서 오랫동안 불가침의 성역으로 여겨졌던 직원
의 재량권에 직접적인 도전으로 간주되고 있다.[11]

그러나 교정시설에서의 적법절차권리에 대해서 법원의 접근은 매우 보수적인 것이었다, 교
정시설훈육이나 징계절차에 있어서 적법절차기준이 교정시설이 아닌 곳에서 적용되는 기준에
비해서 매우 낮은 것으로 알려지고 있기 때문이다.

2. 실질적 권리(substantive rights)

(1) 서신검열

교정시설 밖의 사람과 교신할 자유와 편지 등을 받을 권리, 즉 외부교통권은 일종의 언론과
표현의 자유일 수 있다. 그러나 외부와의 교통은 교정시설의 보안상의 문제를 야기시킬 수 있기

---

10 Hawkins and Alpert, *op. cit.*, p. 386.

11 Duffee, *op. cit.*, pp. 317~318.

때문에 보안이라는 교정시설의 이익과 언론과 표현의 자유라는 재소자의 이익과의 균형을 맞추려고 노력하고 있다. 이러한 균형은 재소자의 외부교통권에 대한 이성적인 제재를 가할 수 있는 교도관에게 유리한 방향으로 정착되는 경우가 보통이다. 이처럼 자유로운 서신의 왕래 등을 제한하는 데 대한 정당성은 교정시설의 질서 있는 운영과 보안에서 찾고 있다. 외부로부터의 서신은 탈출의 지시, 무기, 마약 기타 금지물품의 반입을 막기 위해서 개봉될 필요가 있는데, 이 일을 담당할 인력의 부족으로 재소자의 서신왕래 횟수를 제한하게 된다. 그러나 이러한 타당성과 정당성의 주장은 약간은 의문스러운 점이 있다. 한편 외부로 나가는 서신에 대해서도 일정한 제한이 필요한데, 그 이유는 위협이나 협박 등에 관한 서신을 받을 수 있는 사람을 보호해야 하기 때문이라고 한다.

이처럼 헌법이 보장하는 언론과 표현의 자유가 재소자에게 완전하게 적용될 수는 없다. 법원에서도 이 점에 대해서는 어느 정도의 검열이 필요하다고 인정은 하지만, 그 검열은 의도된 목표를 달성하기 위한 최소한의 제한적 수단에 그쳐야 한다고 주장한다. 그러나 어느 정도의 제한이 합당한 것인가에 대해서는 일치된 의견이 없다. 일부에서는 국가의 이익을 정당화의 기준으로 삼고, 혹자는 분명하고 현존하는 위험성을, 또 다른 일부에서는 어떠한 합당한 목적의 증진에 합리적이고 필연적으로 관계가 있어야 한다고 주장하기 때문이다. 아무튼 교정시설에 대한 비판을 억제하기 위한 서신의 검열은 합리적 목적도 될 수 없으며, 그 목적을 성취하는 데도 아무런 도움이 되지 않는 것은 분명하다.

그렇다면 완전한 검열이 아니라 부분적이고 제한적인 검열이 바람직하다면, 무엇을 검열할 것인가라는 문제가 제기될 수밖에 없다. 이에 대해 미국의 헌법수정조안 제1항은 보안, 질서 그리고 교화개선이라는 실질적인 국가이익의 증대에 기여하는 것이어야 한다고 규정하고 있다. 그러나 이 같은 주장은 보안과 질서는 범죄자의 교화개선과는 호환적일 수 없다는 것을 경험을 통해서 알고 있는 사실이기 때문에 적지 않은 문제의 소지가 있음을 알 수 있다. 이와 같은 애매하고 포괄적이며 갈등적인 세 가지 목표로 인해서 교정당국이 아직도 유리한 위치에 설 수 있게 해 준다. 그러나 분명한 것은 보안, 질서 그리고 교화개선이라는 목표가 최소제한적인 수단을 이용하여 보호되어야 한다는 것이다.

(2) 종교의 자유

재소자의 종교에 대한 권리는 종교의 자유를 허용하고 안하는 것에 앞서 종교의 범주에 관한, 즉 무엇을 종교로 인정할 것인가가 우선적인 문제이다. 이에 대해서 일부는 객관적 기준을 제시하는 반면, 일부는 재소자의 주관적 기준에 의존하고 있다.[12] 그 다음의 논의가 교정당국에서 인정하는 종교에 대해서 종교적 신념을 행사하는 데 대해 어느 정도로 제한할 것인가의 문제이다. 종교문제에 대해서 법원은 현저한 국가이익의 존재와 최소한의 제재적 대안이라는 매우 엄격한 기준을 주문하고 있다. 즉 재소자의 종교의 자유를 제한하기 위해서는 교정당국이 제한하는 다른 자유에 못지않게 중요한 목적이 있고, 주어진 제재가 가능한 대안 중 최소한의 제한적인 수단이라는 것을 증명할 수 있어야 한다는 것이다.

그런데 교정당국에서 재소자의 종교행사에 제한을 두는 데는 다음과 같은 이유를 들고 있다.

첫 번째는 종교행사나 신념은 처음부터 교정시설의 보안과 질서유지를 위협한다는 것이다.

두 번째는 일부 종교는 교정당국의 재량권과 권위를 의문시하기 때문에 제한이 필요하다는 것이다.

세 번째는 종교행사를 위해 필요한 시간과 장소를 마련하기 위한 경비의 문제이다.

물론 재소자의 종교의 자유는 보호되어야 한다고 법원에서는 주장하지만 종교에 대한 제한은 지속되고 있는데, 이에 대한 교정당국의 주장은 서신의 검열에서와 마찬가지로 보안, 질서 그리고 교화개선이라는 범주로서의 제한이라고 근거를 두고 있다.[13]

(3) 잔혹하고 비정상적인 처벌

일반적으로 법원은 '잔혹하고 비정상적인 처벌'(cruel and unusual punishments)이라는 문구의 의미를 해석하거나 검증하기 위해서 보통 세 가지 경우를 상정하고 있다.

그 첫 번째 검증은 일반적 양식에 비해 충격적이거나 인간의 존엄성을 위협하는 조건에 연결시키는 것이다. 즉 성숙한 시민사회의 기준에 합당한 고상함을 기준으로 삼는 것이다.

두 번째 검증의 방법은 측정의 잣대로서 균형을 들고 있다. 만약 처벌이 과다하다면 그것이 잔혹하고 비정상적인 처벌이라는 논리인데, 처벌이 불필요하고 이유 없는 고통을 부과하지 않아야 한다는 것이다. 여기서 균형 또는 비례라는 개념은 범죄의 심각성에 비견한 것이다.

세 번째는 합법적인 행형목표를 추구하기 위해서 의도되는 훈육과 징벌 등이 요구되는 이상일 때 잔혹하고 비정상적인 처벌이 된다는 것이다. 예를 들어 교정시설의 난동사건 이후의 응징행위가 교정시설의 목표와는 아무런 관련이 없는 것이며, 따라서 일종의 위헌적인 행위라고 할

---

12 William C. Collins, *Correctional Law 1986*, College Park, MD : American Correctional Association, 1986, pp. 47~48.
13 John Palmer, *Constitutional Rights of Prisoners*(2nd ed.), Cincinnati, OH : Anderson, 1977, pp. 64~70.

수 있는 것이다.[14]

(4) 처우받을 권리와 거부할 권리

지금까지 살펴본 몇 가지 주요한 수형자의 권리가 헌법이 보장할 수 있는 기본적인 권리에 해당된다면, 재소자가 처우를 받을 권리와 비자발적인 처우를 거부할 수 있는 권리도 수형자권리와 관련하여 중요한 내용으로 간주될 수 있다. 여기서 처우를 받을 권리가 지금까지는 대부분의 처우가 비자발적·강제적인 것이었기 때문에 법률적으로 규정되지도 않았으며, 특히 대다수 처우가 재소자에 대한 일종의 보상 또는 특전으로 인식되는 경우가 많았기 때문에 권리라고 인식되기도 쉽지 않은 형편이다. 더욱이 교정시설이 범죄자를 교화개선시키지 못하고, 처우라는 것이 재소자를 더 오래 구금하는 장치에 지나지 않으며, 재소자에 대한 중산층 윤리와 정신을 심어 주기 위한 것밖에 안 된다는 인식 하에서는 재소자가 처우되는 것을 거절할 권리뿐만 아니라 그로 인하여 처벌받지 않을 권리도 인정되어야 한다는 주장이 일고 있다.[15]

재소자의 처우받을 권리를 법률적으로 강제로 규정할 수 없는 것은 마찬가지로 중요한 처우 받지 않을 또는 거부할 권리와 충돌하기 때문이다. 물론 법원에서는 강제된 처우라도 그것이 헌법적 논쟁의 소지가 없는 한 대체로 허용하고 있다. 그러나 말을 물가로 끌고 갈 수는 있으나 물을 강제로 먹일 수는 없는 것처럼 처우의 강제에 대한 논의는 얼마든지 있을 수 있다. 강제된 처우도 처우의 방법과 내용에 따라서 큰 차이가 있다. 예를 들어 교육훈련이나 태도, 습관, 행동의 변화를 추구하는 처우에 대해서는 재소자의 처우받지 않을 권리에 대한 논쟁이 약한 반면, 약물치료와 같은 강제적 처우에 대해서는 처우받지 않을 또는 이를 거부할 수 있는 권리가 중요시되어야 한다.

---

14 Hawkins and Alpert, *op. cit.*, pp. 409~410.

15 Sheldon Krantz, *Corrections and Prisoners' Rights*(2nd ed.), St. Paul, MN : West Publishing, 1983, p. 191.

제3절   수형자의 권리의 보호와 침해구제제도

수형자의 권리가 침해되었을 때 대부분의 사람들은 소송을 통한 침해된 권리의 구제와 인정받지 못하였던 권리의 요구를 위한 가장 확실한 수단으로 인식하고 있다. 그러나 소송은 많은 시간과 경비를 요하며, 극단적으로는 수형자와 당국과의 갈등의 골을 깊게 할 수도 있기 때문에 소송이 유일한 최선의 수단이 되지 못한 경우도 많다. 교정당국으로서는 경제적 비용과 갈등 외에도 지도력의 상실이라는 상처를 받게 되며, 재소자는 소송을 대변할 능력이나 여건이 부족하고, 헌법적 기준이 충족되기 어렵다. 그리고 소송에 이기더라도 그 해결은 상당한 시간을 요하는 경우가 많다는 문제점을 안고 있다.[16] 따라서 수형자의 권리구제를 소송의 어려움과 문제로 인하여 효과적이고 공평하게 해결하는 수단으로서의 비사법적 해결방안의 모색이 필요해진다.

사법적 결정에 호소하는 소송의 방법에 비해 이러한 비사법적 대안을 통한 문제의 해결이 시간과 자원을 절감할 수 있다는 것도 중요하지만, 그보다 더 중요한 다른 장점들이 있다.

우선 사법적 방안은 소송절차나 과정이 복잡하고 많은 시간을 요하는 데 비해, 비공식적 기제는 수형자의 불평과 불만에 대해 보다 효과적으로 반응할 수 있는 수단이 될 수 있다.

두 번째, 행정상의 문제는 사법적 처리보다는 행정적 처리가 요구된다는 논리이다.

세 번째, 대체로 비사법적 해결이 사법적 수단에 비해 시간이 적게 걸리기 때문에 수형자의 문제가 심화되기 전에 처리될 수 있다.

네 번째, 비공식적 기제에 의해 이루어질 수 있는 쌍방의 합의로 인하여 법원에 의해서 강제로 해결된 것보다 수형자에게 더 큰 의미를 부여할 수 있다.

이러한 비사법적·비소송적 수단으로 대체로 ombudsman·재소자불평처리위원회(inmate grievance committee)·중재(mediation)의 세 가지 대안이 주로 활용되고 있다.

 1. Ombudsman

옴부즈만은 원래 정부관리에 대한 시민의 불평을 조사할 수 있는 권한을 가진 스웨덴의 공

---

16 Clear and Cole, *op. cit.*, p. 491.

무원에서 유래되었는데, 현재 미국의 경우 교정분야의 분쟁해결기제 중 가장 많이 활용되는 것의 하나가 되었다.

일반적으로 옴부즈만은 불평을 수리하여 수사하고, 보고서를 작성하고, 적절한 기관에 대안을 제시하며, 그 결과를 공개하는 권한을 가진다. 옴부즈만은 해당 기관에 대하여 대안을 제시할 수만 있기 때문에 성공 여부는 그들의 비당파성과 설득능력에 달려 있다. 이와 더불어 옴부즈만이 성공하기 위해서는 재소자가 불평을 쉽게 제기할 수 있어야 하고, 옴부즈만은 재소자, 교도관 그리고 기록에 대한 완전한 접근이 허용되어야 하며, 옴부즈만의 해결책은 재소자와 교도관 모두에 의해서 존중되어야 한다.[17] 그래서 옴부즈만은 대체로 법원소송과 내부분쟁해결의 중간쯤에 위치한 것으로 간주되고 있다.

결국 독립성, 비당파성 그리고 전문성이 바로 성공적인 옴부즈만의 요건으로 지적되어 왔다. 교정당국의 지배나 재소자의 정파성으로부터의 독립에 대해서는 많은 논란의 여지가 있다. 물론 교정당국이 아닌 외부기관에 의해서 임명되고 지원된다면 옴부즈만의 독립성은 높아질 수 있고, 따라서 재소자에게 그들의 합법성이 훨씬 향상될 것이다.[18]

2. 재소자불평처리위원회

이는 노사관계에 있어서 일종의 고충 또는 불평처리위원회(inmate grievance committee)와 유사한 것으로 재소자들의 불평을 처리하는 절차이다. 보통 기관 내의 지정된 직원에게 불평이 접수되었으나 이를 제기한 재소자가 당국의 반응에 만족하지 못하면 상위기관에 다시 청원할 수 있는데, 이 경우는 재소자, 담당직원 그리고 외부인을 포함하여 위원회를 구성하고 여기서 결정하고 검토하는 것이다.

이러한 재소자불평처리절차는 재소자와 직원 모두를 위해서 이용되고 있는 분쟁해결을 위한 공식적 행정절차이다. 이 제도는 공식적으로 불평처리위원회 등에 의해서 분쟁이 제기되기 전에 비공식적으로 해결될 수 있도록 분쟁의 양쪽 당사자가 성실하게 노력할 것을 요구하고 있다. 그것이 불가능한 경우에만 분쟁사항을 불평처리위원회에 제기하여 공식적인 처리절차를 밟게 된다.

---

17 Duffee, *op. cit.*, p. 323.
18 Clear and Cole, *op. cit.*, p. 495.

그런데 재소자불평처리절차는 재소자의 참여도, 초기단계의 비공식적 해결, 절차상의 시간제한, 특정사건의 제외 등 절차적 요소에 따라 다양한 형태를 띠고 있다.

불평처리위원회나 처리절차에 있어서 재소자의 참여는 항상 논란의 대상이 되어 있으나, 재소자가 특정사안에 대한 의사결정자로서 또는 전반적인 운영에 관한 자문자로서 참여하지 않는 한 불평처리위원회로 인정받지 못한다. 그러나 대부분의 교정당국에서는 위원회에 참여하는 재소자가 직원이나 동료재소자에게 자신의 영향력을 행사하는 데 교정당국의 지위를 이용한다고 생각하여 위원회의 재소자참여를 반대하고 있다.[19]

공식적으로 불평처리위원회에서 불평을 처리하기 전에 불평사항이 해결될 수 있도록 최선의 노력을 할 것을 요구하는데, 그것은 대부분의 불평사항이 사실은 오해의 소산인 경우가 많고, 따라서 상담요원이나 직원 또는 동료재소자들과의 대화를 통해서 해결될 수 있는 문제이기 때문이다. 그런데 직원들에게는 자신들이 해결하기보다는 상급자나 상위기관으로 넘기는 것이 편하기 때문에 사전해결의 노력을 다하지 않는 경우가 많아서 최상의 노력이 요구되지 않으면 사건이 해결되지 않게 된다.

그리고 대부분의 불평처리절차는 분쟁의 해결에 필요한 시간을 제외하고 있다. 그것은 분쟁의 해결은 가능한 빠르면 빠를수록 좋기 때문이다. 그리고 위원회에 제기되는 사건의 특성에 따라 재소자불평처리절차도 달라질 수 있다. 예를 들어 훈육에 관한 사항과 재물에 관한 사항을 분리하여 처리하기도 하며, 한편으로는 교정당국의 권한 밖에 있는 문제인 가석방이나 양형에 관한 사항은 제외시키기도 한다.

3. 중 재

중재제도는 비단 교정분야뿐만 아니라 많은 형사사법단계와 과정에서 활용되고 있는 분쟁해결방법이다. 예를 들어 공식송사를 피하여 분쟁을 비공식적으로 해결하기 위한 지역사회분쟁조정센터(Neighborhood Dispute Mediation Center)와 같은 제도가 대표적인 예라고 할 수 있다. 원래 중재제도는 일대일 대면을 통한 갈등의 해결을 강조한다. 그러나 중재(mediation)되기 위해서는 갈등의 양당사자가 모두 분쟁사항을 중재위에 제기하고 중재자의 중재결과에 승복하기로 합의되어야만 한다. 그래서 이 제도는 중립적인 3자인 중재자가 양당사자의 차이점을 해소하도록

---

19 Clear and Cole, *op. cit.*, p. 493.

도와주는 합의적이고 자발적인 과정이다.

중재제도는 중립적인 제3자가 중재하기 때문에 법률자문을 구하기 힘든 대부분의 재소자에게 상당히 유리한 점이 많은 제도이다. 그리고 분쟁의 내용이 행정적인 해결을 요하는 행정적인 문제인 경우에도 상당히 효과적이라고 한다. 더불어 문제의 실상을 파악할 수 있고 양자가 합의할 수 있는 의미 있는 해결책을 찾는 데 도움을 줄 수 있는 중재자의 능력이 큰 장점이 될 수 있으며, 더욱이 비용이 적게 든다는 것도 매력적이지 않을 수 없다.

4. 국가인권위원회 진정

우리나라에서는 2001년 국가인권위원회법이 공포되면서, 교정시설 내 수용자는 인권침해를 당한 경우 국가인권위원회에 서면이나 구두로 진정을 제기할 수 있도록 하고 있다. 또한 교정기관은 교정시설에 수용자가 입소할 경우 국가인권위원회에 진정하는 방법 등에 관한 사항을 고지할 것을 의무로 하고 있다. 주요 권고 내용으로는, 제도개선 등의 정책권고, 처우관련 권고, 주의 권고, 인권교육 수강 권고 등이 포함되는 것으로 나타났다.[20]

제 4 절   수형자권리운동의 평가

다양한 형태의 수형자권리증진운동이 교정에 대한 사법부의 개입이라는 단순한 결과 이상을 얻었다는 사실에는 아무런 이의가 없을 정도로 교정에 지대한 영향을 미쳤음에는 틀림없다. 그 결과가 때로는 상징적인 것일 수도 있고, 때로는 실질적인 것일 수도 있다. 그러나 수형자권리를 증진하기 위한 각종 노력의 결과가 반드시 긍정적인 것만은 아니다.

헌법이 요구하는 대로의 교정시설을 정확하게 설치하고 운영한다는 것이 반드시 더 안전하고 정상적인 환경을 초래하는 것은 아니다. 예를 들어서 차별적 처우를 금지하고 동등한 처우를

---

20 교정본부, 전게서, pp. 129~130.

받을 권리를 규정하고 있지만 이대로 따른다면 현대 교정이 요구하는 개별처우는 불가능한 것이며, 수형자의 입장에서도 위험성이 전혀 없는 경미한 초범자들이 위험한 중누범자와 함께 동등한 처우를 받게 되는 위험을 초래할 수 있는 것이다.

경험에 비추어 교정시설의 환경이나 분위기가 주요한 송사가 있거나 끝난 직후에 가장 혼란스러운 것이 보통이다. 혼란의 일부는 소송 그 자체에 기인할 수 있고, 한편으로는 소송을 야기시켰던 조건 그 자체가 갈등과 무질서의 원인일 수도 있다. 만약 소송의 이유가 과밀수용, 교도관의 학대나 잔학성, 비위생적인 음식이나 생활조건이라면 소송 이전에 갈등이 최고에 달할 것이다. 이보다 더 큰 문제는 송사에 필요한 오랜 시간과 그로 인한 재소자와 직원 간의 긴장과 갈등의 조성이다. 쟁송에 필요한 각종 사실발견을 위한 조사를 하는 동안 양자간의 갈등의 골이 깊어지기 때문이다.

그 밖에 쟁송이 끝나고 권리구제가 명해졌을 때 그 구제로 인하여 재소자들의 긍정적인 변화에 대한 기대감이 증대되는데, 교정시설의 긍정적인 변화가 기대에 못 미칠 때 난동과 혼란이 초래될 수도 있는 것이다. 개선의 종류에 따라서는 교도관까지도 큰 기대를 가지거나 그들의 권한이 상실될 것을 두려워하게 되어 교도관의 사기와 도덕성을 저하시킬 수도 있다. 이러한 현실은 곧 과거 잘 유지되던 권력과 통제의 균형이 깨지게 되고, 그로 인하여 전처럼 재소자와 교도관의 폭력은 줄어들지 모르지만 재소자와 재소자 간의 폭력은 증가할 수도 있다.[21] 그래서 재소자들이 합헌적 생활조건을 추구함으로써 대단히 큰 대가를 지불하는 경우가 적지 않다.

그러나 때로는 교정시설이나 교정당국이 재소자에 의한 쟁송에 매우 긍정적으로 협조하는 경우도 있다. 그들은 이러한 쟁송을 입법부나 예산당국에 대한 압력으로 활용할 수 있기 때문이며, 교정시설이나 교정의 향상을 위해 필요한 자원을 마련할 수 있는 계기로 삼을 수 있기 때문이다.

사실 합헌적으로 완벽한 구금을 실현하기란 매우 복잡하고 어려운 일이다. 따라서 더 많은 노력이 필요하고, 더불어 사법제도 또한 교정시설이 존재하는 한 지속적으로 교정시설의 제반조건이나 교정행정에 대해서 개입하게 될 것이 틀림없는 사실이다. 지금까지의 노력의 결과는 교정당국도 일부 얻은 바가 있으며, 수형자도 일부 얻은 바가 있다.

그러나 대체로 양자가 모두 잃은 것도 적지 않음을 알 수 있다. Jacobs는 수형자권리운동의

---

21 Sheldon Ekland-Olson, "Crowding, Social Control, and Prison Violence : Evidence from the Post-Ruiz Years in Texas," *Law and Society Review*, 1986, 20 : 389~421, p. 415.

결과를 다음과 같이 종합하고 있다.[22]

첫째, 수형자권리운동의 결과 교정시설이 관료화하게 되었다. 소송에 대한 두려움으로 교정당국에서는 그들의 모든 행동을 문서화하고 있다.

둘째, 잇따른 재소자의 소송에 대비하기 위해서 교정인력이 법률과 관리분야의 전문가를 요청하게 되었다.

셋째, 재소자를 위한 절차적 안전장치를 제공하였다.

넷째, 적법절차와 실질적 권리의 쟁의를 재소자에게는 힘을 주는 반면, 교도관의 사기를 저하시키는 결과를 초래하였다. 즉 법원은 재소자의 편이며 교도관은 소송당할 확률도 증대되고, 법원의 개선명령은 결과적으로 더 많은 일과 위험을 초래하게 되었다.

다섯째, 재소자들이 과거에 비해 보다 정치적인 성향을 띠게 되었다. 법원에서의 승소는 미래에 대한 기대감을 증대시키고, 증대된 기대감은 소송을 통해서 실제로 얻어진 것에 미치지 못하게 되어 결국은 실망하고 때로는 무질서와 혼란을 야기시키기도 하였다.

여섯째, 재소자를 다루고 통제하기가 보다 어려워졌기 때문에 재소자관리와 통제를 위한 기술적 발전을 가져오게 되었다. 그래서 재소자와 당국 양자가 법원에서 명령하는 바를 지지하지 않는 한 모래성과 같이 다음 파도가 밀려올 때까지만 효과적일 수 있는 것이다.

일곱째, 수형자권리운동으로 수형자와 교정시설 및 교정에 대한 언론과 일반시민의 관심이 커졌다. 그 결과 교정시설의 문이 많이 개방되어 교정에 대한 외부의 감시가 넓어지고 강해졌다고 볼 수 있다.

마지막으로, 교정당국이 교정에 대한 기준을 개발하고 있다. 물론 이에 대해서 혹자는 법원보다 한 발 앞서기 위한 시도로 보기도 하지만, 일부에서는 교정시설의 조건을 개선하기 위한 숭고한 관심에서 나온 것으로 이해하고 있다.

어쨌거나 이러한 변화와 시도는 법원의 개입 없이도 교정시설이 개선될 수 있다는 좋은 신호가 될 수 있다. 그러나 이러한 결과가 지속되기 위해서는 소송의 위협이 계속 필요한 것이다. 한 가지 분명한 것은 많은 교정인사들이 법원을 경쟁하는 곳이라기보다는 같이 협조하는 대상으로 생각한다는 것이다.

---

22 James Jacobs, "Prisoners' Rights Movement and its Impact," in Noval Morris and Michael Tonry(eds.), *Crime and Justice*, vol. 1, Chicago : University of Chicago Press, 1980, pp. 458~462.

제 5 장
과밀수용

　최근의 보도에 의하면 미국 뉴욕의 교정시설이 늘어나는 수용인구로 말미암아 마약사범을 비용이 적게 드는 치료시설로 이감시켜야 할 정도로 과밀수용(prison overcrowding)의 상태가 악화되었다고 한다. 물론 이는 미국사회의 전반적인 보수화의 영향으로 형사사법분야에까지 그 물결이 일고 있어서 소위 3진법(3 strikes out)까지 등장하게 되는 등 과밀수용을 초래하는 정치적 변화에 의한 것이다. 그 결과 과밀수용의 상태가 빠른 시간 내에 개선될 것으로 보이지는 않는다.

　그렇다면 왜 우리는 교정시설의 과밀수용에 대해서 이처럼 관심을 표명해야 하는가? 상식적으로도 과밀수용이 아니더라도 다수의 범죄자를 제한된 공간에 집단적으로 수용하는 것 자체도 문제라 하지 않을 수 없는데, 하물며 문제 많은 사람을 수용한계 이상으로 수용한다면 적지 않은 문제가 야기될 것이라는 사실은 어렵지 않게 예견할 수 있을 것이다.

　쉬운 예로 일정한 장소에 많은 사람을 수용하여 정해진 직원이 정해진 예산을 가지고 그 많은 범죄자에게 교정을 하도록 요구받는다면 직원은 직원대로 과다한 업무의 증대로 사기가 저하되고, 재소자는 재소자대로 그들에게 돌아올 수 있는 예산과 자원이 적어지기 때문에 어떤 형태로든 손해볼 수밖에 없게 된다. 과밀수용은 교화개선적 프로그램에 참여하는 재소자를 줄어들게 하고, 교정시설 내의 폭력이나 사고의 가능성을 증대시킨다.[1] 그 결과 교정시설의 안전이 위협받을 수 있고, 교정교화효과를 악화시킬 수 있는 것이다.

　실제로 수용인구밀도가 수용사고 건수 및 발생률에 부정적인 영향을 미치는, 즉 수용밀도가 높을수록 수용사고의 발생건수나 발생률이 더 높다는 실증적 연구결과가 발표되기도 하였다.[2]

　미국의 경우 과밀수용이 문제시되면서 전통적으로 교정에 대해서 간섭하지 않던(hands-off)

---

1 Clemens Bartollas and Stuart J. Miller, *Correctional Administration : Theory and Practice*, New York : McGraw-Hill, 1978, p. 122.

2 Peter L. Nacci, Hough E. Teitelbaum, and Jerry Prather, "Population Density and Inmate Misconduct Rates in Federal Prison System," *Federal Probation*, 1977, 41 : 27.

사법부가 개입하여(hands-on) 교정시설의 과밀수용을 해소하도록 명령하기까지에 이르게 되었다. 더구나 과밀수용은 이러한 교정정책과 행정에만 영향을 미치지 않고 사법행정에 광범위한 영향을 미칠 수도 있다. 예를 들어 과밀수용은 어쩔 수 없이 수용을 필요로 하거나 수용되어야 할 범죄자를 선별적으로 수용하고(selective incapacitation), 초범자나 경미범죄자는 보호관찰 등의 비시설수용적 대안에 회부하게 되며, 일부 수용된 범죄자마저도 과밀수용의 해소를 명분으로 그들의 수용기간을 단축하고, 보호관찰로 가석방하는 등의 변화가 따르게 된다. 반면 교정시설은 강력범죄자·중누범자 등을 수용하게 되어 수용의 장기화를 초래하고, 교정시설의 우선순위가 처우에서 보안으로 이동할 수밖에 없으며, 그 결과 교정시설도 중구금시설화하게 된다.

그런데 더욱 심각한 문제는 사회전반적으로 교정시설의 과밀수용에 대한 보수화분위기와 범죄자에 대한 강력한 대처(get-tough)와 응징을 요구하면서도 교정시설의 과밀수용을 해소하기 위한 정책의 수행에 필요한 예산의 제공, 즉 세금의 부담은 원치 않고 있다는 사실이다. 범죄자에 대한 강경대응은 필연적으로 수용인구를 증대시킬 수밖에 없으나, 이들을 위한 시설의 증설 등에 필요한 예산은 확보하기 어려운 상황이기 때문에 과밀수용은 조만간 합리적으로 해결되기 쉽지 않을 것이다.

그러나 과밀수용에 대해서 법원이 개입하게 되어 법원의 명령, 즉 수용한계범위 내로 수용인구를 유지하도록 하는 명령을 지키면서 사회의 안전도 고려하기 위해서는 어쩔 수 없이 어느 정도의 시설은 증설되어야 한다고 주장하는 사람이 있는 반면, 혹자는 아무리 교정시설이 증설되더라도 과밀수용은 항상 존재할 수밖에 없는데, 그것은 교정관료제도의 조직적 욕구로 인하여 항상 교정시설은 충원될 수밖에 없기 때문이라고 반박하는 사람도 있다. 이러한 사실은 우리 나라는 물론이고 일본까지도 지난 수년 동안 범죄발생건수는 변화가 있으나 수용인구는 항상 비슷한 수준을 유지하고 있다는 사실에서 엿볼 수 있다.

만약 살인범죄나 강력범죄자가 흔치 않다면 사법당국에서는 심지어 소매치기범에게까지 지대한 관심과 자원을 투자할 것이지만, 반대로 폭력범죄가 성행한다면 약물남용·매춘·도박과 같은 피해자 없는 범죄(victimless crime)에 대한 비범죄화(decriminalization)가 논의될 것이다. 따라서 결과적으로는 교정시설의 수용인구는 시설의 수요에 맞게 공급되게 마련이라는 것이다.

그렇다면 여기서 왜 교정시설이 항상 과밀수용을 경험하게 되는가를 살펴볼 필요가 있다. 물론 가장 상식적인 이유야 사회의 범죄량이 절대적으로 증가한 데 기인할 수도 있다. 즉 10대 후반에서 20대 중반까지의 범죄의 잠재성이 높은 인구의 급성장으로 잠재적 범죄자가 급증하고, 나아가 이들의 잠재성을 부추길 수 있는 범인성환경이 조성되거나 악화되는 등 범죄자의 양적 증가로 인해서 과밀수용이 발생한다는 것이다. 그러나 최근의 범죄발생건수가 과밀수용을 초래할 만큼 급격한 증가추세를 보이지 않음에도 불구하고 교정시설이 과밀수용상태에 있다면 문제는 다른 데 있을 수 있다.

이에 대해서 우선적으로 고려할 수 있는 것이 범죄자에 대해서 보호관찰이나 가석방비율을 줄이고 장기형을 요구하는 시민의 태도라고 할 수 있다. 예를 들어 판사의 재량권을 제한하는 양형기준표의 작성과 활용, 정기형으로의 복귀, 특정 범죄자에 대한 중형의 강제 또는 미국의 3진법(3 strikes out) 등의 형사정책이 바로 이러한 태도의 반영이라고 볼 수 있다.

과밀수용을 초래하는 또 다른 이유는 형사사법기관의 범죄대응능력이 향상되어 더 많은 범죄자가 검거되기 때문에 교정시설의 과밀수용이 초래될 수도 있다는 것이다.

끝으로, 범죄자에 대한 시민의 태도와 관련된 것으로 범죄자에 대한 강경대응(get-tough policy)으로 범죄자에 대한 구금률이 그만큼 높아졌기 때문에 과밀수용이 초래된다는 주장이다. 물론 과밀수용에 대한 원인은 이처럼 다양하지만, 과밀수용현상은 이들 모든 가능한 원인이 복합적으로 작용하여 빚어진 현상으로 보는 것이 바람직할 것이다.[3]

교정시설의 과밀수용을 해소할 수 있는 방법으로 Blumstein은 다음의 다섯 가지 전략을 제시하고 있다.[4]

그가 제시한 첫 번째 전략은 별다른 대책 없이 그냥 교정시설이 증가되는 재소자만큼 더 소화시킬 수밖에 없다는 것으로 이를 무익한 전략(null strategy)이라고 한다. 이 전략은 단기적으로는 교정시설증설을 위한 추가비용부담도 없어서 정치적으로 가장 수용하기 쉬운 전략이지만, 장기적으로는 재소자가 교정시설을 통제하고 직원들은 비도덕화되면서 폭동으로 이어질 수도 있다. 이 주장은 물론 구금예찬론자들에게는 교정시설이 수용한계에 오면 비폭력적 범죄자는 대부분 보호관찰에 회부되거나 기타 전환제도로 보내질 수 있다는 데서 매력적인 전략이 될 수 있다.

과밀수용을 해소할 수 있는 두 번째 전략은 소위 말하는 선별적 무능력화(selective in-capacitation)이다. 이는 교정시설의 공간을 확보하는 데는 비용이 과다하고 이용할 수 있는 공간은 제한되어 있기 때문에 이들 공간을 최대한 활용하는 방법으로써 가장 많은 범죄를 줄일 수 있는 범죄자만을 선별적으로 구금하여 교정시설공간을 보다 효율적으로 운영하자는 것이다. 즉 이들의 주장은 강력범죄의 대부분은 일부 중누범자들에 의해서 행해지고 있다는 사실을 감안할

3 Clear and Cole, *op. cit.*, pp. 291~295.

4 Alfred Blumstein, "Prisons : Population, Capacity, and Alternatives," James & Wilson (eds.), *Crime and Public Policy*, SF : ICS Press, 1983.

때 이들을 선별하여 필요한 만큼 수용함으로써 전체 강력범죄 중 상당부분을 차지하는 이들에
의한 강력범죄는 예방될 수 있으므로, 전체적으로 상당한 범죄감소효과를 거둘 수 있고 결과적
으로 교정시설의 수용인구를 줄일 수 있게 되어 과밀수용이 어느 정도 해소될 수 있다는 논리이
다. 특히 교정시설의 신설에 따른 시간과 비용을 감안하면 더욱 이 전략은 매력적인 대안이 될
수 있다. 물론 선별적 무능력화에 대해서 범행에 상응한 처벌이 아니라 미래에 예견되는 위험성
을 토대로 가중처벌을 하는 것은 윤리적·법률적 문제가 있다는 비판의 소리가 없지는 않다.

　　한편 과밀수용해소를 위한 세 번째 전략은 수용인구를 감소시키자는 것으로 이를 인구감
소전략(population-reduction strategy)이라고 하는데, 정문정책(front-door) 전략과 후문정책
(back-door) 전략으로 나눌 수 있다.

　　먼저 정문정책(front-door) 전략은 범죄자를 보호관찰, 가택구금, 벌금형, 배상처분 그리고
사회봉사명령 등 비구금적 제재로 전환시킴으로써 교정시설에 수용되는 인구 자체를 줄이자는
주장이다. 그러나 이러한 주장은 설사 비시설수용적 대안들이 활성화된다 하더라도 이들 대안들
은 오로지 중요한 강력범죄자에게는 적절치 않기 때문에 단지 일부 경미범죄자나 초범자들에게
만 적용가능하다는 한계를 가지고 있다. 이런 이유로 정문정책(front-door) 전략은 오히려 형사
사법망을 확대시키는 결과를 초래하여 더 많은 사람을 교정의 대상으로 삼게 되는 문제점을 야
기할 가능성도 배제할 수 없다. 후문정책(back-door) 전략은 일단 수용된 범죄자를 보호관찰부
가석방·외부통근·선시제도 등을 이용하여 새로운 입소자들을 위한 공간확보를 위해서 그들의
형기종료 이전에 미리 출소시키자는 것이다. 형벌의 제지효과는 형벌의 엄중성보다는 형벌의 확
실성에 더 크게 좌우되기 때문에 지나친 장기구금은 사실상 의미가 없으며, 오히려 일종의 낭비
에 불과하다는 주장이다. 또한 형벌의 제지효과는 구금 초기에 가장 크다는 사실도 장기형보다
는 단기형이 더 효과적인 수단일 수 있다는 것이다.[5]

　　과밀수용해소를 위한 네 번째 전략은 사법절차와 과정에 관한 것으로서 교정당국의 수용대
상인 범죄자에 대해서 아무런 통제력을 가지지 못한다는 현실을 개선함으로써 수용능력에 맞는
범죄자의 수용을 가능케 하자는 주장이다. 이를 위해서 형의 선고시 수용능력이 고려될 수 있
고, 시설이 과밀한 경우는 재소자를 석방할 수 있도록 허용하는 정책이 개발되고, 법원으로 하
여금 교정시설의 수용능력과 현황에 대한 자료와 정보가 항상 제공되어 검찰의 기소나 법원의

---

5 Alfred Blumstein, "Prison Populations : A System out of Control?" Michael Tonry and Noval Morris(eds.), *Crime and Justice : A Review of Research*, vol. 10, Chicago : University of Chicago Press, 1988, p. 257.

양형결정시 참고할 수 있는 제도적 장치가 마련되어야 한다. 실제로 경찰이나 검찰의 범죄소탕령이나 범죄와의 전쟁이 선포되면, 각 교정시설의 과밀수용의 정도가 극심해지는 사실을 보면 더욱더 이러한 전략의 가치가 적지 않을 것임을 엿볼 수 있다. 이와 관련된 조치로서 경찰, 검찰, 법원 그리고 교정당국으로 구성되는 형사사법협의체를 구성하여 형사사법체제제간의 협의와 협조체제가 잘 이루어지도록 할 필요가 있다. 한 마디로 이 전략은 교정의 주체성·주관성·능동성을 제고할 필요성을 강조하고 있다.

끝으로, 가장 단순하면서도 쉽게 생각할 수 있는 과밀수용해소전략으로는 수용공간의 확대, 즉 교정시설을 증설하는 것이다. 교정시설의 범죄자수용능력을 확대함으로써 수용밀도를 낮추자는 것이다. 그러나 이 전략은 우선 경비부담의 문제가 해결되기 쉽지 않으며, 설사 시설이 증설되더라도 교정당국의 관료제적 성향으로 인하여 금방 수용과밀현상이 재연될 것이라고 비판하는 사람도 있다.

제6장
수용사고

제1절 수용사고의 유형

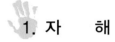

1. 자 해

　　자해란 재소자 스스로가 자의에 의해서 자신의 신체를 손상시키거나 생명을 단절시키는 행위이다. 이것이 범죄의 구성요건은 충족시키지 못하지만 국가의 형벌권에 대한 도전과 배척이며 수용자의 안전과 처우를 수행해야 할 수용기관의 책임에도 반하고, 다른 수용자에게도 부정적인 영향을 미치기 때문에 중시되고 있다.

　　이러한 자해사고는 가장 빈번한 수용사고의 하나임에도 불구하고 재소자는 자해사고가 남성답지 못한 행위라고 생각하고, 교정당국에서는 이에 대한 선전(publicity)과 그 반향을 염려하기 때문에 숨겨지거나 축소되는 경우가 많다.[1]

　　그런데 자해사고는 대체로 수용에 따른 심리적 자극이나 갈등과 좌절감을 순간적으로 이기지 못한 경우가 많은데, 다음의 부류 중 하나에 속하는 것으로 판단된다. 첫째는 초범자로서 수용을 경험하지 못하여 자신의 수용에 따른 불명예로 고민하는 수용자이고, 둘째는 장기수용자또는 누범수용자로서 자신의 미래에 대한 희망을 상실하거나 포기한 수용자이며, 셋째는 다른 수용자를 이용하기 위해서 자해행위를 하는 반사회적인 수용자이고, 넷째는 자신의 입지를 굳히거나 당국에 대한 항변의 표시로서 자해하는 경우이다.[2]

---

1 Hans Toch, *Peacekeeping : Police, Prisons,* and Violence, Lexington, MA : D. C. Heath and Company, 1976, p. 61; Hans Toch, "A Psychological View of Prison Violence," in Albert Cohen, George F. Cole, and Robert G. Bailey(eds.), *Prison Violence,* Lexington, MA : D. C. Heath and Company, 1976, p. 491.

2. 폭력사고

폭력사고는 부당하거나 불법하게 물리적인 강제력을 다른 재소자나 직원에게 행사하는 것으로서 폭행이나 상해와 같이 직접 물리력을 행사하는 경우는 물론이고, 강요나 협박 또는 공갈 등도 포함하는 것으로 볼 수 있다. 이러한 폭력사고는 수용질서를 문란케 하고 수용생활의 분위기를 악화시키기 때문에 다른 수용사고까지도 유발시킬 수 있다는 점에서 심각하게 여겨진다.

그런데 폭력사고는 과밀수용과 대규모시설로 인한 과다수용이 기인한 바 크다고 하지만, 수용밀도보다 시설규모가 폭력사고의 더 중요한 변수로 인식되고 있다. 이는 대규모시설이 대체로 폭력성범죄자를 위주로 선별적으로 수용하는 중구금시설이 많고, 피해대상이 될 수 있는 연약한 수용자를 함께 수용하고 있어서 잠재적인 폭력성이 항상 존재하고 있으며, 동시에 대규모시설이 많은 인원을 그것도 과밀하게 수용하는 경향이 있어서 수용자를 통제하기 힘들기 때문이라고 한다.[3]

3. 난동사고

난동은 재소자가 혼자 또는 집단으로 자해·인질·폭행·기물파손 등의 방법으로 시위를 하여 일시 또는 장기간 수용질서를 문란케 하는 불법행위라고 할 수 있다.

그런데 난동사고는 대체로 수용과 구금의 정당성에 대한 의문을 제기하고 자신들이 불공정하고 불평등한 형사사법의 희생자라고 생각하는 재소자에 의한 경우가 많은 것으로 분석되고 있다. 즉 그들에게 사회적·경제적 성취의 기회를 부정하는 사회에 대한 정당한 응징이라고 자신의 범죄를 정당화하고, 자신들은 기본권이 부정되고 잔인한 처벌을 받는 등 사회의 약탈된 주변인이라고 생각하는 재소자가 주로 난동사고의 가능성이 많은 것으로 이해할 수 있다. 특히 최근의 청소년범죄자들은 물론이고 일부 성인범죄자까지도 자신을 불평등하고 약탈적인 사회의 희생자라고 여기며, 따라서 죄의식을 느끼지 못하고 오히려 유전무죄요, 무전유죄라고 주장하는 현상에서 이를 실감할 수 있다.

한편 난동사고 중에서도 여러 재소자가 집단으로 난동을 부리는 집합적 난동은 다음의 사회

2 Bruce L. Danto, "Suicidal Inmates," in Bruce L. Danto(ed.), *Jail House Blues*, Orchard Lake, MI : Epie Publications, 1973, pp. 20~21.

3 Sawyer F. Sylvester, John H. Reed, and David O. Nelson, *Prison Homicide*, New York : Oalsted Press, 1977, p. xxii.

적 또는 사회심리적 요인의 결합에서 파생되는 것으로 분석되고 있다. 즉 ① 시설의 특성, ② 동일시설에 상이한 유형의 재소자집단수용, ③ 재소자자치의 파괴 등이 개별적 또는 상호작용하여 집합적 난동을 유발하는 것으로 알려지고 있다.[4]

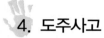

4. 도주사고

도주사고는 부정적 방법으로 구금과 수용권 내를 이탈하는 행위로서 수용과 구금의 목적을 상실시키는 행위를 일컫는다. 범죄자에 대한 구금과 수용의 확보는 수용을 통한 교정목적을 달성하기 위한 전제조건 때문에 수용의 기능을 전적으로 부정하는 행위이다. 더불어 도주사고는 수용질서나 국가공권력에 대한 도전일 뿐 아니라 사회 전체에 대해서 위험과 위협을 야기시킬 수 있는 중대한 수용사고라고 할 수 있다.

제 2 절 수용사고의 원인

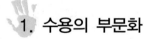

1. 수용의 부문화

교정사회학자들은 교정시설에는 일반사회의 규범이나 가치관과는 구별되는 특수한 문화가 존재하는 것으로 보고 이를 재소자부문화라고 일컫는데, 문화적 관점에서의 수용사고의 원인은 바로 이러한 수용시설에서 재소자들이 가지는 부문화에서 찾고자 하는 것이다. 미국에 비해서 전반적으로 서유럽의 교정시설폭력사고가 적다는 사실은 재소자가 유입하는 일반사회의 특성과 문화에 의해서 수용사고의 원인이 설명될 수도 있음을 보여 준다.

한편으로 서유럽의 경우 보다 효과적으로 시설을 관리하여 사고의 기회를 적게 하기 때문에

---

4 Frank E. Hartung and Maurice Floch, "A Social-Psychological Analysis of Prison Riots : A Hypothesis," *Journal of Criminal Law, Criminology, and Police Science*, 1956, 47 : 52.

수용사고가 적을 수도 있다. 즉 개방적인 시설로 인하여 재소자는 수용의 고통을 적게 느끼고 스트레스도 적게 받기 때문이라는 것이다. 반면 미국의 범죄학자들은 재소자에게 자유를 증대시켜 주면 오히려 외부세계와의 불건전한 접촉을 증대시키는 결과가 되어 사고의 기회를 증대시킬 것으로 인식하고 있다. 따라서 수용사고의 근본적인 원인은 생각보다 복잡한 것임에는 틀림없다.

그런데 미국의 범죄심리학자인 Toch는 교정시설 내에서의 폭력에 대해서 다음과 같은 견해들이 있다.

첫째, 교정시설에는 폭력적 재소자가 수용되기 때문에 교정시설에서의 폭력성 사고는 항상 가능한 것으로 보는 견해이다. 즉 재소자 중 다수 또는 적어도 일부는 처음부터 폭력적이기 때문에 항상 폭력사고의 발생이 언제 어디서나 예견될 수 있으나, 단지 그 폭력이 교정시설에서 폭발했을 따름이라는 주장이다.

두 번째 견해는 재소자폭력을 최소한 부분적으로는 교정시설의 산물로 보는 것이다. 즉 범죄자가 교정시설에 수용됨으로써 겪게 되는 좌절감에 대한 자연적인 반응으로 보는 견해이다.

또 다른 견해는 수용사고의 원인을 교정시설 내에서의 보안의 문제와 경시에서 찾는 실무자들의 견해이다. 즉 폭력사고 등 수용사고의 원인을 재소자의 공격성이라는 동기적 측면보다는 수용사고를 가능케 하는 기회의 제공에서 원인을 찾는 입장으로서 교정시설의 설계ㆍ보안장비ㆍ보안요원 등의 문제와 결핍으로 수용사고의 기회가 주어지기 때문에 수용사고가 일어난다고 보는 견해이다.[5]

그러나 수용사고를 사회학적 관점에서 그 원인을 찾는다면, 가장 중요한 요인이 바로 재소자들의 인성이 폭력적이라는 폭력성부문화일 것이다. 폭력성부문화는 Wolfgang과 Ferracuti에 의해서 발전된 것으로 범죄적 폭력의 사용을 선호하는 신념, 가치관 그리고 규범을 지칭하는 것으로 개념화하고 있다. 따라서 폭력성 부문화는 폭력을 괜찮은 것이며, 기대되는 것이고, 요망되는 것으로 인식하는 것이다.[6] 교정시설이라는 곳이 그 사회의 폭력적인 구성원을 수용하기 때문에 교정시설에서의 폭력성이란 당연한 현상일지도 모르고, 따라서 이에 대한 최선의 방책은 기껏해야 사고율을 줄이는 것이 고작일 수밖에 없다는 주장이다.

재소자부문화로서 수용사고에 영향을 미치는 두 번째 부문화는 재소자들의 남성다움(masculinity)

---

5 Hans Toch, "Social Climate and Prison Violence," in Robert M. Carter et al.(eds.), *op. cit.*, 1985, p. 270.

6 Marvin Wolfgang and Franco Ferracuti, *The Subculture of Violence*, London : Tavistock, 1967, p. 263.

을 과신하는 성역할이다. 남자란 자고로 여성다움과는 완전히 별개의 배타적인 독특한 남성다움을 가져야 한다고 생각하고, 우세한 완력을 남성다움의 매력으로 간주하여 때로는 자신의 남성다움을 강조하기 위해서 폭력이 동원되기도 한다는 것이다. 사소한 시비도 자신의 위세나 체면에 대한 도전이라고 여기게 되고 즉시 보복하는 성향이 있다. 이러한 남성이 심리적으로 불안정하고 위세가 불안전할수록 과장된 남성다운 행위를 향한 압력을 더 많이 그리고 더 크게 받게 된다. 교정시설에 수용된 재소자들은 대부분 남성다움을 강조하는 부류이나, 자신의 그 남성다움이 수용과 함께 위협받게 되어 이를 과장된 남성다움과 폭력으로 해결하고자 하는 것이다.[7]

2. 구조적 · 제도적 요인

물론 재소자의 특성과 문화적 가치관 등이 수용사고의 큰 원인임에는 틀림없지만, 이러한 요인도 사실은 교정시설의 구조나 제도적 결함과 결부되어 수용사고에 증폭제 역할을 할 수도 있다. 재소자의 교화개선에 대한 공중의 무관심, 범죄자에 대한 적대와 냉대, 부적절한 인적 자원, 제한된 시설, 교정작업과 처우의 부족, 의사소통의 비효율성, 사법적 불평등성 등이 모두 수용사고를 유발하거나 조장할 수 있는 요인들로 작용한다.[8] 이와 함께 직원들의 부적절한 감시 · 감독, 수용사고를 유발할 수 있는 교정시설의 건축설계, 교정시설 내에서의 흉기확보의 용이, 폭력성수용자와 비폭력적 약소재소자의 무분별한 혼거수용, 폐쇄생활로 인한 긴장 등도 수용사고의 원인이 될 수 있다.[9] 더불어 시설의 규모와 여건, 수용의 고통, 재소자와 직원 간의 관계 등도 수용사고와 관련이 있는 것으로 알려지고 있다.

이러한 다양한 요인 중에서도 어쩌면 가장 중요한 것은 역시 사람의 문제일 것이다. 교정에 있어서 인적 자원의 문제는 절대적인 양적 부족과 동시에 질적 수준의 미흡이라고 할 수 있다. 우선 양적 문제로서 교도관 한 사람이 수십, 수백 명의 재소자를 책임져야 한다면 재소자에 대한 정상적인 관리와 처우가 불가능한 것이고, 따라서 수용사고도 그만큼 많아질 수밖에 없는 것이다. 더욱 심각한 것은 부족한 인력이나마 재소자관리와 처우에 정통한 능력과 자질을 충분히 갖추고 있지 못하다는 것이다. 특히 재소자와의 관계, 재소자의 교육상담, 재소자의 진단평가 등

---

7 Clemens Bartollas, *Introduction to Corrections*, New York : Harper & Row, 1981, p. 353.

8 Robert J. Wicks, *Correctional Psychology*, SF : Cafield Press, 1974, p. 90.

9 Lee H. Bowker, "Victimizers and Victims in American Correctional Institutions," in Robert Johnson and Hans Toch(eds.), *The Pains of Imprisonment*, Newbury Park, CA : Sage, 1982, p. 64.

의 분야에 대해서 재소자를 가장 가까이서 관찰하는 일선직원들이 잘 훈련되지 않아서 재소자의 인성순화 등을 통한 사고의 예방에 기여할 수 없었다는 지적이다.

한편 자질이 조금은 부족한 상태의 불충분한 자원으로 과다한 업무를 수행하다 보면 재소자들의 협조를 얻지 않을 수 없는데, 이를 위해서 일부 재소자에게 약간의 혜택을 반대급부로 제공하게 되고 이들 재소자가 이를 악용하여 동료재소자를 약탈하고 폭행하는 경우가 생긴다. 이처럼 직원의 권위가 부패하게 되면 재소자에 대한 통제가 약화되어 재소자간의 착취와 폭력이나 직원에 대한 도전이 항상 발생할 수 있는 것이다.[10] 또한 상급자와 하급자, 계호와 처우직원 간의 갈등은 조직의 해체를 가져오고, 조직의 해체는 집단적 폭력을 초래할 수 있다. 특히 계호직원과 처우직원의 갈등은 직원의 권위를 타락시키는 결과가 되어 재소자에 대한 통제를 어렵게 하는 요인이 되고 있다.

교정시설의 인적 자원 다음으로 수용사고와 관계가 많은 것은 수용 그 자체와 관련된 문제일 것이다. 우선 수용과 관련된 가장 큰 문제는 역시 수용으로 인한 각종 박탈일 것이다. 자유·물품·이성관계·자율성·안전성 등의 박탈은 곧 재소자의 공격성행동을 자극할 수 있고, 좌절하고 소외되게 하여 서로 믿지 않고 무관심하게 되어 재소자 상호간 약취 등이 모른 체 지나가기 때문이다.[11] 특히 재소자부문화의 생성원인이 교정시설의 환경에 의해서도 많은 영향을 받는다는 사실을 감안할 때 적정시설에 적정재소자를 수용하는 것이 상당히 중요한 일인데도 불구하고 범죄자의 심사분류가 아직은 만족할 수준은 아니며, 시설 또한 다양화되지 못해서 분리수용이 철저히 시행되지 못하고 있다. 그 결과 때로는 폭력성범죄자와 문제수형자가 비폭력적 범죄자가 함께 수용되어 반폭력적 범죄자가 피해자가 되는 경우가 있을 수 있다.

이와 같은 분류수용의 문제보다 더 심각한 것은 과다수용과 과밀수용으로 인한 수용사고의 유발일 것이다. 적정규모의 시설에 적정수준의 재소자만을 수용하더라도 항상 폭력적 잠재성이 있는 재소자를 문제 없이 관리하기도 쉽지 않은데, 대규모시설에 과밀하게 수용한 상태에서 재소자를 효과적으로 관리하고 처우할 수 없기 때문에 수용사고도 언제나 가능할 수 있을 것이다. 그런데 과밀수용은 사람이 많음으로써 적절하게 보호하고 감시하기 어려우며 폭력적인 사람일수록 행동반경이 넓은데, 과밀수용으로 폭력성향의 범죄자들의 행동반경이 좁아지고 신체적 접촉이 많아지면서 인내심이나 이해심이 부족한 재소자끼리 폭력을 행사하는 경우가 많이 발생하

---

10 교정직원의 권위부패에 대해서는 Sykes, *op. cit.*, pp. 40~62를 참조할 것.

11 Sykes, *op. cit.*, pp. 63~83.

므로 과밀수용은 수용사고의 중요한 원인으로 대두되고 있다.[12] 특히 과밀수용으로 인해 방어불능의 공간이 많아지고, 폭력은 개인의 사적 공간이 부족할 때 많이 발생하는데도 폭력성향의 재소자에게 적절한 사적 공간이 제공될 수 없어 폭력의 개연성이 존재하며, 신체적 접촉으로 인한 수용자 상호간의 긴장과 갈등을 고조시켜서 사고의 원인을 제공한다는 것이다.

제3절 수용사고의 예방

1. 기본적 기능여건의 조성

대부분의 수용사고가 대규모시설에서 주로 발생한다는 현실을 감안할 때 시설의 규모를 작게 하여 감시·감독과 보호기능을 향상시켜서 재소자의 관리와 통제 및 처우를 효율화시킬 필요가 있다. 또한 현재 수용공간은 생활공간이라기보다는 구금공간에 가깝고, 더욱이 약자들에게 필요한 방어공간을 제공할 수도 없는 입장이므로 이를 고려한 시설이 필요하다. 이와 같은 시설개선을 전제로 다음은 이에 필요한 적정규모와 수준의 인적 자원을 확보할 필요가 있다. 교정관리의 궁극적인 책임은 교도관에 달려 있는 것이기 때문에 양질의 우수한 인적 자원을 충분히 확보함으로써 재소자를 적절하게 교육하고 상담하며 개선시킬 수 있어야만 각종 수용사고를 미연에 방지할 수 있을 것이다.

2. 수용관리의 개선

수용사고의 상당 부분이 수용의 폐해와 과밀수용으로 인하여 빚어진 사고라는 사실을 고려할 때, 수용사고의 예방을 위해서는 당연히 수용의 완화가 전제되어야 한다. 수용의 완화는 대

---

12 A. F. Kinzel, "Body Buffer Zone in Violent Prisoners," *American Journal of Psychiatry*, 1970, 127 : 59~64 ; S. Curren, R. Blatchley, and T. Hanlon, "The Relationship between Body Buffer Zone and Violence as Assessed by Subjective and Objective Techniques," *Criminal Justice and Behavior*, 1978, 5 : 53~62.

체로 수용밀도를 낮추고, 수용기간을 줄이며, 수용의 강도를 낮춤으로써 가능해진다. 우선 수용 밀도의 완화는 앞에서도 언급되었지만 수용인구 자체를 줄이는 공급의 축소와 시설확충이라는 수요의 확충을 통해서 해결될 수 있다. 그리고 수용기간의 단축은 부정기형의 확대나 보호관찰부 가석방의 활성화 등을 통해서 이루어질 수 있다. 또한 수용강도의 완화는 재소자에 대한 약탈의 정도를 완화하고, 시설의 보안수준을 낮춤으로써 해결될 수 있는 문제이다.

이렇게 하여 수용을 완화하여도 일정수의 범죄자는 수용되게 마련이기 때문에 일단 수용된 재소자에 대한 수용관리를 개선함으로써 수용사고를 줄일 수 있을 것으로 간주되고 있다. 수용관리의 개선은 우선 재소자의 분류수용으로부터 시작되어야 한다. 범죄자에 대한 과학적 분류심사를 거쳐 시설의 특성에 맞는 범죄자를 수용하고, 범죄자의 특성에 따라 폭력성범죄자와 그렇지 않은 범죄자를 분리수용함으로써 적어도 강자에 의한 약자의 약취를 예방할 수 있을 것이다.

그 다음 위와 같이 분류수용된 재소자에 대해서는 철저한 수형생활적응훈련이 필요하다. 경험에 비추어 수형생활 중 입소 초기가 수형자에게 가장 큰 영향을 미치는데, 도주나 자해사고 같은 수용사고는 바로 수형생활에 적응하지 못한 데서 기인한 바 크다는 사실을 고려할 때 신입 재소자에 대한 적응훈련이 중요한 의미를 지닌다.

아무리 분류수용하고 소규모시설에서 적정인원만을 수용하고 우수한 인원을 충분히 확보하여 수용관리에 임하더라도 항상 문제수형자는 있게 마련이다. 죄질이나 인성 등이 심리적으로 불안하거나 문제점이 많고 포악하며 문제해결능력이 없고 심리적 갈등도 심한 재소자를 보통 문제수형자라고 할 수 있는데, 이들이 수용사고의 개연성이 가장 큰 집단으로 간주되고 있다. 따라서 이들 문제수형자에 대한 심사분류와 특별처우가 강구될 필요가 있는데, 이들을 심리치료전문교도소와 같은 임상치료시설에 수용하는 등 특별히 관리하여야 한다.

그 외에 수용사고를 예방하기 위해서는 수용사고에 대한 관리와 연구조사기능을 강화할 필요가 있다. 어떤 문제의 해결을 위해서는 그 문제의 실태와 원인을 먼저 파악해야 하는 것처럼 수용사고도 그 원인과 실상에 관한 정확한 분석이 있어야 그 해결책도 강구될 수 있기 때문이다. 사실 수용사고는 그것이 현실적인 문제로 발생하기 전에 해소되어야 하는데, 이를 위해서 보안요원과 처우요원 및 기타 관련전문인으로 구성된 위기개입반(crisis intervention team)을 설치·운영하는 것도 적절한 해결방안으로 보인다. 또한 일단 발생한 사고에 대해서는 사고조사반을 설치하여 사고원인을 면밀히 분석함으로써 유사사고의 예방에 활용하고, 이와 같이 분석된 자료는 체계적으로 수집되어 관리될 수 있도록 전국적인 감독제어(monitoring) 제도가 구축될 필요가 있다.

3. 처우의 개선

먼저 수용사고의 일부가 심리적 갈등과 긴장이나 인격특성상의 결함을 가진 문제수형자에 의한 경우라고 지적되고 있기 때문에 이들에 대한 인성, 행동 그리고 부적응의 문제의 해소를 위해서는 재소자에 대한 심리치료와 처우를 강화할 필요가 있다. 예를 들어 폭력성향의 수형자가 폭력사고의 개연성이 가장 높은 것은 당연한 것이기 때문에 이들에 대한 심성의 순화는 수용사고예방을 위한 필연적 전제일 것이다.

수용사고 중에서도 폭동과 난동 등은 대부분 수용과 처우에 있어서 불만과 불공정성에 인한 경우가 많기 때문에 수용생활상 재소자의 인권이 최대한 보장되고 인격적 처우를 받아야 함은 물론, 이러한 처우의 질적 향상 못지않게 처우의 공정성과 형평성의 확립이 중요하다. 특혜받는 수형자는 그것을 인용하여 동료재소자를 약취할 수 있고, 차별받는 수형자는 불만을 가지게 되어 그것이 폭동이나 난동 등 집단행동으로 이어질 수 있는 것이다. 처우의 공정성과 형평성의 확립을 위해서 옴부즈만제도도 하나의 방안이 될 수 있을 것이다.

처우의 형평성과 관련된 문제로서 상벌제도의 공정한 운용도 수용사고에 지대한 영향을 미칠 수 있다. 선행에 대해서 보상하고 비행에 대해서 처벌함으로써 수용사고를 예방할 수도 있는데, 재소자에 대한 상벌이 객관적으로 공정하지 않다면 오히려 수용사고의 원인이 될 수 있다. 상벌의 공정성확보를 위해서는 시설내부 인사는 물론이고 외부의 관계전문가들까지 참여하는 재소자상벌위원회를 구성하여 운영하는 것도 한 가지 방법이 될 수 있을 것이다.

사실 수용사고의 가장 큰 원인은 수형생활의 단조로움과 무료함이라고 하는 사람이 많다. 수형자가 할 일이 있게 되면 그가 가질 수 있는 번민과 고독 등 부정적인 생각의 여유를 주지 않게 되어 수용사고도 상당히 예방될 수 있을 것이다. 즉 조직적이고 규칙적인 교육훈련이나 작업 그 자체도 재소자의 행동과 의식을 개선시켜 줄 뿐만 아니라, 그로 인하여 나쁜 생각이나 일을 꾸밀 시간적 여유도 주지 않기 때문이다.

제 3 편

교정문화론

CORRECTIONS

제1장
교도관의 세계

제1절 교도관의 일과 임무

교도관은 긴장과 불확실성이 가득한 환경에서 근무하면서 상대적으로 고립된 존재로 묘사되고 있다. Hawkins(1976)는 교도관을 '또 다른 재소자'(the other prisoner)라고 불렀고,[1] Lombardo (1981)는 '구금된 교도관'(guards imprisoned)이라고 하였으며,[2] Wicks(1980)는 '사회의 전문적 재소자'(professional prisoner)라고 표현하였다.[3] 심지어 사회로부터 '거절당하고, 멸시당하고, 기피되는 사람'이라고까지 칭하게 되었다.[4] 이와 같이 사회로부터 소외되어 있고 고립되어 있다는 점에서 교도관과 재소자는 일련의 공통점을 가진 것처럼 보이며, 재소자뿐만 아니라 교도관들도 '자신들은 시간을 보내고 있다(doing time)'고 생각한다.[5]

이처럼 긴장과 불확실성으로 가득한 환경뿐만 아니라 교도관과 재소자들은 출신성향·무기력함 등 상당 부분에 걸쳐 유사한 점을 갖고 있지만, 교도관과 재소자가 서로를 동일시하지는 않는다. 오히려 이들은 교도소 내부의 분위기와 전통적으로 내려오는 교도관과 재소자의 각각의 하위문화로 인하여 극단적인 대립성을 가지고 있다. 예를 들어, 교도관은 재소자로부터 이용당

---

1 Gordon Hawkins, *The Prison*, Chicago : University of Chicago Press, 1976.

2 Lucien X. Lombardo, *Imprisoned Guards*, New York : Elsevier, 1981.

3 R. J. Wicks, *Guard : Society's Professional Prisoner*, Houston : Gulf Publishing Co., 1980.

4 J. Jacobs and L. Zimmer, "Collective Bargaining and Labor Unrest," pp. 145~159 in J. Jacobs(ed.), *New Perspectives in Prisons and Imprisonment*, Ithaca : Cornell University Press, 1983, p. 145.

5 Eric D. Poole and Robert M. Regoli, "Alienation in Prison : An Examination of the Work Relations of Prison Guards," *Criminology*, 1981, 19 : 251~270, p. 268.

할 수 있다는 두려움에 재소자와의 친교를 바람직하지 않게 보고 있으며, 재소자는 동료재소자들로부터 협잡꾼으로 낙인찍히지 않으려고 교도관과의 밀착을 꺼리게 된다.

교도관은 상대적으로 부족한 지침으로 많은 규율을 집행해야 하고, 신체적 위협이나 심리적 희롱을 감수해야만 하며, 재소자의 송사(訟事) 위협까지도 감내해야만 한다. 그들은 자신을 좋아하지도 않는 사람, 즉 재소자들과 오랜 시간을 보내야 되며, 재소자와 친밀한 관계가 불가능한 상황에서도 재소자를 통제해야 할 뿐만 아니라 재소자가 도움을 요청한다면 도움도 주어야 한다. 그럼에도 불구하고 교정시설의 정책입안에 대해서는 아무런 역할도 할 수 없으며, 진급과 승진에 있어서도 매우 제한적이다.

물론 교정처우의 중요성을 강조함에 따라 교정인력의 전문화가 요구되고, 교도관의 근무환경 및 문화에도 약간의 변화가 나타나고 있다. 하지만 교도관의 역할을 단순히 재소자의 구금활동에만 국한하지 않으려는 이러한 노력에도 불구하고 아직도 현대의 교도관들의 역할은 전통적인 구금요원을 그대로 답습하고 있다.[6] 뿐만 아니라 교도관은 재소자, 일부 자유주의론자, 처우전문가, 심지어 일반인들로부터 교정처우의 실패에 대한 책임을 져야 한다는 비난을 받고, 교정의 실패에 대한 희생양으로 취급되며, 현대 교정의 발전노력에 해가 되는 것으로 오해받기도 한다.[7]

그런데 최근의 교정발전과 변화에 따라 교도관의 세계도 많이 변화되었는데, 이러한 변화는 오히려 교도관의 불확실성을 더욱 가중시키게 되었다. 변화를 가져오게 된 가장 큰 이유는 교화개선의 강조, 재소자인구의 증가와 특성의 변화 그리고 교정시설운영에 대한 법원의 개입 등이 그것이다.[8]

우선 교정의 조직목표로서 교화개선사상의 도입은 교도관에게 재소자의 통제와 개선을 동시에 수행하도록 요구하였다. 그러나 이는 교도관으로 하여금 두 가지 상반된 절차와 목표 사이에서 모순에 빠지게 하는 결과를 초래하였다. 교도관은 대립되는 역할인 보안임무와 인본주의적인 처우를 동시에 수행하도록 요청받고 있다. 즉, 오늘날의 교도관은 재소자의 교화개선을 위하

---

6 Nancy C. Jurik, "An Officer and a Lady : Organizational Barriers to Women Working as Correctional Officers in Men's Prison," *Social Problems*, 1985, 32 : 375～388; Hans Toch, "Is a 'Correctional Officer' by Any Other Name a 'Screw'?" in R. Ross(ed.), *Prison Guard/Correctional Officer*, Toronto : Buttersworths, 1981, p. 87.

7 James B. Jacobs and Harold G. Retsky, "Prison Guard," in Ben Crouch(ed.), *The Keepers*, Springfield, IL : Charles C. Thomas, 1980, pp. 191～192.

8 Ben Crouch, "Prison Guards on the Line," pp. 177～206 in Kenneth C. Haas and Geoffrey G. Alpert(eds.), *The Dilemmas of Punishment : Readings in Contemporary Corrections*, Prospect Heights, IL : Waveland Press, 1986, p. 178.

여 그들이 갖고 있는 개인적인 문제들을 다루도록 요구받지만, 한편 관료제하에서 주어진 절차에 따라 비인격적으로 재소자들을 대해야 한다는 것이다.[9]

둘째로, 교정시설의 수용인구의 증대와 특성의 변화 역시 교도관의 임무를 변화시키는 데 중대한 영향을 미친다. 우선 과밀수용은 교도관이 매우 빡빡한 일정으로 더 많은 재소자를 통제하고 감독해야 하는 결과를 초래하였다. 그리고 단순한 과밀수용도 문제이지만, 재소자 특성에 있어서 장기누범수형자 및 개선곤란자가 증가되었기 때문에 재소자사회가 안정되지 못하여 교도관은 더 많은 긴장을 경험하고 있다.

그리고 세 번째 변화는, 법원이 교정에 대해 개입하지 않으려는 과거의 무개입(hands-off) 정책을 버리고 개입(hands-on) 정책을 택한 것이다. 이러한 변화의 결과로 법원은 이제 교정의 운용에 대해 상당히 깊게 관여하고 있다. 그 결과, 재소자에 대한 제반 권익의 신장과 보호를 가져왔으나 반대로 교도관의 입지가 상당히 좁혀지게 되었다.

제 2 절   교도관의 의식과 태도

1. 재소자와의 관계

교도관의 의식구조를 알기 위해서는 교도관과 재소자의 관계를 먼저 파악할 필요가 있다. 앞에서 언급한 바와 같이 교정시설의 조직과 행정이 변하고 수형자의 수와 특성이 변함에 따라 교도관이 임무를 수행하는 데도 상당한 영향을 미쳤다. 교도관이 재소자를 통제하기 위해서는 이용 가능한 힘을 필요로 한다. 교도관이 재소자로 하여금 어떠한 행위를 하도록 만들기 위해서 가장 필요한 힘과 권한이 무엇인지를 지적하라고 했을 때, 교도관들은 합법적 권한(legitimate power)과 전문가 권한(expert power)을 첫째와 두 번째로 중요한 것으로 지적하였다. 즉 대다수 교도관은 그들의 신분과 지위와 해결책을 제시하는 능력, 그리고 기술이라는 전문성에 대한 재

---

9 Clear, T. R., Cole, G. F. and Reisig, M. D., American Corrections, 2009, CA : Thomson, p. 332.

소자의 인식에 의해 재소자를 움직이는 것으로 답하고 있다.

한편 교도관에게 있어 충성과 복종을 끌어내기 위해서 인성을 이용하는 능력인 신용권한 (reference power)은 크게 중시되지 않았으며, 재소자의 행동을 조종하기 위한 보상권한(reward power)을 이용할 기회도 잘 주어지지 않는다. 그러나 대단한 것은 아니지만 구금적 또는 처벌적 태도가 강한 교도관일수록 다른 교도관에 비해 강제력을 이용하는 경향이 강하다.[10]

2. 교도관의 소외감(alienation)

대부분의 교도관은 그들이 스트레스를 받고 있으며, 그들의 사기가 떨어지고 있다고 생각하고 있다. 불행하게도 이 문제는 수용인구의 증가와 특성의 변화 때문이 아니라 작업환경과 조건에 의해서 야기된 것이라고 설명하고 있다. 이러한 작업환경과 조건으로 인한 불만족과 스트레스를 이해하는 데 가장 중요한 개념은 작업소외라고 한다.[11]

소외의 개념은 다양하게 정의되어 왔지만, 그중에서도 가장 보편적인 정의는 Melvin Seeman (1959)의 정의이다. 그는 작업소외를 무력감(powerlessness) · 무규범성(normlessness) · 무의미성 (meaninglessness) · 격리(isolation) · 자기소원(self-estrangement)의 다섯 가지 측면에서 파악하고 있다.[12]

이를 교도관에게 적용한 조사결과에 의하면 동료 교도관과의 관계, 재소자와의 관계 그리고 상사와의 관계가 교도관의 소외에 상당한 영향을 미치는 것으로 밝혀진 바 있다. 즉 동료와의 부정적 관계는 자기 소외감의 증대와 관련되고, 상사와의 부정적 관계는 무규범감과 무력감을 증대시키며, 재소자와의 부정적 관계는 무의미감과 무력감을 유발한다는 것이다.[13]

물론 소외는 복잡한 현상이기 때문에 한 가지 관계성의 변화가 소외의 모든 측면에 다 영향을 미치는 것은 아닐 수 있다. 그러나 많이 소외된 교도관일수록 교정시설의 정책을 잘 따를 확률이 낮으며, 그들이 싫어하는 작업장에서의 생존을 위해 조직목표에 적합하지 않은 특이한 방법을 개발하기 쉽다고 한다.[14]

---

10 J. R. Hepburn, "The Excercise of Power in Coercive Organizations : A Study of Prison Guards," *Criminology*, 1985, 23(1) : 145~164, p. 159.

11 Duffee, *op. cit.*, p. 396.

12 Melvin Seeman, "On the Meaning of Alienation," *American Sociological Review*, 1959, 24 : 783~791.

13 Eric Poole and Robert M. Regoli, "Alienation in Prison : An Examination of the Work Relations of Prison Guards," *Criminology*, 1981, 19(2) : 251~270.

소외와 유사한 개념으로서 직업적 실증(occupational tedium)이 있다. 직업적 실증의 상관관계를 분석한 연구결과는 이에 대해 가장 중요한 영향을 미치는 세 가지 요인을 지적하고 있다. 할 일이 너무 많다는 것(역할과부하), 관리지원을 충분히 받지 못하고 있다는 것, 일반대중이 자신의 노력에 감사할 줄 모른다는 것이 교도관이 자신의 직업에 실증을 느끼게 하는 가장 중요한 요인이라는 사실이 밝혀졌다.[15] 일부에서는 직원과의 관계, 재소자와의 관계 그리고 낮은 승진기회 등 세 가지가 교도관의 스트레스에 관련된다고 주장하기도 한다.[16]

교도관의 소외는 교정시설과 교도관에 따라 차이는 있겠지만, 대체로 지나칠 정도로 심각하다는 것은 사실이다. 그리고 교도관의 소외는 분명하게 교도관의 의식과 태도에 영향을 미친다. 예를 들어 소외의 정도와 재소자와의 사회적 거리감에 대한 태도는 아무런 관계가 없었는데, 이는 소외를 느끼더라도 재소자와의 밀접한 상호작용이 문제해결에 도움이 될 수 있다고 믿기 때문일 것이다. 반대로 소외의 정도가 높으면 교도관의 직무 중 봉사적 측면에 대한 관심이 줄어들고 처벌적인 것에 대한 관심이 증대되는 것으로 알려지고 있다. 여러 가지 요인들 중 교도관의 작업태도에 가장 큰 영향을 미치는 것으로 알려진 소외의 내용은 무의미성(meaninglessness)이다.

3. 교도관의 태도에 대한 조직의 영향

교도관의 태도는 교정시설의 보안수준에 따라 차이가 날 수 있다고 한다. 중(重)구금교도소(maximum security prison) 근무 교도관, 중(中)구금교도소(medium security prison) 근무 교도관 그리고 여자교도소근무 교도관을 대상으로 한 연구에 의하면, 구금에 대한 관심과 훈육에 대한 관심이라는 두 가지 요소를 통하여 이들 교도관을 명확히 구분할 수 있다고 한다. 중구금교도소(maximum security prison)의 교도관은 구금에 대해서는 아주 높은 관심을 표명하였으나, 훈육에 대해서는 중간 정도의 관심만을 표명하였고, 반면에 여자교도소의 교도관들은 훈육에 대한 관심은 높은 반면 구금에 대한 관심은 낮았다. 한편 중구금(medium security prison) 또는 경구금교도

---

14 *Ibid.*, p. 266.

15 Bouz Shamir and Asmos Drory, "Occupational Tedium among Prison Officers," *Criminal Justice and Behavior*, 1982, 9(1) : 79~99.

16 Nigel Long, George Shouksmith, Kevin Voges, and Thannon Roache, "Stress in Prison Staff : An Occupational Study," *Criminology*, 1986, 24(2) : 331~345.

소의 교도관은 구금과 훈육 모두에 대해서 큰 관심을 보이지 않았다.[17]

이러한 교정시설별 교도관의 태도의 차이는 신규 채용된 교도관의 훈련과 배치에 중요한 정보를 제공해 준다. 만약 신입교도관들이 소외된 교도관들로 둘러싸인 중구금교도소(maximum security prison)에서 교도관으로서의 그들의 직업을 시작하면, 처우프로그램이나 재소자에 대한 부정적인 태도를 발전시킬 가능성이 높을 것이다. 반대로 보안수준이 낮은 시설에서 재소자에 대한 봉사에 지대한 관심을 가진 선임 교도관과 함께 처음 일을 시작한 젊은 교도관일수록 처우프로그램이나 재소자에 대한 긍정적인 태도를 가질 확률이 높을 것으로 보인다.

제3절 교도관의 부문화

지금까지 살펴본 바에 의하면 교도관이 항상 조직의 목표와 가치에 동조하고 순응하는 것은 아님을 알 수 있다. 이 점에 대해서 일부 학자들은 교도관들의 직업적 부문화의 차원에서 이해하려고 했다. 직업적 사회화와 부문화의 문제는 경찰 등에 있어서는 널리 알려진 것이고, 그에 대한 연구 또한 적지 않다. 그러나 교도관에 대한 부문화적 연구는 대체로 교정시설에 존재하는 것으로 알려진 재소자의 부문화로부터 유추하고 있다. 즉 교도관도 그들이 근무하는 조직의 공식적 규범과 구별되는 부문화를 가지고 있을 수 있다고 추측하는 것이다.

한 예로 Duffee(1974)는 교도관은 일상 업무에 대한 압박으로 인하여 그들의 입장과 위치에 있어서 독특한 가치관을 수용하도록 하여, 재소자나 교정행정관과는 다른 사회적 환경을 경험하는 것으로 보았다. 그러나 그는 교도관이 분명한 그들만의 부문화를 가지고 있는지는 확실하지 않으며, 오히려 교도관이 지적한 내용들은 부문화적 격리라기보다는 소외와 무규범성으로 이해하는 것이 바람직하다고 주장하였다. Duffee의 연구 이후 이에 대한 많은 논쟁이 이루어졌는데, 그것은 교도관의 부문화존재 여부가 교정에 있어서 중요한 위치를 차지하고 있기 때문이다. 예

---

17 Trevor A. Williams and Geoffrey N. Soutar, "Levels of Custody and Attitude Differences among Prison Officers : A Comparative Study," *Australian and New Zealand Journal of Criminology*, 1984, 17(2) : 87~94.

를 들어 만약 교도관이 그들만의 부문화를 가지고 있다면 교정직원을 일련의 교정목표를 중심으로 통합하기 매우 어려운 일이기 때문이다.[18]

현재까지 알려진 바로는 교도관들은 근무 시는 물론이고 근무 외의 시간에도 상호간에 지나치게 격리되어 있고, 특이한 근무형태에 지나치게 의존하기 때문에 특정한 하나의 부문화에 속한다고 규정하기에는 힘든 것으로 보고 있다. 물론 교도관이 교정당국과 많은 것을 공유하지도 않지만, 그렇다고 그들끼리도 그렇게 강력히 뭉치는 것도 아니라는 사실이 연구결과 밝혀지고 있기 때문이다.[19] Lombardo(1981)도 교도관이 단단하게 짜여진 규범을 가진 응집적인 집단을 형성하지는 않는다고 주장하였다. 교도관들은 상호 동일시하지도 않으며, 그들의 업무는 집단으로보다는 독립된 개인으로 수행하는 것으로 알려지고 있다.[20] 그렇다면 교도관들이 천편일률적으로 가지고 있는 재소자에 대한 부정적 태도 등을 어떻게 설명할 것인가?

이의 설명을 위해서 많은 사람들이 다원적 무지(pluralistic ignorance)라는 개념을 도입하고 있다. 다원적 무지는 대학에서 실제 존재하지 않는 반동적 다수학생집단에 의해 포위되었다고 느꼈던 대학생들에 대한 연구에서 처음 시도된 이후 교도관에 대해서도 일부 응용된 바 있다. 다른 교도관의 태도에 대한 교도관의 태도와 실제로 그 교도관에 의해 표현된 태도의 관계를 조사한 결과, 교도관들은 재소자와 처우프로그램에 대해서 동정적인 동료교도관들의 비율을 그렇지 않은 동료교도관들에 비해 일상적으로 과소평가하고 있는 것으로 밝혀졌다.

재소자와 처우에 대한 동정적인 교도관의 비율을 가장 과소평가하는 교도관은 그들 자신이 가장 거부되는 교도관들이었다. 이 상황을 연구자는 다원적 무지에 해당하는 것으로 보았다. 즉 다른 교도관이 가지고 있다고 믿는 가치관과 매우 다른 가치관을 그들 자신은 가지고 있다는 것이다. 바로 이러한 잘못된 신념이 교도관의 재소자와 처우에 대한 반대를 강화시키는 것으로 보인다.[21]

이에 대해서 Klofas와 Toch(1982)도 가장 냉소적인 교도관이 가장 부정확하고 그들의 생각이 지지받고 있는 것으로 믿기 가장 쉬운 사람이며, 이들이 바로 존재하지도 않는 반재소자부문화를 강력히 확신하는 사람이라고 주장하였다.[22]

---

18 David E. Duffee, "The Correctional Officer Subculture and Organizational Change," *Journal of Research in Crime and Delinquency*, 1974, 11(2) : 155~162.

19 Pool and Regoli, *op. cit.*

20 Lombardo, *op. cit.*, p. 163.

21 Kelsey Kauffman, "Prison Officers' Attitudes and Perceptions of Attitudes : A Case of Pluralistic Ignorance," *Journal of Research in Crime and Delinquency*, 1981, 18(2) : 272~ 294.

이러한 연구결과들을 종합하면 교도관들의 부문화가 존재할지라도 그것은 극히 작은 부분일 것이라고 볼 수 있다. 그러나 동시에 비록 작지만 이들 집단의 재소자와 처우에 대한 부정적 태도는 다원적 무지로 인하여 그들이 대표성도 없는 스스로 임명된 대변인이 되어 대다수의 다른 교도관에게 그들이 차지하는 비중 이상으로 크게 영향을 미치는 것도 사실이다. 결론적으로 교도관의 부문화는 존재하지 않는다. 그러나 현재와 같이 신입교도관이 훈련되고 배치된다면, 다원적 무지현상과 가장 냉소적이고 소외된 교도관의 과도한 영향을 영속화시킬 것이다.[23]

제4절 교도관의 곤경과 대처

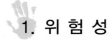

1. 위 험 성

위험성이란 한 마디로 교도소는 위험한 곳이라는 뜻이다. 즉, 과거에도 교정시설의 수용에 따른 고통 중의 하나가 안전의 박탈이었듯이 교정시설은 결코 안전한 곳이 아니라는 것이다. 하물며 최근에 와서는 수용인구가 증대하고 그들의 특성도 더욱 폭력성향이 강한 범죄자로 변하고 있기 때문에 교정시설의 위험성은 더 심화되었다고 볼 수 있다.

사실 교정시설에서의 위험성은 대개 신체적인 것으로서 폭력이 대부분을 차지하겠지만, 실제로 교도관에 대한 폭력의 행사는 그리 많지 않다. 따라서 교정시설에서의 교도관의 위험성은 지나치게 과장된 면이 없지 않다. 그러나 위험성이 크다는 것은 교도관에 대한 폭력은 예측할 수 없다는 특성에 기인한 것으로 보인다. 다시 말해서 교도관의 위험성인식은 폭력의 가능성이 아니라 폭력의 예측불가능성과 관련되었다는 것이다.[24]

실제 조사결과도 신체적 위험성이 교도관의 높은 관심사 중의 하나였다. 그러나 위험성 외

---

22 John Klofas and Hans Toch, "The Guard Subculture Myth," *Journal of Research in Crime and Delinquency*, 1982, 19(2) : 238~254.

23 *Ibid.*, pp. 252~253.

24 Lombardo, 1981, *op. cit.*, p. 115.

에 무력감(powerlessness)이 교도관이 갖고 있는 중요한 관심 사항으로 지적되고 있다.[25] 어떻게 보면 무력감이 증대하면 교도관의 재소자에 대한 통제력이 감소되고, 결국은 교도관의 안전성도 낮아지게 되어 위험성을 증대시키는 것으로 간주할 수 있다.

2. 통제력의 상실

　위에서 언급한 교도관의 무력감의 원인은 여러 가지가 있겠지만, 그중에서도 중요한 하나의 요인이 교도관의 권위가 타락(corruption of authority)한 결과 나타나는 현상으로 파악하는 것이다. 교도관의 권위가 타락하면 교도관의 권위가 상실되며, 그 대신 재소자가 그만큼 더 권한을 얻게 되어 교도관의 사기가 저하되는 등의 부정적 결과를 초래하게 된다.

　Sykes(1956)는 재소자에 의해 교도관의 권위가 타락하는 세 가지 형태를 친분에 의한 타락(corruption through friendship), 상호성에 의한 타락(corruption through reciprocity), 태만에 의한 타락(corruption through default)을 들고 있다.[26]

　친분에 의한 권위의 타락은 교도관이 재소자와 지나치게 가까워질 때 일어날 수 있는 문제이기 때문에 대부분의 교정기관에서는 재소자와의 지나친 친밀관계를 금지하는 엄격한 규율을 시행하고 있다. 교도관이 재소자와 친밀한 관계를 가지면 그 재소자가 규율의 위반 등을 하였을 때 인정에 끌려서 제지를 제대로 집행할 수 없게 되어 결국은 자신의 권위가 손상되고 통제력을 상실하게 된다는 것이다.[27] 특히 재소자에 대한 인본주의적 관점을 직무에 연결시키는 교도관이 이러한 문제에 더 약한 것으로 알려지고 있다.

　상호성에 의한 권위의 타락은 교도관이 자신의 권한의 일부를 재소자에게 위임하는 것을 의미한다. 교도관은 자신이 통제하는 재소자의 관점에서 자신의 업무수행능력이 평가되는데, 재소자를 보상할 수 있는 당근도 많지 않은 상태에서 과중한 업무를 수행하면서 재소자를 사고 없이

---

25 James B. Jacobs and Lawrence J. Kraft, "Integrating the Keepers : A Comparison of Black and White Prison Guards in Illinois," *Social Problems*, 1978, 25 : 304~318; James B. Jacobs, "What Prison Guards Think : A Profile of the Illinois Force," *Crime and Delinquency*, 1978, 24 : 185~196; Eric D. Poole and Robert M. Regoli, "Professionalism, Role Conflict, Work－alienation, and Anomia : A Look at Prison Management," *Social Science Journal*, 1983, 20 : 63~70.

26 Gresham M. Sykes, "The Corruption of Authority and Rehabilitation," Social Forces, 1956, 34 : 257~262; Gresham M. Sykes, *The Society of Captives*, Princeton : Princeton University Press, 1958.

27 Ben M. Crouch and James W. Marquart, "On Becoming a Prison Guard," in Ben Crouch(ed.), *The Keepers*, Springfield, IL : Charles C. Thomas, 1980, p. 77.

통제하기란 사실상 어려운 일이기 때문에 교도관은 때로는 재소자의 협조에 의존할 수밖에 없다. 교도관에게 협조하는 대신 재소자는 후에 자신의 협조에 대한 보상을 요구하게 되는데, 실제로 교도관은 합법적으로 제공할 수 있는 보상이 별로 없는 입장이다. 그래서 쉽게 보상할 수 있는 것이 약간의 규율위반에 대해서 눈감아 주거나 자신이 할 일을 그 재소자에게 위임하는 것이다. 문제는 교정시설의 실정상 이러한 현상은 어쩔 수 없으며, 더욱이 이런 식으로 권위가 타락하면 재소자는 그것을 빌미로 더 큰 보상을 요구하게 되어 점점 교도관의 권위는 타락하게 되고, 결국 교정시설의 통제가 재소자의 손에 상당부분 넘어가게 되는 결과를 초래할 수 있다는 것이다.

태만에 의한 권위의 타락은 교도관이 규율을 집행하기 위한 행동을 취하지 않을 때 야기되는 권위의 상실이라고 할 수 있다. 재소자들은 각각의 교도관들이 자신들의 규율위반을 어느 정도 용인해 주는가를 시험하게 된다. 애매한 규율을 집행해야 하는 일부 교도관은 상황에 따라 제대로 반응하지 않음으로써 개인적 재량권을 행사할 수도 있는데, 이것이 바로 장래 교도관을 시험하기를 원하는 재소자들에게는 즐거운 일이 되는 것이다.

3. 외부통제와 간섭의 증대

최근에 들어 교정에 대한 사법부의 개입이 증대되면서 교도관들은 영향력과 권한을 상실하는 반면, 재소자인권보호 및 적법절차의 강조로 인하여 재소자들은 영향력과 권한을 얻게 되었다. Crouch(1980)는 이를 교정시설 안에서 교도관과 재소자 간의 관계가 과거 부모-자식 간의 관계였으나 이제는 권한에 대해서 공개경쟁하게 되었다고 표현하고 있다. 교도관은 실질적인 지침도 없이 적법절차만을 강요하는 상사나 당국과 자신들의 권익을 시험하고자 하는 재소자 사이의 틈바구니에 끼어 양극적 무력감에 직면하게 된다.[28]

4. 역할갈등

교정에 있어서 교화개선사상과 처우프로그램이 도입되면서 교도관은 재소자의 구금과 보안에 대한 책임을 지게 되고, 다른 한편으로는 재소자의 교화개선에 관심을 두도록 요구받게 되었

---

28 Crouch, *The Keepers*, 1980, p. 27.

다. 문제는 구금을 통한 사회의 보호와 재소자의 교화개선이라는 두 가지 교정의 목표가 동시에 이루어지기 어려운 것이라는 데 있다.[29] 교도관은 재소자들과 일정한 거리두기를 요구받으면서 동시에 그들과 밀접한 인간관계를 가질 것을 요청받는다. 즉 교정당국은 교도관들로 하여금 재소자에게 도움이 되고 관용을 베풀기를 바라면서, 한편으로는 강인하고 엄하기를 요구한다. 물론 이러한 갈등은 교정시설의 보안수준과 처우를 강조하는 정도에 따라 달라진다. 경구금교도소가 중(重)구금교도소보다 이러한 역할갈등이 심하다. 그것은 중(重)구금교도소는 처우보다는 보안이 최우선시되기 때문이다. 경구금교도소에서는 처우가 강조되면서도 처우가 성공적이지 못하고 보안이 경시되어 보안의 문제는 더 심화될 수 있기 때문이다.

5. 교도관의 스트레스와 탈진

교정업무의 특성상 교도관들은 사회와 격리되어 생활하고 있으며, 교도관들이 담당하고 있는 과중한 업무량과 구금과 교화개선의 양면적인 교도관의 역할갈등에서 비롯되는 다양한 심리적 불안과 불안정, 그리고 법원의 간섭 및 인권단체를 통한 외부통제는 교도관들로 하여금 스트레스를 겪게 하고 심지어 탈진에 이르게 만든다. 이러한 교도관들의 스트레스와 탈진은 교도관 개인에게도 심리적·신체적 문제를 일으킬 수 있으며 교정기관에도 큰 위협이 된다.

우선 교도관들이 겪는 높은 수준의 스트레스는 스트레스에 대한 반응(reaction)과 긴장(strain)을 가져오기 때문에 교도소를 운영하는 데 어려움이 될 수 있다. 이러한 스트레스의 반응은 세 종류로 구분될 수 있다. 첫째는 신체적 긴장을 유발하여 교도관들에게 고혈압을 유발하거나 심장마비를 일으키게 된다. 둘째는 심리적 긴장으로 직업에 대한 불만족을 유발하며 탈진이나 불안감을 증폭시킨다. 마지막으로 스트레스는 교도관들의 행태적 긴장을 유발하여 교도관들이 이직이나 결근을 하게하며, 알콜이나 약물에 중독되게도 만든다.[30]

교도관들을 대상으로 한 실증연구들은 이러한 지속적이고 강력한 스트레스가 교도관들로 하여금 신체적·정신적으로 심각한 문제를 발생시킨다는 사실을 제시하고 있다. 실제로 Lambert와 동료들은 미국 연방 교도소 교도관들의 자기보고조사를 통해 장기간 근무한 교도관일수록,

29 J. Hepburn and G. Albonetti, "Role Conflict in Correctional Institutions : An Empirical Examination of the Treatment－Custody Dilemma among Correctional Staff," *Criminology*, 1980, 18 : 445~459, p. 447.

30 Schaufelt, W. B. and Peeters, M. C. W., "Job Stress and Burnout Among Correctional Officers : A Literature Review," *International Journal of Stress Management*, 2000, 7(1) : 19－28, p. 21

그리고 직무 스트레스가 높은 교도관일수록 더 잦은 병가(sick leave)를 낸다는 사실을 밝혀냈으며,[31] 이윤호 등의 연구에 따르면 우리나라의 경우에도 교정공무원들은 높은 수준의 스트레스를 갖고 있으며, 수용자와 관련한 스트레스가 그들의 이직의도에까지 영향을 주게 된다.[32]

한편 탈진(burnout)이란 장기적으로 지속되는 스트레스로 인하여 감정적으로 소진되며 자아의식장애(depersonalization)가 발생하고 개인의 성취가 감소하는 증상을 의미한다.[33] 스트레스는 모든 사람들이 경험하는 것이지만 이러한 탈진은 특히 교사, 간호사, 사회복지사 그리고 교도관들과 같이 사람을 대하는 업무에 종사하는 전문가들에게 발생하는 경향이 있다.[34] 특히 자발적인 고객이 아닌 비자발적인 재소자들을 상대하는 교도관들의 탈진은 다른 직업에 종사하는 전문가들보다 심각할 수 있다.

---

31 Lambert, E. G., Edwards, C., Camp, S. D. and Saylor, W. G., "Here today, gone tomorrow, back again the next day : Antecedents of correctional absenteeism," *Journal of Criminal Justice*, 2005, 33 : 165－175, p. 166.

32 이윤호 외, "교정공무원의 이직의도에 영향을 미치는 요인에 관한 연구", 「한국범죄학」, 대한범죄학회, 2011, 5(1)

33 Maslach, C., "Burnout : A Multidimensional perspective" In Schaufelt, W., Maslach, C., and Marek, T.(Eds), *Professional burnout : Recent developments in theory and research*, 1993, Washington : Taylor & Francis, pp. 19~32.

34 Malach, C and Schauleh, W. B., "Historical and conceptual development of burn－out In Schaufelt, W., Maslach, C., and Marek, T.(Eds), *Professional burnout : Recent developments in theory and research*, 1993, Washington : Taylor & Francis, pp. 1~16.

제 2 장
재소자의 세계

제1절 교도소화(prisonization)

 1. 교도소화

　　범죄자가 교정시설에 처음 입소하게 되면 마치 어린이가 어른들이 행동하는 방법을 습득하여 사회생활에 적응해 나가듯이 범죄자도 유사한 과정을 거쳐 교정시설에서의 생활을 습득하고 적응하게 된다. 어린이가 사회의 행위유형을 학습하는 것을 사회화(socialization)라고 한다면, 재소자가 교정시설에서의 행위유형을 학습하는 과정을 교도소화(prisonization)라고 할 수 있을 것이다.[1] 어떠한 개인이 다른 국가나 다른 문화권으로 이민이나 이사를 갈 때, 그 곳의 새로운 문화와 행위를 습득해야 할 뿐만 아니라 자신의 과거행위는 잊어야 할 때도 있는 것처럼 재소자도 마찬가지의 과정을 거친다. 그러나 사회화와 교도소화(prisonization)가 다른 것은 일반인은 자신에게 주어진 행위유형을 거부하거나 수용할 수 있는 중립적인 입장인 데 반해, 재소자는 자신에게 주어진 행위유형을 거부하거나 수용할 수 있는 중립적 입장이 아니라는 사실이다.[2]

　　교도소화에 대한 논의를 시작한 Clemmer는 이를 좀 더 학술적으로 표현하여 "교정시설의 일반적 문화, 관습, 규범 그리고 민속 등을 다소간 취하는 것"으로 교도소화를 규정하고 있다.[3] 따라서 범죄자가 교정시설에 입소하는 자신의 신분이 수형자라는 것을 인식하게 되면서 교도소

---

1 Donald Clemmer, The Prison Community, New York : Reinhart, 1958, p. 298.

2 Sutherland and Cressey, *op. cit.*, p. 537.

3 Clemmer, *op. cit.*, p. 299.

화의 과정은 시작된다고 할 수 있다. 교도소화의 가장 중요한 관점은 "범죄성과 반사회성을 유발하거나 심화시키고 교도소사회의 재소자의 특성을 범죄적 이념으로 변화시키는 영향력"이다. 이러한 교도소화과정의 동화 정도는 재소자의 인성이나 수용성 등 개인적 요소, 교정시설 밖의 세계와의 관계, 교정시설에의 일차적 집단참여 여부, 사동과 사방 등 교도소에의 배치 그리고 교도소문화의 강령 등을 수용하는 정도에 따라 달라진다. 그러나 이들 요소 중에서도 가장 중요한 것은 일차적 집단이라고 한다.[4] 그래서 Clemmer는 신입재소자가 교정시설의 규범과 가치에 익숙해지고, 그것을 내재화하는 과정으로 교도소화를 보고 있다. 재소자가 교도소화되면 대부분은 관습적 가치체계의 영향으로부터 벗어나게 된다고 한다.

결국 재소자의 수형자강령에의 동화에 초점을 맞추고 있다. 그러나 나중에는 교도소화라는 용어가 재소자의 태도가 어디에 근원을 두고 있든지 간에 교도관에 반대하는 행동과 태도를 신봉하는 정도를 일컫는 것으로 되었다.[5]

그런데 Clemmer는 거의 모든 재소자는 교도소화의 보편적 요소라고 하는 몇 가지 영향을 받게 된다고 주장하였다. 그에 따르면 교정시설의 비공식적 구금에 대한 지식, 열등적 역할의 수용, 새로운 사회적 습관의 개발, 다양한 생존기술과 새로운 언어의 습득이 바로 교도소화의 보편적 요소라고 보았다. 이들 요소가 재소자의 습관을 재조정하고 재소자로 하여금 교정시설의 특성에 맞도록 변화시킨다는 것이다. 그리고 무엇보다도 Clemmer의 가장 큰 공헌은 재소자가 일반적으로 반사회적인 행동과 태도가 중심이 되는 재소자사회로 동화된다는 사실을 강조한 것이다. 재소자의 수용기간이 길수록 반교정적·반사회적·친범죄적 부문화에의 재현이 더 커진다고 볼 수 있다.

그러나 수형기간의 장기화에 따라 재소자의 교도소화의 정도도 강화된다는 Clemmer의 주장에 반론이 제기되었다. 즉, 단순히 수형기간만이 아니라 수형자의 역할에 따라 그리고 수형단계에 따라 달라진다는 사실이 밝혀지게 되었다. 먼저 수형자의 역할에 따른 교도소화의 차이는 친사회적인 '고지식자'보다는 반사회적인 '정의한', 가사회적인 '정치인', 비사회적인 '무법자'가 더 교도소화의 가능성과 정도가 높을 것으로 여겨지며, 수인사회의 문화에 따라서는 합법생활지향적 수형자에 비해 범죄생활지향적 수형자가, 범죄생활지향적 수형자보다는 수형생활지향적 수형자가 교도소화가 빨리, 쉽게 그리고 많이 되는 것으로 알려지고 있다.

---

4 Clemmer, *op. cit.*, pp. 298~301.

5 Gary F. Jensen and Dorthy Jones, "Perspectives on Inmate Culture : A Study of Women in Prison," *Social Forces*, 1976, 54 : 590~603, p. 601.

한편 수형기간의 장기화에 따라 교도소화가 강화된다는 Clemmer의 가설은 전체 수형자의 표본으로부터 도출된 것이었다. 따라서 그는 상이한 재소자의 역할이 상이한 교도소화과정을 초래하는지를 검증하지 않았기 때문에 위와 같은 문제가 발생하였다. Wheeler(1961)는 Clemmer의 가설을 검증하기 위해서 재소자표본을 형기의 초기단계에 있는 재소자, 형기의 중간단계에 있는 재소자, 형기의 마지막 단계에 있는 재소자의 세 부류로 구분하였다. 초기단계의 재소자가 가장 높은 친교도관적 태도를 견지하였고, 중기단계의 재소자가 친교도관적 태도가 가장 낮았으며, 놀랍게도 말기단계의 재소자도 친교도관적 태도를 견지하고 수형자강령을 거부하는 것으로 나타났다. 그래서 이를 U형곡선(U-shaped curve)이라고 한다. 이러한 형태가 나타나는 이유는 초기와 말기에는 교도소화의 정도가 낮고 중기에는 높기 때문이다. 결국 이는 Clemmer의 주장과는 다른 것으로서 이에 대해 Wheeler는 비교적 최근까지도 일반사회에 있었던 초기수형자나 조만간 그 사회로 되돌아갈 말기의 수형자는 관습적 가치를 지향하는 경향이 있다고 결론짓고 있다. 이러한 결론은 교정시설이 수용기간에 의해 야기되는 점진적 문제를 다루는 부문화를 파생시킨다는 생각에 맞지 않은 것이다.[6] 이러한 교도소화의 U형곡선은 다른 비슷한 연구에서도 거듭 밝혀진 바 있다.

그러나 일부 연구의 결과는 이러한 U형곡선과 반대의 경우도 없지 않다. 예를 들어 중(重)구금교도소에의 연구결과, 수용기간이 길수록 친교도관적 태도도 강화되는 것으로 밝혀져서 Clemmer의 주장과 정반대의 결과가 나왔다.[7] 이에 대해서 중요한 원인은 교도소화는 수용시설의 환경에 의해 상당한 영향을 받는데, 아무래도 중구금시설이 처우시설에 비해 각종 박탈과 고통이 강하기 때문에 더 강한 수형자강령을 가지기 때문으로 보고 있다.

이처럼 교정시설의 조직과 특성을 교도소화에 영향을 미치는 중요한 요소로 보는 연구에 따르면, 처우중심의 교정시설에서는 재소자의 태도가 보안위주의 교정시설에 비해 보다 긍정적인 것으로 알려지고 있다. 보안위주의 교정시설은 중앙집권적이고 공식적 권위를 강조하여 그에 따라 박탈의 정도도 심화되기 때문에 적대적인 비공식적 조직의 발전에 지대한 기여를 한다고 설명하고 있다.[8]

한편 Garabedian(1963)은 교도소화의 정도를 연구함에 있어서 재소자의 사회적 역할에 따라

---

6 Stanton Wheeler, "Socialization in Correctional Communities," *American Sociological Review*, 1961, 26 : 697~712.

7 Robert Atcheley and Patrick McCabe, "Socialization in Correctional Communities : A Replication," *American Sociological Review*, 1968, 33 : 774~785.

8 Bernard Berk, "Organizational Goals and Inmate Organization," *American Journal of Sociology*, 1966, 71 : 522~531.

분류하였다. 그에 따르면 고지식자와 정의한은 U형곡선을 따라 그의 석방일이 다가옴에 따라 교정시설의 부정적 영향을 떨쳐 버렸으며 무법자는 그들의 형기에 따라 교도소문화와 점증적으로 동일시하였으며, 정치인은 그들의 수용기간을 통하여 직원의 규범에 동조하는 경향을 보였다.[9]

결국 교정시설의 형태와 분위기도 재소자의 교도소화에 지대한 영향을 미치지만 재소자가 교정시설에 적응하는 형태는 그가 사회로부터 교정시설로 유입한 것이 무엇인가에 따라서도 상당한 차이를 보일 수 있는 것으로 보인다.

2. 교도소화의 설명모형

(1) 박탈모형

수형자의 교도소화를 분석하기 위한 이론으로서 박탈모형(deprivation model)은 교도소화가 수용의 직접적 결과라고 보는 가정에서 시작한다.

박탈모형의 첫 번째 특징은 수용으로 인한 고통과 박탈이다. Sykes가 주장한 다섯 가지 수용의 고통(the pains of imprisonment), 즉 자유의 박탈, 자율성의 박탈, 이성관계의 박탈, 안전성의 박탈, 재화와 용역의 박탈로부터 재소자가 생존하기 위한 수단으로서 수형자문화를 계발하고 그 문화에 적응하는 등 교도소화하게 된다는 것이다. 즉, 가족과 친구로부터의 격리, 시간과 이동선택의 제한, 강제된 친교와 작업배치, 임의적이고 상반적인 규율에의 노출과 엄격한 감시 그리고 흡연과 같이 당연한 활동조차도 허가를 받아야 하는 교정시설 내 구금환경은 결국 재소자로 하여금 집합적 적응을 하도록 한다는 것이다. 반직원적 태도와 행위가 교정시설이라는 전체제도 또는 총체제도(total institution)에서의 박탈에 대한 재소자의 적응을 위해 기능적인 것으로 간주되기도 한다. 즉 수용으로 인한 고통과 박탈을 최소화할 수 있기 때문에 여기서 박탈모형을 기능적 모형(functional model)이라고도 한다.

박탈모형의 두 번째 부분은 바로 지위강등(mortification)의 과정이다. 재소자가 교정시설에 입소하게 되면, 그는 과거 자신이 가지고 있었던 신분 대신 숫자로 표현되는 새로운 신분을 가지게 된다. 과거의 자기 관념은 동일한 머리모양, 복장, 이름 대신 주어진 숫자, 개인물품의 회

---

9 Peter Garabedian, "Social Roles and Process of Socialization in the Prison Community," *Social Problems*, 1963, 11 : 137~152.

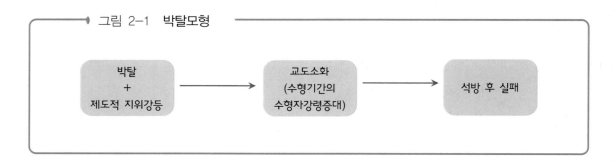

그림 2-1　박탈모형

박탈
+
제도적 지위강등　→　교도소화
(수형기간의
수형자강령증대)　→　석방 후 실패

수 등을 통해서 철저히 사라지게 된다. 이러한 제도적로 인해 과거의 자신의 상실은 곧바로 자기 지위강등(self-mortification)으로 이어진다. 이와 같이 스스로가 재소자로서의 신분을 받아들이고 그 신분에 맞는 적응을 하려는 변화는 신분말소(identity-stripping)와 기타 지위강등(status degradation)의 기제에 기여하게 된다. 자기 증오와 자기 소외는 자기 훼손과 기타 다른 자기 파괴적인 행동을 초래하게 된다.

결론적으로, 박탈모형에 따르면 수형자조직은 제도적 환경과 조건에 대한 일종의 집합적 반응이며, 이는 공식제도 안의 재소자가 고통받는 일련의 박탈에 대한 적응이라고 할 수 있다.[10] 따라서 교정시설화는 재소자를 교정시설에 수용하고 법률적으로 처리하는 과정에 있어서 교정시설 내의 사회통제를 유지하기 위한 시도로서 낙인화와 비인간화의 영향이 교도관에 의해 행사되는 강제력과 결합한 결과라고 할 수 있다.[11] 즉, 수용의 고통과 자기 존중심의 위험을 초래하는 재소자의 자기 비하로 인하여 재소자는 직원, 당국 그리고 사회의 규범을 거부하고, 자기 존중심을 보전할 수 있도록 하는 사회체계를 개발함으로써 재소자끼리 상호세력을 결합하게 된다. 다시 말해서 자신을 거부하는 사람을 거부함으로써 그들 자신을 거부해야 하는 것을 피할 수 있는 것이다. 이러한 박탈모형을 그림으로 나타내면 <그림 2-1>과 같다.[12]

이렇게 형성된 수형자의 사회체계가 재소자의 개인적 안전의 문제를 해결하여 격리와 소외의 심화에 대한 두려움을 이겨 내게 하고, 자기 존중심과 독립심을 되찾게 하며, 자신의 남성역할모형도 되찾을 수 있게 해 준다고 한다. 따라서 박탈모형에 기초한 교도소사회의 연구는 대체로 수형기간과 잔여형기, 재소자의 대인관계참여와 사회적 역할, 교정시설과 조직구조의 유형

10 Charles R. Tittle, "Inmate Organization : Sex Differentiation and the Influence of Criminal Subcultures," *American Sociological Review*, 1969, 34 : 503.

11 Charles W. Thomas, "Theoretical Perspectives on Prisonization : A Comparision of Deprivation and Importation Models," *Journal of Criminal Law and Criminology*, 1977, 68 : 135~145, p. 137.

12 Hawkins and Alpert, *op. cit.*, p. 238.

그리고 재소자의 소외감과 무력감의 정도 등 다양한 요소와 교도소화의 관계를 집중적으로 조명해 왔다.[13]

앞의 그림에 의하면 재범률을 설명함에 있어 교정시설을 범죄학교로 비판하는 사람들의 논리적 근거가 될 수 있다. 반대로 자유주의자들의 주장처럼 수용에 따른 박탈의 정도를 줄이는 것이 재범률의 감소라는 석방 후 성공률을 높일 수 있는 대안이라는 주장에 대해서 그 근거를 마련해 주고 있다. 이보다 더 혁신적인 사람은 교정시설을 전적으로 폐지해야 한다고 주장할 수 있게끔 하는 근거가 되기도 한다.

(2) 유입모형

그러나 교정시설의 특정한 영향을 강조하는 박탈모형은 유입모형에 의해 도전을 받게 된다. Irwin과 Cressey(1962)은 교정시설 내 재소자의 행위유형은 재소자가 사회로부터 함께 들여 온 것이라는 유입모형(importation model)을 제시하였다.[14] 이는 박탈모형을 주장하는 Clemmer도 교정시설의 부문화는 일부 교정시설 밖에서의 재소자의 경험과 조건에 달려 있다고 시인한 바 있으며,[15] Clemmer의 연구를 재검증한 Schrag도 교정시설활동을 일반사회와 연계시킨 바 있어[16] 전혀 새로운 주장은 아닐 수 있다.

Irwin과 Cressey는 사회과학자들은 교정시설의 재소자문화를 설명하는 데 있어서 교정시설의 내부영향을 지나치게 강조한다고 주장하면서, 그 이유로 대부분의 수형자부문화가 결코 수용시설에만 있는 독특한 것이 아니라고 설명하였다. 그들은 교도소부문화와 범죄자부문화를 구분할 필요성을 강조하면서 수형생활지향, 범죄생활지향 그리고 합법생활지향의 세 가지 부문화를 제시하였다. 그러나 이 세 가지 부문화 중에서 범죄생활지향과 수형생활지향 부문화의 결합이 소위 수형자부문화를 형성하는 것으로 보고 있다.

이들은 이러한 수형자문화의 형성에 일차적인 역할을 하는 것은 시설 및 조직의 구조와 같은 시설내적 요건이 아니라 재소자의 입소 전 생활환경의 영향이라고 주장하였다. 특히 수형생활지향적 재소자는 수용에 따른 박탈과 고통에 대한 반응의 결과라는 주장에 적합할 수 있지만,

---

13 Edward Zamble and Frank J. Porporino, *Coping Behavior, and Adaptation in Prison Inmates*, New York : Springer−Verlag, 1988, p. 7.

14 John Irwin and Donald Cressey, "Thieves, Convicts, and the Inmate Culture," *Social Problems*, 1962, 43 : 216∼221.

15 Clemmer, *op. cit.*, pp. 229∼302.

16 Schrag, *op. cit.*

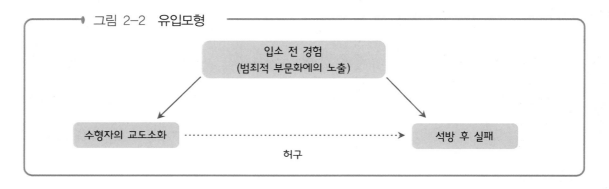

그림 2-2 유입모형

입소 전 경험
(범죄적 부문화에의 노출)

수형자의 교도소화   ·······허구·······   석방 후 실패

합법생활지향자와 범죄생활지향자는 박탈에 대한 반응이 중요한 역할을 하지 못한다고 할 수 있다. 즉 합법생활지향자와 범죄생활지향자는 자신이나 자기(self)라는 것이 쉽게 지워지지 않기 때문에 입소하는 재소자들의 초기사회화를 완전히 제거할 수 없다고 확신한다. 따라서 만약 우리가 재소자의 시설적응을 이해하려고 한다면 당연히 그들이 입소하기 전에 가지고 있었던 것으로서 교정시설입소시 함께 들여 온 것이 무엇인지를 고려하지 않으면 안 된다는 것이다. 즉 재소자가 입소시 자신과 함께 유입하는 다양한 태도와 행위유형이 재소자의 적응에 대한 가장 중요한 결정요인이라고 보는 시각이다.

그런데 재소자의 교도소 적응에 중요한 결정요인으로서 사회경제적 지위, 교육의 정도, 취업관계 등 개인적 요인, 전과경력과 수형횟수 및 기간 등 범죄관련변수, 사법제도에 대한 범죄적 태도와 가치관에 대한 동일시, 개인의 자기 관념 그리고 광범위한 사회적·경제적·정치적·종교적 신념 등을 지적하고 있다. 유입모형의 주장을 도식화하면 <그림 2-2>와 같다.[17]

위의 그림을 보면 유입모형은 기본적으로 박탈모형보다 더 비관적으로 교정시설의 경험은 출소 후 미래의 범죄활동에는 별로 관련성이 없는 것으로 이해되고 있다. 이러한 가정은 교정시설이 적절하게 고안되고 운영되면 개선을 이룰 수 있는 잠재력을 가진 긍정적인 변화기관으로 교정시설을 보는 개선론자들에게는 좋은 소식이 되지 못한다.

(3) 통합모형

대체로 자유주의자들은 박탈모형을 지지하는 반면 보수주의자들은 유입모형을 지지하고 있다. 하지만 유입모형이건 박탈모형이건 하나로는 현대교정시설의 사회체계를 설명하기에는 지

---

17 Hawkins and Alpert, *op. cit.*, p. 238.

나치게 단순하다는 비판이 수많은 연구결과를 통해 제기되고 있다.[18] Ramirez(1984)는 교도관과 재소자가 중요한 교정시설의 쟁점에 대해서 정반대의 입장에 서는 경우가 많지 않으며, 교정시설의 문화 또한 많은 변화를 겪고 있다고 주장한다.[19]

교정시설의 변화 중에서 가장 중요한 변화는 역시 교정시설의 권한의 재분배일 것이다. 교정시설의 권력은 원래 전적으로 소장에게 속하였으나 재소자와 공유하게 되었고, 이제는 법원이나 시민운동단체 등 외부의 기타 제3자와도 나누어 가지게 되었다. 이러한 권력의 분파와 외부 영향력의 증대로 교도소문화는 유입되거나 토착적인 것이라기보다는 상호작용적(interactive)인 것으로 간주되고 있다. 교정시설의 다원적 권력기반은 곧 교정시설이 '비총체화'(detotalizing)하고 있다는 증거로 볼 수 있다.[20]

교정시설사회체계에 대한 설명을 더욱 복잡하게 하는 또 다른 이유는 상이한 교정시설에 의한 상이한 영향력의 문제이다. 얼핏 보기에는 교정시설의 유형에 따라 교도소화의 정도가 차이가 있으며, 박탈이 적을수록 교도소화의 정도도 낮다는 주장이 박탈모형을 지지하는 것으로도 보일 수 있다. 그러나 좀 더 깊이 관찰하면 박탈의 정도를 다르게 하는 보안의 수준에 따라 그 속에 수용되는 재소자의 특성도 다르다는 것이 무시되고 있음을 알 수 있다. 즉 박탈의 정도가 높은 보안수준이 상급인 중(重)구금교정시설에는 일반적으로 범죄적 성향이 강한 그리고 수용의 경험이 있는 사람들이 주로 수용될 것인 반면, 경(輕)구금시설에는 경미한 초범자들이 많이 수용될 가능성이 높기 때문에 교도소화의 정도도 교정시설의 유형에 따라 차이가 날 수밖에 없는 것이지 결코 시설의 보안수준의 차이만으로 생기는 차이는 아니라는 것이다.

이러한 주장은 연구결과에 의해서도 증명되고 있다. 즉 수형자문화는 조직환경의 차이에 따라 달라지며, 규범에 대한 비동조성의 정도는 재소자가 현재 수용된 교정시설의 환경보다는 재소자의 출신사회의 문화를 반영한다는 연구결과가 바로 그것이다.[21]

이를 종합하면 결국 교도소화를 명확하게 그리고 충분히 이해하기 위해서는 유입모형과 박탈모형을 통합하는 것이 바람직하다는 것이다. 이러한 통합모형(integration model), 즉 수형자문

---

18 John Irwin, "The Changing Social Structure of the Men's Prison," pp. 21~40 in D. Greenberg(ed.), *Corrections and Punishment*, Beverly Hills, CA : Sage, 1977, p. 22.

19 John Ramirez, "Prisonization, Staff and Inmates : Is it Really About Us Versus Them?" *Criminal Justice and Behavior*, 1984, 11(4) : 423~460.

20 Charles Stastny and Gabrielle Tyrnauer, Who Rules the Joint? Lexington, MA : Lexington Books, 1982, p. 35.

21 Ronald Akers, Norman Hayner, and Werner Gruninger, "Prisonization in Five Countries : Type of Prison and Inmate Characteristics," *Criminology*, 1977, 14 : 538.

화와 사회체계의 집합적 해결의 존재는 시설적응의 보편적 문제에 기초하겠지만, 해결의 내용과 교도소화되는 경향은 외부사회로부터 유입된 것으로 보는 견해이다. 예를 들어 교정시설 내의 마약남용에 관해서 교정시설의 형태가 마약남용의 일반적 수준을 결정하지만, 어느 재소자가 마약에 관계할 것인가는 누가 입소 전에 마약경험이 있는가에 전적으로 달려 있었다는 것이다.[22]

제 2 절　재소자문화

재소자문화(inmate culture)는 재소자들이 가지고 있는 문화적 성향이나 지향성 또는 가치와 규범에 관한 것으로서, Sutherland와 Cressey(1974)는 재소자의 문화를 그들이 지향하는 가치를 기준으로 범죄지향적 부문화(thief-oriented subculture)·수형지향적 부문화(convict-oriented subculture)·합법지향적 부문화(legitimacy-oriented subculture)로 구분하였다.[23] 한편 많은 연구들은 여성 재소자들의 경우, 남성과는 다른 부문화를 갖고 있다는 점을 지적한다.

1. 재소자 부문화

(1) 범죄지향적 부문화

일반사회의 절도범, 즉 범죄자가 가지고 있는 핵심적인 가치는 '정의한'이라고 불리는 재소자들의 가치관과 거의 동일한 것으로 알려져 있다. 다시 말해서 이들이 가지고 있는 부문화는 결국 자신들이 일반사회에서부터 가지고 있던 부문화를 교정시설 내로 유입한 결과로 인식되고 있다. 이러한 범죄지향적 부문화에서 정의한으로서의 신분은 교정시설 내의 행동 외에 교정시설 외부에 존재하는 범죄적 또는 절도적 부문화에의 참여에 따라 크게 좌우되고 있다. 재소자들 사

---

22 Sue Titus Reid, *The Correctional System*, New York : Holt, Reinhart and Winston, 1981, pp. 182~183.

23 Edwin Sutherland and Donald Cressey, Criminology(9th ed.), Philadelphia : Lippincott, 1974, pp. 539~543.

이에서 이들 정의한은 가장 믿을 수 있는 사람이고, 이들 중 기술을 소지한 사람은 높은 지위가 보상된다. 그래서 범죄지향적 부문화규범에의 동조나 집착은 일종의 이상이고, 수용된 다수범죄자의 행위는 범죄자강령과는 아주 차이가 있다는 사실에도 불구하고 강·절도와 같은 실제범죄로 수용된 범죄자의 비율에 따라 교정시설의 범죄지향적 부문화의 가치와 상당히 밀접한 관계가 있는 것으로 알려지고 있다.

(2) 수형지향적 부문화

범죄자를 수용하는 곳이든 아니면 정신병자를 수용하는 곳이든 그것이 어디이건 사람을 수용하는 시설이 있으면, 거기에는 반드시 수용환경에 상응한 나름대로의 수용자부문화가 존재하기 마련이다. 이러한 수용의 장소에서는 자유의 박탈과 제한이 강요되고, 재화와 용역은 경쟁의 대상이 되고 있다. 사실 외부세계의 신분이나 지위 중 최소한만이 교정시설 내에서도 지속될 수 있다는 것은 바로 이러한 수형자부문화의 존재 때문일 수 있다.

교정시설 내의 모든 지위나 신분은 환경을 이용하고 특별한 혜택을 얻고, 다른 사람에게 영향력을 행사할 줄 아는 능력을 가지고, 교정시설 내에서 얻어질 수 있는 수단에 의해서 성취되는 것이다. 수형생활지향적 부문화의 중심적 가치는 따라서 공리주의이다. 그래서 가장 공리주의적이고 가장 교묘한 사람이 교도소내의 재화와 용역을 차지하며 영향력을 행사하게 된다.

그러나 이들 수형생활지향자들의 행위유형이 반드시 특정교정시설에서만 발생하는 환경의 산물이라고는 할 수 없다. 우선 대부분의 공리주의적이고 교묘한 행위는 대부분의 범죄자가 배출된 하류계층의 핵심적인 특성이기 때문이다. 또한 이러한 부문화의 핵심적인 구성원은 청소년범죄자 출신으로서 많은 수용경력을 소유한 사람일 가능성이 높다. 즉 대부분의 교정시설이 이들 소년원 등 청소년수용시설 출신들에 의해서 장악되고 있다. 이들과 같은 경우 수용경력이 길기 때문에 일반사회의 범죄지향적 부문화를 접할 기회가 많지 않다.

요약하자면 수형생활지향자들은 수인사회에서의 모든 생활방식을 수용하고 그것에 적응하려고 한다. 그들은 자신의 수용생활을 보다 쉽게 편하게 보내는 데 관심을 두기 때문에 출소 후의 생활에 대해서는 관심이 없다. 그래서 수인사회의 부문화집단 중에서 이들 수형생활지향적 집단이 가장 교도소화가 쉽게, 빨리 그리고 많이 되는 것으로 알려지고 있다.

(3) 합법지향적 부문화

합법지향적 부문화의 규범을 따르는 재소자는 수형자의 역할 중 '고지식자'에 해당된다고 할

수 있다. 이들은 교정시설에 입소할 때도 범죄지향적 부문화에 속하지 않았으며, 수용생활 동안
에도 범죄나 수형지향적 부문화를 받아들이지 않는 재소자를 일컫는다. 이들은 가급적 교정시설
의 규율을 따르려고 하며, 교정당국이나 교도관과도 긍정적인 관계를 유지하는 편이다. 따라서
이들은 교정당국에 별다른 문제를 일으키지 않는다. 이들은 집단화하지 않고 대체로 스스로를
수인사회의 범죄나 수형생활지향부문화로부터 소외시키고 있다. 따라서 혹자는 이들을 근거로
교정시설에는 교정시설문화나 수형자문화를 지향하지 않는 재소자도 많이 있다고 주장하기도
한다. 그러나 이러한 주장은 어패가 있다. 물론 이들이 사회관계상으로는 집단화하지 않은 소외
자일 수 있지만, 이들이 집단생활에 참여하고 안하고를 떠나서 합법적인 수단에 의해서 자신의
목표를 성취하려고 한다는 것은 분명하기 때문이다.

(4) 여성재소자의 부문화

여성재소자들은 남성재소자들에 비하여 공격적인 성향이 적고, 남성재소자들 사이에서 보이
는 정의한과 같은 역할은 여성재소자들에게 잘 나타나지 않는다. 대신에 여성재소자들은 남성
재소자들에 비하여 친밀한 관계를 유지하며, 친밀한 재소자들 사이에 가족화(family grouping) 경
향을 나타내기도 한다.[24]

Clear, Cole 그리고 Reisig(2009)에 따르면, 이러한 여성재소자들의 부문화는 다음의 여섯 가
지 측면에서 차이가 있다고 주장한다. 첫째, 남성 재소자들은 절반가량이 폭력으로 인하여 구금
되었지만, 여성재소자들은 3분의 1 가량만이 폭력적인 범죄로 인하여 구금되었다. 둘째, 남성재
소자들보다 여성재소자들의 교정시설에서 폭력이 덜 행사된다. 셋째, 여성재소자들이 남성재소
자들에 비하여 교정프로그램에 더 큰 반응을 보여준다. 넷째, 남성재소자들은 교도소 내에서 보
안등급에 의하여 구분되지만, 대부분의 여성재소자들은 보안등급에 구분없이 함께 뒤섞여 생활
한다. 다섯째, 남성재소자들의 경우 인종에 따라 회합하는 경향을 보이지만, 여성재소자들은 인
종에 따라 회합하는 경향이 덜하다. 마지막으로 남성재소자들은 교도관들과 친밀해지는 경우가
거의 없지만, 많은 여성재소자들의 경우 교도관들과 삶을 공유한다.[25]

하지만 최근의 연구들은 과거와는 달리 오늘날의 여성재소자들은 다른 여성재소자들과 준
가족(pseudofamilies)을 형성하거나 친밀한 관계를 유지하는 것에 두려움을 느낀다고 주장한다.

---

24 Giallombardo, R., "Social Roles in a Prison for Women," *Social Problems*, 1966, 13(3) : 268−288, pp. 285−287
25 Clear, T. R., Cole, G. F. and Reisig, M. D., *American Corrections*, 2009, CA : Thomson, p. 302

즉, 이들은 불안정한 교도소 환경에서 여러 가지 문제들과 갈등을 피하기 위하여 다른 사람들과의 관계형성을 주저한다는 것이다.[26]

결국 여성재소자들은 남성과는 구별되는 여성재소자들만의 부문화를 형성하고 있으며, 이러한 부문화는 여성이라는 특성으로 인하여 다른 재소자들과의 친밀한 관계형성 및 비폭력적인 부문화에 영향을 미치는 것을 알 수 있다.

2. 재소자 부문화의 내재화와 교정기관의 대응

(1) 부문화에의 차별적 참여

이와 같은 수인사회의 부문화를 지향하는 사람들의 교정시설에 대한 반응행위는 그가 지향하는 부문화에 따라 상당한 차이를 보이고 있다.[27] 수형생활지향자는 자신의 준거집단을 교정시설 내에서 찾고 있으며, 그는 교정시설환경 내에서 이용 가능한 수단을 통하여 자신의 교도소 내에서의 지위를 확보하려고 한다. 반면 범죄생활지향자는 교정시설생활이 아니라 범죄생활에 전념하기 때문에 자신의 준거집단을 교정시설 내는 물론이고 밖에서도 찾고 있으며, 교정시설은 자신이 갖고 있는 지위의 일부로 보고 더 넓은 범죄세계에서 지위를 찾으려고 한다. 따라서 그는 자신의 지위는 수형자강령이 아니라 그보다 더 큰 범죄자강령과 같은 데 집착함으로써 확보될 수 있는 것으로 인식한다.

수형생활지향자는 각종 정보나 재화 등을 선점하여 동료재소자들에게 영향력과 권한을 행사할 수 있는 지위를 추구한다. 그러나 범죄지향적이거나 합법생활지향적인 재소자는 자신의 지위를 교정시설 내에서 추구하지 않기 때문에 수형생활지향자가 추구하는 지위를 얻으려고 하지 않는다.

합법생활지향자는 자신의 소내 지위를 재소자에 의해서 합법적으로 선출되는 공식적인 절차를 통하여 확보하려고 한다. 범죄생활지향자는 그가 교정시설에 수용되기 전부터 가지고 있던 부문화에 따라 교정시설에서 어울리는 행위는 곧 자신의 형기를 가장 쉬운 방법으로 마칠 수 있는 합리적으로 계산된 행위로 규정하기 때문에 수형생활은 최대한의 오락시간과 최대한의 특전

26 Greer, K. R., "The Changing Nature of Interpersonal Relationships in a Women's Prison," *The Prison Journal*, 2000, 80(4) : 442−468, p. 462

27 Edwin H. Sutherland and Donald Cressey, *Criminology*(9th ed.), Philadelphia : Lippincott, 1974, pp. 533~544.

을 결합한 것이 가장 바람직한 수형생활로 인식한다. 즉 범죄생활지향자는 수형생활이 쉽게 되도록 하는 것에서 특전을 구하는 반면, 수형생활지향자는 교도소 내에서의 지위확보를 위한 특전에 관심을 가지고 있다.

(2) 재소자문화의 수정

교정시설이 교화개선의 기관으로서 효과적인 임무의 수행을 위해서는, 그 속에서 생활하고 교화개선의 대상이 되는 재소자의 의식이 변화해야만 한다. 즉 아무리 좋은 처우일지라도 받아들이는 재소자의 마음가짐과 수용태도에 따라 그 효과는 크게 달라지기 때문이다. 교정시설이 응보적이고 억제적인 기능을 수행하는 한, 재소자의 의식을 변화시킬 정도로 교정시설이 대단한 변화를 이루지는 못할 것이다. 다시 말해서 재소자조직이라는 것이 교정조직이 가하는 억압에 대한 반응으로서 이해되고 있기 때문에, 교정행정조직이 현재와 같은 여건 하에서 동일한 기능을 수행한다면 재소자조직 또한 거의 변화가 없을 것이다.

그래서 가장 손쉽게 추진할 수 있는 변화는 교정시설의 보안수준을 낮추는 것으로, 즉 교정시설의 경구금교정시설화일 것이다. 구금과 보안의 수준이 낮아짐에 따라 재소자에게 수용이 미치는 영향이 적을 뿐 아니라 각종 고통과 박탈의 정도도 적어지기 때문에 그에 대한 반응으로서의 재소자조직화나 부문화 및 교정시설화도 그 정도가 낮아질 것이다.[28]

이와 더불어 재소자강령이나 지위체계 등 수인사회의 중요한 요소들이 사실은 재소자에게 부과된 각종 박탈에 대한 반응이라면, 이러한 수용의 고통이 줄어들 때 각종 박탈의 정도도 낮아지게 되어 교정조직과 대립하는 재소자조직도 감소할 것으로 보인다. 또한 만약 우리가 교정시설의 목표를 범죄자의 개선에 둔다면 재소자의 박탈감이 줄어들 수 있을 것이다.

이러한 시도의 대표적인 예가 바로 교정시설의 농장화나 캠프화 또는 요법처우공동체 등이라고 할 수 있다.[29] 그러나 수인사회의 문화가 반드시 교정시설의 환경에 의해서 형성되는 것이 아니며, 일부 수형자의 문화적 가치는 외부로부터 유입될 수도 있기 때문에 단순히 수용의 고통만을 줄인다고 수형자의 가치관을 수정할 수 있다고는 생각되지 않는다.[30]

재소자사회에서는 정보가 곧 힘이기 때문에 정보의 보유에 따라 재소자의 지위가 달라질 수

28 Sutherland and Cressey, *op. cit.*, p. 553.

29 John M. Wilson and John D. Snodgrass, "The Prison Code in a Therapeutic Community," *Journal of Criminal Law, Criminology and Police Science*, 1971, 60 : 532~542.

30 Stanton Wheeler, "Role Conflict in Correctional Communities," Ch. 6 in Cressey(ed.), *op. cit.*, p. 257.

도 있다. 따라서 재소자와 직원 간의 의사소통과정과 절차를 개선함으로써 재소자의 조직을 변화시킬 수 있다고 한다.

3. 재소자의 역할유형

교정시설의 재소자사회에는 일련의 특수한 행동규범과 그 규범의 위반에 의해 규정되는 다양한 유형의 사회적 역할이 존재한다. 동료재소자의 불법 활동에 대해서 밀고하기 위해 쪽지를 쓰는 재소자, 동료재소자를 강간하거나 약한 재소자를 강압하는 재소자, 강인한 동성애재소자의

표 2-1   Schrag의 재소자역할유형

유 형	특 성
고지식자 (square Johns)	대개 중산층출신자로 화이트칼라범죄나 격정범죄로 수용된 경우가 많다. 이들은 교정시설의 규율에 동조하는 친사회적인 재소자로서 법을 준수하는 생활을 지향하고 재소자사회에 거의 가담하지 않으며 직원들과도 가까이 지낸다. 이들은 전과경력이 많지 않고 범죄적 시각이나 가치관도 가지지 않는다. 또한 이들은 재소자부문화에 어떤 형태로든 소속되지 않기 때문에 이들에게는 교도소가 극단적으로 불편할 수 있다. 사실 이러한 유형의 재소자들은 동료재소자보다 교도관을 자신과 더 동일시하기 때문에 재소자부문화에 속하는 재소자들의 신뢰도 받지 못하여 소외되거나 잘못되면 피해자가 되기도 한다.
정의한 (right guys)	고전적 유형의 재소자로서 반사회적인 재소자이다. 이들은 고지식자와는 정반대의 재소자로서 재소자 부문화적 활동에 깊이 개입하고, 사회를 부정적으로 보며, 교도관들과도 거의 관계를 갖지 않는다. 이들은 대체로 하류계층출신이 많으며, 범죄도 폭력성강력범죄인 경우가 많다. 이들은 그들의 범죄적 전문성으로 존경받고 있으며, 폭력을 두려워하지도 않는다.
정치인 (politicians)	가사회적인 유형으로서 교정시설 내의 각종 재화와 용역을 위한 투쟁에서 이점을 확보하기 위하여 교도관과 동료재소자 모두를 이용하려는 재소자로서 사기나 횡령 등 경제범죄로 수용된 경우가 많다. 재소자부문화나 교도관에 의해 표현되는 합법적 사회 어디에도 유대를 갖지 않아서 이들을 가사회적이라고 한다. 이들은 교도소에서 공식적인 지도력의 대부분을 차지하거나 교도관들과 매우 가시적으로 상호작용하는 재소자들이다. 이들은 명확하고 지능적이며 조작적이어서 표면적으로는 순수한 동기로서 재소자사회를 위하여 봉사를 수행하는 것처럼 보일지라도 실제로 그들의 동기는 훨씬 더 자기중심적이다. 예를 들어 재소자자치회임원이 자신에게 주어진 이동의 자유를 밀거래를 위한 기회로 이용하는 것이다.
무법자 (outlaws)	비사회적인 재소자로서 폭력 또는 강력범죄자일 가능성이 높고, 자신의 목적을 위해서 폭력을 이용하여, 동료재소자와 교도관 모두를 피해자로 만든다. 이들은 역할수행능력의 부족과 역할요구의 무시로 조직구조에 적응하지 못하는 일종의 패배자라고 할 수 있다. 이들은 어떠한 행동강령도 따르지 않으며, 심지어 재소자강령조차도 따르지 않는다. 누구라도 동지가 있거나 힘이 더 세지 않는 한 이들의 피해자가 될 수 있으며, 힘과 폭력이 그들의 표상이어서 심지어 재소자들도 이들을 두려워한다.

성적 피해자가 되는 재소자, 교정시설 내의 피해자화에 대비하는 방법에 익숙하지 않은 신입재소자 등이 몇몇 쉽게 찾을 수 있는 재소자의 유형이다.[31]

그러나 대체로 집단의 구성원, 형기, 범행의 종류, 전통적 재소자강령에 대한 전념의 정도, 특수한 기능, 그리고 경제활동 등에 따라 사회적 역할이 형성된다고 한다. Schrag(1961)는 이러한 재소자의 사회적 역할을 친사회적(prosocial), 반사회적(antisocial), 가사회적(pseudosocial), 그리고 비사회적(asocial)인 것으로 구분하고, 구체적으로 고지식자(square Johns)·정의한(right guys)·정치인(politicians)·무법자(outlaws) 등 크게 4가지 일반적 유형으로 나누고 있다.[32]

한편 Sykes는 정보통인 생쥐(rats), 교도관과 내통하는 중심인(centerman), 공격적인 약탈자인 고릴라(gorillas), 밀거래자인 상인(merchants), 성적 폭압자인 늑대(wolves), 폭력적 대치자인 어리석은 파괴자(ball busters), 고전적 재소자인 진짜 남자(real men), 폭력범죄와 관련된 악당(tough), 그리고 마약관련범죄자인 떠벌이(hipsters)로 구분하고 있다.[33]

그리고 Frank Schmalleger는 재소자의 역할을 깔끔이신사·쾌락주의자·기회주의자·은둔자·변호인·과격주의자·식민자·종교인·현실주의자로 구분한 바 있다.

표 2-2 Sykes의 재소자역할유형

유 형	특 성
생쥐 (rats)	생쥐라는 단어 자체가 약삭빠른 또는 얌체 같은 의미를 가지는 것처럼 교도소사회에서도 교도관 등과 내통함으로써 동료들을 배신하는 유형이라고 할 수 있다. 이들은 한 사람 또는 일부 동료재소자만을 배신하는 것이 아니라 재소자들 간의 융화를 거부함으로써 재소자사회 전체를 배신하는 재소자다. 이러한 생쥐 같은 역할은 주로 개인적 이득을 위하여 행해지고 있으나, 두 가지 다른 형태로 구분될 수 있다. 첫째는 교도관들에게 자신의 일체감을 표하고 자신을 그들과 동일시하며, 정보를 제공하여 교도관들로부터 특전을 얻으려는 재소자들이다. 둘째는 자신의 배신이 교도관들을 위하여 행해지는 이타적인 행위이기 때문이 아니라 경쟁자들을 제거하거나 다른 동료재소자의 성공을 시샘하거나 그들이 견제되기를 원하기 때문에 익명으로 활동하는 재소자들이다.
중심인 (centerman)	중심인은 교도소의 본관을 의미하는 것으로 교도관의 의견·태도·신념을 취하는 재소자들이다. 이들은 선처를 얻기 위하여 권력을 가진 교도관들에게 아첨하는 것으로 알려지고 있다. 그러나 때로는 자신의 압제자를 눈가림할 수 있다고 생각하기 때문이 아니라 그들과 견해를 공유하기 때문에 교도관들의 편에 서는 재소자들이라고 한다. 즉 생쥐는 재소자편인 것처럼 하면서 그들

31 L. H. Bowker, *Corrections : The Science and the Art*, New York : Macmillan Publishing Co., 1982, p. 149.

32 C. Schrag. "A Preliminary Criminal Typology," *Pacific Sociological Review*, 1961, 4 : 11~16.

33 Sykes, G.M., "Men, Merchants, and Toughs : A Study of Reactions to Imprisonment," *Social Problems*, 4(2) : 130~138.

을 배신하는 반면, 중심인은 그들이 누구에게 동정심을 갖고 누구의 편을 들고 있는가를 굳이 비밀로 하지 않는 재소자들이다. 만약 생쥐가 그들의 속임수와 위선으로 인하여 미움을 받고 있다면, 중심인은 그들의 노예적인 복종태도 때문에 동료재소자들로부터 열등하게 취급받는다. 이들은 재소자들의 통일을 파괴하고 재소자집단을 약화시키게 되는데, 바로 이 점으로 인하여 이들이 비난받는 것을 교도관은 이해해야 한다.

고릴라 (gorillas)	고릴라는 자신이 필요로 하는 것을 다른 사람으로부터 무력으로 취하는 재소자이다. Sykes는 일찍이 다섯 가지 구금의 제고통을 논하면서 필요한 물품의 박탈을 그 중 하나로 지적한 것처럼 교도소는 항상 각종 재화와 용역 등이 충분하지 못하다. 따라서 특정재소자가 이들 희귀한 또는 부족한 자원을 독점하고, 동료재소자들로부터 그들의 소유물을 강압적으로 약탈하고, 그래서 자신의 물질적 박탈의 고통을 덜 수 있는 것이다. 그러나 지금은 단순한 위협만으로도 필요한 것을 얻을 수 있기 때문에 실제로 무력사용이 필연적인 것은 아니다. 이들은 잔인한 행동이 금지된 교도관과는 달리 강제나 강제의 위협이 잠재적인 무기라는 것을 알게 된다. 이들이 폭력을 도구적으로 사용할 준비가 되어 있다는 점이 폭력을 항상 사용하거나 그들이 체격이 크다거나 강인하다는 것이 보다 이들을 다른 재소자들과 다르게 보게 하는 점이다. 일단 이들이 수인사회에서 자신의 위치를 갖게 되면 강제적 약탈로 명성을 가진 이들에게로 모든 재화와 용역 등이 흐르게 된다. 오늘날의 고릴라는 그들이 동료재소자들로부터 거부당하거나 또는 자신의 선택으로 교도소 내의 교우관계로부터 비교적 소외되고 있다. 하지만 그들이 다른 고릴라들과 연계를 갖는다면, 그것은 교우관계에 기초한 것이라기보다는 상호 이익이라는 얄팍한 계산에 기초한 것이기 쉽다. 때로는 자신의 생활을 살찌우기 위하여 폭력을 이용하는 재소자가 피해자를 지나치게 몰아세우거나 피해자를 잘못 선택하면 스스로 어려운 입장에 처하기도 한다. 실제로 대부분의 고릴라들이 이상한 재소자들이고, 강제전략이 성공적인 경우는 강제 받는 사람이 강제하는 사람보다 더욱 이상한 사람이기 때문에 가능한 것이라는 믿음이 재소자들에게 폭넓게 받아들여지고 있다. 사실 이들에게 복종하는 재소자들은 소위 허약자(weakling)들이라고 할 수 있다.
상인 (merchants)	필요한 재화가 박탈당한 관계로 재소자들은 재화를 파는 것과 주는 것을 분명하게 구분하고 있으며, 재화를 주어야 될 경우에 파는 재소자를 상인(merchant 또는 pedlar)이라고 이름하고 있다. 이익을 위하여 재화를 파는 것과는 대조적으로 재화를 주는 것은 집단의 일체감을 강화하고, 집단구성원간의 사회적 유대를 강화하는 것으로 알려지고 있다. 이러한 견지에서 재소자들은 이들 상인을 동료들의 불행을 초래하는 재소자로 간주하게 된다. 따라서 이들은 동료재소자보다 자신을 우선시하고 있다. 이들 상인은 공평무사한 거래를 위반하게 되고, 자신의 거래가 재소자들의 일체감을 부정하는 것이기 때문에 결과적으로 소외되고 있다. 고릴라와 마찬가지로 이들은 자신의 동료재소자들을 사람으로보다는 목표물로 취급한다. 만약 그들의 약취전략이 강제적이기보다는 조작적이라면, 그들의 행위는 더 이상 거부당한 사람들의 일체감을 파괴하는 것이 아니게 된다.
늑대(wolves)	재소자들은 때로는 진실된 성도착자(sexual pervert)와 자신의 일시적인 성적 박탈로 인한 동성애적 재소자를 구분하려고 한다. 동성애자는 능동적·공격적 역할을 수행하는 사람과 수동적·복종적 역할을 수행하는 사람으로 나눌 수 있는데, 교도소에서는 전자를 늑대(wolves)라고 하며 후자를 똘만이(punks) 또는 동성애자(fags)라고 한다. 그러나 수인사회에서는 똘만이와 동성애자도 구분하는데, 똘만이는 만들어지나 동성애자는 태어나는 것이라고 한다. 재소자들은 남창이 박탈된 재화와 용역을 얻을 수 있는 수단이기 때문에 동성애에 가담하는 재소자와 동성

	애를 선호하여 동성애에 참여하는 재소자의 차이를 지적하고 있다. 동성애자는 스스로 원하거나 좋아하기 때문에 동성애를 하는 재소자들로 행동이나 말투 또는 외모 등을 여성스럽게 하는 사람들이며, 외부세계에서 전통적으로 말하는 동성애자들에 가까운 것으로 볼 수 있다. 반면에 똘만이는 외모나 행동 등에서 동성애자와 같은 여성스러움을 보이지는 않지만, 공격적이고 능동적인 동성애자들에게 복종함으로써 자신을 여성으로 바꾸는 경우이다. 이들의 남성다움의 희생은 그들의 개인적 선호보다는 빠른 이익이나 두려움에서 동성애에 가담하기 때문에 아마도 동성애자보다 더 비열하다고 할 수 있다. 수인사회에서는 이들의 수동적 동성애의 원인이나 기원의 차이점을 기초로 똘만이와 동성애자를 구분하기도 한다. 그러나 보다 중요한 것은 똘만이와 동성애자는 모두 전자는 강인함이 부족하여, 후자는 여성스러운 상징으로 인하여 남자이지 못하다.
어리석은 파괴자 (ball busters)	모든 통제력을 행사하는 교도관들의 인내력을 벗어날 정도로 교도관을 화나게 한다면 징벌방수용이 예상됨에도 공개적으로 교도관들에게 대들고 항거하는 재소자들이 있는데, 이들을 어리석은 파괴자(ball busters)라고 한다. 교도관에게 끊임없이 저항하고, 물리적·언어적 폭력을 가하며, 문제를 야기하는 것 등이 이들의 전형적인 행위이다. 이들은 재소자들의 교도관에 대한 증오를 대변하기 때문에 동료재소자들에게 지지와 존경을 받기도 한다. 일반재소자들은 이들을 용기 있는 저항의 상징으로 환영하기도 하지만, 부분적으로는 어리석은 재소자로 간주되기도 한다. 그들의 아무 소용없고 개인주의적인 저항은 곧 더 철저한 감시·감독과 제한만을 초래하기 때문이다. 자신의 감정폭발과 어리석음은 전체 재소자들을 희생시키기 때문에 동료재소자들은 그들을 치욕적인 인물로 간주한다. 그래서 교도소에서는 개별 재소자의 교도관의 권력에 대한 공개적 도전과 저항은 영웅시되기보다는 자기통제력을 상실한 재소자의 미친 행동쯤으로 간주되고 이것은 교도관의 분노심을 높이기 쉽다.
진짜 남자 (real men)	수형생활을 인간의 존엄성을 가지고 참아내는 재소자들에 대한 특별한 애칭은 없으나 대체로 이들을 진짜 남자로 부른다. 이들은 교도관들에게 비굴하게 굴지도 않으며, 교도관들과 공격적으로도 직면하지 않는다. 만약 박탈에 직면하여서도 자신의 고결함을 유지하려는 노력을 보여주기 때문에 교도관들이 쉽게 이들을 통제할 수 없다. 이러한 방식으로 이들은 교도관들의 권한을 거부함으로써 자신의 자율성을 되찾을 수 있기 때문에 이들의 역할이 재소자의 사회체계에도 아주 핵심적인 기능적 중요성을 가진다.
악당 (tough)	늑대, 고릴라, 어리석은 파괴자 등은 성이나 물질의 취득을 위하여 폭력을 사용하거나 위협을 가하는 감정적 폭력의 성격을 갖고 있다. 그러나 재소자사회에는 이러한 폭력에 비해 결코 덜 파괴적이라고 할 수 없는 또 다른 형태의 폭력, 즉 툭하면 쉽게 동료재소자들과 언쟁을 벌이는 재소자폭력이 있다. 이들의 폭력은 다른 재소자를 갈취하기 위해서가 아니라 자신이 모욕당했다고 느끼기 때문인데, 이들을 악당이라고 칭한다. 냉정한 잔인성을 가지고 종종 싸움을 하고 잽싸게 보복을 하는 이들은 두려움과 존경심이 묘하게 복합된 것으로 동료들에게 간주된다. 이들이 두려움의 대상이 되는 것은 그들의 잔인함과 폭력성 때문이지만, 이들이 동료에게 폭력을 가하면서도 존경의 대상이 되는 것은 이들이 재소자사회에서 매우 가치 있는 것으로 여겨지는 능동적이고 공격적인 남성다움을 소유하기 때문이다. 그러나 이들은 누구로부터도 아무것도 빼앗지는 않는다.
떠벌이 (hipsters)	재소자들은 진실 된 용기로부터 나오는 폭력과 허풍의 일부 형태인 폭력을 분명히 구분한다. 실제보다 자신을 더 강한 척하고 말로만 강한 척하며, 공격의 피해자를 조심스럽게 선택하는 재소자를 떠벌이라고 한다.

2-3 Frank Schmalleger의 재소자의 역할유형

유 형	특 성
깔끔이신사 (the mean dude)	얄미울 정도로 멋있는 능력의 소유자, 즉 싸움을 할 때는 격렬하게, 그러나 깨끗한 매너를 보이는 자들로서 냉정하고, 조용하게 재소생활을 하면서 재소자 사이에서의 거래를 하지 않는다.
쾌락주의자 (the hedonist)	쾌락주의를 추구하는 자들로, 물건의 암거래, 도박, 동성연애, 그리고 마약취급 등을 통해 그들의 현실적 쾌락을 즐기는 미래를 생각하지 않는 자들이다.
기회주의자 (the opportunist)	이들은 교도소에서 제공하는 공식적인 여러 가지 프로그램을 긍정적으로 잘 활용하는 자들로서 교도관들로부터 좋은 대우를 받고 있는 "모범수"(do-gooders)들이다.
은둔자 (the retreatist)	처한 환경에 적응을 못하여 다소 정신적으로 이상증세를 가지고 있는 자들이다.
변호인 (the legalist)	"교도소 내의 변호사"로 통하는 이들은 거의 the mean dude(깔끔이 신사)와 비슷한 특징을 가지고 있다.
과격주의자 (the radical)	이들은 그 자신을 "정치범"으로 표현하면서 일반사회에서의 현실체제나 법을 신봉하는 상류층과 그들이 주도하는 사회체제 자체를 부정하는 사람들이다.
식민자 (the colonist)	교도소를 자기 집 또는 가정으로 생각하는 사람이다.
종교인 (the religious)	강한 신앙심을 가진 종교인이다.
현실주의자 (the realist)	구금 그 자체는 범죄행위로부터 오는 당연한 귀결이라고 생각하는 사람들이다.

그 밖에 Hayner와 Ash(1939)는 정치인과 정신질환자인 ding으로 구분하였고,[34] 이어 Hayner는 Schrag가 정의한으로 명한 heavy, 무법자로 칭한 graduate, 정치인으로 이름붙인 con forger, 고지식자로 명한 alcoholic forger, ding이라고 할 수 있는 rapo로 구분하였다.[35] 또한 Giallombardo(1966)는 여성재소자들의 사회적 역할유형을 고자질하는 밀고자(snitchers), 교도관들과 내통하는 동거인(inmate cops), 정의한인 square, 문제를 야기시키는 jive bitches, 친구 같은 수다쟁이인 rap buddies, 좀도둑인 후원자(boosters), 신뢰받는 재소자인 pinners, 그리고 동성애와 관련된 각종 역할로 구분하고 있다.[36]

한편 재소자역할유형에 대한 연구 중에는 연구자가 직접 4개월간의 자원재소자생활의 경험

---

34 Hayner, N. S. and E. Ash, "The Prisoner Community as a Social Group," *American Sociological Review*, 1939, 4 : 362~370.

35 Hayner, N., "Characteristics of Five Offender Types," *American Sociological Review*, 1961, 26 : 96~128.

36 Giallombardo, R., (1966), "Social Roles in a Prison for Women," *Social Problems*, 1966, 13 : 268~288.

을 기초로 조사한 자료도 있다. 또한 재소자들의 역할유형을 11가지로 제시한 학자도 있는데, ① 정치인 또는 저격수(politicians or shots), ② 정의한(right guys), ③ 위스키를 만들어 파는 자(moonshiners), ④ 정보를 퍼뜨리는 자(dopepeddlers), ⑤ 동료의 물건을 훔쳐 다른 동료에게 판매하는 자(larceny boys), ⑥ 비밀도박꾼들(gambling syndicate), ⑦ 판매목적으로 예술작품을 만드는 사람들(leath workers), ⑧ 종교인(the religionists), ⑨ 동성애자(the home－sexuals), ⑩ 무기제조자(the manufacturer of weapons), ⑪ 신체단련과 근육노출에 관심이 많은 사람들(the spartans)이 그러한 유형이다. 그런데 이러한 여러 학자들의 재소자역할유형들은 서구적인 문화를 반영하는 것으로 동양적인 우리나라의 재소자유형으로 보기는 어렵다. 그러나 우리나라의 경우에는 이 방면의 연구가 거의 없어서 실제적인 우리나라 재소자특유의 유형파악이 어려운 실정이다.

한편 우리나라 수형자들의 생활실태와 의식에 관하여 실증적 조사를 했던 심영희(1992)의 연구결과를 보면, 우리나라 재소자의 역할유형은 저항형·적응형·동조형·은둔형으로 구분할 수 있다. 또한 공정식(1995)의 범죄인의 법률관, 범죄관 및 수형환경이 시설적응태도에 미치는 영향에 대한 연구결과에서는 재소자들의 문화가 박탈요소와 유입요소의 상호 작용으로 형성되는 것임을 증명하고 있다. 우리 나라 수형자들의 심리적 특성을 실증적으로 조사한 이윤호·이수정 등(2001)의 연구에서는 우리나라 수형자의 특성이 서구와는 다른 독특한 면이 있음을 보고하고 문제유발가능성과 재범가능성을 객관적으로 계량화한 지표를 제시하였다. 이처럼 우리나라 재소자의 문화와 역할유형에 대한 몇 가지 연구들이 있으나, 그 수가 턱없이 부족하고 재소자역할유형분석과 교정문화에 대한 정확한 진단 없이 이루어진 교정정책은 성공할 수 없다는 점에서 보면, 앞으로도 이 분야에 대한 연구는 중요한 과제로 취급되어야 한다.

제4편

분류심사론

CORRECTIONS

제1장
분류와 누진

제1절 분류심사제도

　　수형자의 분류는 그 역사가 매우 오래된 것이다. 남녀재소자를 분리수용하고 성인범죄자와 청소년범죄자를 분리 수용하는 것이 그것이다. 지금도 대부분의 교정시설에서는 전체 수형자가 다수의 소규모집단으로 분류된다. 만약 이러한 분류가 성공적이라면, 연관된 다소의 특성에 따라 동질적인 소집단을 형성하여 교도소의 목표를 성취하는 데 수월할 것이다. 즉, 분류된 소집단에 따라 적절하게 자원을 투입함으로써 교정의 효율성을 신장시킬 수 있을 것이다.

　　수형자의 분류가 성공적이기 위해서는 목표가 분명해야 하고, 교도소는 그 목표를 기초로 자원을 확보하고 조직화해야 한다. 그러나 불행하게도 교정에 있어서의 분류관행은 다른 분야에서의 분류활동에 비해 분명하지 않은 점이 많다. 교정의 목표도 확실치 않고, 교정의 관행도 교정의 목표에 직접적으로 관련되지 않는다. 따라서 어떤 특성을 중심으로 수형자를 어떻게 분류할 것인가가 분명치 않은 경우가 많다.

　　또한 성공적으로 수형자를 분류하더라도 그것이 곧 교정문제에 대한 만병통치약은 될 수 없는 것이다. 기껏해야 수형자와 교도관 간의 매일같이 이루어지는 상호작용 과정의 하나로 좋은 출발점에 지나지 않는다. 그러나 바로 이 점이 성공적인 수형자분류가 필요한 이유이다. 수형자분류를 통하여 수형자의 요구에 맞는 시설자원을 지원함으로써 효율성을 향상시킬 수 있기 때문이다.[1]

　　그런데 교정 분야에서의 분류제도는 그 역사가 오랜 것이라고 하였는데, 수형자를 분류하는 이유나 목적도 매우 다양한 것처럼 보인다. 우선 초기의 수형자분류는 그 목적을 분리수용

---

1 Hans Toch, *Living in Prison : The Etiology of Survival*, New York : Free Press, 1977, pp. 286~291.

(segregation)에 두어서 성별·연령별 분리수용을 위한 극히 초보적인 분류라고 할 수 있다. 그러나 대부분의 경우는 수형자분류가 대체로 교정관리와 수형자처우라는 같은 맥락인 것처럼 보이지만 동시에 상반된 것처럼 보이는 두 가지 목표를 동시에 추구하고 있음을 알 수 있다. 우선 수형자분류가 교정관리를 목적으로 하는 경우는 재소자를 위험성의 정도에 따라 보안등급과 수준에 맞게 수용하기 위해 분류하며, 공범자들을 함께 수용하지 않기 위해서 분류하고, 죄종별로 수형자를 분류하여 수용하며, 수형자의 특성에 따라 약자를 강자로부터 보호하기 위해서 분류하기도 하고, 교도소 내의 폭력과 재소자간 피해문제를 해결하기 위해서도 분류한다.

위와 같이 교정시설의 보안수준에 따라 수형자를 분류하여 보안등급별로 재소자를 분류 수용하는 것이 대부분이며, 이는 같은 시설 내에서도 보안수준별로 분리수용하기도 한다. 한편 교정처우를 목적으로 수형자를 분류하는 것은 재소자의 필요에 상응한 처우, 다시 말하면 개별처우를 위한 분류라고 할 수 있다. 처우의 효과를 증진시키기 위해서는 개별처우가 필요하며, 이를 위해서는 수형자의 분류가 전제되어야 하기 때문이다. 엄격한 의미에서 수형자분류는 바로 이 교정처우, 즉 개별처우를 위한 것이어야 하는데, 현대의 교정이 재소자의 처우를 통한 교화개선을 목적으로 한다는 데서 더욱 그 필요성이 절실한 것이다.

그러면 이러한 목적을 가진 수형자분류는 무엇을 기준으로 어떻게 분류되는가? 물론 수형자를 분류하는 계획은 매우 다양할 수 있으나, 대체로 그 목적에 따라 상이한 다음의 세 가지 형태로 이루어지고 있다.[2] 가장 보편적으로 행해지고 있는 분류는 인성에 의한 분류, 보안을 위한 분류 그리고 특정한 교정여건에 따른 필요에 의한 분류가 그것이다.

우선 인성에 의한 분류는 재소자를 그들의 인격특성에 따라 상이한 소집단으로 구분하는 것이다. 인성별 분류는 범죄자가 범죄행위를 결정했던 요인들을 과학적으로 검증함으로써 범죄자를 통제하고자 했던 실증주의범죄학으로부터 많은 영향을 받았다. 물론 초기에는 법을 준수하는 사람과 범죄자를 구별해 낼 수 있는 생리학적 특성에 기초하였으나, 오늘날은 이러한 생리학적 특성에 기초한 분류는 거의 사라지고 없다. 다만, 범죄행위는 과거의 경험에 의해서 결정되며, 따라서 인간의 행위는 예측될 수 있다는 실증학파의 기본전제는 아직도 가치 있는 것으로 받아들여지고 있다.

이러한 실증학파의 영향으로 교정에 있어서 심리학과 임상병리학이 도입되기에 이르렀고, 나아가 의료모형과 결합되었다. 그 결과 나타난 것이 바로 대인적 성숙도(interpersonal maturity

---

2 David E. Duffee, *Corrections*, New York : Random House, 1989, p. 333.

level)라고 하는 I-Level검사이다. 이 제도는 범죄자를 각자의 사회심리학적 성숙의 단계에 따라 분류하여 그에 맞는 일련의 처우가 행해지는 것이다. 이 제도를 주창하는 사람들은 모든 처우가 모든 재소자에게 다 효과가 있는 것은 아니며, 재소자유형에 맞는 처우를 제대로 수행하지 않을 경우 오히려 처우를 전혀 하지 않는 것보다 더 나빠질 수 있다고 주장한다.

이러한 인성에 기초한 분류인 I-Level검사는 교정당국에서 범죄자를 임상전문가에게 진단을 위한 면담을 행할 수 있게 한 다음, 임상전문가가 상이한 처우를 집행하는 데 필요한 훈련을 처우요원에게 제공한다면, 효과적일 수 있다고 한다. 그러나 그것은 매우 비용이 많이 들고 복잡하며, 매우 훈련이 잘된 그러나 흔치 않은 전문가에 크게 의존해야 하는 단점이 있다. 이외 인성에 기초하여 수형자를 분류하는 것으로 미네소타 다면적 인성검사, 즉 Minnesota Multiphasic Personality Inventory(MMPI)로서 현재 거의 모든 교도소에서 광범위하게 활용되고 있다.

다음은 보안에 따라 분류하는 것으로 이는 아마도 수형자분류의 가장 오래된 목표일 것이다. 이는 대표적인 교정관리 목표인 수형자분류라고도 할 수 있는 것으로, 말하자면 교도소라는 배를 부드럽게 운항하는 것이 기본적인 목표가 되는 것이다. 교도소의 부드러운 운영이란 탈주나 도주사고의 기회를 최소화하고, 교도소 내에서의 훈육문제나 폭력문제의 위험성을 극소화하는 보안과 관련된 두 가지 목표를 성취하는 것이다.

그런데 수형자분류가 교화개선이념이 지배하는 교정정책 하에서는 처우를 위한 분류가 주요 목표가 되나, 교정처우에 대한 비판과 불만 그리고 시민과 정치계의 보수화 등으로 교정처우에 대한 믿음이 약화되면서 수형자분류에 있어서도 분류의 주요 기준과 목표가 개별처우를 위한 상이한 진단이 아니라 보안을 중요 관심사항으로 다루게 되었다. 따라서 재소자를 그들의 위험성에 따라 각자의 보안수준에 맞는 시설에 분리수용하고, 동일시설에서도 사동과 사방을 구분하여 수용하고 있다.

그런데 문제는 재소자의 위험성과 보안수준에 상응하도록 교정시설도 구분되어야 하나 현실적으로는 대부분의 교정시설이 중구금(maximum security)시설이며, 반면 대부분의 재소자는 사실상 그 위험성의 정도가 중구금시설에 맞지 않는 위험성이 낮은 수형자들이라는 것이다. 즉 위험성이 극히 낮은 수형자가 중구금시설에 수용되는 경우가 많은데, 이를 해소하기 위해서는 시설을 다양화하거나 동일시설이라도 사동별로 보안수준을 다양화할 필요가 있다.

이러한 문제는 교정에 있어서 예측과 의사결정시 상존하는 보수성향 그리고 그로 인한 과다분류, 즉 잘못된 긍정(false positive)의 문제에서 기인한다. 즉 교정효과보다는 문제없는 교도소의 운영이 더 중요하기 때문이다. 또 다른 문제는 수형자가 수용된 시설의 보안수준에 따라 그들이 표출하는 위험성이나 행위형태 또는 규범 등이 서로 차이가 있는데, 그것은 시설에 분리수용되기 전부터 그러한 차이가 있어서가 아니라 시설에 수용됨으로써 자신을 그 시설의 규범에 적응시키기 때문이라고 비판받는다. 즉 `보안에 따른 분류는 재소자의 폭력적 행위가 사실은 수용환경에 적응한 결과인데, 그것이 재소자의 본성인 양 잘못 가정하고 있다는 것이다. 바로 여기서 세 번째 분류, 즉 환경을 고려한 분류의 필요성이 제기된다.

지금까지의 분류는 재소자와 그가 처한 환경과 여건의 상호작용을 무시하고 있다. 우리가 관심을 갖고 있는 인간의 행위는 그 사람과 그가 처한 환경의 교류작용의 산물이지 환경으로부터 완전히 독립된 것일 수는 없다. 따라서 우리는 수형자의 분류와 그가 배치될 여건을 분리해 생각할 수 없는 것이다.[3]

이러한 분류를 우리는 흔히 교류작용적(transactional) 접근 또는 환경적(environmental) 접근이라고 하며, 한편으로는 이 분류방법이 특정수형자가 무엇을 필요로 하며 그것은 어떤 교정환경에서 가장 바람직한가라는 수형자의 필요와 환경의 상호작용을 고려한다는 면에서 필요에 기초한 분류(need based classification)라고도 한다. 이러한 분류는 처우의 개별화와 전문화에 크게 기여할 수 있을 것으로 기대된다. 그러나 이를 위해서는 무엇보다 상이한 필요에 적합한 다양한 시설환경이 필요하나 현실적으로 그렇지 못하다는 데 한계가 있다.

수형자분류는 일회성 행사로 끝나서는 안되며, 특정수형자를 어디에 수용할 것인지 그리고 그에게 어떠한 자원을 제공할 것인가에 관한 의사결정은 그의 전 수형기간을 통해서 이루어져야 한다. 그래서 수형자분류는 대체로 초기분류(initial classification) · 재분류(reclassification) · 석방전 분류(prerelease classification)로 나뉘게 된다. 초기분류는 대개 교도소와 분리된 입소센터(reception center)에서 오리엔테이션과 검사를 위해서 이루어진다. 초기분류에서는 대개 신입재소자에 관한 경찰자료와 재판 전 심사자료에 주로 의존하고 이외에 각종 기록을 검토하거나 검사를 통해서 분류된다.

그러나 초기분류 과정에 있는 수형 초기의 재소자들은 대부분이 불안한 상태이기 때문에 민감하고 복잡한 심리학적 검사를 행하기가 쉽지 않다고 한다. 이렇게 해서 초기분류가 끝나면 보안수준에 따라 해당 시설에 수용되는데, 시설에 수용되면 다시 한번 분류가 재개된다. 이 때는 시설에서의 사동과 사방, 교도작업 그리고 처우프로그램에 대한 배치를 중심으로 분류된다.

재분류는 초기분류에 비해 보다 상호작용적이고 한번에 끝나지 않는다. 물론 시설에 따라

---

3 Toch, *op. cit.*, pp. 284~285.

재분류의 횟수나 빈도는 다르지만, 대부분의 경우 현실적으로 특정수형자에게 문제가 생겼을 때 재평가되고 재배치되는 것이 보통이다. 즉 재분류는 훈육이나 징계과정에서 이루어지는 경우가 많다. 그러나 이보다는 주기적으로 재분류가 이루어지는 것이 바람직하다. 마지막으로 석방 전 분류는 어떻게 보면 재분류의 연속선상에 있는 것이라고 할 수 있으나 경우에 따라서는 수형자에게 큰 혜택이 될 수도 있어서 중요할 수밖에 없다. 즉 대부분의 석방 전 분류는 보호관찰부 가석방을 전제로 가석방심사위원회에서의 가석방심사를 위한 사전준비로서 하는 분류이기 때문이다.[4]

그렇다면 이러한 분류는 어떠한 기구에 의해서 이루어지는가? 대체로 교정시설 내의 분류과 (classification unit), 분류위원회(classification committee), 입소진단센터(reception-diagnosis center) 그리고 지역사회분류팀(community classification team)에 의해서 행해지고 있다.[5]

첫 번째는 우리나라의 분류심사과와 같은 제도로서 재소자는 수용된 시설 내의 분류담당기관에 의해서 분류되는 것이 대부분인데, 이 경우 재소자를 심사하여 분류하고 그에 따라 처우프로그램을 추천하는 전문인력에 의해서 이루어진다. 그러나 이러한 분류제도는 분류담당자에 의한 분류결과가 당국에 받아들여지지 않거나 분류에 따른 적절한 프로그램이 시설 내에서는 불가능하기 때문에 응용될 수 없는 경우가 많기 때문에 한계가 있다.

두 번째, 분류위원회제도는 시설 내에 수형자에 관한 처분 등의 의사결정을 집단적으로 행하는 위원회를 설치하여 수형자를 분류케 하는 것이다. 이 경우도 위원회에 배속된 전문인력이 진단평가를 하고, 그 결과를 바탕으로 수형자의 분류와 처우에 관한 건의를 한다. 물론 위원회의 구성은 다양할 수 있으나, 일반적으로 사회사업가·사회학자·교육담당자·직업훈련담당자·상담전문가·종교인·의료인·임상학자 등 수형자의 특정문제에 정통한 지식과 기술을 가진 사람들로 구성된다.

이 위원회에서 수형자의 보안등급, 학과교육이나 직업훈련배치, 작업지정 등을 결정한다. 그러나 이 경우도 구성원들이 대개 교도소 내 각 과를 대표하는 사람들이기 때문에 사실은 분류대상인 수형자에 대해서 잘 알지 못하고 대부분이 기록을 중심으로 분류되기 쉽다. 즉 수형자분류는 개별수형자의 필요에 기초하여 이루어져야 하지만, 위원회의 의사결정은 행정상의 필요와 편의를 기초로 이루어지기 쉽다는 것이다.

---

4 Duffee, *op. cit.*, pp. 338~340.

5 National Advaisory Commission on Criminal Justice Standards and Goals, *Corrections*, Washington, D.C.: Government Printing Office, 1973, pp. 197~209.

　세 번째, 진단센터제도는 모든 범죄자가 전문진단소로 보내져서 심사분류되고, 이를 바탕으로 훈련과 처우프로그램 및 수용될 시설이 건의되는 제도이다. 이 경우는 하나의 진단기관에서 분류에 필요한 모든 자료와 정보를 수집해야 할 책임을 지기 때문에 상당한 정도의 전문화를 전제로 한다.

　이 제도는 제한된 자원으로 많은 범죄자를 분류할 수 있다는 면에서 행정적으로는 매우 편리하고 효율적일 수 있으나 몇 가지 문제점도 지니고 있다. 우선 진단소에서 만들어지는 많은 자료들이 사실은 보호관찰소에서도 작성되고 있는 실정이라는 점이다. 그리고 수용인구가 늘어남으로써 분류를 받기 위해 대기하는 시간이 지나치게 길어질 수 있어서 분류를 위한다는 것이 오히려 범죄자를 한꺼번에 수용하는 위험성과 폐단을 초래할 수 있는 것이다.

　끝으로, 지역사회분류팀제도는 범죄자의 분류에 있어서 보다 광범위한 자원과 인력을 투입하여 참여해야만이 현실적인 분류가 가능하다는 필요성에 따라 제기된 제도이다. 그래서 이 팀은 보호관찰관이 사회적 환경조사서를 작성하고, 계약이나 자원봉사로 교정에 참여하는 지역사회의 의료진들에 의해서 의학적 또는 임상적 검사가 수행되고, 이를 기초로 교정당국에서는 범죄자의 필요를 충족시킬 수 있는 적절한 교정프로그램을 검토하는 것이다. 이 제도가 실현되면 범죄자가 분류를 위하여 사회로부터 격리되어 시설에 수용될 필요가 없게 된다.

　이러한 수형자분류제도가 교정에 공헌한 바도 적지 않다. 우선 분류의 목표에서도 언급되었지만 수형자를 위험성 정도나 보안 등급 등에 따라 분류함으로써 수형자관리 등 여러 면에서 교정관리의 효율화에 기여하였다. 더불어 처우의 추세가 점점 개별화와 전문화를 요구하는데, 수형자를 그가 필요한 처우의 내용에 따라 분류해 줌으로써 범죄자처우를 보다 쉽고 효율적으로 행할 수 있게 한 공로도 있다.[6]

　그러나 한편으로는 수형자분류는 기본적으로 전문성을 요하는 일임에도 불구하고 필요한 전문인력이 충분치 못하고, 분류에 상응한 다양하고 전문화된 시설과 처우의 방법이 개발되지 않았거나 실시되지 않아서 그 이용가치가 크지 않다는 이유로 대부분의 수형자분류가 교정질서의 유지와 행정편의에 따라 이루어지는 경우가 많다. 또한 수형자분류시 단순한 검사기법을 이용하여 과거의 경험이나 행위를 기초로 미래행위를 예측하고자 하는 근본적인 문제가 존재하고 있다.

　그런데 이러한 수형자분류가 교정에서는 대부분 성범죄자·정신질환범죄자·마약범죄자 등

---

6 Sue Titus Reid, *The Correctional System*, New York : Holt, Rinehart & Winston, 1981, p. 241.

범죄자의 특성별 분류를 중심으로 이루어지는 경우가 많은데, 이와 같은 범죄자유형별 분류는 수형자를 분류하고자 하는 의도를 상당히 난감하게 하는 몇 가지 문제를 안고 있다.[7]

첫째는 대부분의 분류제도가 약간의 중복성과 모호성을 안고 있다는 점이다. 예를 들어서 일부 성범죄자는 마약중독자일 수도 있으며 정신질환자일 수도 있다. 그래서 이처럼 중복되거나 모호한 점이 많은 범죄자분류는 사실상 분류된 집단의 특성이 분명치 않기 때문에 교정당국의 적정한 처우, 즉 개별처우 등을 위한 아무런 도움이 되지 못한다.

둘째로 범죄유형에 따라 수형자를 분류하는 것은 교정처우를 위해서는 바람직한 기초자료가 될 수 없다. 수형자분류의 주된 목적이 수형자관리와 처우를 효과적으로 수행하기 위함인데, 범죄유형별 수형자분류는 이에 대해서 큰 도움이 되지 못한다는 것이다. 즉 범죄유형별 분류가 범죄자의 특성을 구분하는 데는 도움이 될 수 있어도 범죄자가 가질 수 있는 교도소나 사회에 대한 안전이나 보안의 잠재적 위험성 등을 파악하고, 그에게 필요한 교정처우프로그램을 집행하기 위해서는 보다 세밀한 분류가 필요하다는 것이다.

이런 점에서 수형자분류는 범죄유형별로 수형자를 끼워 맞추려고 하기보다는 장래 범죄성 확률이나 가능성에 따라 분류하는 것이 더 바람직할지도 모른다. 물론 인간의 미래행위는 예측이 어렵지만, 상황을 고려한 어느 정도의 추측은 할 수 있다. 예를 들어서 대부분의 10~20대는 교통사고를 내지 않음에도 불구하고 전체적으로 이들 10~20대가 장년층에 비해 보험료를 더 많이 내야 하는 것은 그들이 사고의 위험성이 더 높기 때문이다. 마찬가지로 위험성이 높은 특성을 가진 범죄자는 위협을 야기할 가능성이 높은 것으로 분류되고, 따라서 보호관찰시 엄격하고 집중적인 감시·감독이 필요하고 시설수용시 보안수준을 높일 필요가 있는 것이다.

끝으로 수형자를 분류하기 위해서 사용되는 범주 또는 범위가 분명해야 한다. 즉 분류의 기준이 명확해야 한다는 것이다. 일반적으로 범죄자를 분류하는 데는 다음과 같은 종류의 범주가 활용되고 있다.

범행범주(offense criteria)는 범죄자가 범한 범죄의 경중에 대해서 범죄자를 분류하며, 위험범주(risk criteria)는 미래 범죄행동의 가능성에 관해서 범죄자를 분류하고, 프로그램범주(program criteria)는 범죄자의 상황과 필요에 상응한 교정처우의 특성에 따라 범죄자를 분류한다.

물론 이들 범주가 항상 동일한 교정적 결과를 초래하는 것은 아니다. 즉 강력범죄자의 상당수는 재범하지 않으며, 교정처우를 거의 필요로 하지 않는 범죄자라도 지역사회에 대한 위험을

---

7 Clear and Cole, *American Corrections*(2nd ed.), Pacific Grove, CA : Brooks/Cole Publishing Co., 1990, pp. 193~194.

초래할 수 있기 때문이다. 따라서 교정당국에서는 특정범죄자를 관리하기 위해서 가장 적절한 방법을 결정할 수 있도록 다양한 분류체제를 운영할 필요가 있는 것이다.

제 2 절   누진처우제도

1. 누진처우의 태동

누진처우제도(progressive stage system)는 재소자의 개선 정도에 따라 구금을 완화하고 자유를 확대하는 등 교정처우를 단계별로 시행하여 최상급재소자에게는 최종적으로 조기석방까지도 허가할 수 있는 제도를 말한다.

따라서 본 제도는 재소자 자신의 노력 여하에 따라 누진계급이 올라가고 계급에 따라 혜택도 주어지는 반면, 수형성적이 좋지 못한 재소자에게는 계급과 처우에 있어서 불이익을 감수하도록 함으로써 일종의 동전경제(token economy) 즉, 토큰을 보수로 주는 행동요법에 해당하는 제도로 볼 수 있다. 따라서 재소자로 하여금 자신의 개선노력에 따라 처우는 물론이고 석방에 이르기까지 스스로의 운명을 개척할 수 있게끔 하기에 재소자에게 희망을 심어 줄 수 있어 재소자의 분발과 그로 인한 자력개선의 의지를 강화시킬 수 있는 제도이다.

그러나 이 제도가 효율적으로 기능하기 위해서는 몇 가지 조건이 전제되어야 한다. 재소자의 분류와 수형성적 관리의 객관화와 효율화, 그리고 재소자의 지위보장과 개별처우 및 교도작업이 이루어져야 하고, 또한 처우의 성과를 높이기 위해서는 가석방과 연계되어야 한다.

누진처우제는 1822년 영국에서 처음으로 교정과정을 4단계로 나누어 재소자의 수형성적에 따라 자유를 점차 확대시켜 주는 일종의 고사제에서 시작하여 1840년 호주의 Norfolk교도소의 Machonochie가 이 제도에 점수제를 결합시킴으로써 보다 발전적인 진전을 이루었고, 1854년에는 Walter Crofton이 아일랜드제를 시행함으로써 널리 확대되기에 이르렀다.

위에서 누진처우의 전제조건으로서 누진점수의 채점이 제시되었듯이 누진처우에 있어서 누진점수의 채점은 매우 중요한 의미를 지니는데, 누진점수는 대체로 고사제와 점수제에 의해서 채점관리되고 있다. 우선 고사제(probation system)는 호주의 Graham과 영국의 Stanly가 시행한 제도로서 수형생활에 중요한 몇 가지 사항에 대해서 고가점수를 부여하여 누진계급을 결정하며, 일정기간이 경과하면 수형성적을 고사하여 진급을 결정한다. 그러나 이 제도는 수형성적을 고사함에 있어서 결정권자 및 심사권자의 자의적 재량권의 남용문제가 있을 수 있고, 만약 객관성이나 형평성을 잃을 경우 이에 불만을 가지게 되는 재소자에게는 자력적 개선을 기대하기 힘들어진다는 비판을 받았다.

　　이러한 고사제도에 대한 비판을 고려할 때 그 대안적인 방법이라고 할 수 있는 것이 바로 점수제(mark system)이다. 점수제는 Machonochie가 호주의 Norfolk에서 시작한 제도로서 고사제가 시간의 경과에 따라 진급되던 것과는 달리 노동에 의해서 점수가 매겨지는 제도이다. 만약 시간의 경과에 따라 진급된다면 굳이 재소자들이 열심히 일할 필요성이나 자력개선할 필요성이 희박해지기 때문에 노동에 의한 점수의 산정이 바람직한 것으로 간주되었다. 즉 노동에 의해서 주어진 자기의 점수를 소각하면 상위계급으로 진급할 수 있게 되는 것이다.

　　따라서 점수제는 재소자의 자발적 노력을 기대할 수 있으며, 노동력이라는 기준으로 점수를 산정하기 때문에 주관적이거나 자의적인 결정이나 재량권의 남용문제가 적고, 객관적이며 단순할 수 있다는 것이 장점으로 여겨질 수 있다. 반면에 노동의 양은 쉽게 측정할 수 있기 때문에 노동의 결과에 가치를 부여하게 되면 재소자들이 노동의 근본적인 가치를 중시하지 않고 기계적으로 노동하는 경향이 있을 수 있다. 그리고 더 중요한 문제는 단순히 노동의 점수로만 누진계급을 산정하기 때문에 경우에 따라서는 사회적 위험성이 높아 가석방되어서는 안 될 재소자가 최상급으로 진급하여 가석방되는 문제가 발생할 수 있다는 비판을 받는다.

　　그런데 이 점수제는 점수의 계산방법에 따라 England system과 Ireland system으로 구분되는데, 잉글랜드제는 점수를 매일 계산하는 반면 아일랜드제는 매월 계산한다.

2. 누진처우의 구분

(1) 고 사 제

　　누진계급의 측정방법으로 고사제(기간제)는 1843년 호주의 제임스 그레이엄(James Graham)과 로드 스탠리(Lord Stanly)가 창안한 것으로 일정기간을 경과하였을 때에 그 기간 내의 교정성적을 담당교도관의 보고에 의하여 교도위원회가 심사하고 진급을 결정하는 방법이다. 그런데 이것은 교도관의 자의가 개입되기 쉽고 관계직원이 공평을 저하시킬 우려가 있다는 비판을 받는다.

(2) 점 수 제

점수제(점수소각제)는 일일 또는 월마다의 교정성적을 점수로 나타내는 것이고, 교정성적에 따른 소득점수로 소각하여 진급시키는 것으로 교정성적이 숫자로 표시되므로 자력적 개선을 촉진시킬 수 있다. 그러나 규정점수를 소각만 하면 진급이 되므로 형식에 흐르기 쉽고, 가석방부적격자 등이 최상급에 진급하는 단점이 있다. 이러한 점수제의 종류에는 잉글랜드제·아일랜드제·엘마이라제가 있다.

1) 잉글랜드제(England System)

잉글랜드제란 수형자를 최초 9개월간 독거구금을 한 후에 공역(公役)교도소에 혼거시켜 강제노역에 취업시키고, 수형자를 고사급(考査級)·제3급·제2급·제1급·특별급의 5급으로 나누어 책임점수를 소각하면 상급으로 진급시켜 가석방하는 것으로 소득점수를 매일 계산하는 것이 특징이다.

2) 아일랜드제(Irish System)

우리나라 누진처우방식과 유사한 아일랜드제는 마코노키의 개혁사상을 응용하여 1854년 아일랜드의 교정국장인 크로프톤(Walter Crofton)이 창안한 것으로 매월의 소득점수로 미리 정한 책임점수를 소각하는 방법이며, 잉글랜드제의 독거구금·혼거작업·가석방이라는 3단계에 반자유구금인 중간교도소제를 두고 있으며, 가석방자를 경찰감시에 붙인 점이 다르다. 당시 크로프톤은 휴가증(ticket-of-leave)제도를 시행했는데, 이것이 보호관찰부 가석방(parole)의 시초가 되었다고 한다.

3) 엘마이라제(Elmira system)

Elmira제도는 자력적 개선에 중점을 둔 행형제도로서 일명 감화제라고도 하는데, 1876년 뉴욕의 Elmira에서 Zebulon Brockway에 의해서 시도된 새로운 누진제도이다. Elmira는 나이 16세에서 30세까지의 초범자들을 위한 시설로서 수형자분류와 누진처우의 점수제(mark system), 부정기형 그리고 보호관찰부 가석방(parole)과 함께 운용되었다. 범죄자가 판사에 의해서 Elmira

에 보내지면 교정당국이 당해 범죄에 대해서 법으로 규정된 최고형기를 초과하지 않는 범위 내에서 재소자의 석방시기를 결정할 수 있었다. Brockway는 바로 이 점을 매우 중요시하였는데, 그 이유는 재소자로 하여금 석방시기에 대해 지나친 희망을 갖는 것보다 정상시민으로의 복귀 준비에 온 마음을 쏟을 수 있게 하기 때문이라고 주장하였다.[8]

정상 시민으로의 복귀준비를 위해서 Elmira에서는 학과교육·직업훈련·도덕교육 등의 과정을 제공하고 학교와 같은 분위기를 만들고자 하였다. 재소자를 3등급으로 분류하고, 이를 다시 부정기형과 연계하였다. 2등급으로 수용되어 아무런 문제를 야기하지 않고 학과과제를 완결함으로써 6개월 동안 월 9점씩 획득하면 석방에 필요한 1등급으로 격상될 수 있다. 그러나 2등급으로 들어왔지만 자신의 개선에 관심을 갖지 않고 자신을 통제하지 못한다면, 오히려 3등급으로 내려갈 수도 있다. 결국 자신의 운명을 자기 개선을 통해서 스스로 결정짓게 된다는 것이다.[9]

이러한 Elmira제도는 특히 청소년범죄자의 개선에 상당한 성공을 거둔 것으로 알려졌는데, 실제로 한 보고서에 의하면 81% 정도의 출소자가 대체로 개선된 것으로 분석되기도 하여 교정시설의 폐지라는 주장까지 나오게 되었다.[10]

그러나 이 제도는 우선 청소년범죄자 중에서도 초범자만을 대상으로 하기 때문에 그 적용범위가 극히 일부에 지나지 않아 제한적이며, 더구나 건축형태, 교도관의 태도, 훈육의 강조 등은 과거와 크게 다를 바 없다는 것이었다. 사실 교육이나 교화노력은 전통적인 처벌방법의 뒷전으로 밀리기 쉬웠다. 심지어 Brockway 자신도 태도가 변한 재소자와 가공적으로 교정시설규칙에 동조하는 재소자를 구분하기 어렵다고 호소하였다. 즉 전통적 교정에서 강조되었던 좋은 재소자가 되는 것은 가석방심사위원회를 속여서 가석방을 얻어 내는 방법이 되고 말았다. 그럼에도 불구하고 현재도 시행되고 있는 많은 교정관행들, 부정기형, 수형자분류, 교화개선프로그램 그리고 보호관찰부 가석방 등은 바로 이 Elmira교정시설에서 시작되었다는 점에서 교정에 기여한 바가 적지 않다.[11]

---

8 David J. Rothman, *Conscience and Convenience*, Boston : Little, Brown, 1980, p. 32.

9 Ronald L. Goldfarb and Linda R. Singer, *After Conviction*, New York : Simon & Schuster, 1973, p. 41.

10 Rothman, *Conscience and Convenience*, p. 55.

11 Clear and Cole, *op. cit.*, pp. 81~82.

제1절 분류의 개관

 ## 1. 분류의 정의

미국의 청교도들을 중심으로 1787년에 설치된 "교도소에서 고통받는 자들을 돕기 위한 필라델피아협회"(Philadelphia Society for Alleviating the Miseries of Public Prison)의 노력으로 1790년 Philadelphia에 건설된 Walnut Street Jail에서 재소자를 성별과 범행의 심각성에 따라 분리하였고, 독거구금을 시작하는 등의 개혁을 시도하였다. 이러한 노력은 아마도 미국의 범법자분류와 배방을 위한 최초의 시도라고 할 수 있다. 물론 그러한 분류는 초보적이었지만, 그래도 긍정적인 평가를 받게 되어 미국과 유럽을 중심으로 보다 정교한 분류제도가 다양한 목적으로 고안되기 시작하였다.

여기서 재소자의 분류는 재소자가 가지고 있는 특성에 따라 재소자를 차별화하는 것이라고 정의할 수 있고 차별화하는 것은 측정과 밀접한 관련이 있는데, 실제로 측정은 분류제도를 실행할 수 있는 도구라고 할 수 있다. 또한 일부에서는 재소자분류를 유사한 집단끼리 배치하려는 것으로 파악하기도 한다.[1] 이렇듯 재소자의 분류는 아주 빈번하게 이용되지만 명확하게 정의된 용어는 아니다. 이는 재소자의 분류가 시설에 따라, 개별재소자에 따라, 또는 그 용도와 시기에 따라 매우 다양한 의미를 가지기 때문이다.

---

1 D. M. Gottfredson, "Prediction and Classification in Criminal Justice Decision Making," in D. M. Gottfredson and M. Tonry(eds.), *Prediction and Classification : Criminal Justice Decision Making*, Chicago : University of Chicago Press, 1987, p. 1.

　　교정 전체적인 차원에서 본다면 재소자분류는 모든 시설이 효율적으로 활용될 수 있도록 하기 위하여 시설별로 어떤 재소자를 어느 정도 수용할 것인가를 결정하는 것에서 가장 중요한 의미를 가진다. 반면, 우리나라는 아직 설치되지 않았지만 독립된 분류심사전담시설에서는 재소자의 수용시설을 지정하기 위하여 다양한 절차와 도구를 이용하는 분류심사과정이 재소자분류의 가장 핵심적인 부분이 될 것이다. 그 밖에 초기입소과정이 끝나면 사동이나 사방의 지정, 교도작업과 교육 등 처우종류의 지정, 그리고 운동이나 외부교통권(접견·서신) 등과 같은 각종 특전의 결정을 위한 것이 재소자분류의 주요한 의미가 될 것이다.

　　재소자분류활동은 여러 단계에 걸쳐 진행될 수 있다. 보안이나 구금을 위한 분류는 어쩌면 범교정적 차원의 기능으로써 어떤 범죄자가 어떤 교정시설 또는 시설의 어느 구역에 수용될 것인가를 지정하게 된다. 재소자분류는 또한 시간을 두고 몇 번에 걸쳐 행해질 수 있다. 보통 처음 시설수용시 다양한 측면에서 범죄자를 평가하는 초기분류가 행해진다. 그러나 정해진 기한에 따라 또는 훈육이나 징계 또는 재소자나 교도관의 요청 등 다양한 이유로 재분류가 행해질 수 있다. 재소자분류는 분류담당자가 누구냐에 따라서도 설명될 수 있다. 경우에 따라서는 중앙의 분류담당기구에서 재소자의 보안등급과 각 시설의 과밀도를 고려하여 적정한 수용시설을 지정하는 분류결정을 하고, 전체적인 수용계획을 수립하는 책임을 지게 된다. 뿐만 아니라 분류제도를 지속적으로 평가하고 개선하는 책임도 맡을 수 있게 된다. 또한 일선시설 내에서 분류위원회나 분류담당자가 재소자를 분류하거나 재분류하고 또는 상급분류전담기관에 분류결정 등을 건의하기 위하여 초기심사나 정기심사를 책임진다.

　　기술적인 면에서는 분류가 재소자를 심사·평가하고, 어떠한 처우를 할 것인가 등에 관한 건의를 하기 위하여 활용되는 기제나 도구라는 좁은 의미로 간주될 수 있다. 자원의 측면에서는 분류가 거실공간·교도작업 등 교정자원의 할당과 활용에 영향을 미치게 된다. 그리고 정책적인 면에서는 관심을 가질 필요가 있는 범죄자의 특성과 관련한 정책을 제시하거나 그 특성에 따라 정책이 결정되기도 한다.

　　즉 우리가 범죄자의 범행이나 전과기록, 교육이나 직업적 결함, 폭력의 가능성, 약물남용의 경력 또는 의료문제 등 어떠한 특성에 관심을 갖는가에 따라 분류가 결정되기도 하고 정책을 제안하기도 한다. 그것은 분류제도에 포함된 이들 요소가 교정의 목표를 함축하고 있기 때문이다. 교정관리의 관점에서는 재소자분류가 교정목표를 성취하기 위한 자원을 조직화하는 도구가 될 수도 있다. 이러한 견지에서 재소자분류의 성공 여부는 교정당국이 재소자분류를 어느 정도 포괄적인 견지에서 이해하고 활용하는가에 달려 있다.[2]

2. 분류의 목적

(1) 공공안전의 확보

공공의 안전이라는 것은 모든 교정관계자에게 있어서 가장 중요한 사항의 하나이다. 즉 그들에게 있어서 재소자의 도주 방지가 최우선적 과제인 것이다. 제대로 고안된 분류제도는 교정관계자로 하여금 각 재소자가 수용되어야 할 시설의 보안·구금의 수준을 결정할 수 있도록 해준다. 상급교정기관에서는 분류제도를 재소자의 시설별 수용지정에 이용하고, 하급일선기관에서는 시설 내에서 사동이나 사방의 지정을 위하여 이용할 수 있다. 즉 분류제도는 정도에 지나치게 불필요한 구금을 하지 않으면서도 공공의 안전을 확보할 수 있는 수용지정을 가능하게 한다는 것이다.

(2) 효율적 재소자관리

대부분의 교정당국에서는 내부재소자관리전략을 일정한 형태의 재소자분류에 기초하고 있다. 재소자분류는 직원으로 하여금 재소자들의 출입통제를 위한 장치를 설치하는 데 도움이 되고, 교도작업에 있어서 관리에도 작업이나 작업장의 위험성과 재소자의 위험성에 따라 적절하게 지정할 수 있게 해주며, 귀휴나 사회견학 또는 외부통근 등의 자격을 심사하는 데도 도움이 될 수 있어서 교정관리에 있어서 상당한 비중을 차지할 수밖에 없다.

(3) 비용-편익적인 운영

교도소를 비용—편익적으로 운영하기 위해서는 정확한 재소자분류가 전제되어야 한다. 보안수준이 높은 중구금시설을 건설하고 운영하는 것은 그보다 보안수준이 낮은 경구금시설의 운영에 비해 그 비용이 훨씬 많이 필요하게 된다. 정확한 재소자분류는 비용이 많이 드는 중구금 보안수준의 수용시설에 수용될 필요가 없는 재소자를 선별해 줄 수 있기 때문에 공적 자금을 지나치게 많이 사용하지 않고도 재소자의 보안과 감시의 필요성을 충족시킬 수 있다.

---

2 P. Burke and L. Adams, *Classification of Women Offenders in State Correctional Facilities : A Handbook for Practitioners*, Washington, D.C. : National Institute of Corrections, 1991.

(4) 효과적인 교정시설의 건축과 개보수

과거 오랫동안 교정당국에서는 대체로 모든 재소자를 중구금시설에 수용한 다음 단순히 수용할 시설을 지정·배분하기 위해서 분류하곤 했는데, 이러한 관행은 다수의 재소자가 불필요하게 보안이 철저하고 고비용이 드는 시설에 수용되는 결과를 초래하게 되었다. 그러나 잘 고안된 재소자분류제도는 교정당국으로 하여금 미래의 재소자 보안수준과 필요성을 과학적으로 평가하여 그에 따라 효과적인 교정시설의 확충계획을 수립할 수 있게 해준다. 즉 불필요한 중구금시설의 건축을 피함으로써 교정당국은 비용―편익적으로 교정시설을 건축하거나 개보수할 수 있고, 장기적으로 중구금시설의 운영과 관련된 고비용의 시설운영경비를 줄일 수 있게 된다. 특히 최근과 같이 급속히 교정시설의 증축이 요청되는 시기에서 정확한 분류제도는 시설확충경비를 통제하는 데 중요한 근거가 될 수 있다.

3. 분류의 기본원리

(1) 성별 중립성

비록 여성재소자에 대한 분류가 남성재소자를 분류하기 위하여 고안된 제도에 의하여 분류되는 점이 문제로 지적되고 있지만, 그 해결책이 특별히 여성만을 위한 별도의 분류제도를 개발하는 데 있지는 않다. 단, 잠재적인 법률적 문제와 여성재소자에 대한 지속적인 불평등과 같은 현실적 위험으로 인하여 성별이 분류원칙으로 적용되어서는 안 된다. 이러한 가정은 특정한 성별에 기초한 분류제도가 비록 그것이 기술적으로는 이점이 있을 수 있지만, 법률적·헌법적 쟁점 때문에 받아들이기 어려운 실정이다. 그러나 특정한 시설 내에서 분류활동은 시설의 목적에 좀더 접근하고 재소자에게 봉사할 수 있는 것이어야 한다. 예를 들어 여자교도소의 경우, 보안보다는 교화개선에 더 큰 비중을 두고 있다. 그렇다고 폭력과 파괴적인 행동이 빈번한 남녀공용교도소나 남자교도소에서도 교화개선을 지향하는 바가 없는 것은 아니다.

(2) 최소제한의 원리

물론 모든 교도소가 자체의 분명한 목표를 가질 필요가 있으나, 구금이 최소한의 범위에서 제한적이어야 한다는 원칙도 무시할 수 없다. 즉 범죄로 유죄가 확정되어 수용된 재소자는 자신의 안전과 동료재소자, 직원, 그리고 지역사회의 안전에 필요한 최소한으로 제한된 책임 내에서 수용되어야 한다는 것이다.

(3) 분명한 목표

교정당국은 교정의 목표와 목적이 무엇이며, 분류가 어떻게 그 목표를 성취하는 데 기여할 수 있을까에 관심을 가져야 한다. 또한 분류제도 자체의 보다 명확한 목표를 설정하는 것도 중요하다. 이러한 원칙은 분류제도가 얼마나 잘 운영되고 있는가를 평가하고자 하는 실질적 필요에 의해서 요청되고 있다.

4. 분류의 중요성

분류제도는 교정시설에 있어서 주요한 관리도구이다. 그렇다고 해서 분류제도가 관리를 하는 데 있어 모든 관심을 다 반영할 수는 없다. 과밀수용이 그 좋은 예이다. 실제로 과밀수용은 분류심사의 목적달성을 어렵게 하는데, 이런 경우에는 분류업무가 수용공간의 과밀도를 조절하는 기능, 즉 재소자의 이송을 주요 임무로 할 수밖에 없는 실정이다. 그 밖에 공범자의 분리수용 등 재소자관리도 그 한 예가 될 수 있다. 그러나 분류의 중요성은 교정목표의 달성에 접근할수록 가치가 있다.

배심원제도를 두고 있는 미국에서는 유죄가 확정된 범법자에 대한 분류가 특히 중요하다. 법원은 범법자를 구금하거나 일종의 보호관찰처분을 하거나 석방하는 등 사법적 의사결정을 해야 하기 때문에, 만약 범죄인이 구금 대신 비구금적 양형 중 어떤 하나를 받게 된다면 그 처벌효과의 성공가능성에 대한 평가가 이루어져야 한다. 또한 범법자가 구금형에 처해진다면 구금기간 동안 그들을 수용관리해야 하는 책임이 있는 교도관들도 재소자를 분류하고, 분류에 따른 처우효과를 평가해 보아야 한다.[3]

어떤 재소자는 비교적 낮은 수준의 감시나 보안을 요하는 반면, 다른 일부재소자는 격리된 사방에 구금되거나 철저하게 감독되어야 한다. 일부재소자는 자살우려가 높을 수 있거나 정신질환을 가지고 있을 수 있기 때문에 이들은 일반재소자와 다르게 관리되고 처우받아야 한다. 반면

---

3 C. Campbell, C. McCoy, and C. A. B. Osigweh(1990), "The Influence of Probation Recommendations on Sentencing Decisions and Their Predictive Accuracy," *Federal Probation*, 1990, 54 : 13~21.

에 일부재소자는 폭력의 위험성이 높고, 도주의 위험성도 높으며, 빈번히 문제를 일으킬 수 있기 때문에 이들에 대한 행정적 징벌결정에도 다양한 분류기제의 판단이 필요하다.[4]

　재소자의 행위나 행동이 종종 시간이 지남에 따라 변하기 때문에 수형기간 중 재분류가 주기적으로 이루어진다. 예를 들어서 처음에 위험한 것으로 분류되어 중구금시설에 수용된 재소자가 시간이 지남에 따라 더 이상 전혀 위험하지 않거나 위험성이 낮아졌을 때, 그들에 대한 보안등급도 그에 상응하게 바뀌어야 한다. 따라서 재분류는 재소자에 대한 최초의 분류심사를 재고하고, 그것이 지속되어야 할 것인가를 결정하는 수단으로써 행해진다.[5] 또한 석방예정자를 대상으로 분류제도를 이용하는 경우 다수의 재소자는 보호관찰부 가석방이나 조기석방에 적합한가를 평가받게 된다. 즉 과학적 분류기법을 통하여 이들에 대한 교화개선정도 및 재범가능성에 대한 세밀한 예측결과표가 그러한 결정에 유효한 판단자료로 활용될 수 있다.

　대부분의 재소자분류는 성인범죄자를 위한 것이지만, 소년사법제도가 적용되는 다수의 청소년범죄자에게도 유효한 것으로 알려지고 있다. 물론 소년범죄자에 대한 시설수용은 마지막 수단이겠지만, 상당수의 소년범죄자가 구금되고 있으므로 소년범죄자에 대한 시설수용의 결정에도 분류제도는 중요한 의미를 갖게 된다. 즉 소년범죄자 중에서도 마약관련자·조직범죄관련자·누범자 등은 그렇지 않은 소년범죄자와는 분명히 다르게 분류되어야 한다.[6]

5. 분류의 기능

　가장 일반적인 입장에서 분류의 기능을 보면 첫째, 범죄피의자에게는 다양한 유형의 교정·처우 프로그램이 고려되는데, 예를 들어 변호인단에서 범죄피의자의 특성에 대한 과학적 증거를 들어 그는 검찰의 기소보다는 전환(diversion)을 받는 것이 유용하다고 검찰을 설득하면서 대안적인 분쟁조정이나 전자감시가택구금 등이 매우 적합한 처벌수단이라고 주장할 수 있다. 한편, 시설에 수용된 범죄자에게 학과교육이나 직업훈련 또는 외부통근이나 귀휴 등이 적절한가를 판

---

4 D. J. Sperbeck and R. R. Parlour, "Screening and Managing Suicidal Prisoners," *Corrective and Social Psychiatry and Journal of Behavior Technology Methods and Therapy*, 1986, 32 : 95~98.

5 K. N. Wright, "The Relationship of Risk, Needs, and Personality Classification Systems and Prison Adjustment," *Criminal Justice and Behavior*, 1988, 15 : 454~471.

6 D. M. Feazell, H. C. Quay, and E. J. Murray, "The Validity and Utility of Lanyon's Psychological Screening Inventory in a Youth Service Agency Sample," *Criminal Justice and Behavior*, 1991, 18 : 166~179.

단할 수 있는 근거를 마련해 준다. 즉 분류진단결과 그 재소자가 정상이라면 위에 열거한 처우 대상이 될 수 있을 것이며, 준정상이라면 전문적 상담이 필요할 것이고, 정신병질 또는 정신이 상이라면 정신과치료의 대상이 된다. 이러한 노력들은 모두 일정한 형태의 분류심사과정을 통하 여 논의될 수 있는 것이다.

둘째, 모든 분류가 재소자에 대한 적합한 프로그램의 적용이나 범죄인의 상대적 위험성의 수 준을 결정할 목적으로 행해지는 것은 아니다. 즉, 다수의 재소자가 기소·재판·양형 등의 초기의 형사사법절차에서 정신질환자임에도 이것이 무시되거나 미처 파악되지 않아 교정시설 내에서 고 통받을 수 있다는 것이다. 교정관리자의 입장에서 보면 수용관리상 문제를 야기하는 적어도 세 가지 유형의 재소자가 있다. 취약한 재소자(the vulnerable), 문제아(the trouble-makers), 그리고 정신적 비정상아(the mentally abnormal)가 그들이다.[7] 역사적으로 범죄인의 정신질환문제가 경시 되어 왔지만, 최근에는 더욱 중요시되어야 한다는 주장이 일고 있다. 실제로 분류는 교정시설로 하여금 재소자의 적절한 보안수준을 측정하고, 재소자의 직업적·교육적·심리적 필요성을 파악 하며, 폭력적인 재소자를 비폭력적인 재소자로부터 분리할 수 있게 해주고 있다.[8]

셋째, 분류의 분명한 우선순위와 목표는 역시 재소자의 위험성 정도에 따라 적절한 보안수 준의 시설에 그를 수용하는 것이다. 잘못된 수용시설의 지정은 위험성이 낮은 범죄자까지 높은 보안수준의 시설에 수용하는 결과를 초래하는데, 이는 보안수준이 높은 시설일수록 수용경비가 더 많이 든다는 점에서 바람직하지 않다. 따라서 각 시설·사동·사방에 꼭 맞는 재소자가 수용 되어야 하는 것인데, 이는 곧 과학적인 재소자분류제도가 전제되어야 가능하다.[9] 범죄자가 적절 한 보안수준으로 분류되고 수용되었다 하더라도 시간이 경과함에 따라 그들의 행동이 변할 수 도 있고, 따라서 그들의 보안수준도 변할 수 있는 것이다. 이러한 이유로 대부분의 교정당국과 수용시설에서는 일정기간을 두고 재소자를 재분류하는 제도를 마련하고 있다. 이러한 재분류는 부족한 자원을 보다 효율적으로 활용할 수 있게 해주고, 한편 그러한 재분류는 재소자의 변화와 적응의 지표로서 매우 가치 있는 것으로 지적되고 있다. 흥미로운 것은 이러한 재분류가 재소자

---

7 E. H. Steury, "Specifying Criminalization of Mentally Disordered Misdemeanant," *Journal of Criminal Law and Criminology*, 1991, 43 : 52~56.

8 Tim Brennan and Dave Wells, "The Importance of Inmate Classification in Small Jails," *American Jails*, May/June, 1992, pp. 46~52.

9 D. Champion, *Measuring Offender Risk : A Criminal Justice Sourcebook*, Westport, Connecticut : Greenwood Press, 1994, p. 9.

의 행위에 대한 사회통제와 밀접한 관련이 있는 것으로 알려져 있다. 즉 보안등급의 상향조정은 바람직한 행위에 대한 긍정적인 보상과 관련이 있고, 반대로 강등은 금지된 행위와 관련이 있어서 부정적 처벌과 연관이 있었다.[10]

넷째, 일부재소자는 다른 재소자에 비해 시설에 적응하는 데 더 많은 문제를 겪게 되지만, 이들을 추적하고 파악하는 것은 그동안 비교적 성공적이었다고 할 수 없다. 일반적으로 이들에 대해서 노령재소자나 발달장애자를 처리할 수 있는 의료·임상시설, 폭력적이고 도주위험성이 높은 재소자를 위한 보안수준이 높은 시설, 그리고 일부재소자를 위한 보호적 구금시설 등 최소한 세 가지 유형의 시설이 필요하다는 주장이 제기되고 있다.

다섯째, 재소자를 통제하고 관리하는 하나의 방법은 재소자에게 교육이나 직업훈련프로그램에 참여하는 것에 대해서 보상을 하는 것이다. 왜냐하면 대부분의 시설에서 그러한 프로그램에의 참여를 긍정적인 것으로 간주하기 때문이다. 그래서 재소자가 교육프로그램에 참여하고 이로 인해 보호관찰부 가석방으로 석방될 가능성이 높다는 것을 알게 된다면, 교도소규칙에 대한 동조성의 증대와 재소자 교육수준의 향상과 그로 인한 취업가능성의 증대라는 적어도 두 가지 목표가 실현되는 것이다.[11] 수용될 재소자의 유형과 그들을 수용할 시설공간이 충분한지 등을 안다는 것은 교정정책의 수립에 있어서 매우 중요한 것이다. 예를 들어 마약관계범죄자가 증대한다면 그들을 위한 시설과 프로그램의 증대가 필요한 것이며, 이를 위한 예산의 확보도 중요하게 되는 것이다.

여섯째, 지역사회교정기관에서도 프로그램에 참여할 자격이 있는 보호관찰대상자를 결정하기 위하여 분류제도를 이용할 수 있다. 다양한 유형의 지역사회교정이 운영되고 있지만, 자원의 한계와 수용의 한계로 인하여 참가자격을 결정하기 위해 분류기법이 이용되고 있다. 물론 최근들어 지역사회 교정의 대상자가 그 범위나 유형에 있어서 많이 확대는 되었지만, 모든 유형의 범죄자가 다 지역사회교정에 적임자가 될 수 없는 것이다.[12]

일곱째, 일반적으로 위험성의 평가를 통해 특정 범죄자에게 가장 적합한 유형의 감시·감독을 예견할 수 있다. 이처럼 심사분류의 가장 큰 이점 중 하나는 교정당국으로 하여금 범죄인을

---

10 D. L. Johnson, J. G. Simmons, and B. C. Gordon, "Temporal Consistency of the Meyer Megargee Inmate Typology," *Criminal Justice and Behavior*, 1983, 10 : 263~268.

11 R. T. Stephens, "To What Extent and Why do Inmates Attend School in Prison?" *Journal of Correctional Education*, 1992, 43 : 52~56.

12 P. J. Benekos, "Beyond Reintegration : Community Corrections in a Retributive Era," *Federal Probation*, 1990, 54 : 52~56.

위험성의 견지에서 평가할 수 있게 해준다는 사실이다. 여기서 감시·감독의 정도는 다른 사람에 대한 특정범죄자의 위험성의 정도에 따라 결정되어진다. 즉 더 많은 위험성을 제기하고, 자신이나 타인에게 더 위험한 것으로 예측되는 범죄자는 그만큼 더 철저하게 감시되는 것이다.

여덟째, 분류는 특정한 범죄자나 범죄집단에 선별적 무능력화가 바람직한가를 결정할 수 있게 해준다. 선별적 무능력화는 말 그대로 재범의 가능성이 높은 범죄자를 선별하여 시설에 수용함으로써 그들의 범죄능력을 무력화시키고, 반대로 재범의 가능성이 낮은 범죄자는 지역사회로 되돌려 보내자는 것이다. 물론 그들의 선별에 있어서 잘못된 긍정(false positive)과 잘못된 부정(false negative)의 문제는 있을 수 있지만, 과밀수용과 그로 인한 수용경비의 과다 그리고 수용의 부정적 폐해 등으로 인하여 선별적 무능력화 정책은 여전히 지속되고 있는데, 여기서 선별 그 자체가 곧 범죄자에 대한 분류라고 할 수 있는 것이다.[13]

6. 분류심사의 영역

분류심사대상자를 어느 측면에서 어떻게 분류심사할 것인가를 말하는 것으로서, 이는 대상자를 종합적·역동적으로 심사하기 위하여 면접, 신상관계, 신체적·심리적·환경적(가정·학교·지역사회 등) 측면과 행동관찰 등을 구체적 조사영역으로 하고 있다.

면접은 그 대상과 목적에 따라 조사면접·진단면접·치료면접으로 나누어질 수 있다. 진단면접은 자발적 면접과 비자발적인 면접으로 나눌 수 있다. 전자의 경우는 피면접자가 대화시 저항을 느끼지 않고 스스로 감추거나 속이는 예는 적지만, 의식적 또는 무의식적으로 이야기 내용을 과장한다거나 소극적으로 마음속에 가두어 버리는 경우가 있다. 후자는 경찰관의 수사나 재판심리를 위한 조사 등과 같이 피면접자의 의사에 관계없이 면접이 이루어지는 것이다. 따라서 긴장이나 저항이 생기기 쉽고, 면접자의 기대에 따라 이야기하려 하며, 진실을 은폐시키는 일이 많다. 면접은 될 수 있는 한 자유롭고 수용적인 장면에서 행해져야 하며, 면접시간은 30~60분 정도가 바람직하다. 면접자는 질문에 대한 답변내용에 의거하여 피면접자의 성격을 이해하는 것도 중요하지만, 그 외에 안면, 표정, 자세, 답변태도, 이야기의 배후에 잠재된 내면적 갈등을 짐작하면서 비언어적 표현에도 세심한 주의를 기울여야 할 것이다.

---

13 S. H. Decker and B. Salert, "Predicting the Career Criminal : An Empirical Test of the Greenwood Scale," *Journal of Criminal Law and Criminology*, 1986, 77 : 215~236.

신상관계는 그 재소자의 인적 사항 및 비행경력, 보호자 및 가족사항, 기타 주변참고인 등에 관한 사항을 주로 다루고, 신체적 측면에서는 신체의 발육상태, 각종 질환 등 건강상태와 신체 각 기관의 이상 여부 및 신체적 특징, 기능의 우열 등을 진단한다.

심리적 측면은 분류심사의 핵심적 영역인데, 주로 지능을 중심으로 한 능력관계, 성격이상 자특징·정신병 등 정신질환의 유무 및 정도와 적응 및 욕구 등의 행동장애를 주로 측정한다.

환경적 측면은 모태로부터 현재까지 대상자의 모든 자연적·물리적·문화적 환경을 포함하는 것으로서 가정·학교·지역사회 환경적 측면을 교육심리학·범죄사회학·사회정신의학적 입장에서 다루고 있다.

행동관찰은 내재된 학습이 처해진 환경적 상황에 따라서 밖으로 표출될 때의 행동을 빠짐없이 관찰하여 그 결과를 가지고 성격과 행동과의 상호 관계를 측정·평가하여 진단하는 데 활용된다.

인간을 이해하는 방법(측정·평가)을 대별하면 언어적인 방법과 비언어적인 방법으로 나눌 수 있는데, 언어적 방법의 대표적인 것이 면접법이고 비언어적 방법의 대표적인 것은 행동관찰이라 할 수 있다.

7. 분류운용과 관련된 쟁점

(1) 과밀수용의 영향

대부분의 교정시설이 과밀수용을 경험하고 있는 관계로 일부에서는 분류과정이 재소자를 적합한 보안수준의 시설로 가급적 빨리 이송하는 제도로 그 의미와 기능이 축소되기도 한다. 이는 많은 수의 재소자로 인한 압력이 남성과 여성 범죄자 양쪽 모두의 분류에 주요한 영향을 미치기 때문이다.

(2) 훈련된 분류직원에 대한 접근

분류제도는 재소자를 진단하고 신입분류와 재분류를 수행할 수 있도록 훈련된 직원에 의해서 행해져야 할 필요가 있다. 그러나 비교적 지역사회로부터 원거리에 위치한 교도소의 물리적 환경으로 인하여 자격이 있는 우수한 전문가의 확보가 어렵다. 특히 근무여건, 근무시간이나 보수 등이 열악한 경우에는 이 문제가 더욱 심각해지기 쉽다. 우리나라의 경우도 교정시설에 처우업무담당자들이 있기는 하지만 그들의 전문성에는 의심의 여지가 있으며, 혹자는 분류는 초보적이지만 그래도 형태는 있는데, 이에 맞는 처우는 없다고 단언하기도 한다.

(3) 서비스에 대한 접근

많은 경우 보안수준에 따라 재소자에게 제공될 수 있는 사동·사방·교도작업·교육훈련·상담 등 각종 교정서비스에 대한 재소자의 접근이 결정되고 있다. 이는 기본적으로 수용시설별·기능별 분류가 전제되어 있을 때 논의될 수 있는 것이지만, 우리나라는 여전히 수용시설의 기능별 분류가 완전하지 못하다.

(4) 명확한 정책

일부재소자에 대한 수용지정에 있어서 분류정책이나 사용 중인 도구로는 측정될 수 없는 요소들이 분류결정에 반영되기도 한다. 즉 객관적 분류요소로 검증되지 않은 요소들이 적지 않은 영향을 미치고 상당한 역할을 하게 된다. 이 경우는 재량권남용의 문제나 차별의 문제와 같은 어려움에 직면할 수 있다.

제 2 절 분류의 역할

1. 관리자의 역할

많은 교정정책가들은 교정기관이 시민안전의 최후보루라고 기대하는 국민들과 제한된 교정자원으로 인하여 파생된 현실적 교정관행을 고수하려는 교도관들, 이들 두 집단의 기대 사이에서 분류제도를 균형 있게 운영하려고 노력한다. 그래서 재소자분류제도가 두 집단의 기대와 요구에 따라 영향을 받을 수도 있어서 분류의 범주 등이 변화될 수도 있다. 그렇다고 분류제도의 융통성 자체를 거부하는 것이 아니라 사건에 대한 감정적인 반응보다는 연구, 기획, 그리고 계량적 자료에 기초하여 변화가 추구되어야 한다는 것이다. 일부교도관들은 분류제도가 수용시설

공간을 더욱 좁혀 재소자를 배치하는 데 필요한 융통성마저 앗아간다고 느낄 수도 있다.

　이는 특히 법원에서 최대수용인원을 강제로 명령하거나 현재 교도소가 과밀수용을 경험하고 있다면 더욱 그렇다. 또한 교도관들은 분류제도가 시설의 운영과 프로그램에 있어서 필요로 하는 것을 정확하게 반영하지 못한다고 느낄 수도 있다. 한편 분류심사결과에 의거하여 신속한 의사결정을 하는 처우직원들은 때때로 보안담당직원들의 심기를 불편하게 만들기도 한다. 따라서 관리자의 입장에서는 재소자분류의 사용범위와 그 목적을 정하고, 분류의 과정을 제도화하며, 이를 통해 얻어진 분류자료는 모든 직원들에게 재소자를 처우함에 있어 반영할 수 있도록 충분히 제공되어야 한다.

2. 분류제도의 가치설정

　분류제도의 가치는 분류제도가 시행될 수 있는 보편적인 근거를 마련하기 위하여 공공과 교정의 기대와 요구를 알아봄으로써 설정될 수 있다. 가치는 의사결정의 우선순위와 정책에 초점을 맞추게 된다. 한편, 분류제도의 기초는 두 집단 모두에게 이익이 되는 것이 무엇인가에 대한 합리적인 판단에 기초해야 한다. 즉 교정행정가들은 교정과 공공의 입장에서 본 분류의 가치를 검토하여 그 기대와 건전한 교정원리에 기초한 진정한 가치를 설정해야 한다. 다음은 분류제도의 가치라고 할 수 있는 몇 가지 예이다.

　공공의 안전이 재소자분류와 관련된 모든 의사결정에 있어서 일차적 고려사항이다.

　분류제도는 수용시설의 과밀특성을 파악하고, 그에 대한 해결책을 제공함으로써 수용인구를 관리하는 것이다.

　분류제도는 수용공간, 직원, 그리고 자원을 가장 비용 ─ 편익적으로 이용할 수 있도록 시설의 활동을 계속적으로 관리하는 것이다.

3. 분류과정의 설정과 정보의 전달

　분류제도의 가치가 설정되면 공공과 교정 양자가 모두 이해할 수 있고, 수용할 수 있는 과정이 설정되어야 한다. 교정관리자들은 단순히 회의를 하고 메모를 전달하는 것만으로는 재소자분류의 임무를 통해 그 가치를 실현하는 것이 어렵다는 것을 알게 된다. 성공적인 분류제도를 만들고 유지하는 데는 정보의 획득과 공유, 인력과 직제의 조직화, 그리고 우선순위의 사항들이 고려되어야 한다.

한편 대부분의 분류제도는 교정문제와 관련한 바람직한 공공정책을 만드는 데 반드시 필요한 자료로 이용하게 된다. 때로는 이들 자료가 복잡한 교정의 쟁점에 대한 합리적 접근을 용이하게 하기 위하여 적시에 제공될 수 있는 정보로 적절하게 옮겨지지 못하고 있다. 이는 관리자들이 그러한 정보의 중요성을 인식하지 못하거나 필요한 시기에 정보를 접할 수 없기 때문이겠지만, 필요한 시기보다 먼저 정보를 찾을 수 있어야 하고 정보를 전달하고 이용하는 것은 교정에 대한 시민의 교육이라는 측면에서도 중요한 것이다. 일반적으로 시민들은 누가 왜 교도소에 수용되는지를 잘 알지 못한다. 분류제도에 의하여 얻어진 자료가 교정에 관한 그러한 정보를 시민에게 제공해 줄 수 있다.

4. 분류의 절차

분류심사대상자를 처리하는 절차를 보면 신입재소자는 먼저 보안수준에 따라 분류되고, 분류된 보안수준에 따라 적절한 시설이나 사동이 지정되며, 보안수준과 구금의 정도에 따라 각 재소자는 적절한 수용처우를 받게 된다.

내부 분류제도가 두 번째 분류결정이다. 이는 보안수준에 따른 분류와 수용시설의 지정이 끝난 후에 재소자를 분류하기 위한 것이다. 이러한 개념은 성인교정에 있어서는 새로운 것일지라도 비행소년에 대해서는 보편적인 관행이었다. 이 제도는 심리학적 범주나 필요성에 기초한 범주에 따라 재소자를 분류하고 있다. 즉 개별 재소자에 대한 사동지정이나 그들에 대한 적절한 처우지정을 위하여 대인성숙도수준(I-level), 개념적 수준(conceptual level), 도덕적 발달(moral development) 또는 Quay의 행동분류제도(behavioral classification system)와 같은 심리학적 기법들이 이용되고 있다.

성인재소자에 대한 이러한 내부분류과정은 비슷한 보안수준의 시설에 수용된다고 하더라도 이들 재소자가 모두 같을 수는 없다는 점에서 합리화되고 있다. 재소자들은 약탈적 행위와 의존적 행위, 상이한 수준의 스트레스와 적응, 그리고 기타 요인에 따라 더욱 차별화될 수 있다는 것이다.[14] 이들 범주나 기준에 따라 재소자를 분리하는 시설일수록 교정사고 발생률이 낮아지고

---

14 P. Van Voorhis, "Correctional Effectiveness : The High Cost of Ignoring Success," *Federal Probation*, 1987, 51(1) : 56~62.

있으며, 내부분류가 처우 자체로 많이 활용되지 않는 상황일지라도 재소자의 처우목적에 유용하다는 일부 보고가 있다.

5. 분류의 응용

재소자분류는 대체로 중요한 정책, 프로그램, 그리고 이론적 응용으로 활용될 수 있는데, 이들 세 가지 응용유형이 유형론의 관점에서 가장 효과적으로 시험될 수 있다. 이러한 패러다임에서 본다면 모든 심리학적 분류제도는 재소자를 분류하는 실용적 목적뿐만 아니라 재소자를 비교적 유사한 인성적·행위적·발전적 속성을 가진 범죄자집단으로 분류하여 보다 폭넓은 기능도 할 수 있다. 특히 많은 경우 정책과 이론이 경우에 따라 서로 다르게 적용되고 그 효과도 상이하기 때문에 분류유형과 다양한 정책, 프로그램, 이론의 관계가 더욱 분명해진다. 이러한 유형론의 관점에서는 특정한 정책이 전반적으로 모든 재소자에게 효과적인지 보다는 어떠한 유형의 재소자에게 효과적일 수 있는지를 묻는 것으로 사고가 전환되어야 한다.[15]

교정처우가 별로 효과가 없다고 주장하는 경우도 적지 않지만 일부교정처우는 특정한 재소자유형을 표적으로 삼을 때 더욱 효과적일 수 있다고 한다. 물론 재소자분류에 관한 대부분의 문헌들이 교정처우와 교정관리로 재소자분류의 적용에 한계를 두고 있지만, 실제로는 범죄자의 수형경험에 대한 이해의 폭을 넓히고 교도소화에 대한 이해를 돕는 것에도 기여할 수 있는 분명한 잠재성을 가지고 있다. 즉 재소자의 인성적·행동적·발달적 요인에 따라 재소자의 역할과 필요성을 분류하는 심리학적 분류기법이나 분류제도는 재소자의 교도소적응에 대한 이해의 폭을 더 넓혀 줄 수 있다.

더불어 범죄자에 대한 심리학적 유형은 범죄에 대한 이론적이고 경험적인 설명에 있어서 중요한 열쇠가 될 수도 있다. 이러한 견지에서 본다면 범죄이론의 특수화라고도 할 수 있는 것으로서, 다수의 범죄이론은 일부유형의 범죄자에게는 적용될 수 있으나 또 다른 나머지 범죄자에게는 적용될 수 없는 것으로 간주되기 때문에 그에 대한 대안으로서 일부범죄이론에 대한 특수화와 수정이 제시되기도 한다.

범죄행위에 대한 대부분의 병리학적 이론은 옳다고도 할 수 없고, 틀리다고도 할 수 없다는

15 P. Van Voorhis, "A Cross—classification of Five Offender Typologies : Issues of Construct and Predictive Validity," *Criminal Justice and Behavior*, 1988, 15(1) : 24~38.

것을 강조할 필요가 있다. 대부분의 이론적 관점이 모든 범죄자는 아니더라도 일부범죄자의 불법행위의 근원을 설명할 수 있는 것으로 보이기 때문이다. 따라서 앞으로의 범죄이론이나 원인에 관한 연구는 다양한 이론적 관점이 어떠한 유형의 불법행위를 설명하는 데 가장 적합한가를 가릴 수 있는 가에 눈을 돌려야 할 필요가 있다.

다시 말하면 범죄자유형의 기술이 곧 심리학적 요소를 범행의 역동성과 연계시키기 때문에 재소자분류제도가 범죄행위의 병리와 원인을 직접적으로 다룬다는 것이다. 그러나 최근까지도 범죄원인의 모형에 영향을 미치는 인성적·발달적·행동적 인자에 대한 척도로서 분류모형을 활용하는 연구는 많지 않았다.

제 3 절 기존분류의 관행

1. 제도의 분석

기존의 분류제도를 평가하기 위한 첫 번째 요소는 심층조사가 필요한 분야가 무엇이며, 특별한 관심을 가져야 할 문제는 무엇인가를 알아내기 위하여 기존의 제도를 신속하게 분석하는 것이다. 대부분의 경우 남녀 또는 시설내외의 분류제도에 대한 최근의 연구, 일반적 분류제도의 쟁점이나 재소자의 분류에 초점이 맞추어진 시설내외의 상설위원회나 특별위원회(task force), 그리고 청문회와 같은 입법부의 관심 등이 활용될 수 있다. 두 번째는 전문가와의 논의를 통해 쟁점을 파악하는 것으로서 재소자분류에 관심이 있는 내외인사를 파악하여 이들이 분류제도와 관련된 특정한 문제나 관심영역이 무엇인지를 파악하는 것이다.

2. 기존제도의 문서화

(1) 문서의 취합

법규·규정집·평가도구·초기분류서식·심사절차 등을 포함한 기존분류제도에 대한 모든 문서를 수집하여 검토하는 것이다. 그리고 이들 자료를 정리하여 표찰을 목록에 붙인 종합적인 자료집으로 만들어서 분류절차와 과정에 따라 적절하게 이용하면 좋을 것이다.

(2) 재소자자료

적어도 아래와 같은 내용이 포함된 재소자관련자료가 정리되어야 한다.

– 신입자·보호관찰위반재범자·전년도대비 월별 재소자입소자료
– 전년도대비 주요 범죄유형별 재소자입소자료
– 전년도대비 주요 범죄유형별 형량
– 전년도대비 주요 범죄유형별 평균수형기간
– 전년도대비 일일 평균수용인원
– 전년도대비 주요 범죄유형별 현재수용인원

(3) 분류과정의 도해

분류과정에서 일어나는 다양한 모든 일의 완전한 목록을 작성하여 입소부터 출소까지의 분류과정의 전체 흐름을 도표로 구성할 필요가 있다. 이러한 과정의 목적은 분류과정을 구성하는 정책지침, 활용중인 도구, 직원참여, 중요한 의사결정시기 그리고 활동내용 등을 알기 쉽게 하기 위해서이다. 이 과정에서의 모든 의사결정이 포함되도록 유념해야 한다. 즉, 모든 의사결정시기에 대하여 각각의 산출된 유형별 특징에 해당되는 재소자의 수와 백분율을 명기해야 한다. 또한 단계별로 모든 활동과 절차를 기술하고, 각 절차별 관련지침이나 규정을 명기한다. 분류결정과 활동별 담당직원이 누구인지도 문서화한다. 이는 분류에 일상적으로 참여하는 직원이 정책과 절차를 기술하는 가장 훌륭한 자원이기 때문이다.

(4) 분명한 형사제재의 목적

분류심사가 어떻게 그리고 얼마나 잘 운영되는가를 정확하게 이해할 수 있는 한 부분은 시설 내에서 분류의 목적이 무엇인지를 이해하는 것이다. 그런데 이는 국가의 양형구조, 교정당국의 임무, 그리고 특정시설의 임무와 연관이 있다. 그러나 이 과정은 이론적 관행이 아니라는 것을 인식하는 것이 중요하다. 형사제재의 목적은 당국에 따라 그리고 시설에 따라 다양하다. 따라서 분류제도가 형사제재의 목적을 어느 정도 지원할 수 있는가를 결정하는 틀로 이해하는 것이 중요하다.

표면적으로는 형사제재의 목적에 관해서는 심지어 경륜이 많은 실무자들에게도 상당히 혼란스러운 것이다. 그 결과 상식적인 또는 보편적인 형사제재의 목적을 정의하기가 쉽지 않지만, 교정당국이나 시설의 조직임무와 궁극적으로는 분류심사의 목표를 설정하는 기초로 작용하는 형사제재의 목적과 기타 목표와 관심을 설정할 필요가 있다.

(5) 관리도구로서의 분류제도

재소자분류제도는 하나의 관리도구이다. 즉 목표를 위한 수단이라는 것이다. 만약 형사제재의 목적과 기타 목표 및 관심사가 교도소가 추구하는 목표라면, 재소자분류는 그와 같은 목적을 성취하기 위한 관리수단 또는 도구인 셈이다. 형사제재의 목적을 명확히 한 다음에는 관련된 분류제도의 특정한 목표를 검토할 필요가 있다.

(6) 분류목표와 기타 관심사항의 구분

분류심사를 제외한 기타 교정관리체제도 있게 마련이다. 예를 들어 재소자에 대한 징벌제도가 그것이며, 교도소에서 일정한 의무/보상제도가 있음에는 틀림없는 사실이다. 그런데 이들 교정, 교도소 또는 재소자의 관리도구가 상호 연관되고 중복되기도 한다. 따라서 재소자분류의 부분은 무엇이고, 교정환경에 있어서 기타 이익에 봉사하는 곳은 어느 부서인가 등을 구별할 필요가 생기는 것이다.

(7) 분류심사의 위험성요소

범죄자를 분류하는 차원을 명확히 할 필요가 있다. 예를 들어 모든 교정당국에서는 신입수용시 일정형태의 건강과 의료에 관련된 검사를 하게 마련인데, 이것이 재소자분류의 한 요소이기도 하다. 따라서 각 시설에서는 어떤 유형별로 분류할 것인가를 보여 주는 다양한 분류심사의 요소들을 분명히 할 필요가 있는 것이다. 범죄자들에 대한 시설이나 사동지정 또는 사방지정을 위한 일차적 자료이면서 교정 내에서 가장 가시적인 재소자분류의 요소는 범죄자에 대한 위험성의 평가와 그에 기초한 일정형태의 구금/보안수준의 지정이다. 마치 구금/보안이 범죄자분류의 유일한 기초인 것처럼 구금/보안분류가 심사분류와 어느 정도 동의어로 쓰이기도 한다. 그러나 재소자분류의 다른 부분들도 주요한 관심사항이 되고 있다.

구금/보안의 분류가 재소자분류에 있어서 어느 정도 중요한 부분이기는 하지만, 그것이 전체적인 재소자분류에 있어서 유일한 부분이라면 여기에 상당한 관심과 자원이 집중되어야 할 것이다. 실제로 수년간 위험성의 평가에 대하여 많은 진전이 있었으며, 과거의 주관적인 위험성 측정관행과는 달리 객관적이고 실증연구에 기초한 위험성측정도구의 개발 등에 대한 상당한 관심이 있었다.

(8) 분류프로파일

분류프로파일(classification profile) 단계의 목적은 기존의 분류제도가 인원, 위치, 배방, 교도 작업, 기타 필요성 등의 견지에서 범죄자를 어떻게 분류하는가를 이해하는 것이다. 이는 이러한 형태로 재소자를 구분하는 것이 분류제도와 시설의 목표에 맞는가를 검토할 수 있는 기초를 제공하기 때문이다.

3. 성별분류방식의 허점

보편적으로 중앙교정행정기구의 입장에서의 분류심사는 주로 보안과 안전을 지향하는 경향이 있으나, 동시에 여성범죄자의 특성은 대체로 남성재소자에 비해 폭력이나 공격행위 등의 사고나 사건이 훨씬 적은, 그래서 보안이나 안전의 위험성이 낮은 경우가 많다. 따라서 교화개선이 더 많이 강조되는 이들 여성범죄자들에 대한 획일적인 보안분류제도는 자원을 조직화하는 데 크게 도움이 되지 못하고 있다. 한 가지 개선의 여지가 있는 잠재적 표적은 특별히 여자교도소의 목표에 적합한 시설별 분류제도의 개발이라고 할 수 있다.

한편 위험성의 평가 또는 미래행위의 추정은 대부분의 보안분류제도에서는 적절치 못하다. 불행하게도 현재 활용되고 있는 대부분의 재소자분류도구가 최소한의 기술적 기준에도 미치지 못하고 있다. 가장 문제시되는 한계는 이들 도구가 평가하고자 하는 대상인 재소자를 기초로 개발되지 않았으며, 그 타당성이 검증되지도 않았다는 것이다. 특히 수형인구 중에서 여성재소자가 차지하는 비중이 상대적으로 적기 때문에 심지어 실증적 근거와 기초가 있는 도구일지라도 여성재소자에 대한 타당성을 확보할 수 있는 방법으로 고안되지는 않고 있다. 그러나 예측타당성을 확보하기 위한 기술적인 시도로서 여성과 남성재소자를 위한 별도의 도구를 개발하는 경우에도 불평등과 쟁송을 야기시킬 수 있는 성차별과 평등한 보호라는 법률적 문제를 초래할 수 있다.

따라서 기술적으로 탄탄하면서도 성별 평등성을 확보하기 위하여 모든 면에서 성별적으로 중립적인 실증적인 도구가 고안되어야 한다. 그렇다고 전체 자료에서 변수로서의 성별이 완전히 제외되어서는 안 되며, 오히려 성에 기초한 차별을 해소하기 위한 분석에 포함되어야 한다. 물론 여성재소자가 상대적으로 적은 수이지만, 남성과 여성 재소자 모두에게 예측타당성이 있는 위험성평가도구를 만들고 이를 정당화할 수 있다는 점을 강조할 필요가 있다. 즉 도구의 예측능력을 희생하지 않고도 성에 기초해 분별하는 측정항목을 배제시킬 수 있어야 한다는 것이다.

제 4 절 객관적 분류제도

 ## 1. 분류변혁의 태동

교정에 있어서 재소자분류가 전혀 새로운 개념은 아니다. 서로 다른 이름이지만 응보, 무능력화 또는 교화개선 등 그 시대의 교정이념 또는 철학을 반영하며, 교정의 역사와 함께 존재해오고 있다. 19세기 초에는 재소자의 성공적인 사회재통합을 위해 재소자를 교화개선 할 목적으로 재소자를 분류하였으며, 이러한 철학과 관행은 교정당국이 재소자를 교화개선하고 처벌하기 위하여 재소자의 노동에 관심을 기울이게 하였다.

20세기에 이르러 교정제도의 운영은 정치적·행정적, 그리고 경제적 쟁점뿐만 아니라 개별 재소자의 필요와 관계된 쟁점을 포함하는 다면적 노력으로 승화되었다. 이 시기의 재소자는 대부분의 시간을 교도작업에 할애하고 있었기 때문에 재소자의 노동을 통한 소득의 확보가 교정관리의 주요 목표가 되었다. 따라서 교화개선은 1930년대에 이르기까지는 행형의 목적이 되지 못하였다.

그 후 1960년대까지는 범죄와 비행의 원인에 대한 다양한 심리학적·사회학적 이론들이 개발되었다. 그 결과 정신질환자의 처우에서부터 직업훈련에 이르기까지 수많은 교정관행이 출현하여 형사사법제도를 지배해 왔다. 그러한 추세의 이면에는 범죄자는 교화개선될 수 있다는 기본적인 개념이 자리잡고 있었다. 그 결과 교화개선프로그램이 유행하게 된 것이다. 일부 교정제도에서는 그러한 프로그램에의 참여가 보호관찰부 가석방이나 선시제도와 같은 일종의 은전이나 특혜 또는 시혜를 동반하기도 하였다. 그러나 모든 재소자가 참여할 수 있을 만큼 자원이 충분하지 못했기 때문에 재소자의 필요를 평가하기 위하여 분류제도를 이용하게 된다. 교육이나 직업훈련 등 다수의 프로그램들이 자발적인 것이었지만, 이러한 변화는 지역사회에 기초한 프로그램을 통한 범죄자의 사회재통합을 지향하는 움직임과 궤를 같이 하게 된다. 이들 프로그램이 대체로 재소자들을 지역사회에서의 작업(외부통근)이나 학업(외부통학)에 참여하도록 유도하기 때문에 재소자분류의 역할이 그 중요성을 더 하게 되었다. 재소자분류가 교정시설에서 재소자가 더 나빠지지 않고 최소제한적인 구금을 받을 수 있도록 하기 위한 재소자의 권리와 범죄행위로부터의 보호라는 사회적 권리가 균형을 이루도록 해준 주요한 도구가 되었다. 그러나 1960년대 후기에서 1970년대 초기 교정에 있어서 교화개선이념이나 그와 관련된 교정관행이나 프로그램에 대한 심각한 의문이 제기되었다. 이러한 변화가 객관적 분류제도의 출현과 같은 재소자분류제도의 변혁으로 이어지게 된다.

분류제도의 변화를 초래한 주요 내용들은 다음과 같다.

첫째, 재소자가 제기하는 쟁송으로 인하여 법원에서 주관적인 분류제도는 재소자의 행위에 관한 확실하지 않은 가정과 통일적으로 적용되지 않은 범주에 기초한 것이라는 결정을 내리게 하였다.

둘째, 주관적 분류제도는 실제 재소자들이 야기하는 위험성에 의하여 요구되는 것 이상으로 보안수준이 높은 시설에 필요 이상으로 많은 재소자를 분류하고 수용한다는 상당한 증거들이 제시되고 있다.

셋째, 다수의 교정당국에서는 과밀수용과 재정적 자원의 축소로 인하여 받게 되는 압박 때문에 위험성이 낮은 재소자들은 그 비용이 많이 들고, 제한적인 보안수준이 높은 시설에 수용되는 것보다는 보안수준이 낮은 시설에 수용되거나 지역사회에 보내질 수 있다는 희망으로 객관적 분류제도에 관심을 기울이게 되었다.

넷째, 초기의 연구결과는 이러한 객관적 분류제도와 분류도구가 임상적 판단이나 직관보다는 더 효율적이라는 것을 보여 주고 있다.

이와 함께 특히 폭력범죄와 같은 사회의 범죄문제의 악화에 대한 공공의 관심증대도 그와 같은 변화에 영향을 주게 된다. 이러한 환경과 여건은 교정철학으로서 정의모형과 선별적 무능력화를 출현시키고 어떠한 범죄자가 높은 보안수준과 위험성을 보이는가를 효과적으로 예측할 수 있는 방법에 대한 관심의 증대를 불러오게 하였다. 따라서 법원이나 교정당국에서는 재소자 분류를 교정시설의 운영과 행정의 다양한 방면에 있어서 합리적인 의사결정을 하기 위한 핵심적인 수단으로 간주하게 되었다.

사회과학과 형사사법의 발전과 통계적 기법의 활용은 더욱 이러한 변화를 부채질하게 되었다. 이 시기 객관적 분류를 통한 위험성의 예측과 범죄자의 심사도구에 관한 연구들은 보다 효율적인 의사결정을 위하여 객관적 분류제도가 어떻게 이용될 수 있는지에 대한 특정한 모형들을 제공하였다. 교정에서는 이러한 변화를 적극적으로 수용하게 되었다.

객관적 분류가 발전하기 전에 분류결정은 교정실무자의 경험, 직관, 그리고 주관적 판단에 대부분 의존하였다. 물론 때로는 교정기관에서 분류담당자들이 고려해야 할 범주를 구체적으로 지정하기도 하지만, 각 요소에 대한 상대적 중요성의 평가와 판단은 여전히 각 분류담당자의 주관적 경험이나 위원회의 다수결적 합의로 이루어졌다. 그러한 비공식적 범주는 재소자들의 교정시설에서의 실제 행위에 거의 아무런 관계가 없었다.

따라서 주관적 분류는 재소자의 부적절한 수용, 유사한 범죄자에 대한 일관적이지 못한 의사결정, 과다분류와 시설의 비효율적인 활용, 미래의 시설이용이나 계획에 대한 자료의 부족, 그리고 재소자를 세심하게 평가하고 그들이 적절한 교정프로그램이나 서비스를 받도록 하지 못하는 결과를 초래하였다.[16] 더구나 주관적 분류제도는 자세한 문서화나 기록을 거의 요하지 않았기 때문에 특정한 재소자집단이나 인구의 분류수준을 측정하거나 재소자가 그들의 보안수준에 맞는 시설에 수용되는지를 평가할 수 없었다. 또한 이러한 기록 또는 문서화의 부재는 분류제도의 성과를 평가하기 어렵게 하고, 인력·수용공간·프로그램 등과 같은 미래교정이 필요로 하는 것이 무엇인지를 기획하는 데 분류자료를 이용하기 힘들게 만들었다. 이와 같은 주관적 분류제도가 가지는 무책임성과 문서화의 부재는 재소자의 부적절한 수용결정을 초래했고, 이는 다시

---

16 L. Solomon, "Developing and Empirically Based Model for Classification Decision Making," *Prison Law Monitor*, 1980, 217 : 234~237.

법원의 개입을 초래하게 되었다. 그래서 일부에서는 위헌성·임의성·일관성의 부재, 그리고 타당성의 결여가 주관적 분류제도의 가장 중요한 문제점이라고 주장한다.

　이러한 문제점들을 자세히 살펴보면 전적으로 주관적인 분류방법에 의한 수용지정은 특정 재소자에 대한 또는 그에 의한 위해를 예방하기 위한 적절한 수용지정이 되기가 어렵기 때문에 위헌성의 시비가 발생한다. 또한 임의성이란 비록 엉성하게 구조화된 분류제도라도 이론적으로는 재소자의 사례별 필요성에 대응할 수 있는 능력을 가질지 모르지만, 임의적일 수 있다는 위험성이 도사리고 있다는 것이다. 분류담당자를 위한 지침이 거의 없기 때문에 거실지정 등의 결정에 대하여 단순한 느낌 이외에 다른 근거나 기초를 제시하기 어렵게 된다. 이 경우 분류담당자는 일관성을 유지하기 어렵고 재소자들은 그러한 결정을 불공정한 것으로 인식하기 쉽다. 이는 곧 재소자의 좌절감을 초래하거나 재소자로 하여금 가장 유리한 판단과 결정을 하는 담당자를 찾아 나서도록 하는 결과를 초래하게 된다. 또한 이처럼 자의적인 결정은 재소자들이 그들의 필요에 상응한 감시·감독을 받지 못하게 되는 결과를 가져올 수도 있게 된다. 그리고 일관성의 부재는 심지어 아무리 훌륭한 교정시설에서도 두 개의 위원회나 두 사람의 분류담당자가 동일한 사안에 대해서도 전혀 다른 결정에 이르게 될 수 있다는 것이다. 물론 약간의 다양성은 있을 수 있지만, 그러한 제도는 분류제도의 기본적 목적과 교정관리를 충족시키는 데 장애가 될 수 있는 것이다. 끝으로 타당성의 결여는 어떠한 도구의 타당성이란 그 도구가 측정하거나 예측하고자 했던 것을 제대로 정확하게 측정하고 예측하는 능력인데, 주관적 분류의 경우에는 그것이 어렵거나 적어도 검증이 불가능하다는 것이다. 즉 결정권자가 실제 의사결정요소에 근거하여 그러한 결정을 하였는지 규정할 수 없고, 따라서 어떠한 요소가 분류결정에 영향을 미쳤는지 알 수 없기 때문에 분류방법에 대한 효과성과 정확성을 조사할 수 없게 된다. 이러한 이유로 주관적 분류제도는 점점 비판을 받게 되고, 법원이나 시민의 교정에 대한 책임성의 요구라는 견지에서 받아들이기 어려운 것으로 간주되고 있다.

　이러한 문제들을 개선하기 위하여 미국에서는 법원이나 미국교정협회와 같은 기준설정기관에서 객관적 분류제도의 이용을 권고하게 되었다. 이러한 요구에 대한 반응으로써 교정에서도 객관적이고 믿을 만한 방법으로 측정될 수 있는 타당하고 합리적인 범주에 의존하는 분류제도를 지향하게 되었다. 일반적으로 이 객관적 분류범주로서 이용되는 변수들은 특성상 사실적이며 교정시설의 규율에 대한 동조성에 미치는 재소자의 실제 위험성을 평가하는 데 어느 정도 관련을 가지는 것들이다.

　1970년대 이후 미국에서는 형사정책의 보수화 등에 인하여 수용인구의 증대와 수용기간의 장기화를 초래하였고, 이는 곧 과밀수용으로 이어져서 교정에 상당한 긴장을 가져다주었다. 그러한 긴장 중의 하나는 공공의 보호라는 교정의 일차적 목표를 충족시키면서 동시에 제한된 수용시설과 부족한 재정 등을 이용하여 효과적인 재소자관리 및 교도관의 안전을 도모해 나가야 한다는 인식이라고 할 수 있다. 따라서 재소자분류가 교정관리의 도구로서만이 아니라 의사결정에 있어서 일관성과 형평성을 고양시킬 수 있는 수단으로 간주되었으며, 더불어 교정에 대한 법원의 개입도 분류와 교정관리의 관계를 되새겨 보게 하였다.

이처럼 법원을 비롯한 기타 다양한 기준설정기관들이 교정기관으로 하여금 위험성의 정도에 상응한 시설에 재소자를 수용하도록 압력을 가하게 되고, 이에 대응하여 교정기관에서는 교정기관 전반에 걸쳐서 일관적으로 적용될 수 있는 새로운 방법의 평가방법을 필요로 하게 되었다. 이러한 법원의 개입과 더불어 과밀수용을 적절하게 관리하고 구금수준에 맞는 시설의 건축을 계획하기 위해서도 타당하고 신뢰할 수 있는 분류과정이 필요하게 되었고, 이에 대한 반응으로서 객관적 분류제도가 1970년대부터 미연방교정국을 필두로 캘리포니아주교정국과 미국의 국립교정연구소에 의하여 개발되기 시작하였다.

2. 초기의 객관적 분류제도

객관적 분류제도의 1세대들은 재소자를 적절한 보안수준의 시설에 수용하기 위하여 재소자의 범행경중, 전과경력, 가정환경, 그리고 행형성적 등 객관적이고 신뢰할 만한 척도에 주로 의존하였다. 결국 초기의 객관적 분류는 적절한 시설수용과 시설 내에서의 거실지정을 결정하기 위하여, 즉 높은 수준의 보안이 필요한 재소자가 그에 상응한 수준의 보안시설에 수용될 수 있도록 하기 위하여 이용되었다. 이처럼 1970년대 중·후반에 이르러 나타나기 시작한 이러한 재소자분류의 새로운 세대는 교정당국의 상당한 관심을 끌게 된다.

객관적 분류제도를 초기에 주장한 학자나 교정실무자들은 교정관리에 있어서 위험성이 있는 재소자나 실제 문제유발자들의 속성을 교정사고와 연관시켜 측정함으로써 파악할 수 있을 것으로 믿었다. 왜냐하면 그들은 문제재소자가 일반재소자와는 그 속성상 매우 다른 점이 있으며, 재소자의 미래행위는 그들의 속성에 기초하여 예측될 수 있을 것으로 추측했던 것이다. 교정당국도 객관적인 분류기준의 각 위험성요소에 가중치를 부과함으로써 개별 재소자의 위험수준에 가장 적합한 교정시설에 수용할 수 있는 예측능력이 향상될 것으로 기대하였다. 이러한 기대감은 형을 선고하는 법원의 자료 등에 대부분 의존할 수밖에 없었으나, 당시 교정당국에서의 분류결정에는 매우 중요한 것이었다.

한편 객관적 분류의 목적은 6～12주마다 실시하는 재분류에 의하여 가장 잘 실현될 수 있는데, 재분류는 재소자의 수용생활태도를 평가함으로써 판단되는 것이다. 따라서 재소자로 하여금 교도소의 규칙에 동조하도록 자극하는 인센티브(incentive)제도를 도입하여 선행에 대하여는 보상하고, 반대로 비행에 대해서는 처벌하는 제도적 장치를 도입하기도 하였다. 즉 재소자 재분류는 수용생활의 태도들에 기초하여 구금수준이나 처우단계를 재소자 스스로 올라가고 내려갈 수 있도록 구조화한 것이다. 이러한 시도는 보상과 처벌에 의해 재소자들의 수용생활태도가 변화될 수 있다는 가정에서 출발한다.

3. 객관적 분류제도를 위한 조직구조

객관적 분류는 단순한 일련의 점수화도구가 아니어서 재소자를 어떻게 수용하고 이송할 것인가라는 견지에서 본다면, 기존의 교정조직구조는 상당한 개혁이 필요하게 된다. 특히 재소자 분류의 결정권을 가진 독립된 중앙조직과 더불어 지역별 분류전담기구의 설치를 통하여 보다 체계화된 절차적 장치가 마련되어야 한다. 이를 통해서 상당히 단순화된 기준에 의거하여 분류하던 방식을 과학적이고 전문화된 방법으로 전환할 수 있으며, 일선기관에서도 문제가 많은 재소자를 서둘러 다른 기관에 이송하고 문제없는 재소자만 수용하고자 노력하던 기관장들의 잘못된 인습이 사라질 수 있다. 왜냐하면 모든 이송은 중앙의 분류기관에 의하여 통제되기 때문이다. 한편 객관적 분류방식은 상당히 복잡하고 자동화되어 있기 때문에 분류진단과 처우방법의 기획능력을 갖춘 전문가를 필요로 하게 된다. 정확하게 말해서 실제로 교정시설에서 분류담당부서는 모든 재소자의 수용관리 및 처우방법을 결정하고 평가하는 핵심기구이다.

4. 객관적 분류의 목적

재소자의 객관적 분류는 다음과 같은 다양한 목적으로 재소자를 개별적으로 구분하는 과정이라고 할 수 있다.

첫째, 재소자의 위험성에 따른 수용관리계획을 수립하기 위한 목적으로 범죄자를 개별적으로 평가한다.

둘째, 재소자를 진단하여 한정된 교정자원 내에서 가장 적합한 처우프로그램(정신 및 건강의료서비스, 직업훈련, 교육·작업 등)의 내용을 결정한다.

셋째, 신입시 분류결정의 결과를 재평가하기 위하여 처우효과 내지는 개선가능성을 측정하여 재분류한다.

넷째, 재소자를 지역사회전환프로그램에 회부하고 특별한 필요성을 평가하기 위하여 행해지는 것으로 정의될 수 있다.

이러한 재소자분류는 모든 단계에서의 교정제도와 교정시설의 전반적인 운영과 행정의 중요한 부분으로서 총체적인 교정관리의 견지에서 행해져야 한다. 중앙교정당국의 입장에서는 분류정책과 분류목표, 그리고 분류절차가 당국의 교정철학, 교정자원, 그리고 교정의 필요성을 충족시켜야 하고, 교정시설에서 분류정책은 보안·구금·처우프로그램의 필요성을 평가하는 데 도움이 되고, 신입수용에서 지역사회로의 전환에 이르기까지 재소자의 이송과 배치를 결정하는 데도 도움이 되어야 한다. 교정관리에 있어서 핵심적인 원동력으로써 인식되는 재소자분류는 효과적인 교도소관리를 위한 정보의 제공, 재소자에 대한 교정당국의 의사결정능력의 향상, 그리고 공공의 안전과 같은 교정관리 분야에 상당한 영향을 미치게 된다.

(1) 과밀수용의 관리

현대교정이 겪고 있는 심각한 문제의 하나인 과밀수용은 그 자체도 문제이지만 과밀수용이 교도소운영과 관리의 모든 분야에 영향을 미치게 된다. 예를 들어 시설보안, 교도관과 재소자의 안전과 건강, 그리고 기타 요청되는 기준의 위협 등에 대한 우려를 불러일으키게 된다. 물론 재소자분류가 이러한 과밀수용의 추세를 뒤집을 수는 없지만, 교정당국으로 하여금 자원을 효율적으로 활용할 수 있도록 도움을 줄 수 있다. 적절한 객관적 분류로서 동료재소자에게 상당한 위험을 초래할 수 있는 재소자들을 특수한 교정시설이나 별도의 사방에 수용하고, 반면에 위험성이 낮고 감시·감독의 필요성이 낮은 재소자는 보안수준이 낮은 시설에 수용할 수 있을 것이다. 또한 적절한 분류심사는 일정한 조건을 전제로 일부재소자들을 지역사회프로그램으로 전환시키거나 조기에 석방시킬 수 있을 것인지 결정하는 데 도움이 될 수도 있을 것이다. 그 밖에 재소자분류가 장래 수용인구의 증감에 대한 예측 및 프로그램의 기획과 계획에 도움이 될 수도 있다. 또한 이러한 분류심사의 결과로 얻어진 정보에 기초하여 재소자집단이 필요로 하는 것을 충족시킬 수 있도록 교정시설이 적응할 수 있게 해주기도 한다. 나아가 이들 자료는 제한적인 위험만을 야기하는 비폭력적 범죄자에 대한 중간제재를 더 많이 활용할 수 있도록 하기도 한다. 재소자분류가 수용인구를 줄일 수 있는 손쉬운 해답은 아니지만, 과밀수용이라는 문제를 다루는 하나의 효과적인 도구는 될 수 있다.

(2) 재무관리와 제한적 자원의 효과적 활용

　교도소란 기본적으로 고비용이 드는 곳이지만, 여러 가지 이유로 충분하지 못한 예산배정에 따라 제한된 자원의 한계를 겪지 않을 수 없다. 특히 행형경비의 증대, 예산의 부족, 그리고 과밀수용이라는 어려움에 처한 교도소의 입장에서 재소자분류는 당연히 부족한 자원을 더 효율적으로 활용하기 위한 훌륭한 방안의 하나로 간주될 수 있다. 즉 고비용의 중구금시설에 수용할 필요가 없는 재소자를 정확한 분류방법을 통해 선별해 내거나 실제 비폭력적이고 위험성이 적은 재소자는 저비용의 구금시설에 수용할 수 있는 효율성을 발휘하게 된다. 따라서 제한적이고 부족한 고가의 교정자원을 잘못 이용하는 오류를 줄일 수 있다. 특히 프로그램자원이 점점 더 부족해지는 시기에는 객관적 분류는 안전하고 인본주의적인 교정환경에 걸맞는 시설과 서비스의 활용을 위해서 가장 효과적인 방법의 하나가 될 수 있다. 보안구금과 처우프로그램에 대한 수요와 재소자의 다양한 요구의 증대는 객관적 분류심사를 통하여 물리적·재정적 또는 인적 자원을 가장 효율적으로 활용할 수 있도록 지원해 줄 것이다.

(3) 양질의 의사결정

　주관적 분류과정은 객관적으로 증명할 수 있는 문서의 부재, 의사결정을 위한 분명하고 확실한 범주의 부족, 구조화되지 못하고 자의적이며 변덕스러운 것으로 비판받고 있다. 사법부에서도 재소자분류제도가 자의적이고 비합리적이며 차별적이어서는 안 되고, 분명히 이해할 수 있고 일관적으로 적용되며 개념적으로 완전하고 타당성이 완전하게 검증될 것을 요구하고 있다. 따라서 객관적 분류는 공평하고 일관적인 의사결정에 기여하고 재소자의 위험수준에 따른 최소제한적인 구금과 감독에 맞게 재소자를 배치하는 두 가지 목표를 가지게 된다. 객관적 분류제도는 보다 일관된 의사결정과 직원의 실수와 분류정책의 잘못된 해석, 그리고 덜 위험한 재소자를 고비용의 중구금시설에 수용 지정하는 등의 과다분류 정도를 줄이는 데 기여한 것으로 알려지고 있다.[17] 즉 최소제한적 구금과 감독의 원리로서 과대분류나 과대감시를 결정하는 오류를 최소화하는 것이 객관적 분류제도의 가장 중요한 목표의 하나이며, 개별적 범죄자에 대한 적절한

---

17 J. Alexander and J. Austin, *Evaluation of the Alabama Department of Corrections' Objective Prison Classification System*, San Francisco : National Council on Crime and Delinquency, 1992.

수준의 보안과 구금을 결정하는 것이다.

(4) 교도소관리와 운영

객관적 분류제도는 교정시설의 질서 있는 운영과 관리에 공헌할 수 있으며, 교정의 목표와 사명을 수행하는 데 중요한 수단이 되고 있다. 그래서 객관적 분류의 목적은 범죄자를 기존의 자원에 필적하도록 하는 것과 필요한 자원을 파악하는 것 두 가지라고 할 수 있다. 위험성평가와 보안등급에 따른 수용시설의 지정은 가장 많은 관심을 받는 분류제도의 구성요소이고, 또한 분류제도는 서비스와 프로그램을 위한 재소자의 필요성에 초점을 맞추어야 한다.[18] 구금, 이송, 그리고 지역사회프로그램에 적용되는 자격에 관한 의사결정은 교정시설이나 중앙 분류기구로부터 정보를 체계적으로 조정함으로써 얻어질 수 있다. 교정당국은 객관적이고 논리적으로 결정된 분류결과에 기초하여 개별 재소자의 욕구가 무엇인지를 파악할 수 있으며, 수용 중 재분류절차나 특별처우에 대한 재량권의 당위성을 확보할 수 있다. 또한 재소자분류는 각 재소자에 대한 적절한 보안과 구금의 수준을 결정하여 교도관과 재소자 간의 쟁송, 폭력, 공포, 그리고 권력남용의 가능성을 줄여 주게 된다.

상식적으로 교정시설의 수용인구는 규모가 크고 폭력성이 커서 위험하며 무질서하게 되면 재소자의 교화개선은 피상적 관심표명으로 한정되고, 대부분의 관심과 자원을 구금과 보안에 집중하게 된다. 그러나 재소자가 덜 폭력적이고 덜 위험하다면 물리적 제재와 적절한 감독과 절차에 대한 관심은 줄어들고, 시설의 관심과 자원이 교화개선에 더 많이 집중될 수 있을 것이다.

(5) 교정기획과 심사

객관적 분류로부터 얻어진 자료를 심사(monitoring)하여 예산을 편성하고, 프로그램개발이나 시설운영을 기획하는 데 활용한다면 매우 유용할 수 있다. 지금과 같이 재정자원이 압박을 받는 반면에 수용시설의 건설과 운영의 비용이 급증하는 때에는 분류자료가 기획이나 예산을 계획하는 데 유용하게 이용될 수 있다. 더불어 객관적 분류제도는 과잉분류를 줄이고, 교정당국으로 하여금 중간제재를 적절하게 혼합하여 활용하게 할 수 있다. 또한 특정한 재소자집단을 수용하고 감독하는 데 필요한 수용시설을 계획하는 데 상당한 도움을 줄 수 있고 또 효과적이라고 알

18 Peggy Burke and Linda Adams, *Classification of Women Offenders in State Correctional Facilities : A Handbook for Practitioners*, Washington, D.C. : National Institute of Corrections, 1991.

려지고 있다. 개인적 측면에서의 분류제도는 범죄자를 평가하여 그들이 필요로 하는 건강·의료·약물남용·교육 등을 위한 서비스와 프로그램을 결정한다. 이러한 평가로부터 얻어진 정보나 자료는 적절한 프로그램을 고안하고 기획하는 데 상당한 가치가 있을 수 있다. 즉 이들 자료는 프로그램운영에 필요한 예산책정의 한 기준이 되며, 재정확보를 위한 기타 자원을 찾는 데 이용되는 것이다. 더불어 분류를 통해 얻은 정보는 교정당국으로 하여금 수용인구의 변화가 교정에 어떠한 영향을 미칠 것인가를 더 잘 이해할 수 있게 해주며, 그에 따라 계획하고 준비할 수 있게 하는 데 도움을 줄 수 있다.

오늘날 특히 폭력범죄를 비롯한 범죄에 대한 염려와 공포로 인하여 형사사법이나 교정에 대한 공공의 관심이 높아져서 교정에 있어서도 그 책임성이 상당한 쟁점이 될 수 있다. 특히 분류심사분야를 비롯한 전 분야에서 사법부의 교정에 대한 개입(hands-on)은 교정당국에게는 지대한 관심사항이 아닐 수 없다. 분류를 통해 교정이 그 목표를 얼마나 효과적으로 수행하고 성취하고 있는가에 대한 유용한 자료와 정보도 제공해 줄 수 있다.

종합하면 이러한 분류자료나 정보는 ① 정해진 구금이나 보안목표에 맞게 범죄자들이 분류되고 있는가. ② 지나친 분류, 즉 과다분류를 하지는 않는가. ③ 객관적 분류범주에서 어느 정도의 예외나 변경이 인정되고 있는가. ④ 교정프로그램이 재소자의 필요성에 맞게 또는 교도관의 경험과 흥미와 같은 기타 요소에 기초하여 고안되어 실행되고 있는가. ⑤ 재소자인구가 어떻게 변하였으며, 앞으로 어떠한 변화가 예견되는가 등의 의문에 해답을 제공할 수 있는 것이다.

(6) 공공의 안전과 보호

시민들의 폭력범죄에 대한 공포가 증대됨에 따라 안전에 대한 공공의 염려와 관심 또한 증대되고 있다. 시민들은 교정당국으로 하여금 재소자의 도주를 예방하고, 지역사회에서 범죄자를 효과적으로 감시하며, 그리고 장래 재범가능성이 없는 재소자만 석방시킬 것을 요구하고 있다. 이러한 공공의 관심과 압력은 특정범죄에 대한 강제형(mandatory sentencing)이나 정기형을 부추기는 한편, 중간제재(intermediate sanctions)나 지역사회교정에 대해서는 부정적인 감정을 나타낸다. 물론 이러한 모든 것이 다 분류제도와 직결된 것은 아니지만, 분류제도는 일반시민의 염려에 관심을 갖게 하는 데 일정한 역할을 하게 된다.

5. 객관적 분류의 조건

객관적 분류에 있어서 분류결정은 주관적 판단이 아니라 분명하게 규정된 범주에 기초하여야 한다. 따라서 객관적 범주는 재소자에게 분류도구를 체계적으로 적용하기 위한 실무적 절차를 수반하는 분류도구로 조직화 되어야 한다. 분류제도의 객관성은 현실적으로 약간의 주관적 판단을 내포하고 일부직원의 주관적 판단을 요하기 때문에 정도의 문제라고 할 수 있다. Buchanan 등(1986)에 따르면, 객관적 분류는 ① 재소자에게 타당한 것으로 검증된 분류도구, ② 모든 재소자에게 적용가능한 동일한 구성요소의 점수화분류, ③ 재소자의 배치와 관련된 것으로 보이는 요소의 적용에만 기초한 결정, ④ 재소자의 배경과 일치되는 보안분류의 지정, ⑤ 예외를 최소화할 수 있도록 유사한 사례에 대한 개별 분류담당자간의 유사한 결정, ⑥ 재소자의 참여, ⑦ 직원과 재소자 모두에게 이해하기 쉬울 것, ⑧ 체계적이고 효율적인 심사(monitoring)능력 등의 조건이 충족되어야 한다.

6. 객관적 분류의 경험적 평가

객관적 분류제도에 대한 경험적 평가가 극히 소수에 지나지 않을 뿐더러 지금까지 이루어진 연구도 방법론적인 면에서 결함을 많이 가지고 있다. 이러한 방법론적 결함에도 불구하고 객관적 분류제도에 대한 평가연구는 기존의 객관적 분류제도의 장점과 한계에 대한 이해의 증진에 기여한 바가 적지 않다. 우선 교정당국이나 일선교정기관의 책임자들은 현재 급증하고 있는 과잉수용인원을 효율적으로 관리하는 것에 있어서 객관적 분류제도가 매우 유용하다고 간주하고 있다.

또한 교도관들이 일관성 있는 의사결정을 하게 되면서 이들에 대한 신뢰도가 증대되었으며 그 결과 판단착오의 비율도 상당히 낮아진 것으로 밝혀지고 있는데, 이는 곧 교도관들이 새로운 분류도구의 점수화범주를 일반적으로 승인하고 있다는 것을 보여 주는 것이다. 더구나 집합적 분류자료는 인력의 충원, 재소자들을 위한 프로그램, 그리고 시설계획 등 자원을 더 효율성 있게 기획하는 것에 활용될 수 있다. 실제로 미국의 경우 많은 주에서 과거에는 구할 수 없었던 분류자료에 기초하여 수용인구를 예측하고 있다. 객관적 분류제도가 교정제도에 미친 영향이라는 관점에서 보면 재소자의 도주나 일탈행위 등의 발생률을 증대시키지 않으면서도 더 많은 재소자를 보안수준이 낮은 저비용의 교정시설에 수용할 수 있게 하였다.

그러나 이러한 연구결과에도 불구하고 분류제도의 예측능력은 기껏해야 약간의 정도에 지나지 않는 것으로 알려지고 있으며, 특히 신입자에 대한 초기분류의 경우는 더욱더 그렇다고 한다. 또한 객관적 분류의 결과로 상당수의 재소자가 보안수준이 낮은 교정시설에 수용되었지만 오히려 도주사고 등의 발생률은 낮아졌다는 긍정적 평가도 있으나, 이러한 초기분류를 통해 나누어진 경구금시설과 중구금시설의 재소자들이 특별한 차이 없이 유사한 수형행태를 보여 주었다는 사실도 밝혀지고 있다. 이러한 사실은 교정시설의 여건과 환경이 재소자의 행태에 특별한 영향을 미치고 있다는 것을 보여 주는 것이다. 즉 구금수준, 인력수준, 프로그램기회, 그리고 기타 시설특성 등이 재소자의 행태에 재소자의 특성과 적어도 동일한 또는 더 큰 영향을 미치고 있음을 보여 주는 것이다.

이러한 쟁점에도 불구하고 객관적 재소자분류제도는 교정제도에 다음과 같은 영향을 미치는 것으로 보고되고 있다.[19]

첫째, 재소자측정도구의 발전으로 과다분류문제가 점차 감소하면서 대부분의 경우 경구금 또는 중구금으로 구금수준이 분류되는 재소자의 비율이 종전에 생각했던 것보다 상당한 정도의 분류판단의 착오가 있었다는 사실이 밝혀졌으며, 실제로 25~40%의 재소자가 경구금시설에 안전하게 수용될 수 있을 정도임을 발견하기에 이르렀다.

둘째, 분류에 관한 의사결정의 일관성이 증대되고, 교도관의 실수와 분류정책에 대한 오해가 감소하였고, 도주나 수용사고의 발생률이 낮아지거나 적어도 증대되지는 않았다.

셋째, 재소자의 위험수준에 맞는 교정시설에 재소자를 적절하게 수용할 수 있는 능력이 향상되었다. 물론 위험성예측의 범주에 관한 쟁점과 문제가 있지만 기존의 분류범주도 무시못할 정도의 예측력을 가지고 있다는 상당한 증거들이 제시되고 있으며, 교도관들도 객관적 분류도구를 유용한 예측도구로 인식하고 있다.

넷째, 재소자의 비행이 객관적 분류범주와 관련이 있음에도 불구하고, 교정시설의 환경이 재소자의 비행에 동등한 또는 더 중요한 요인이라는 증거들이 제시되고 있다.

---

19 California Department of Corrections, *Inmate Classification Study: Final Report*, Sacramento, CA: California Department of Corrections, 1986.

7. 객관적 분류의 미래쟁점

물론 그동안 객관적 분류제도에 많은 발전이 없었던 것은 아니지만, 교정에 있어서 보다 더 효율적이고 유용한 것이 되기 위해서는 몇 가지 해결되어야 할 쟁점도 남아 있다. 대부분은 그 타당성이 제대로 검증되지 못하였고, 교정의 철학과 이념을 완전하게 반영하지 못하였으며, 구금과 보안에 관련된 것 이외의 다른 요소가 잘 고려되지 않는다는 등이 지적되고 있다.

(1) 객관적 분류제도의 타당성검증

사실 대부분의 경우 객관적 분류제도에 대한 평가와 검증이 제대로 행해지지 못하고 있다. 그러나 이에 대한 객관적인 평가를 하지 않음으로써 얻을 수 있는 특히 객관적 분류제도가 평가를 받았을 때 중요한 장점을 잃게 된다. 그런데 분류제도에 대한 평가와 타당성의 검증은 ① 분류제도가 어떻게 기능하는가에 대한 자세한 기술을 제공하며, ② 원래 의도에 맞게 기능하는가를 비교할 수 있으며, ③ 폭력, 도주, 교도관의 사기, 운영경비 등과 같은 주요한 지표에 어떤 영향을 미치는가를 결정할 수 있고, ④ 의사결정의 일관성과 신뢰도를 향상시킬 수 있는가를 결정할 수 있다는 점에서 중요한 의미를 가진다. 즉, 교정당국에서는 객관적 분류제도가 근본적으로 공정하고 논리적이며, 교정당국과 재소자 모두의 필요성을 충족시켜 주는 방향으로 설계되고 기능한다는 것을 보여 줄 수 있어야 한다.

(2) 총체적인 객관적 분류제도

물론 일부 분류제도는 재소자가 필요로 하는 서비스를 결정하기 위하여 재소자를 평가하는 의도도 있고 능력도 있지만, 현재 활용되고 있는 대부분의 객관적 분류는 주로 위험성의 검토와 같은 보안이나 구금에 관한 의사결정을 주로 강조하고 있다. 이러한 추세는 교화개선과 재통합적 교정이념의 철학에 대한 부정적 평가와 불만으로 인한 응보적·보수적 무능력화의 재등장과 정기형의 부활이라는 시대적 조류와 그 맥을 같이하고 있다. 그러나 아직도 교정에 있어서 처우가 차지하는 비중이 가장 크다는 점을 고려한다면, 재소자분류는 단순한 위험성의 평가와 분류에 그쳐서는 안 된다. 재소자분류는 범죄자를 평가하여 적절한 서비스·프로그램·처우 등의 기회와 연계시켜 줄 수 있어야 한다.

(3) 성별문제

재소자와 관련한 분류제도의 중요한 쟁점 중 하나는 기존의 분류제도가 여성재소자의 관리를 위한 적정한 도구가 될 수 있는가이다. 그러나 여성재소자를 위한 더 좋은 평가도구가 필요해서가 아니라 일반적으로 여성재소자를 위한 별도의 상이한 도구가 필요하기 때문에 기존의 도구가 여성재소자에게는 적절치 못하다고 한다. 그럼에도 불구하고 그 해결책은 여성만을 위한 특별한 별도의 분류제도를 개발하는 데 있지 않은 것 같다. 그것은 성별이 재소자를 분류하는 원리로써 활용되어서는 안 된다는 사실이 중요하기 때문이다. 하지만 남성재소자와 달리 대부분의 여성재소자가 위험성이 높은 재소자로 간주되지 않기 때문에 그들을 위한 분류제도는 교화개선, 석방준비, 지역사회로의 전환 등과 같은 비구금적·비보안적 사항에 초점이 맞추어져야 한다는 것이다.

(4) 중간제재

대다수 나라의 형사정책이 범죄인의 구금을 위한 교도소와 무능력화의 중요성을 강조해 왔기 때문에 비폭력적 범죄자에 대한 비시설수용적 제재나 단기시설수용과 같은 대안을 충분하게 활용하지 못하였다. 일부 특정범죄자에 대해서는 가택구금·주간처우·충격구금·배상명령·중간처우소 같은 중간제재가 시설수용에 못지않게 효과적이면서도 저비용이라는 매력을 가지고 있다. 교정당국에서는 이들 범죄자들에게 적절하고 효과적인 형사제재의 범위를 정하여야 하며, 분류제도는 이렇게 다양한 재소자의 위험성과 필요성을 평가하여 적절한 프로그램에 배치할 수 있도록 만들어져야 한다. 더구나 자원의 부족, 수용인구의 증대, 그리고 교정경비의 상승으로 인하여 중간제재의 필요성과 중요성은 더욱 강조될 것이기 때문에 이에 대한 분류제도의 기여도 증대되어야 할 것이다.[20]

---

20 P. Solomon, "Response to 'Model Program for the Treatment of Mentally Ill Offenders in the Community'," *Community Mental Health Journal*, 35(5), 1999, pp. 473~475.

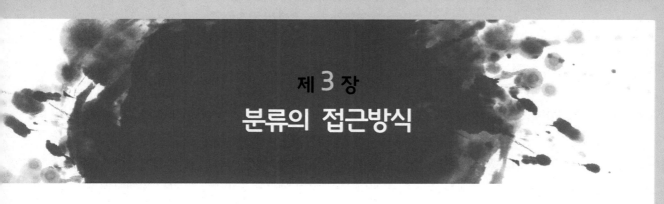

제3장
분류의 접근방식

제1절 내부관리목적의 분류제도

 ## 1. 재소자의 분류와 관리

오늘날 범죄자의 분류는 일반적으로 받아들여지고 있는 관행의 하나이다. 현재 이용되고 있는 제도는 주관적인 것에서부터 객관적인 것, 그리고 단순한 것에서 복잡한 것에 이르기까지 매우 다양하다. 이처럼 다양한 분류제도는 서로 다른 범주의 범죄자는 반드시 다르게 분리하고, 다르게 처우되어야 한다는 일반적인 인식에 기초하고 있다. 이들은 또한 다음과 같은 공통의 기본전제하에 이루어지고 있다.

첫 번째 전제는 미래행위에 대한 가장 보편적인 예측요소는 과거행위라는 것이다. 거의 모든 현재의 분류제도가 대부분 개인적 배경이나 과거의 범죄경력에 관한 정보와 자료에 의존하고 있음이 이를 대변해 주고 있다.

두 번째 전제는 범죄자는 공공의 안전과 시설의 질서를 확립하는 데 필요한 최소한의 제한적 여건에 수용되어야 한다는 것이다. 그렇지 않다면 재소자가 불필요한 위험에 처해지고, 범죄성이 보다 고착화된 범죄자와의 접촉을 통해 부정적 영향을 받게 되며, 교정기관에도 필요 이상의 수용경비를 전가시키게 된다.

세 번째 전제는 재소자들이 보다 공격적이거나 범죄성향이 강한 범죄자들과 같이 수용되는 것보다는 자신과 비교적 유사한 범죄성을 지닌 재소자들과 수용된다면, 시설 내에서의 관리문제가 보다 적게 표출될 것이라는 사실이다.

마지막 전제는 공공의 안전이라는 견지에서 대부분의 재소자분류에 관한 결정을 할 때, 조금이라도 의심스러운 경우에는 보수적인 입장을 취하게 된다는 것이다.

교도소에서의 재소자분류는 과밀수용이 위기의 수준에 이를 정도로 악화되면서 더욱 많은 관심을 얻게 되었다. 문제는 수용인구가 양적으로만 증대된 것이 아니라 재소자의 특성도 변하였다는 사실이다. 즉 범죄자를 사회로부터 장기간 격리하기 위한 각종 보수적 법률과 형사정책으로 인하여 주로 중누범자, 폭력범죄자, 그리고 최근에는 마약범죄자가 수용되고 있는 것이다. 또한 일부에서는 다수의 초범자와 재산범죄자를 전환시켰던 부정기형과 보호관찰부 형의유예가 폐지되었을 뿐만 아니라 폭력범죄자의 수용인원과 수용기간을 증대시키게 되었다. 그 결과 폭력범죄자가 교정시설에서 차지하는 비중이 증가하고 있다. 이러한 상황에서 교정당국에서는 재소자와 직원의 안전에 대하여 점점 더 많은 관심을 가지지 않을 수 없고, 따라서 재소자의 분류와 관리가 상당히 중요한 부분이 되고 있다.

1970년대 말 새로운 형태의 객관적 분류제도가 미국의 연방교정국에서 만들어진 이후 제한된 수용공간과 교정자원을 투명하게 이용할 필요성과 의사결정에 있어서 일관성을 요구하는 법원의 명령으로 인하여 객관적 재소자분류는 더욱 그 필요성을 더하게 되었다. 이들은 주로 적정한 수준의 보안과 구금을 요하는 시설에 범죄자를 수용하기 위하여 범행의 경중, 전과기록, 가족 및 사회적 안전성, 그리고 행형성적 등의 객관적이고 믿을 만한 측정에 의존하고 있다.

물론 이러한 제도가 위험수준에 따라 재소자를 집단화하지만, 각 분류단위 내에서도 재소자의 범죄성향·생활안정성·재범확률·교육수준·작업기술·정직성 등에 관하여 아직도 상당히 다양하다. 그런데 다양한 사람과 문제를 효과적으로 다루기 위해서는 이들 개인적 특성을 이해하고 상이한 수준의 감독과 처우를 적용하는 데 있어서 융통성이 있어야 한다. 그것은 재소자를 더 잘 이해하고 감독과 처우의 적용에 있어서 더 많은 융통성을 발휘하는 직원일수록 재소자를 관리하고 교도소폭력을 통제하는 데 더 효과적일 수 있기 때문이다.

2. AIMS분류제도

일부 교정시설에서는 재소자의 인성에 따라 분류하는 또 다른 분류제도를 시험하고 있다. 이 분류제도는 객관적 구금분류를 보완하기 위하여 고안되고 있다. 주된 내용은 경구금·중간구금·중구금과 같이 재소자의 인성에 따라 적절한 보안수준을 공유하는 재소자들을 분류하여 특정한 교정시설 내에서 재소자들을 위한 수용공간과 프로그램을 지정하는 것이다.

　　Quay의 성인내부관리제도(AIMS)는 내부관리분류제도의 처음이자 가장 잘 알려진 것이라고 할 수 있다. AIMS는 재소자의 생활사기록의 분석과 교정적응검사표라는 두 가지 조사표에 의존하여 재소자를 분류하고 있다. 각 재소자는 이들 두 가지 조사표에 기초하여 다섯 가지 집단 중 하나에 배정된다. 각 집단에 따라 비행에 대한 빈도와 기대치가 상이한 것으로 알려지고 있다. 예를 들어 집단 1과 2는 heavy로 특징지어지는데, 이들 집단에 속하는 재소자들은 관리상의 문제를 쉽게 야기하고 공격적·폭력적·약탈적 행위에 가담하기 쉽다고 한다. 반대로 집단 3은 행동이 조금 더 좋은 편이고 약간의 관리문제를 보이나, 집단 4와 5는 관리상의 문제를 거의 보이지 않는 것으로 알려지고 있다. 집단 1과 2는 가해자와 교정당국에 대하여 도전적인 것으로 특징지어지며, 집단 4와 5는 반대로 쉽게 피해를 당하는 것으로 특징지어진다. 따라서 집단 4와 5에 속하는 재소자들이 집단 1과 2에 속하는 재소자들로부터 피해를 당하지 않도록 하기 위하여 집단 4와 5에 해당되는 재소자를 집단 1과 2에 속하는 재소자들과 분리하여 수용하는 것이 현명한 것이다.[1]

3. PMC분류제도

　　재소자관리분류제도(Prisoner Management Classification : PMC)도 잠재적 가해자와 피해자는 물론이고, 특수프로그램이나 감독을 요하는 재소자를 신속하게 선별하기 위한 기제(mechanism)를 교도관에게 제공하기 위하여 고안된 것으로 재소자의 유형에 따라 재소자를 집단별로 나누는 것이다. 그러나 PMC는 AIMS나 다른 내부관리분류제도와는 별도로 개발되었다. 즉 1970년대 말경 원래 보호관찰을 위하여 개발된 내담자관리분류(Client Management Classification : CMC)로부터 따온 제도이다.

　　이러한 PMC는 특별히 훈련된 분류직원이 재소자와의 면담을 통하여 현행범죄, 범죄경력, 가족, 직원, 동료재소자, 그리고 친구와의 관계, 심리적 또는 성적 문제 등 기존의 어려움, 그리고 출소 후 계획 등을 다루는 질문서, 사회적 지위와 범행에 관한 사실평가자료, 면담 중 재소자의 행동에 관한 평가, 재소자의 문제영역에 대한 면담자의 인상에 관한 자료가 선다형 척도로 면담자에 의해서 부호화되어 이를 기초로 재소자를 다섯 가지 유형의 집단으로 분류한다.

---

1 H. C. Quay, *Managing Adult Inmates : Classification for Housing and Program Assignments*, College Park, MD : American Correctional Association, 1984.

(1) 선택적 개입상황과 선택적 개입치료그룹

SI-S집단과 SI-T집단 모두 일반적으로 긍정적·사회적 가치구조와 안정적 생활유형을 지니는 것으로 특징지어진다. SI-S(Selective Intervention-Situational Groups) 재소자들은 대부분 현재의 범행이 초범인 경우가 많은 집단이다. 범죄동기도 일반적으로 단발적인 스트레스에 의한 것으로 범죄행위가 다른 일반적 범죄자와는 통상적인 가치구조와 차이가 있게 된다. 따라서 이들은 특별한 프로그램이나 감시·감독을 요하지 않는다.

SI-T집단(Selective Intervention-Treatment Groups)은 대개의 경우 성범죄경력, 상당한 알코올 또는 약물남용, 심각한 감정적 장애 또는 폭력적 범행경력 등과 같은 특수한 요인을 가진다는 점에서 SI-S집단과 구별된다. 따라서 이들은 특별한 개입이 없다면 감정적·심리적 문제가 지속되기 쉽다. 때로는 직업적으로 또는 대인관계상 제대로 기능할 수도 있지만, 출소 전에 이들 심리학적 필요성이 해결되지 않는다면 지속적인 범죄가담의 가능성은 매우 높다고 할 수 있다. 그러나 이들 재소자집단은 모두 가장 문제가 적은 재소자들이며, 이들에게는 현실지향적인 상담이 잘 적용되는 경향이 있고, 다른 집단에 비해 보다 정직하고 믿을 만한 것으로 알려지고 있다.

한편 교정시설에서 SI 집단의 재소자들은 자신의 범죄와 구금에 대하여 지나칠 정도로 민감한 반응을 보일 수도 있어서, 특히 수용초기단계에서 우울증을 보일 수도 있고 자살의 충동을 가지거나 또는 자신에 대한 비난에서 모든 책임을 부정하는 입장으로 완전히 생각을 바꾸기도 한다. 이들은 철저하게 뒤로 물러나서 있을 수도 있으나 반대로 다른 재소자들과 아주 강력한 유대를 형성하기도 한다. 이러한 유대가 범죄지향적인 동료집단을 형성할 수도 있다. 이는 SI 집단이 타인으로부터의 자신의 보호와 타인에 의한 자신의 수용을 인식한 결과라고 할 수 있으며, 경우에 따라서는 보다 범죄지향적이거나 범죄적으로 발전된 동료집단을 초래하기도 한다.

이들은 수용초기에 그들을 지나치게 동조적이고 건방진 태도를 보인다고 평가하는 다른 재소자들로부터 괴롭힘을 당할 수 있기 때문에 격리수용되는 경우가 증가할 수 있다. 이들은 개인적 안정을 찾을 때까지는 시설에의 적응이 어려울 수도 있으나, 시간이 지나면서 시설환경에 잘 적응하게 되고 보안문제를 가장 적게 표출하며 사동 내에서 긍정적인 영향을 보이기도 한다.

(2) 케이스워크/통제그룹

케이스워크/통제(Casework/Control) 집단은 혼란스럽고 학대받는 아동기를 경험한 경우가 많고, 상습적이고 일반화된 불안정성을 보여 준다. 성인기에는 이 불안정성이 약물남용, 주거와 직장의 빈번한 이전, 그리고 마찬가지로 불안정한 다른 사람과의 유착 등으로 표출되기도 한다. 감정적 문제도 자주 표출되어 우울증으로 인한 자살을 기도할 수도 있고, 심한 경우 병원치료를 요하게 되기도 한다. 교정시설에서는 종종 직원이나 동료재소자들과 대인관계상의 문제에 직면하기도 하여 때로는 문제행동을 저지르기도 한다. 이 집단의 범죄행위와 마찬가지로 시설 내에서의 문제행동도 경미한 것에서부터 심각한 것에 이르기까지 다양하며, 종종 화학적·감정적 또는 대인관계적 문제의 결과로 나타나는 것이다. 사동에서도 이들은 상당한 혼란을 겪게 되는데, 그들의 대인관계의 문제나 부정적 태도로 사방동료와의 어려움을 초래하고 사방을 바꾸어 줄 것을 자주 요청하기도 한다.

(3) 환경구조그룹

환경구조(Environmental Structure) 집단은 사회적·직업적 기술이 부족한 점이 특징이라고 할 수 있다. 이들은 범죄지향적 동료들과의 접촉을 통하여 쉽게 범죄에 끌리고 자주 범죄문제에 직면하게 된다. 이들에게는 지능적 결함이 자주 발견되는데, 이 점이 그들의 사회적·직업적 기술의 부족에 대한 원인 중 하나가 될 수도 있을 것이다. 그들은 일반적으로 충동적이고 정교하지 못한 이유로 범죄에 가담하는 편이며, 다른 사람에게 자신이 좋게 받아들여지기를 바라는 욕구에서 조직에 참여하게 되곤 한다. 그래서 그들의 행위가 위험하고 폭력적일 수 있으나 그 동기는 악의적인 경우가 거의 없으며, 이들의 행위는 통찰력의 부족과 강한 의존성을 보이고 있다.

이들의 낮은 지능과 소질로 인하여 교도관들은 이들을 다루는 데 어려움을 겪게 된다. 이들도 때로는 자신을 수용하고 지지하는 교도관들과 유대를 형성하기도 한다. 이 점이 이들 집단에 대한 약탈적 재소자들의 만행을 제한하는 데 도움이 될 수 있고 긍정적으로 이용될 수 있다.

이들 집단으로 인한 보안의 문제는 주로 그들의 충동성과 다른 재소자들에 의한 약취와 관련된다. 이들은 지능적 결함으로 인하여 시설의 규율과 일상에 대한 기본적 이해가 부족하다. 또한 특수한 문제를 스스로 잘 처리하지 못하고, 대인관계갈등을 건설적으로 잘 해결하지 못한다.

교도관들은 사동에서 이들이 다른 재소자들로부터 쉽게 약취당하거나 이용당할 수 있다는 점을 알아야 한다. 이들은 종종 다른 사람들이 원하는 욕구에 의하여 동기부여가 되고, 긍정적 영향과 부정적 영향을 구별하는 데 어려움을 겪게 된다. 가능하다면 이들은 긍정적이고 지지적인 재소자와 교도관의 영향하에 있도록 하여야 한다.

지능과 기술의 결함가능성이 높다는 점을 볼 때, 이들은 다른 사람에게 받아들여지기도 쉽지 않다. 이들은 대체로 행동이 느리고 이상하며 매끄럽지 못하여 다른 사람들에게 이용당하고 약취당하는 경우 외에는 소외를 빈번하게 경험하게 된다. 특히 수용초기에 담당교도관의 지지적인 태도는 이들 재소자가 보다 수용적이고 참을성 있는 동료재소자를 구할 때까지 매우 도움이 되는 것이다.

(4) 제한적 고정그룹

제한적 고정집단(limit-setting group)은 강력하고 잘 개발된 범죄지향성이 있고, 사회적 가치에 대한 전념이 일반적으로 부족한 것이 특징이라고 할 수 있다. 이들은 범죄에서 성공하는 데 강한 동기를 가지고 있는 반면, 사회적으로 수용될 수 있는 노력(기술향상이나 재주개발 등)에 투자하는 데 별 관심을 가지지 않는 것으로 알려져 있다. 이들 범죄행위의 일반적 동기는 돈, 권력, 그리고 쾌감 등이며, 범죄경력도 많은 것으로 알려져 있다. 따라서 이들은 교정시설을 아주 편안하게 느끼는 것으로 인식되고 있다. 이들은 범죄활동을 통해 형사사법제도를 능멸할 수 있다는 데 강한 직업적 자부심을 가진다. 때로는 약물남용 등의 문제도 있지만, 그것은 일차적 동기라기보다는 그들의 범죄적 생활양식과 환경의 부산물인 경우가 많다.

이들 집단은 과거의 전과나 수용경력, 그리고 익숙한 환경을 이용할 줄 아는 능력으로 인하여 시설에 잘 적응하는 편이어서 시설에서 비교적 좋은 교도작업이나 처우의 적용을 받는 경우가 많다. 그래서 이들의 작업이나 프로그램성취도는 실질적인 태도의 변화를 뜻하는 것은 아닐 수도 있다. 따라서 시설 내에서 행해지는 각종 기준은 일관성 있게 집행되어야 한다. 심지어 경미한 위반이라도 모든 위반에 대하여 공정하고 일관성 있는 제재가 따라야 한다. 이들은 당국의 관대함을 일종의 약점으로 이용하고, 반면에 공정하고 일관된 제재에 대하여는 공경심을 갖게 된다. 또한 이들 집단은 재소자들의 권력구조에서 지도자적 역할을 수행하는 경우가 많기 때문에 취약한 재소자들이 이들로부터 보호되어야 한다.

4. 내부분류제도의 운영

교정에 있어서 비교적 최근의 개념이라고 할 수 있는 내부분류제도는 <그림 3-1>에서 제시된 바와 같이 4단계로 구성된 과정에서 이루어지는 의사결정의 산물이다. 이 모형에 따르면 우선 분류결정은 보안수준을 고려하여 예측된다. 이 결정은 양형의 선고직후에 중·중간·경구금 시설에 수용될 성인남성재소자에게는 거의 표준화된 절차이기도 하다. 범행의 경중, 전과기록, 최초구속의 연령, 약물과 알콜중독경력, 과거 도주경력이나 보호관찰조건의 위반경력, 그리고

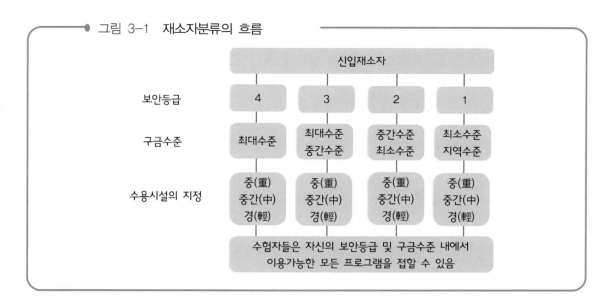

그림 3-1   재소자분류의 흐름

폭력행위의 경력 등과 같은 강력한 경험적 예측인자들을 조작해서 도출된 위험성평가도구들이
이러한 결정을 용이하게 하고 있다.[2]

제 2 절   재소자분류의 전망

재소자분류제도가 그동안 많은 기여와 공헌을 했음에도 불구하고 교정의 미래를 준비하는
데 도움을 주기 위해서는 논의되어야 할 많은 쟁점과 과제가 있다. 교정은 점점 더 확대되고 보
다 다양한 범죄자를 수용하게 될 것이다. 초기의 객관적 분류제도가 교도소운영에 상당한 가치
가 있는 것으로 증명되었지만, 다음과 같은 새로운 과제가 보다 세련되고 발전된 분류절차, 자
료, 그리고 도구의 필요성을 제기하고 있다.

---

2 P. Hoffman and J. Beck, "Recidivism Among Released Federal Prisoners : Salient Factor Score and Five−year
  Follow−up," *Criminal Justice and Behavio*r, 1985, 12(4) : 501~507.

1. 수용인구증대와 과밀수용의 지속

범죄의 단순한 양적 증가와 더불어 형사정책의 보수화는 곧 수형인구의 증대를 초래하게 되었다. 실제로 미국의 경우 이처럼 수형인구의 증가로 인하여 법원에서 정하는 한계수용인원을 지키기 위해 어쩔 수 없이 평균수용기간의 단축이 불가피하게 되었다. 이처럼 재소자이동의 가속화는 의심할 여지없이 재소자분류의 쟁점이라고 할 수 있는 재소자의 구금, 프로그램, 그리고 작업지정 등에 영향을 미치게 되었다. 그런데 이러한 수형인구의 증대는 당분간 지속될 것으로 예견되고 있다. 더구나 이보다 더욱 복잡한 문제는 수용시설은 수형인구의 증대에 상응한 정도로 증설되지 못하고 있는 실정이다. 그 결과 대부분의 시설이 적정수용인원을 초과하고 있는 실정이다. 이러한 여건에서 수형인구의 증대와 변화는 곧 교정자원의 중요성을 더욱 강조할 수밖에 없고, 그 결과 타당하고 믿을 만하며 효과적인 분류제도의 중요성이 점차 더 강조될 것이다.

2. 재소자분류제도의 실행상의 쟁점

교정기관에서는 종종 객관적 분류제도가 빠르고 쉽게 실행될 수 있다고 단순하게 가정하곤 한다. 그러나 실제 경험으로는 객관적 분류제도가 적절하게 고안되고 사전검사를 하여 실행하는 데는 적어도 1년 이상이 소요된다고 한다. 아마도 그 새로운 재소자분류제도의 실행에 있어서 가장 큰 장애는 조직적인 것이라고 할 수 있다. 객관적 분류제도는 기본적으로 재소자가 현재 시설과 프로그램에 지정되는 과정을 근본적으로 변화시키기 위하여 고안된 것이기 때문에 기존의 권력관계를 위협할 수 있는 것으로 받아들여지고 있다. 따라서 최고책임자가 조직의 변화에 강력한 의지를 가지지 않는 한 새로운 분류제도의 시도는 저항에 직면할 수밖에 없고, 때로는 거부되기도 하는 것이다. 이러한 장애물을 넘기 위해서는 재소자분류제도의 실행이 다음과 같은 단계를 따를 필요가 있다.

(1) 재소자분류자문위원회의 설치

교정의 최고책임자는 재소자분류자문위원회에 전체 교정기관의 주요 기능을 대표할 뿐만 아니라 교정직원들로부터 신망을 받을 수 있는 인력을 배치하여야 한다. 이들은 분류의 목표를 뚜렷이 할 수 있는 분명한 사명을 가져야 한다. 끝으로, 자문위원회는 이러한 노력을 다른 기관으로부터 단순히 빌려 오는 것이 아니라 자신들의 직무로서 분류제도를 인식해야 한다.

(2) 실제 실행 전의 분류제도에 대한 시험

실제 재소자에 대하여 실험적으로 사전에 검증되기 전에는 어떠한 분류제도도 적절하게 기능하지 못한다. 이러한 실험적인 검사(pilot test)는 분류도구가 얼마나 잘 기능하는가를 알기 위하여 수형인구를 대표할 수 있는 표본에 원형의 분류도구를 적용할 필요가 있다. 핵심은 이 실험적인 검사의 결과 새로운 제도가 실제로 실행된다면, 재소자의 분류와 수용에 미칠 수 있는 가능한 영향에 대해서 알 수 있게 해준다는 것이다.

(3) 분류제도의 자동화

분류제도는 반드시 자동화되어야 한다. 대부분의 분류제도가 잘 구조화되고 보다 정밀한 점수화 과정에 의존하기 때문에 자동화된 분류제도가 교정당국의 정보관리체제의 한 부분이 될 필요가 있다. 자동화는 구금수준을 결정하기 위한 재소자에 대한 점수화에 있어서 오류를 줄일 수 있고, 분류제도에 따라 재소자가 수용되는가를 점검할 수 있으며, 그리고 업무수행에 대한 평가를 향상시킬 수 있게 해준다.

(4) 충분한 인력과 훈련자원의 제공

분류제도는 분류과정을 집중화하려고 하기 때문에 그 과정을 이해하고 제도를 관리할 수 있는 매우 전문화된 핵심직원에 의존할 수밖에 없다. 특히 분류를 담당하는 중앙부서에서 다양한 교정시설에 재소자의 이동이나 타소이송 및 모든 의사결정에 관한 전반적인 권한을 가질 것이 요구된다. 더구나 분류절차나 정책에 대한 직원들의 동조성을 높이기 위하여 직원들에 대한 종합적인 특수교육이 요구되기도 한다.

(5) 평가결과에 기초한 제도의 변화와 심사의 대비

마지막으로 모든 분류제도는 점검되어야 하고, 주기적으로 평가되어야 한다. 점검하는 것은 분류제도가 처음 의도하였던 대로 제대로 기능하는지를 확인하기 위해서이다. 이것이 입증되면 기존의 분류제도를 정당화하고, 분류제도가 재소자에게 어떠한 영향을 미치는가를 결정하기 위한 평가가 이루어져야 한다.

3. 지역사회에 기초한 교정의 활용증대

　　주로 과밀수용으로 인한 것이지만 교정당국은 전통적인 교정시설 밖에서 가능한 많은 범죄자들에게 지역사회에 기초한 교정을 실시하도록 더 많은 요구를 받고 있다. 지역사회교정이 확대됨에 따라 교정관계자들은 어떠한 재소자가 공공의 안전에 가장 적은 위험을 표출하는가를 보다 잘 평가하도록 요구받게 된다. 전통적 교정에서는 재소자분류가 시설 내에서의 비행에 대한 위험을 평가하기 위한 것이었지 지역사회에서의 재범의 위험성에 대한 평가를 위한 것은 아니었다. 결과적으로 중간정도 이상의 보안을 요하는 것으로 평가된 재소자는 지역사회로의 석방에 적합하지 않을 것이다. 이런 점들 때문에 지역사회로의 석방을 결정할 때 대안적 범주를 이용할 수 있도록 하기 위하여 기존의 분류제도를 개량할 필요가 있다.

4. 특수재소자와 특수처우를 요하는 재소자의 부상

　　단순히 수용인구가 증가할 뿐만 아니라 마약범죄자나 컴퓨터범죄자 등 화이트범죄자를 비롯한 각종 신종범죄자와 여성범죄자 및 노령범죄자 등 수용인구의 특성 또한 변하고 있다. 특히 여성재소자의 증가는 대부분의 재소자분류제도가 남성범죄자를 위주로 하고 있어서 중요한 의미를 가진다. 남성범죄자 위주의 분류제도가 여성범죄자에게도 적용 가능한 것인지는 여러 가지 측면에서 의문시되고 있어서 이에 대한 평가가 촉구되고 있다. 그럼에도 불구하고 여성수용인구가 차지하는 비중이 워낙 작기 때문에 이에 대한 관심이 부족했던 것이 사실이어서 그 중요성을 더하고 있다.

　　이보다 더 중요한 것은 보수적 형사정책의 결과로 초래된 과밀수용의 해소를 위한 각종 조기석방제도는 수용기간의 단축과 보호관찰부 가석방조건의 위반을 증대시켜서 수용인구를 단기수용범죄자와 장기수용범죄자라는 두 가지 극과 극의 수용인구집단을 만들게 된다는 사실이다. 그런데 바로 이 장기수용범죄자집단이 기존의 재소자분류에 지대한 도전을 초래하게 된다.

　　끝으로, 물론 교정이 교화개선사상을 조만간에 전적으로 다시 수용할 것 같지는 않지만, 현재의 추세는 성범죄자·마약범죄자·장기실업범죄자 등 특수범죄자집단에 대한 처우프로그램이 새롭게 강조될 것임을 보여 주고 있다. 그것은 이들 특수범죄자에 대한 단순한 형사사법적 제재만으로는 이들의 범죄순환의 고리를 끊지 못했기 때문이다. 결과적으로 교정당국이나 분류제도가 이들 특수범죄자들의 수용기간 동안 재소자들에게 도움이 되는 처우를 파악하여 이들이 필요한 처우를 받을 수 있도록 해야 될 필요가 있는 것이다.

5. 내부분류제도의 역할부상

　　그동안의 재소자분류는 주로 재소자의 보안수준을 고려한 사실적 위험성평가 척도의 개발과 내부분류의 수단으로써 옹호되고 있는 심리학적 분류를 지향하는 방향으로 발전되어 왔다. 그중에서 내부분류란 용어 자체가 의미하는 바와 같이 분류제도 속의 분류제도라고 할 수 있는 것으로서 보안수준을 고려하여 이미 특정시설에 수용된 재소자를 다시 재분류하는 다양한 제도를 말한다. 즉, 시설 내 거실지정, 작업지정, 그리고 프로그램지정을 위한 일선교정시설에서의 의사결정은 더욱 구조화되고 조직화될 필요가 있다. 재소자들이 표출하는 다양한 수준의 위험성을 효과적으로 다루는 데 도움이 되기 위하여 일부 교정시설에서는 AIMS나 I-Level과 같이 재소자를 인성이나 행동유형에 따라 분류하는 또 다른 단계의 분류를 시험하고 있다. 이들은 일선교정시설에서의 재소자 또는 교정관리를 향상시키기 위한 시도라고 할 수 있다.[3]

　　이들 제도는 객관적 구금분류제도를 보완하기 위한 것이며, 그 임무는 재소자들의 인성에 따라 구금이나 보안수준이 같은 재소자를 분류하여 정해진 교정시설에서 수용거실이나 필요한 프로그램을 적절하게 지정할 수 있게 하는 것이다. 객관적 구금분류가 시설간 수용지정에 영향을 미치는 반면, 이 내부관리제도는 시설 내 수용지정과 프로그램지정에 더 초점을 맞추고 있다.

　　내부분류제도에 대한 최근의 평가에 따르면 직원들의 사기와 재소자의 행위에 긍정적인 영향을 미치는 것으로 알려지고 있다. 그러나 이 제도는 재소자와의 상호 작용뿐만 아니라 재소자의 평가에 있어서 직원의 더 많은 훈련을 필요로 하는 보다 복잡한 분류제도임도 명심해야 한다. 극히 일부 교정시설에서만 공식적인 내부분류제도를 실시하고 있다는 사실이 그 실행에 있어서 보다 주의를 기울일 필요가 있음을 암시하고 있다. 이러한 내부분류제도는 조만간 차세대 객관적 재소자분류제도의 한 부분이 되어야 할 필요가 있다.

---

3 L. Gottfredson and D. MacKenzie, *The American Prison : Issues and Policy*, New York : Plenum Press, 1988.

제 5 편

교정처우론

CORRECTIONS

제1장
교육과 작업

 ## 1. 교정교육의 이론적 기초

인도주의사상의 진보와 범죄원인에 대한 사회적 결정론의 전개에 따른 교정주의사상의 발전으로 교육을 통한 범죄자의 교화개선이라는 교육형주의가 교정교육의 이념적·이론적 기초를 제공한다. 특히 범죄자가 청소년이라면 이들의 특성상 교육의 효과가 더욱 크기 때문에 청소년 수형자에 대한 교정교육은 더욱 강조될 수 있다.

범죄자의 교육을 통한 개선에서는 범죄의 원인을 긴장과 기회(strain/opportunity)이론으로 설명하고 있다. 즉 범죄자에게는 문화적 목표를 성취할 합법적 기회와 수단이 차단되거나 제한되기 때문에 범죄라는 불법적 수단에 호소하여 목표를 달성한다. 따라서 이들에게 교육을 통하여 합법적 수단과 기회를 제공함으로써 범죄를 방지할 수 있다는 논리이다.

다시 말해서 사회생활에 필요한 기본적 지식과 기술이 부족하면 합법적 기회가 주어지지 않거나 주어진 기회조차도 활용할 줄 모르기 때문에 불법적·범죄적 기회에 눈을 돌리게 되므로, 교육과 훈련을 통해서 지식과 기술을 습득케 함으로써 합법적 기회와 수단을 조장하고 범행의 동기를 줄일 수 있다는 것이 교정교육의 진수이다.[1]

교정교육이란 처음부터 목적을 가지고 계획된 학습경험과 학습환경을 통해서 범죄자의 행위를 변화시키고자 하는 전체 교정과정의 일부로서,[2] 범죄자의 가치·태도·기술·지식을 향상·

---

1 J. Q. Finckenauer, *Juvenile Delinquency and Corrections*, Orlando, FL : Academic Press, 1984.

발전시키고자 하는 의도에서 기본적 지식과 기술에 대한 교육훈련의 제공뿐만 아니라 보다 긍정적인 자아상의 창조를 동시에 강조하고 있다.[3] 따라서 교정교육은 지식습득을 위한 학과교육, 기술습득을 위한 기술교육 및 직업훈련 그리고 긍정적 자아상 등의 계발을 위한 정신교육 등을 포괄적으로 내포하는 것으로 볼 수 있다. 결국 교정교육은 사회생활, 경제생활 그리고 가정생활 등에 대한 철저한 준비와 개인적 성장의 필요성을 동시에 강조하는 균형된 교육이어야 한다.

2. 교정교육 프로그램 현황

교정시설에서는 교육을 필요로 하는 수형자에게 일반 학과교육과 전문대학 위탁교육, 방송통신대학교육 등 각종 교육기회를 제공하고 있다.

학과교육의 경우 초·중·고등과정으로 구분하여 실시하고 있으며 교육생이 교육과정을 수료하거나 교육기간 중이라도 학업 성적이 일정 수준에 도달했다고 인정되는 경우에는 각 시·도 검정고시위원회가 시행하는 검정고시에 응시할 수 있는 기회를 부여하고 있다. 현재 대학과정의 수료기회를 부여하기 위해 순천교도소에 청암대학 전문학사과정을 설치·운영하고 있으며, 검정고시반, 방송통신고등학교 및 전문대학 과정과 연계하기 위해 여주교도소, 전주교도소, 청주여자교도소 등에 방송통신대학교를 설치하여 운영하고 있다.[4]

3. 교정교육의 평가

범죄자의 대부분이 자의든 타의든 적절한 교육의 기회를 가지지 못한 사람들인데, 교정교육은 이들에게 다양한 교육기회를 제공함으로써 가정에서도 사회에서도 못했던 기능을 할 수 있게 해준다는 사실은 부인할 수 없는 일이다. 실제로 교정시설에 수용된 재소자들의 교육수준은 일반 사회인의 평균에 훨씬 미치지 못하는 낮은 수준이라는 사실과 이들이 배우지 않고는 오늘날의 고학력전문화사회에 제대로 복귀하기 어렵다는 간단한 가정을 고려해 볼 때 교정교육의

---

2 U. S. Department of Justice, *Correctional Education : A State of Art Analysis*, 1987.

3 E. K. Davis, "Offender Education in the American Correctional System : A Historical Perspective," *Quarterly Journal of Corrections*, 1978, 2 : 7~13.

4 교정본부, 전게서, p. 143.

필요성은 분명해진다.[5]

물론, 이러한 교정교육의 성과는 물론 출소 후의 재범률이란 잣대만으로는 잴 수 없는 것이다. 일반인에 대한 교육이 자기를 준비하는 것이듯 교정교육도 재소자의 자기 준비이기 때문에 교정교육을 석방 후의 범죄행위에 대한 직접적인 결정요인으로 단정할 수는 없다.[6] 그럼에도 불구하고 대부분의 연구결과는 긍정적인 것으로 평가받고 있다.

그러나 교정교육은 범죄자의 수용을 전제로 이루어지기 때문에 그를 사회로부터 격리시키게 되어 오히려 사회인으로서의 성장을 저해하고 수용으로 인한 자기존중과 자율성을 잃게 되며, 범죄학습의 우려가 있다는 등의 부정적인 면도 없지 않다. 대부분의 범죄자가 학력수준이 낮은 것은 그들에게 교육기회가 주어지지 않았을 수도 있지만 대개는 그들이 교육열이 적거나 관심이 없고 또는 교육받을 능력, 즉 지능이 부족한 경우가 대부분이다. 따라서 이들을 교육환경으로는 적합하지 않은 교정시설에 집단적으로 수용하여 불충분한 교육여건 하에서 강제적 교육을 한다는 사실은 교정교육의 어쩔 수 없는 한계이다.[7]

즉 재소자들은 대부분 지능이 낮고 교육의욕이나 열의도 떨어지는 일종의 교육곤란자라고 할 수 있다. 또한 이들의 상당수는 정상적인 학교교육으로부터의 실패가 범행의 주요 원인으로 볼 수 있으므로 정상적인 가정과 사회 내에서도 실패한 학교교육이 교육시설과 여건이 훨씬 좋지 않은 교도소에서 성공한다는 것은 처음부터 무리한 기대일 수도 있다. 교정교육의 여건은 전체적인 교정운용에서의 예산·인력·장비 등 거의 모든 면에서 그 우선순위가 거의 마지막을 차지하고, 따라서 우수한 자질의 교사를 충분히 확보할 수 없으며 교육장비와 시설도 불충분할 수밖에 없다.

더구나 교사들 역시 교육에 별 관심이 없는 비교육전문가 밑에서 소위 그들이 의붓자식과 같은 처지로서 일할 수밖에 없다는 사실도 교사들의 사기를 떨어뜨리는 한 요인이 될 수 있다.[8] 결국 일종의 교육곤란자인 범죄자들에게는 일반교육이 아니라 특수교육이 필요하나 일반교육의 여건과 시설보다 훨씬 좋지 않은 교도소 내에서 자질이나 사기가 저하되어 의욕마저 떨어진 교

5 Reid, *The Correctional System*, p. 242.

6 Sylvia G. McCollum, "Correctional Education and Training," pp. 361~368 in Robert Carter, Daniel Glaser, and Leslie Wilkins(eds.), *Correctional Institutions*(3rd ed.), New York : Harper & Row, 1985, p. 363.

7 Constance M. Bobal, "An Unconventional Approach to Providing Educational Services to Violent Juvenile Offenders," pp. 273~282 in Robert A. Mathias, Paul DeMuro, and Richard S. Allinson(eds.), *Violent Juvenile Offenders*, San Francisco : National Council on Crime and Delinquency, 1984.

8 Paul W. Keve, *Corrections*, New York : John Wiley and Sons, 1982, p. 232.

사들로 하여금 교육시키게 한다는 것 자체가 무리일 수 있다.[9]

제 2 절 교도작업

재소자에게 일을 시키는 것은 크게 두 가지 목적이 있다고 한다. 하나는 범죄자를 처벌하는 것의 일환이요, 또 다른 하나는 범죄자의 개선을 위한 것이다.[10] 노동을 통한 교화개선은 일에 의한 훈련과 일을 위한 훈련(training for work and training by work)으로 특징지어진다.[11] 즉 일을 통한 훈련이란 규칙적인 작업을 통해 계발된 근로습관은 지속될 수 있다는 것이고, 훈련을 위한 일이란 교도작업을 통해서 재소자가 직업기술을 터득할 수 있다는 것이다. 재소자에게 있어서 취업이란 법을 준수하는 생활로의 복귀를 위한 중요한 한 방법이기 때문이다.

반면에 혹자는 교도작업의 활용에 대해서 비판을 제기하기도 한다. 초기 교도소개혁자들은 그 시대 교도작업에 있어서 재소자들의 노동력계약시 나쁜 근로조건과 노동력의 착취 등을 비판하였다. 더구나 교화개선의 의미가 더욱 강조되면서 재소자에 대한 처우가 재소자에 의한 교도작업에 우선해야 한다고 주장되었다. 그럼에도 불구하고 오늘날까지도 교도작업은 많은 지지를 받고 있고, 중요한 교정정책의 하나로 취급되고 있다.

따라서 교정의 역사를 보면 교도작업은 항상 두 가지, 어쩌면 상반된 의미를 가지고 있는 것으로 보인다. 그 하나는 재소자의 노동은 일반적인 노동과는 다른 하나의 처벌이며 의무로 간주된다. 다른 하나는 교화개선의 입장에서 보는 것으로 교도작업은 석방 후 재소자의 건설적인 생활을 준비케 하는 수단이며, 사회로부터 재소자의 격리를 줄일 수 있는 방법으로 인식된다.

직업훈련은 직업기술을 계발하고 근로의욕을 고취시키는 것으로 간주되었다. 그러나 이들 두 가지 목적 외에 교도작업은 보다 공리적인 의의도 지니고 있다. 즉 교도작업은 교도소의 예산을 절감할 수 있다는 것이며 그 좋은 예가 교도작업에 있어서 관용제도의 채택이다. 불행하게

---

9 이윤호, 한국형사사법정책론, 법전출판사, 1992, 273~274면.

10 Martin B. Miller, "At Hard Labor : Rediscovering the 19th Century Prison," *Issues in Criminology*, 1974, 9 : 91.

11 Max Grunhut, Penal Reform, Oxford : Clarendon, 1948, p. 209; Clear and Cole, *op. cit.*, p. 348에서 재인용.

도 이러한 의미의 교도작업은 예산절감을 위하여 재소자의 교화개선을 저해하는 결과를 초래할 수도 있다.

사실 교도작업은 초기 교도소의 생성단계에서부터 시작되었다. 독거수용을 하였던 Pennsylvania 제도에서도 수형자는 자신의 방에서 혼자 일을 하도록 하였음에서 알 수 있다. 노동은 개선과정의 일부로 간주되었고, 재소자들의 노동은 그들의 범죄에 대한 처벌의 일종이므로 법적으로도 하자가 없는 것으로 믿어졌으며, 따라서 정부는 그들의 구금으로부터 이익을 얻을 것을 기대하였다.

재소자의 수용방법이 독거구금이건 혼거구금이건 구금의 방법에 대한 논쟁도 사실은 경제적 논리에 입각한 것이었고, 혼거수용이 독거수용에 비해 수용경비나 노동생산성의 면에서 경제적 이점이 있다는 것이다. 거의 모든 교정정책은 생산과 소득을 중심으로 결정되어 교도작업이 항상 교정제도의 발전에 있어서 중요한 부분을 차지하고 있다.[12]

재소자의 노동으로서 소득을 얻는다는 것은 순전히 경제적인 것만은 아니다. 물론 재소자가 자신의 잘못으로 인해서 처벌받고 있으면서 국민의 세금에만 의존하는 것은 곤란하며, 당연히 자신의 범죄로 인한 형사사법경비의 부담을 덜기 위해서는 반드시 일을 해야 된다고 한다. 또한 고된 노동을 부과하여 처벌로서 일을 시킴으로써 응보의 균형을 이룰 수 있고, 미래범죄를 억제할 수 있다고도 한다.

그리고 교도작업을 통해서 대부분 노동을 중시할 줄 모르는 재소자에게 근로정신과 노동의 가치를 심어줄 수도 있다. 이와 함께 시장성 있는 기술과 근로 습관은 취업이 재소자가 책임 있는 사회참여인이 되는 전제이자 기초이기 때문에 자유사회로의 사회, 심리적 재통합의 중요한 요소가 된다.[13] 이보다 더 중요한 것은 교도작업이 재소자의 지루함을 해소시켜 준다는 것이다. 즉 대부분의 수용사고의 원인이 구금에서 오는 지루함에서 기인하기 때문에 교정에 있어서 가장 중요한 사항이 시간의 관리이고 시간관리에 있어서 가장 좋은 것은 할 일을 주는 것이다. 쉽게 말해서 사람이 할 일 없이 지루하면 별 생각을 다하지만 바쁘면 그럴 여유가 없기 때문이다.

이처럼 교도작업의 목적이 다양하기 때문에 이들간 상호 갈등적인 경우가 많이 있다. 만약, 노동을 처벌로 간주한다면 이는 교도작업의 비처벌적 목적을 무시하게 되어 재소자로 하여금

---

12 John A. Conley, "Prisons, Production, and Profit, Reconsidering the Importance of Prison Industries," *Journal of Social History*, 1980, 14 : 257.

13 Elmer Johnson, "Prison Industry," pp. 333~341 in Ronald M. Carter, Daniel Glaser, and Leslie T. Wilkins(eds.), Correctional Institutions(2nd ed.), Philadelphia : J.B. Lippincott, 1977, pp. 333~337.

교도소와 교도관에 대해서 나쁜 감정을 갖게 하여 직업훈련시 중요한 교도관과 재소자 사이의 신뢰감을 구축할 수 없게 된다.

반대로 직업훈련과 교도작업을 취업을 목적으로 하는 것이라면, 교도작업이 가질 수 있는 처벌적 노동의 제지효과는 기대할 수 없게 된다. 한편 교도작업을 교정경비의 자족 등 경제적 목적에만 둔다면, 생산성만을 강조하게 되어 재소자들이 가질 수 있는 잘못된 가치관이나 태도의 교정을 등한시하게 된다.

물론 교도작업이 위에서 언급한 목적을 성취하는 데는 많은 장애가 있다. 가장 중요한 것은 일종의 행형집행기준의 문제로서, 소위 말하는 최소자격의 원칙(principle of less eligibility), 즉 교도작업에 있어서도 사회의 최저임금수준의 비범죄자에 비해 훈련과 취업상 조건이 더 나빠야 한다는 것이다.

추후 이 원칙은 조금 개선되어 일반사회의 최저임금수준의 비범죄자보다 좋아서는 안 된다는 비우월성의 원칙(principle of nonsuperiority)으로 바뀌었지만, 교도작업에 있어서 선진기술의 교육, 취업 그리고 교도작업임금제 등 교도작업발전과 개선에 있어서 중요한 요소들에 대한 큰 장애요인임에는 틀림없다.

교도작업은 시간이 지남에 따라 그 운영방법이 많은 변화를 겪어 왔다. 초기 교도작업은 교도작업을 위한 장비와 재료를 제공하는 민간사업자에게 재소자의 노동력을 파는 소위 말하는 계약노동제도(contract labor system)였다. 이 제도에 의해서 만들어진 상품은 자유시장에서 판매되었다. 계약노동의 대안으로 계약자가 작업재료를 제공하고 재소자에 의해서 생산된 상품을 단가로 구매하는 단가제도(piece-price system)가 시행되기도 하였다.

그런데 이 제도하에서는 재소자들은 일만하고 노동의 대가는 교도소에 지불되어서 재소자를 극단적으로 착취하는 결과를 초래하였다. 임대제도(lease system)는 단가제도의 변형으로서 재소자를 임대한 업자가 그들에게 작업재료는 물론이고 음식과 의복을 제공하는 것뿐만 아니라 관리·감독도 하였다. 반면 재소자는 중노동을 함에도 싼 임금으로 임대되었기 때문에 계약자의 이익은 많았으나 재소자는 일만 했지 얻는 것이 없었다.[14]

그러나 이러한 교도작업방법은 인본주의개혁가들과 노동계의 비판에 직면하게 되었다. 열악한 작업환경과 노동력의 착취라는 근본적인 이유 외에도 교도소가 아예 노동력을 착취하는 외부계약자들의 통제에 넘어갈 정도가 되어 재소자의 처우나 보안을 위협하기에 이르렀다. 이익극

---

14 Clear and Cole, *op. cit.*, p. 349.

대화를 강조하는 업자들은 생산성을 높이기 위해 숙련공이 필요하게 되어 숙련공의 가석방을 가로막고 재소자들의 처우와 교화개선노력을 막았다. 뿐만 아니라 개별화된 직업훈련을 위한 다양한 직종과 제품의 생산보다는 한정된 품목의 대량생산을 독려하여 기술훈련에도 별 도움이 되지 못했다.[15]

이러한 지적에 대한 대안으로서 나온 것이 바로 공공청구제도(public account system)인데, 이는 우리 나라의 교도작업직영제 형태로 재소자의 노동력을 계약자에게 팔지 않고 교도소 자체가 기계장비를 갖추고 작업재료를 구입하여 재소자들의 노동력으로 제품을 생산하고 그것을 판매하는 것이다. 실제로 과거 계약제도 등으로는 교도소의 재정난이 해결되지도 않았으며, 시장이 좁아서 재소자를 많이 고용하지도 못했다. 그러나 교도소가 작업시설을 갖추고 재료를 구입하여 제품을 만들어 판매하는 이 제도는 민간분야로부터 자유시장경제 하의 공정경쟁에 어긋난다는 비판을 야기하게 되었다.

그래서 교정당국에서는 다시 이러한 공공청구(public account) 제도의 문제에 대한 대안으로서 재소자들의 노동력은 오로지 관용물품과 서비스의 생산에만 이용하는 관용제도(state use system)를 시도하게 되었다. 이 제도가 오늘날 가장 보편적인 교도작업방식인데, 대표적인 품목으로 미국의 자동차번호판제작 등을 들 수 있다. 이 제도는 몇 가지 장점이 있는데, 우선 교도작업의 인건비가 자유시장의 그것에 비해 훨씬 저렴하기 때문에 자유시장경제와의 직접적인 경쟁은 불공정할 수 있으나 관용으로만 활용하기 때문에 그러한 문제가 해소되고, 더불어 관용물품을 싸게 구매할 수 있기 때문에 예산을 절감할 수 있다.

그러나 이 또한 문제가 없는 것은 아니다. 물론 이 제도가 관용물품만을 만든다고 하나 관용물품이라도 교도소에서 만들지 않는다면 민간기업에서 만들어 납품할 수 있는데, 그것이 불가능하여 민간기업에 피해를 줄 수 있고 또한 관용물품이 대개 자동차번호판과 같은 독과점품목이기 때문에 재소자가 출소 후 자신의 기술을 활용할 기회가 없다.[16]

이러한 비판에 따라 시도된 교도작업제도가 재소자의 노동력을 공공작업(public works)에만 투입하는 제도이다. 그러나 이 제도도 약간의 논쟁을 불러일으켰다. 물론 이 제도의 주창자들은 이 제도가 경제적으로 큰 이점이 있을 뿐 아니라 재소자들에게 새로운 기술을 습득할 수 있게 하며, 더불어 사회에 유익한 공헌을 할 수 있다고 주장한다. 그러나 비판가들은 재소자들에게

---

15 Elmer Johnson, *op. cit.*, p. 338.
16 Clear and Cole, *op. cit.*, p. 350.

대부분 하찮은 잡일만을 시키고 중요한 기술적인 일은 기술자를 고용하여 시키기 때문에 결코 재소자들에게 많은 기술을 가르칠 수 없으며, 이 제도는 국가는 경제적 이익을 얻을 수 있으나 재소자의 공헌에 대해서는 보상이 적절치 못하기 때문에 오히려 재소자를 더 착취할 수 있다고 주장한다.

최근에 들어 교도작업은 재소자의 지루함과 나태함을 해소하고, 재소자가 석방되기까지 저축할 수 있는 돈을 벌 수 있게 하며, 수용경비를 절감할 수 있도록 하는 방향에서 새로운 관심을 불러일으키고 있다. 더 나아가 교도작업을 활성화시키기 위해서 민간분야를 참여시키는 방안까지도 고려하게 되었다.

교도작업의 가장 새로운 형태로서 민간분야의 모험기업(venture program)까지 도입되게 되었다. 그 결과 교도작업은 고용된 재소자로 하여금 일주일간의 정상근로를 시키고, 생산성에 기초하여 임금을 지불하며, 민간분야의 생산성기준을 준용하고, 교도작업담당자에게 재소자의 고용과 해고를 할 수 있게 하며, 자족이나 이익을 남길 수 있는 가게를 운영하고, 석방 후 취업도모와 알선제도를 구비하는 등의 원칙을 적용하기에 이르렀다. 이로써 다시 한번 교도작업이 자유노동시장과 경쟁하게 되었다.

그런데 이러한 교도작업에 대한 태도의 변화는 저렴한 인건비를 찾는 민간기업의 속성과 무관치 않다. 즉 싼 임금을 쫓아 저개발국가에 해외공장을 건설하기도 하지만, 운송비의 과다와 해외공장관리의 어려움 등으로 인해 그보다는 국내 교도소의 저렴한 재소자노동력을 활용하는 것이 더 유리하다는 판단에 기인한 바 크다는 것이다. 더구나 교도작업의 대부분이 소위 말하는 3-D직종이기 때문에 노동시장이나 노동단체로부터의 견제나 반대도 없어져 최근의 교도작업 활성화와 민간분야의 참여에 기여하였다. 사실 교도작업에의 민간분야참여로 말미암아 최근에 실험되고 있는 교정의 민영화(privatization of corrections)에도 지대한 영향을 미치게 되었다.[17]

종합적으로 평가할 때 교도작업은 아직도 그 제품의 질이나 종류가 시장성이 없는 것이 대부분이며, 이에 종사하는 재소자들도 교육수준이나 직업기술, 근로습관 그리고 적성 등 모든 면에서 적절치 못한 것으로 인식되고 있다. 이러한 문제 가운데서도 재소자에 대한 교육훈련과 근로습관의 문제가 가장 빈번히 지적되고 있다.

먼저 재소자의 교육훈련은 재소자들이 석방 후에 노동시장에서 효과적으로 경쟁할 수 있을 정도의 훈련, 교육, 기술 그리고 경험을 교도작업이 제공해 주지 못한다는 것이다. 재소자는 작

---

17 Clear and Cole, *op. cit.*, pp. 353~354.

업배당시 선택의 여지가 없으며, 근로의 대가도 아주 작은 것이며, 작업의 경험도 시장성이 거의 없는 수준에 머물고 있다. 작업지정은 재소자의 특성·능력·경력 등이 고려되어야 하나, 그보다는 잔여형기나 고참순이 더 중시되고 있다. 물론 이러한 사정은 보안의 문제, 예산부족으로 인한 장비와 시설 및 인력의 부족과 비전문성 및 전근대성 등에 기인한 바 크기 때문에 교정만의 문제로 돌릴 수는 없다.

한편 재소자의 교화개선 및 재범률의 저하 등과 관련하여서는 출소 후 취업기회가 가장 중요한 요인일 수 있는데, 여기서 중요한 것은 역시 시장성 있는 기술의 습득도 중요하지만 그보다는 재소자의 태도가 더욱 중요한 것이다. 사실 수용기간의 작업훈련과 출소 후의 성공적 복귀에 관한 관계를 보면, 교도소에서 무슨 일을 하였는가보다는 규칙적으로 일을 하는 것이 성공적 복귀에 더 중요하다. 즉 노동에 대한 긍정적인 태도와 규칙적인 근로습관의 터득과 견지가 직업훈련과 기술의 습득보다 더 중요하다는 것이다.[18]

여기서 중요한 것은 바로 재소자의 동기부여인데, 이를 위해서는 재소자의 능력과 적성에 맞는 작업지정이 되어야 하며, 이는 또한 직업처우요법이나 상담 등의 처우와 심사분류제도의 활성화가 전제되어야 한다. 재소자들의 근로의욕과 태도는 교도작업이 지금처럼 기피직종이고 기술수준이 낮고 장비가 노후하다면 고취시키기 어려울 것이나 직종, 기술수준 그리고 장비 등이 현대화되고 시장성 있는 수준이 되면 어느 정도 좋아질 수 있을 것이다.

또 한 가지 중요한 동기부여방법은 역시 금전적 보상일 것이며, 교도작업에 있어서 금전적 보상은 교도작업임금제와 관련이 있다. 이를 찬성하는 측에서는 임금은 출소 후 재활과 복귀 및 재통합에 필요한 최소한의 종잣돈이 될 수 있으며, 가족의 부양 등 자긍심의 고취에도 큰 도움이 되어 교화개선효과를 거양할 수 있고, 재소자의 복지에 대해서 국가도 관심을 가지고 있다는 증거가 된다고 주장한다.

이에 대한 반대론자들은 교도작업은 처벌의 일부이며, 교도작업에 대한 임금은 제지효과를 떨어뜨리며, 선량한 시민도 직업을 갖지 못하는 경우가 많은데, 범죄자에게 임금을 지급한다는 것은 사회정의와 시민의 감정에 맞지 않으며, 더구나 임금을 주지 않아도 교정경비가 과다한데 임금을 줄 형편이 되지 못한다고 주장한다. 특히 임금이란 근로계약에 의해서만이 가능한 것이지 고용계약이나 근로계약에 해당되지 않는 교도작업에 대한 임금의 지불은 문제가 있다고 한

18 Neal Miller and Walter Jenson, Jr., "Federal Prison Industries," pp. 319~338 in George G. Killinger, Paul F. Cromwell, Jr., and Bonnie J. Cromwell(eds.), *Issues in Corrections and Administration : Selected Readings*, St. Paul, MN : West Publishing Co., 1976, pp. 335~336.

다. 결국 교도작업이 궁극적으로 또는 근본적으로 추구하는 목표인 생산성을 기초로 하는 경제성이라는 공리적 목표와 기술의 습득과 근로정신의 체득을 통한 교화개선이라는 교정적 목표를 균형 있게 발전시켜 나가야 한다.

관련기사   기획재정부 보도자료(2013.12.11)

효과적인 재범방지체계 구축을 위한 수형자 집중인성교육 및 자립형 교도작업 신설·확대 지원

□ 정부는 최근 증가하고 있는 강력 범죄의 재범감소를 위해 교정행정 기본 방향을 수형자 인성교육 강화 및 출소 후 자립기반 확보로 전환하고 효과적인 재범 방지체계를 구축할 예정임
   - 이를 위해 '14년 예산안에 「집중인성교육제도」를 신설·도입하고 관련 예산*을 대폭 반영('14년안 16억 원)하였음
     * 전문가강사료 10억 원, 집중인성교육 전담교육실 설치 6억 원 등 16억 원
□ 「집중인성교육제도」는 모든 수형자에 대하여 형 확정과 동시에 20시간의 신입수형자 교육을 하고, 형기에 따라 3단계로 구분하여 100시간에서 300시간의 집중인성교육을 이수하도록 하는 제도임
   - 동 교육프로그램은 인문학, 심리학, 동기부여, 종교교육, 직업훈련체험 교육 등 수형자의 인성변화에 실질적인 도움이 될 수 있는 다양하고 체계적인 내용으로 구성됨
   - 또한 수형자 개인별 교육이력을 면회, 귀휴, 가석방 등 각종 처우와 연계하여 체계적으로 관리할 예정임
□ 이와 아울러 근로의욕 고취 및 출소 후 자립기반 마련을 위해 자립형 교도작업 확대 시행('13년 74개 → '14안 94개)에 필요한 작업장려금 예산을 증액('13년 119억 원 → '14안 150억 원, 증31억 원)
   - 자립형 교도작업이란 수형자의 근로작업 시간을 민간근로자와 같이 1일 8시간을 적용하고 작업량에 상응하는 작업장려금을 지급하는 제도로서 근로의욕 고취와 함께 출소 후 경제적 자립 기반 마련에 기여할 것으로 기대
□ 집중 인성교육과 자립형 교도작업 시행으로 수형자의 원활한 사회복귀를 촉진하여 '안전한 사회' 구현을 염원하는 국민적 요구에 부응하고, 범죄로 인한 사회적 비용 감축효과도 기대됨

제 2 장
교정상담

제1절 시설중심기법에 관한 이해

　　18세기 이전 유럽국가에서는 교정의 중요한 구성요소는 벌을 주는 것이므로 신체적인 고통, 추방, 노동의 동반이 죄에 대한 응징의 대가로서 당연한 것이라 여겨졌다. 이런 경향은 오늘날까지도 상당히 많은 부분 유지되고 있는데, 시설 내 교도작업이 바로 그 전통적인 행형의 관점을 그대로 유지하고 있는 처우라 볼 수 있다.

　　그 후 1970년대와 1980년대에 들어 기존의 교정기법이 재소자들의 재범률을 낮추는 것에 전혀 효용성이 없다는 사실들이 몇몇 연구들에서 지적되기 시작하면서[1] 전통적인 '교정'의 개념인 단순한 응징의 차원이 아닌 그 이상의 의미에 중점을 두어야 한다고 하였다. 즉 범죄인의 '정상화'에 목표를 두어야 한다는 점이 부각되기 시작하였다. 범죄행동, 나아가 범죄적 사고로부터의 '정상화'의 목표는 전통적인 행형에 대한 관점을 응징의 '처벌'개념에서 '재활'의 개념으로 변화시켰다.[2] 이와 같은 기본개념의 변화와 함께 지금 서구에서는 '재활'개념을 현실화할 수 있는 다양한 종류의 시도들이 이루어지고 있다. 수많은 처우기법의 개발이 바로 그것이다.

　　우리나라의 경우, 특수한 목적을 수행하도록 지정된 수용시설을 제외하고는 사실 교도소현장에서 '재활'의 의미로 실시되고 있는 교정기법으로는 '직업훈련'과 '학과교육'이 유일하다고 할 수 있다. 이 절에서는 우선 현재 우리 나라 상황에서 운용되고 있는 시설 내 기법들의 내용을

---

1 R. M. Martinson, *What Works—questions and Answers and Answers About Prison Reform Public Interest*, 35, 1974, 22~54.

2 최옥채, 교정복지론, 아시아 미디어리서치, 1999, 341면.

살펴보고, 외국에서 운영되는 교정전문기법들의 도입가능성을 살펴보기로 하겠다.

1. 시설중심기법의 개념

시설 안에서의 교정기법이란 교정실무자가 담당하고 있는 범죄인이나 비행청소년을 대상으로 한 교정기법들이다. 예컨대 교도작업, 학과교육, 교도소 내의 재소자의 심신단련과 친목을 위하여 교도소에서 매년 실시하고 있는 체육대회나 가족합동접견, 교화의 목적으로 수행되는 종교집회, 생활지도와 직업훈련 등이 이에 해당된다.

2. 시설 내 기법의 내용

교정시설의 유형은 교도소·구치소·보호감호소·개방교도소·소년원 등을 들 수 있는데, 교도소가 이들의 대표성을 띠므로 여기서는 교도소의 프로그램을 중심으로 살펴보도록 하겠다. 법무부 교정국에서 재소자를 위해 실시하고 있는 정규프로그램은 '재소자교육 및 교화운영지침'에서 규정하고 있는데, 이들 프로그램은 크게 교정교육·교회(教誨)·직업훈련·사회적 처우로 구분되어 있다. 구체적으로 재소자들의 범죄성을 제거하고 사회화시키는 것을 주요 목적으로 하는 교정교육의 종류로는 생활지도교육, 기법 및 임상적 조치, 정신교육, 학과교육, 정서교육, 교회(教誨), 직업훈련, 사회적 처우 등이 있다. 이 중 우리 나라 교정시설에서는 전문적인 기법 및 임상적 조치는 거의 없는 실정이다. 다만, 소년시설에서 일부 제한적으로 시행한 사례가 있기는 하다.

여기서 상담(counselling)이란 사람과 사람과의 관계이고, 상담자가 문제를 안고 있는 재소자를 원조하고 그 재소자가 가능한 한 자신의 힘으로 문제를 발견하고 스스로의 힘으로 해결하는 것을 목적으로 한다. 이 상담은 그 쌍방에 의견과 감정의 일치가 없으면 안 된다는 점에서 단순한 조언과 훈계와는 차원이 다른 것이다. 상담이 목표로 하는 것은 대상자 개인의 특수한 문제를 빨리 해결하는 데 있고 혹은 장기의 노력의 결과에 의해 대상자의 자기 이해와 내적인 성숙을 촉진하는 것이다.

교정에 있어서 case work란 개개의 재소자에 관한 정보의 수집과 정리 그리고 그 사람에 대한 사회와 관련하여 처우를 행하는 것으로 여겨진다. case work는 한번에 한 명의 대상자에게 실시하는 활동이고, 다음과 같은 목표를 지향하는 것이다. ① 정확한 개인기록을 작성하고 그에 대한 정보를 정리하는 것, ② 가족관계 및 그 외의 인간관계를 포함한 가까운 문제를 해결하는 것, ③ 본인의 사회적응성에 관한 문제점을 분석하고 본인이 납득할 만한 문제해결이 가능하도록 원조하는 것, ④ 석방이 가까운 재소자에 대해 적절한 지도원조 및 정보를 준비하여주는 것 등이다. 요컨대 case work의 기본은 각 재소자의 심리적·사회적 문제를 조사하고 진단하며 처리한다는 것이다.

한편 임상업무(clinical service)는 각종 전문분야의 지식과 기술을 이용하면서 행하는 가장 집중적인 진단 및 치료적 처우활동인데, 그 목적은 다음과 같다. ① 개개의 재소자의 부적응의 원인을 발견하는 것, ② 범죄자행동의 개선을 도모하기 위한 정신의학과 심리학의 지식과 기술을 적용하는 것, ③ 재소자의 처우를 담당하는 다른 직원에 대하여 필요한 전문적인 지도 및 원조를 제공하는 것이다.

임상업무활동에 종사하는 직원은 통상의 정신과의, 임상심리학자, case worker, 간호사, 작업요법사 및 그 밖의 특별한 훈련을 받은 기술자이고, 이러한 임상업무의 조치는 특히 처우곤란한 심신의 문제로 인해 괴로워하는 재소자의 처우를 담당하는 것이라 여겨지고 있다. 처우의 과학화 혹은 개별화를 요하는 임상업무는 그 내용으로 미루어 보아 실현이 용이하지는 않다. 전문성을 많이 요하는 개별화된 교정프로그램의 실시는 수년간의 훈련이 필요하기 때문이다. 그러나 과거 30년간에 있어서 처우의 과학화 혹은 개별화를 목표로 한 이론과 실무활동은 전세계적으로 미쳤고 특히 미국에서는 더욱 활성화되고 있다. 이러한 여러 활동은 우선 비행소년을 대상으로 시작되어 점차로 성인재소자에게도 적용되기에 이르고 있다.

3. 시설 내 기법에 대한 평가

시설 내에서 이루어지고 있는 우리 나라 교정기법의 내용에 대해 간략하게 살펴보았다. 최근 행형을 범죄인의 '재활'의 차원에서 새롭게 해석하려는 움직임이 우리의 상황에서도 역시 대두되고는 있으나, 규범학을 근거로 한 현행 교정처우정책은 이런 목적을 달성하기 위하여서는 부족한 점이 많다. 여기서는 이런 점을 보강하기 위하여 외국의 구체적인 처우상담들을 소개할 것인데, 그 전에 현행 교정교육에서의 문제점들과 그에 대한 개선안으로 지적된 사항들을 일단 먼저 살펴보기로 하겠다.

(1) 교도작업 및 직업훈련내용의 보강

현재 범죄인 혹은 비행청소년을 장기수용하고 있는 모든 시설에서는 여러 유형의 교도작업을 실시하고 있다. 이들 상담은 각 시설의 주요 사업으로 꼽히고 있으며, 재정적으로도 교도소 운영에 큰 도움을 주고 있다. 그러나 운영상의 묘미에 비하여 실제로 재소자들의 교정·교화의 기능상에 있어서는 그 역할의 중요성이 자주 의심받고 있다.

재소자 540명을 대상으로 한 연구에서[3] 재소자들은 교도작업에서 노동소외의 문제가 매우 심각한 것으로 지적되었다. 이 같은 결과가 산출된 원인은 교도작업의 운영방향에 있어서 기능적인 측면보다는 보안적 측면에 더 중점을 두었기 때문이다. 보안에 대한 지나친 강조는 교도작업의 다양화를 위축시키게 되었고, 수용생활에 있어서 상당한 비중을 차지함에도 불구하고 그것의 교정기능은 전혀 효율적이지 못하다는 사실이 여러 번 지적되기도 하였다. 석방 후 사회에서의 적응이 빠르면 빠를수록 재소자들의 재범률은 떨어진다는 사실을 고려하여 볼 때 개인의 기술취득과는 별로 관련이 없는 강제징역은 다양한 종류의 직업훈련으로 대체되어야 한다.

일본의 경우 재소자직업훈련은 감옥법 제24조와 재소자직업훈련규칙에 근거하여 실시하고 있다. 일본의 형무작업은 징역재소자에 대해서 형으로서 강제되는 것이기는 하지만, 작업은 기능, 직업, 장래의 생계 등을 참작하여 부여하게 되어 있다. 이를 통해 형무작업은 직업적 기능 및 지식을 부여함으로써 재소자의 개선 및 갱생을 조장하고 사회복귀를 촉진하는 기능을 지닌다. 이와 함께 일본은 재소자의 사회복귀를 효과적으로 추진하기 위하여 1956년 '재소자직업훈련규칙'을 제정하여 재소자에 대한 직업에 필요한 기능을 습득시키거나 향상시키기 위한 직업훈련을 형무작업의 하나로써 실시하고 있다.[4]

나아가 일본은 재소자직업훈련을 우리보다 세분화하여 운영하는데, 그 종류로는 총합직업훈련과 집합직업훈련 및 자소직업훈련이 있다. 총합직업훈련은 전국의 재소자들로부터 지원을 받아 실시하는 직업훈련을 말한다. 특정시설의 관내 혹은 교정관구내의 재소자를 일시적으로 수용해서 하는 직업훈련을 집합훈련이라 하며, 각 형무소에 수용된 재소자만을 대상으로 실시하는 훈련을 자소훈련이라 한다.

독일의 경우에 있어서도 교도작업은 직업훈련의 일환으로 이루어지고 있다. 재소자직업훈련

---

3 조준현·김성언, 교도작업의 실태와 개선방안, 한국형사정책연구원, 1997, 140면.
4 장규원, 외국의 재소자직업훈련제도에 관한 연구, 한국형사정책연구원, 1996, 206면.

의 교육은 시설 내에서도 하지만, 독일노조연맹의 직업재교육소를 비롯하여 각 지방의 직업별 단체 등에서도 훈련을 지도하고 있다.

재소자의 사회복귀는 직업훈련에 의해 결정된다고 해도 과언이 아니므로 우리의 경우에 있어서도 직업훈련을 강화한다는 의미에서 교도작업의 종류나 훈련내용을 좀 더 다양화할 필요가 있다.

(2) 교정상담의 전문화필요

교정시설의 재소자에게 주어지는 서비스를 크게 물질적인 것과 심리적인 것으로 구분한다면, 우리나라의 교정시설은 주로 물질적인 서비스에 치중하여 왔다. 이는 우리의 풍요롭지 못한 경제상황과 맞물려 좀처럼 여건개선이 이루어지지 못하였고, 우선적으로 의식주에 집착하지 않을 수밖에 없었던 과거의 형편 때문이라 볼 수도 있다. 그러나 1989년 이후 재정적인 적자에서 점차적으로 벗어나기 시작한 교정현장의 상황을 고려하여 볼 때, 이제는 범죄인을 재활시키는 것에 보다 더 근본적인 목표를 두어야 한다.

이를 위하여서는 재소자들의 수요를 고려한 상담의 전문화가 꼭 달성되어야 하는데, 그러기 위해서는 기존에 실시하여 왔던 상담의 효율성을 평가해야 하고 상담의 재활적 기능을 향상시켜야 한다. 또한 기존상담의 개선뿐 아니라 구체적으로 범죄행동을 교정할 전문상담도 과감하게 도입하여야 한다.

한 수용시설 내에 있는 재소자들도 각자 특성은 매우 다양하다. 최근 한 연구[5]에서는 우리나라 수형시설의 경우 극도로 범죄성향이 다른 재소자들이 한 시설 내에 혼돈되어 섞여 있다는 사실을 보고하였다. 이렇게 이질적인 대상에게 획일화된 상담을 실시해서는 적절한 교정·교화 효과를 기대하기 힘들다. 그래서 미국의 경우, 일단 범죄성을 중심으로 재소자들을 구분하고, 그들의 특성에 따라 상담을 실시하고 있다. 예컨대 약물중독자·교통범죄자·성관련범죄자 등 각각에게 적합한 전문상담은 개별적으로 개발되어 시행되고 있다. 위스콘신분류체계를 발달시켜 만든 사례관리체계(case management system)의 경우, 재범의 가능성을 예측하는 10개의 위험성문항들과 13개 항의 범죄욕구문항들을 사용하여 점수에 따라 3단계로 나누고, 필요한 감독정도를 최대(maximum)·중간(medium)·최소(minimum)로 차별·유지할 것을 제안하였다. 최대의 경우 재범의 가능성이 매우 높아서 서비스가 계속 필요한 경우이며, 중간 경우 재범의 가능성이 낮은

---

5 이수정·서진환·이윤호, 교정처우에 있어서의 재소자들의 정신건강문제, 한국심리학회지 : 사회문제, 6(2), 2000, 102면.

표 2-1   사례관리 체계

최대감독 필요	재범위험성점수(26 이상) : 범죄욕구점수(25 이상)
중간감독 필요	재범위험성점수(18 ~ 25) : 범죄욕구점수(15~24)
최소감독 필요	재범위험성점수(17 이하) : 범죄욕구점수(14 이하)

경우이며, 최소 경우 재범의 가능성이 거의 없는 경우를 말한다. 해당 점수는 <표 2-1>과 같이 보고되었다. 이렇게 계호의 급을 수형자들의 내적 특성을 고려하여 분류하려는 노력은 우리의 교정현장에서도 적용될 필요가 있다.

(3) 범죄의 극악화·비정상화로 인한 치료개념의 도입

최근 범죄나 비행은 갈수록 잔인성의 정도가 심각해지고 있다. 예를 들면 존속살인, 계획적인 집단살인, 친고가 없는 익명의 대상에 대한 잔악행위, 학교폭력, 아동을 대상으로 한 강력범죄 등은 범행의 동기가 전통적인 범죄이론으로는 해명하기 힘든 요소들을 많이 내포하고 있다. 따라서 기존의 교정·교화방식으로는 이런 새로운 형태의 잔악행위에 대하여 적절히 대처할 수 없다. 그러므로 이상행동 자체를 분석하고 교정하여 나가는 새로운 형태의 심리치료적 요소가 가미되어야만 범행의 동기에 대한 이해에서부터 행동수정에 이르기까지 다단계적 교정이 가능할 것이다.

미국에서는 이미 오래전부터 교정장면에 치료개념이 도입되어 왔다.[6] 가장 흔히 사용되고 있는 접근법은 '사례상담'(casework counseling)인데, 범법자와 상담직원이 1대 1로 접촉을 하여 문제를 해결해 나간다. 여기서 상담직원은 심리치료사·사회복지사·관찰사·청소년상담사 등이 될 수 있고, 그들로 하여금 재소자들이 현재 환경에 적응하고 미래에 대비할 수 있도록 돕는 데에 주력한다.

교정사례상담은 ① 자신의 문제와 행동에 대한 통찰력을 증진하고, ② 자기의 자아정체성을 보다 잘 파악하며, ③ 장애가 되는 갈등들을 해결하고, ④ 바람직하지 못한 습관이나 반응양식을 변화하고, ⑤ 대인관계 및 경쟁관계를 개선하며, ⑥ 자기 자신과 주위세계에 대해 잘못된 생각을 교정하고, ⑦ 보다 의미 있고 충족적인 존재가 되도록 문을 여는 데에 목표를 두고 있다.

이를 위하여 상담직원은 재소자로 하여금 해당 교정상담에 참여하도록 요구할 수 있으며,

---

6 조성희·김보경·김종률, 피보호감호자의 사회적응증진과 재범방지를 위한 교정처우프로그램에 관한 연구, 한국형사정책연구원, 1997, 302면.

학과교육이나 직업훈련상담에 참석하도록 할 수 있는 것은 물론 심리치료상담에 참가하여 평가를 받도록 할 수 있다. 교도소를 포함한 교정시설에는 전문치료자와 심리학자, 사회복지사들이 개발한 각종 처우상담들이 운영되고 있으며, 다방면으로 수감자들을 사회화시켜 줄 수 있는 시도를 하고 있다.[7]

(4) 민간전문인들의 참여

시설 내 처우의 사회화를 위한 방법의 하나로 외국에서는 사회 내 자원의 동원(mobilization of community resources)이 많이 이루어진다. 이는 독지방문제도, 전문가의 시간제채용 등 민간인의 교화활동참여를 주축으로 하고 있다. 민간인의 교화활동참여는 지역사회와 교정시설 간 가교역할은 물론, 교정공무원에 의한 지도가 어려운 전문영역의 활동수행 내지는 지원 등을 통해 교정당국의 재소자교화기능을 보완해 주고 있다.

우리나라에서는 독지방문제도로서 교화·종교위원제도가 있으나, 아직 그 규모가 수요에 비하여 매우 적은 편이다. 또한 교정장면에 가장 필요하다고 여겨지는 심리학자·사회복지학자들의 참여는 아직까지 전무후무한 실정이다. 교화교육에 필수적인 전문상담의 개발과 함께 전문가들의 참여는 교정·교화의 목적을 달성하기 위하여 필수적으로 이루어져야 할 시급한 문제이다.

(5) 지역사회프로그램의 보강

최근 범죄의 복잡성은 재소자가 지니고 있는 문제가 하나의 원인만으로 구성되지 않는다는 사실을 부각시킨다. 예컨대 현대의 범죄는 과거와 같이 범죄원인이 가난 혹은 기질과 같이 간단하게 규명되는 것이 아니고 복잡한 주변환경과 유기적 관련성을 지닌다. 이 같은 유기적 관련성은 범죄인이 처한 환경을 함께 교정하지 않으면 동일한 범죄의 재발을 방지하는 일이 쉽지 않음을 보여 준다. 따라서 지역사회의 변화가 함께 하여야만 개인의 변화가 가능하다는 점에서 지역사회의 범죄예방상담이나 형법상 보호관찰과 병과하는 수강명령의 연계가 중요하다.

약물남용이나 성폭력의 경우 근본적인 치료가 수용시설에서 이루어지지 않았을 경우, 사회로 복귀했을 시 재범의 위험은 농후하다. 따라서 시설 내 상담과 사회 내 상담은 연계를 갖고 이루어지는 것이 필요한데, 이렇게 보자면 미국의 중간처우시설 등이 효과적인 대안이 될 것이다.

영국의 경우 형사사법법 제 4 조 B항에 보호관찰의 일종으로 Probation Day Centre 명령이

---

7 V. Fox, *Introduction to Corrections*, NJ : Prentice−Hall, Inc., 1972, p. 110.

있는데, Day Centre는 입주시설이 아닌 사회 내 시설로 통상 일과시간 중 교육을 통하여 기본적 사회적응능력을 향상시켜 재범의 악습으로부터 전환할 수 있는 데 필요한 교육과 훈련을 시키는 시설을 말한다. 여기에서의 상담은 각 지역과 범죄형태에 따라 편성되는데, 주로 범죄자가 저지른 일의 결과를 납득시키고 그들의 시각을 변화시킬 수 있도록 고안된다. 기간은 60일 이내이며, 법원이 이를 명함에 있어서는 미리 보호관찰관과 협의하고 시행이 가능하다는 점이 인정되어야 한다. 법원이 보호관찰명령을 함에는 당사자의 동의를 받아야 한다. 그리고 시설제공자로부터도 동의를 받는 것이 필요하다.

Day Centre는 초기에 Day Training Centre로 시작하였다. Day Training Centre는 4곳에 설립되어 9년 동안 운영되었으며, 후에 Day Centre로 바뀌었다. 일반적으로 Day Centre에는 10명 정도의 직원이 있다. 대략 20~25명의 범죄자가 연령의 제한 없이 상담에 참석하는데, 60일간의 명령이 시작되면 센터는 매주 4일간 약 30~35시간 열린다.

뉴질랜드의 제도로는 Periodic Detention Centre가 있는데, 이는 보호관찰과 구금의 중간적인 성격을 가진다. 처음에 이 규정은 15세 이상 21세 미만의 범죄자들을 대상으로 하였으나, 1966년의 법개정에 의해서 성인에게도 적용할 수 있게 되었다. 주기적인 단기보호는 12개월을 초과할 수 없는데, 구금형으로 처벌가능한 범죄로 기소된 사람들에게 부과할 수 있다. 법원은 범죄자가 처음 출석해야 하는 날짜와 시간을 지정하며, 구금기간도 결정하여야 한다. 처분기간은 다양하지만 일주일에 60시간을 초과할 수 없다. 센터의 참석시기와 시간은 범죄자들의 학교 출석이나 직업생활, 종교활동에 방해가 되지 않도록 해야 한다고 규정하고 있다. 이 센터는 교육과 함께 일시적 구금이라는 처벌의 목적을 가지는 것이다.

제2절 교정상담의 이해

1. 교정상담의 개요

교정상담에 대하여 소개된 국내의 문헌은 많지 않으나, 본 절에서는 그 중 이백철과 양승은

(1995)의 견해를 간략히 요약해 본다. 교정상담(correctional counseling)이란 용어는 오늘날에도 사회 각 부문에 보편적으로 알려진 용어는 아니며, 제 2 차 세계대전 이후부터 널리 사용되기 시작한 것으로 알려지고 있다. 그러나 일종의 서비스 혹은 업무로서의 상담은 교정이 실행되던 시기부터 존재하였다고 볼 수 있다. 1800년대에는 상담을 목사가 했고, 그 다음에는 보호관찰관이나 가석방담당자가 교정상담을 하다가 20세기에 이르러서야 정신과의사, 상담전문가, 심리학자, 사회학자 및 사회사업가가 이 분야에 참가하여 치료서비스를 제공하기 시작하였다. 제 2 차 세계대전 이후 교정분야에 상담의 필요성이 크게 대두되면서 교정상담이라는 용어가 일반화되었다. 그러나 미국에서 교정상담분야가 크게 발전한 시기는 범죄자의 사회복귀가 강조되던 1960~1970년대부터라고 할 수 있다. 교정시설에는 상담서비스를 제공하는 다양한 상담자들이 있지만, 교정상담가라는 직제분류는 주로 소년원이나 교도소에서 가장 보편적으로 사용되고 있다. 그러함에도 여전히 교정상담에 대한 확고한 정의가 아직 정립되지 못한 이유는 교정상담이 교정시설에서 이루어지고 범죄자를 대상으로 한다는 것을 제외하면 다른 유형의 상담과 다르지 않다는 데 있다. 즉 일반상담에서 적용되는 용어들의 상당부분이 교정상담에서도 그대로 적용되고 있다. 결국 이러한 교정상담은 교정환경에서 비롯되는 각종 문제들을 전문적으로 다룰 수 있는 지식과 기술을 가진 상담자와 범죄나 비행행위에 관련되어 유죄로 판명되어 정규 혹은 비정규 교정시설에 있는 내담자 사이에 이루어지는 의도적이고 목적적이며 상호작용적 과정이라고 할 수 있다.

2. 교정상담의 목적

전술한 바와 같이 교정상담이라는 용어는 학문적인 관점에서나 혹은 실무분야에 있어서도 그 쓰임의 용도가 일정하지 않다. 이는 무엇보다도 교정상담이 사용하는 목적과 방법에 따라 폭넓게 쓰여지고 있기 때문이다. 따라서 교정상담보다는 범죄자상담이라는 용어가 보다 구체적인 대상을 제시해 준다는 의미에서 보다 적절하다고 볼 수 있다. 교정상담은 일차적으로 범죄자의 교화에 그 목적을 두고 있지만, 실제 현실에서는 그 일차적 목적과 달리하여 존재하는 경우가 있는 것이다. 즉 상담의 목적이 대상자의 진정한 교화에 있는가, 아니면 기존조직의 유지 혹은 효율성제고에 있는가의 문제를 생각해 볼 수 있다. 실제로 교도소의 교도관이나 상담자들은 재소자들의 출소 후 사회적응을 돕는 장기적 교화활동보다는 오히려 재소자들의 시설 내 적응에 보다 많은 시간을 할애하고 있다. 이러한 실정은 소년범의 경우보다는 특히 성인범죄자의 경우에 더욱 심각하여 성인범에 대한 상담 및 치료의 성과와 미래에 대하여 부정적인 시각이 지배하고 있다.

이와 같은 상황은 ① 그동안 범죄자의 상담 및 치료가 과연 효과가 있는가에 대하여 학문적 그리고 정치적 문제로서 제기되어 논쟁이 심화되어 왔고, ② 각종 치료시설들의 신뢰성과 책임성 등에 관련하여 민감한 감시와 법적 소송이 증가하였으며, ③ 과잉수용 및 경제적 자원의 부족 등으로 인해 인적 및 재정적 자원이 감소되었다는 3가지 추세와 관련이 있다.

교정상담자의 임무를 보다 폭넓은 시각에서 보면, 단순한 범죄자들과의 접촉을 통한 상담뿐만 아니라 다양한 전문가들이 교정시설이나 환경에서 그들의 기술과 전문지식을 활용할 수 있도록 도와 주는 업무를 포함한다고 볼 수 있다. 좁은 의미에서의 기본임무는 범죄자를 주 대상으로 한 치료활동이라 할 수 있으며, 그 활동에는 교도소적응, 조기출소나 출소 후의 직업, 가족, 사회적응문제 및 소년범문제 등에 대해 치료적으로 접근하는 것이 포함된다.

3. 교정상담의 환경

교정상담자가 일하는 범위는 거대한 교도소에서 지역사회의 소규모 시설에 이르기까지 매우 다양하다. 대개의 건물구조는 치료를 고려하여 설계된 것이 아니므로 상담자는 상담을 위한 적당한 공간을 찾기가 어렵다. 어떤 경우는 집단상담을 위한 적당한 공간이 없어 식당, 교실, 오락실, 심지어는 교회의 공간이 이용된다. 이처럼 일시적으로 이용되는 공간에서는 특정주제에 대한 활발한 토론이 억제되고 집중이 어려워 집단성원에게 바람직하지 못한 영향을 미칠 수 있다. 다른 외부여건에 따라 매 상담시간마다 장소를 바꾸는 것 또한 더욱 심각한 문제를 야기시킬 수 있다. 이런 상황에서는 개인이 처한 문제를 다루기 전에 장소가 자주 바뀌는 데에 따른 정서상의 문제를 먼저 다뤄야 한다. 상담실은 별개의 공간으로 분리되기도 하지만, 상담자와 내담자의 프라이버시를 보장할 수 없는 칸막이로 나눠지기도 한다. 특히 주위환경에 민감한 반응을 보이는 재소자들에게 있어서는 상담장소의 환경과 분위기가 중요한 역할을 한다. 아마도 격조가 갖추어지지 않은 칸막이방이 상담실로 사용된다면, 재소자는 상담자를 중요한 직책을 맡은 직원이 아니라고 해석할 수도 있다. 따라서 상담자는 이런 가능성에 대해 주의해야 하며, 이것이 미치는 효과를 고려하면서 일을 해야 한다. 최근 들어 이러한 상황은 급격히 개선되고 있다. 오래된 시설의 교정행정가들은 점차 치료공간을 개조하고 있으며, 새로운 시설은 처음부터 치료를 염두에 두고 설계되고 있다. 그러나 모든 시설이 현대화되기까지 상담자들은 열악한 환경에서 상담을 해야만 하는 현실을 감수해야 한다.

4. 교정상담과 Team Approach

교정시설의 인력은 일반적으로 보안담당과 처우담당으로 분류된다. 미국의 대규모 성인교도소의 경우 대개 60~70%가 보안담당이고, 나머지 30~40% 속에 처우 및 치료담당이 포함되어 있다. 따라서 어느 교도소에서도 상담요원은 전체 인력분포에 있어 비중이 작다. 특히 미국의 경우 교정상담자는 team의 일부 구성원에 불과하다. 시설의 규모와 특성에 따라 대개 팀제는 학과교육 및 직업훈련 담당의 교사, 여가지도자, 정신과의사, 심리학자, 사회복지사, 상담자 및 다양한 기타 전문가로 구성된다. 일반적으로 교정시설 내의 팀에서는 상담자와 교사가 가장 큰 집단을 이루고 있다.

교정상담자는 ① 어느 특정한 내담자에게 많은 시간을 할애할 수 없고, ② 팀구성원의 다양한 교육적 및 경험적 배경을 통해 내담자의 문제를 다양한 시각에서 볼 수 있기 때문에 팀구성원들과 밀접한 관계를 유지하고 많은 의견교환을 해야 한다.

물론 교정상담자는 보안담당직원과도 원만한 관계를 유지해야 한다. 그들은 어떤 관계자들보다 재소자와 함께 보내는 시간이 많기 때문에 특정재소자에 대해 충분한 관찰을 할 수 있다. 일반적으로 보안담당직원들과 교정상담자들은 상이한 교육적 배경을 갖고 있기 때문에 이들이 밀접한 협조관계를 유지하는 것은 쉬운 일이 아니다. 그러나 이러한 문제는 적극적인 개입을 통해서 극복되어야 하며, 업무상 역할분담의 중요성이 상호간에 인식되어야 한다.

5. 교정상담의 과정과 유형

교정상담이 수행되는 과정에서 상담자에게는 다양한 지식과 기술을 포함하는 능력이 요구되는데, ① 적절한 개입시기를 포착할 수 있는 감각, ② 효과적인 모험시도, ③ 겸손한 직업의식이 교정상담자에게 요구되는 핵심적인 능력이다. 즉 교정상담자는 상담과정에서 적절한 개입시기를 포착할 수 있는 감각을 개발하기 위해서 상담자는 우선 내담자와 어떤 의사소통을 하든 간에 주의깊은 관심을 가져야 하며, 효과적인 모험시도의 선택은 상담자가 내담자에게 중요한 변화를 시도하기 위해서 효과적인 모험시도의 선택과 같은 기술이 필요하고, 한 개인의 경험 혹은 삶 자체의 결과에서 형성되는 교정상담자의 겸손한 직업의식 등은 범죄자의 긍정적 선택을 도

우며, 이러한 의도는 결과에 상관 없이 그 자체에 의미가 있다. 마지막으로 범죄자에게 상담을 통하여 형사사법체계 내에서 얻을 수 있는 어떤 편익을 누리는 것보다 올바른 선택을 찾는 과정 속에서 스스로 자아존중감을 느끼는 것이 중요하다는 것을 일깨워 주어야 한다.

　　일반적으로 교정상담분야는 지역사회 내의 상담과 시설(소년원 및 교도소)상담으로 분류될 수 있다. 먼저 지역사회 내 상담은 대체로 보호관찰관 및 가석방담당관, 그리고 여타 중간처우시설의 담당직원들에 의해 행하여지는 상담을 일컫는다. 이외에 정신건강센터, 직업알선기관, 자원봉사자관리센터, 민간치료센터(예 : 알콜 및 마약상담), 각종 종교단체 및 사목상담자 등은 지역사회교정상담의 중요한 전문적 자원체계이다. 반면에 시설 내 상담은 소년원이나 성인교도소에서 이루어지는 상담을 의미한다. 범죄자에 대한 전통적인 치유방법은 범죄자들이 보다 정상적이고 법률을 준수하는 방법을 가르치기 위하여 비정상적이고 소외되어 있으며, 과잉수용된 교도소로 보내는 것이었다. 말할 나위도 없이 이러한 치유방법은 범죄자의 갱생에 성공적이지 못하다는 평가를 받았다. 이러한 방법은 범죄자에게 징벌을 주려는 사회적 욕구는 어느 정도 충족될 수 있지만, 과연 국가가 언제까지 이에 필요한 인력 및 재정지원을 할 수 있겠는가라는 의문이 제기된다. 대체로 시설의 상담자는 범죄자의 갱생보다 시설의 안전유지에 더 많은 관심을 갖는다. 행정담당가·보안담당가·치료전문가들의 주요 관심도 교도소를 안전하게 유지하는 것에 있다. 그들이 치료나 갱생을 전혀 돕지 않는다는 것이 아니라, 이러한 목적은 일차적이 아닌 이차적인 것으로 간주되는 것이다. 교정시설 내의 처우나 치료의 기본적인 내용은 교육, 레크레이션, 그리고 상담 및 개별지도 등이 있다.

6. 교정상담자의 특수성

(1) 고용기준

　　역사적으로 볼 때 교정상담자의 자격요건은 엄격하지 않았다. 초기의 교정상담자들은 과거에 범죄인을 상대한 경험이나 이 분야에 종사한 경험이 없는 것이 보통이었으며, 그들의 학문적 배경도 회계, 농업, 외국어, 철학, 예술, 심지어 치의학을 전공한 사람들까지도 있었다고 한다. 더구나 당시에는 재교육상담이 없었기 때문에 신규채용된 상담자는 많은 시행착오를 거듭하면서 비효율적으로 상담업무를 배우게 되었다. 이러한 과정 속에서 이들 중에는 적합한 교정상담자로 발전한 사람도 있지만 대다수의 수준은 높지 못했다. 그 이유 중의 하나는 교정시설 등에

채용된 상담자에게 자격증이 요구되지 않았기 때문이며, 부적격한 상담자를 제거하고자 하는 내부적 노력이나 외부적 압력이 존재하지 않았기 때문이다. 또한 국가적 차원에서 범죄자에 대한 서비스의 질을 개선할 괄목할 만한 움직임이 없었으며, 신규임용된 교정상담자들의 수준도 별 차이가 없었기 때문에 자격이 부족한 상담자들이 교정업무에 계속 종사할 수 있었다. 그러나 미국의 경우 지난 20여 년 동안 교정분야에 실제적으로 많은 변화가 일어났다. 대부분의 교정시설에서 상담자의 자격요건으로 적어도 사회행동과학, 범죄학, 형사사법학, 사회사업학 및 상담학에 관련된 학사학위를 요구하게 되었다. 이러한 신규채용자격규정은 점점 높아져 이 분야에 관련된 상담심리분야나 임상분야에서 일정기간의 경험이 있거나 석사학위를 요구하기도 한다.

물론 우리나라에는 교정직렬상 교정상담직류는 없으며, 대체로 교회업무나 분류업무를 담당하는 직원들이 이러한 전문화된 처우업무를 수행하고 있다고 믿고 있다. 그러나 현재 우리나라의 교정시설 내에서 처우업무를 담당하고 있다고 여겨지는 직원들이 대부분 교정상담과는 관련 없는 학문적 배경을 가지고 있으며, 신규임용 전에 상담경험 내지는 임상경험이 전무한 실정이다. 이러한 여건에서 처우담당자들은 단지 교정상담업무를 점유하고 있는 자에 불과하다. 따라서 우리나라의 경우도 앞으로 교정상담을 담당할 직원채용에 있어서는 보다 더 신중성을 가질 필요가 있다. 즉 교정상담관련의 학문적 배경이 있거나 일정기준의 상담자격을 갖춘 자들을 선발요건으로 추가하여야 하며, 현재의 교정상담자들에 대한 체계적인 교육상담을 운영하여야 한다.

최근의 조사에 의하면 교정분야가 지닌 도전과 희열, 그리고 일의 다양성으로 인해 많은 상담자들이 관심을 갖기 시작했다. 교정상담자들은 범죄자들과 일하는 것을 즐기고 있으며, 교정분야가 그들의 상담기술이나 임상기술을 적용해 볼 수 있는 이상적인 환경이라고 보고 있다. 우리나라의 경우도 예외는 아니어서 대학에서 심리학·상담학·사회학·범죄학·교정학 등을 전공한 학생들 중 상당수가 교정상담분야에 대하여 크게 매력을 느끼고 있다.

(2) 의무와 책임

교정상담자에게 다양한 역할이 기대되기 때문에 그 역할과 기능이 항상 분명하지는 않다. 교정상담이라는 명칭에도 불구하고 이들은 개별상담이나 집단상담에만 주력하는 것이 아니다. 실제 교정시설의 상담자는 상담자·개별지도자·인간관계지도자·교정행정가 등 여러 가지 역할을 담당하는 사람으로 기대된다.

일반적으로 교정상담자들이 갖는 책임에는 ① 담당사례를 관리하는 일, ② 담당사례의 문제

해결을 위한 치료계획을 설정하는 일, ③ 대상자의 성취상황 및 변화과정을 관찰하는 일, ④ 다양한 종류의 보고서를 작성하는 일, ⑤ 개별 및 집단상담을 실시하는 일, ⑥ 의뢰한 기관의 담당자에게 사례의 진행과정에 대한 보고를 하는 일, ⑦ 치료, 보안 및 그 밖의 문제에 대해 치료적 제의를 하는 일 등 외에도 다른 시설의 방문, 시민들과의 모임, 대상자와 관련된 방문 및 연락, 상담위원회참여 등 다양한 활동이 있다.

교정상담자들이 주로 사용하는 방법으로는 현실치료·거래분석이론·행동수정이론 등으로 알려졌다. 그러나 교정상담자는 상담 외에도 전술한 과중한 업무수행 때문에 내담자와 심도 있는 상담관계를 형성하기 힘들다. 따라서 대부분의 교정상담자는 재소자의 내적 문제를 다루기보다는 오히려 가족의 죽음, 배우자의 이혼위협, 가족의 생계유지 등과 같은 일상적인 어려움을 다루기 쉽다.

일반적으로 대부분의 교정상담자는 주로 위기개입(crisis intervention)을 한다. 대개 교도소는 재소자입장에서 볼 때 위기적 사건이 빈번히 발생하는 곳이다(Cunningham, 1973). 범죄자가 교도소로 보내지면 그는 신체의 자유, 사회적 신분, 사생활, 소유권리, 그리고 애정생활 등 많은 자유를 잃게 된다. 교정상담자가 재소자에게 진정한 도움이 되기 위해서는 재소자가 겪는 어려움을 입소초기에 파악하고 다뤄야 한다. Scott(1969)가 지적하는 재소자의 공통된 적응상의 문제는 교도소입소에의 두려움, 고립감, 발작증세, 구타공포, 동성애에 대한 두려움 등이다. 어떤 재소자는 정신병동으로 보내질 것이라는 기대를 갖고 일부러 꾀병을 부리기도 한다. 이처럼 거짓으로 미친 척하는 행동을 전문용어로 The Ganser Syndrome이라고 한다.

(3) 특수문제와 도전

교정상담자는 일반상담분야와는 다른 독특한 문제와 도전을 받는다. 그 중 중요한 몇 가지를 거론하면 다음과 같다.

첫째, 상담에 대한 시설의 지원과 이해부족인데 대개의 일반상담이 보조자의 지원을 받는 반면, 교정상담에서는 기대하기 어려운 일이다. 교정상담자에 대한 지원여건은 시설에 따라 일정하지 않다. Johnson(1974)은 상담자의 역할에 대해 상이한 시각을 보여 주는 세 가지 유형의 행정조직을 제시하였다. 이것은 강제적 행정·분산적 행정·판별적 행정으로 구분된다. ① 강제적 행정은 시설이 사고 없이 조용하고 안전하게 운영되는 것을 목표로 한다. 따라서 상담자의 역할과 기능은 심각한 제한을 받는다. 모든 사람이 기대하는 상담자의 역할은 정해진 보안유지를 위해 노력하는 것이다. ② 분산적 행정은 치료지향적인 시설로 보이기 위하여 치료상담을 일시적 혹은 약식으로 마련하지만, 실제로 치료는 환상에 불과하다. 따라서 이 체계는 상담자의 핵심적 역할에 대한 합의된 기대가 없기 때문에 상담자를 가장 좌절시킨다. ③ 판별적 행정은 진정한 치료지향적인 상담을 제공한다. 따라서 교도관 및 재소자가 모두 상담의 중요성을 인식하며, 상담자도 다른 사람과의 관계를 잘 파악하고 있다. 우리 나라의 경우 교정상담에 대한 비판은 결국 교정행정이 판별적이지 못하고 강제적이거나 분산적 행정체계를 갖고 있다는 점에서 비롯된다.

둘째, 비밀유지인데, 지역사회상담에서는 비밀보장이 교도소보다 잘 유지될 수 있다. 왜냐하면 지역사회에서는 상담실을 찾는 내담자들간에 잘 알지 못하며, 상담실이 대체로 사생활을 보호하도록 설계되어 있고, 사무실직원도 내담자의 정보를 보호해야 한다. 그러나 교도소는 제한된 공간에서 상담실이 수많은 재소자들에게 쉽게 노출되어 있거나 수용질서상 이유 등으로 교정상담자가 취득한 비밀을 상부에 보고하도록 강요받는 경우가 많다. 따라서 교정상담자는 비밀보장에 대해 자신의 입장을 내담자에게 분명히 전달할 필요가 있다. 그러나 비밀유지를 보장받지 못한 재소자가 안심하고 모든 이야기를 할 가능성은 매우 낮다.

셋째, 과중한 업무부담인데, 보통 미국의 대규모 성인교도소에서 교정상담자는 100명이 넘는 사례를 맡고 있다. 게다가 담당재소자에게 갑작스런 변화나 사고가 발생하거나 빠른 속도로 내담자가 바뀌는 경우에는 상담자의 업무부담은 더욱 가중된다. 따라서 상담자는 이처럼 압박감을 느끼는 분위기에서 그의 도움을 가장 필요로 하는 재소자보다 그가 상대하기 편한 재소자와 많은 시간을 보내고 싶은 유혹을 느낄 수 있다. 상담자가 젊고, 매력적이고, 지적이고, 표현력이 풍부하며, 성취적인 내담자와 일하기를 좋아하는 것을 Schofield(1964)는 YAVIS증후군이라고 명명하였다.

넷째, 과중한 탁상업무(paper work)인데, 교정분야에서 정보를 수집하고 보고서를 작성하는 책임은 교정상담자에게 있다. 대부분의 교정상담자가 많은 사례를 담당하고 있으며, 모든 사례에 대해 기록을 해야 하므로 그 업무량은 엄청나다. 따라서 교정상담자는 기록문서를 생산하는 행정업무 때문에 그가 수행하여야 할 가장 중요한 업무인 재소자와의 상담은 시급히 간단하게 처리해야 하는 것이다. 교정상담에게 있어서 비효율적인 탁상업무를 효율적으로 관리하면서 상대적으로 비용이 경감되는 개인용 컴퓨터와 소프트웨어의 사용을 증대시키는 것이 해결방안이 될 수 있다.

다섯째, 내담자의 비자발성인데, 모든 교정상담은 상담을 실시하는 시설의 설계나 임무가 어떠냐에 관계 없이 어느 정도 강제적인 성격을 갖고 있다. 재소자들은 교정시설을 선택할 자유가 없으며, 상담에 참여하는 것도 진정으로 원해서 참여하는 경우는 거의 드물다. 이러한 강제적 상담의 효과에 대하여 학자들간에는 논란이 있으나 일부 교정상담자들은 내담자의 비자발적인 상담관계라고 하더라도 교정효과를 기대할 수 있으며, 때때로 상담을 강제적으로 실시할 필요가 있다고 주장하기도 한다.

여섯째, 일인이역(wearing two hats)인데, 초보교정상담자는 그가 통제 및 치료에 모두 책임이 있다는 것을 알고 크게 부담을 느낀다. 즉 역할갈등을 느끼는 것인데, Hatcher(1978)는 이러한 현상은 교정상담자가 상담은 좋은 것이라고 여기고 통제는 나쁜 것이라고 간주하기 때문에 나타나는 것이라고 하였다. 그러나 이상적으로 볼 때 보안담당자는 치료책임에, 치료자는 보안책임에 상호 부분적 책임이 있다는 점을 받아들여야 한다.

일곱째, 현실검증기회의 결핍인데, 재소자들이 안고 있는 문제들의 대부분은 그들의 친구, 가족 및 그와 관련된 중요한 사람들과 충분히 상호 교류할 수 없다는 사실과 연관이 깊다. 즉 교정상담자는 교정환경을 벗어난 외부세계에서 재소자를 평가해 볼 수 있는 기회조차 갖지 못하고서 가석방의 성공전망을 예측해야 하는 것이다.

여덟째, 재소자의 속임수인데, 재소자들은 교정상담자들이 그들의 일상생활에 많은 영향력을 미친다는 것을 잘 알고 있다. 따라서 그들이 상담자가 원하리라고 생각되는 것을 말하고 행동한다. 이것은 일종의 생존반응으로 당연한 일이다. 그러나 효과적인 상담을 하기 위해서 상담자는 초기단계에 내담자의 위장된 태도를 정확하게 파악하고 직접적으로 이 부분을 다루어야 한다. 동시에 상담자는 몇 번 속임수를 당했다고 해서 모든 재소자에게 경직되고 의심하는 태도로 대하는 것은 경계해야 한다.

아홉째, 실패에 대한 강조인데, 형사사법체계는 실패에 대한 강박관념이 지배하고 있다. 교정분야만큼 실패가 강조되는 부문도 없을 것이다. 연례보고서에는 성공률보다 실패율(재범률)을 보고하고, 대다수의 여론매체가 강조하는 것도 교정분야의 실패에 관한 것이다. 이러한 실패에 대한 강조는 교정상담자의 사기를 저하시키며, 그의 직업에 대한 노력을 어렵게 만든다.

제 3 절 교정상담의 기법

1. 심리요법

현대교정에 있어서 가장 보편적이고 광범위하게 활용되고 있는 범죄자처우는 역시 심리학적 처우일 것이다. 심리학적 처우는 심리요법(psychotherapy)이나 상담 등 다양한 형태로 다양한 대상자에게 다양한 여건과 환경에서 이루어지고 있다. 교정에 있어서의 심리요법은 재소자를 범인성으로 이끌었던 저변의 감정적 또는 심리학적 문제를 상담치료하는 하나의 기제가 되었다. 이러한 과제는 대부분의 범죄자의 범죄성에 관한 일차적 원인이 정신질환이라는 가정을 전제로 한다.

그러나 불행하게도 대부분의 범죄자는 준법시민과 크게 다를 바 없는 정상적인 사람이며, 범죄자가 범죄적인 행동을 하기로 결정하는 데는 범행의 기회·기술·합리적 동기·격정 등의 다양한 추가요인이 함께 작용하게 되기 때문에 특정한 정신질환이나 결함이 모든 범죄 아니면 일부 범죄나마 근본적인 원인이라는 가정은 문제가 있다. 더불어 설사 정신적·심리적 문제로 인하여 범행을 한다고 해도 정신심리상의 문제를 진단하는 것이 매우 어려운 일이기 때문에 그 효용성이 제한된 것도 사실이다.

물론 바로 이 문제가 현대교정이 안고 있는 가장 큰 문제이기도 하다. 즉 범죄의 원인은 대부분 사회환경적 요인에서 찾으면서 그 범죄자의 처우와 상담치료는 심리적 방법에 호소하고 있어서 병과 상담치료의 방법이 전혀 다르고, 따라서 교정처우의 효과성이 의문시될 수밖에 없는 것이다. 그럼에도 불구하고 대부분의 교정처우가 심리학적 기법에 의존하고 있는 것은 개인의 변화를 전제로 한 사회적응력의 배양을 위한 사회요법도 가능하고, 환경조정의 혜택도 누릴 수 있기 때문일 것이다.

그런데 여기서 말하는 심리요법(psychotherapy)이란 용어는 모든 형태의 '마음의 상담치료'(treatment of minds)라고 할 수 있다. 그러나 교도소에서는 심리요법의 의미가 사뭇 다를 수 있다. 즉 병원 등에서는 환자(내담자) 자신이 자발적으로 자기 부담하에 상담치료를 받지만, 교도소에서는 상담치료전문가의 서비스를 구매하여 범죄자를 상담치료하는 것이므로 범죄자 자신의 자발적 선택이 아니라 사회와 국가의 강제에 의한 것이다. 따라서 교도소에서는 심리요법이 강제로 이루어지기 때문에 재소자가 중심이 되지 않고 범죄인이 범죄를 하지 않는 생활형태를 계발하기를 바라는 사회의 요구가 중심이 되는데 양자는 결코 협상될 수 없는 관계가 된다. 그럼에도 불구하고 범죄자의 감정적·정신적 성향을 변화시키고자 하는 심리요법이 매우 대중적인 교정처우의 수단으로 존재하고 있다.[8]

이러한 심리요법은 개별심리요법과 집단심리요법으로 대별되는데, 이 구분은 심리요법이 환자(내담자)와 상담치료자가 1대 1로 하느냐 아니면 집단적으로 이루어지느냐의 차이이다. 그것이 개별적이건 집단적이건 심리요법의 기본기술은 재소자들에게 그들로 하여금 자신의 문제를 공격적이거나 반사회적인 행동으로 표출토록 한 과거의 갈등에 관해서 토로하도록 권장하는 것이다. 이상적으로 보면 범죄자는 이러한 심리요법을 통해서 개인이나 집단으로부터 자신을 범죄로 이끌었던 갈등과 비양심적 욕구를 해결하는 데 도움이 되는 통찰력을 얻을 수 있을 것이다. 따라서 심리요법의 기본적 목표는 재소자로 하여금 자신의 행동에 책임을 질 수 있게 하는 것이다.

그런데 교정에 있어서의 심리요법은 적지 않은 한계가 있다.

우선 교정시설에서 일하는 심리요법전문가는 극히 부족함에도 불구하고 이들에게 요구되는 업무는 대단히 과중한 편이다. 사실상 이들이 재소자를 심사분류하는 등의 일도 맡고 있기 때문에 실제로 진전이 있을 만큼 심리요법처우를 규칙적으로 빈번하게 실시할 수 없는 실정이다.

둘째로 이보다 더 큰 문제는 다른 분야의 심리요법에서는 대체로 환자(내담자)가 자발적으로 상담치료받기를 원하지만, 교정에 있어서는 재소자가 자신을 환자(내담자)로 여기지 않기 때문에 실제로 상담치료를 원하는 사람이 별로 없다는 사실이다.

셋째, 거의 모든 처우도 마찬가지지만 교정시설이라는 곳은 심리요법을 실시하기에 적절한 환경이 되지 못한다.

넷째, 심리요법을 비롯한 대부분의 심리적 처우는 일탈이나 비행을 유발 또는 조장하는 사회적 요인을 경시하거나 무시한다는 사실이다.

다섯째, 많은 심리요법전문가들이 공통적으로 겪고 있는 문제로서 재소자의 문제나 필요에 대해서 상당히 성공적으로 진단할 수 있으나 실제 그 문제를 상담치료하기 위한 수단, 즉 상담치료방법에 있어서는 선택의 여지가 많지 않다.[9]

---

8 Clear and Cole, *American Corrections*(2nd ed.), Pacific Grove, CA : Brooks/Cole Publishing Company, 1990, p. 339.
9 Clemens Bartollas, *Correctional Treatment*, Englewood Cliffs, NJ : Prentice-Hall, 1985, p. 126.

(1) 개별심리요법(individual psychotherapy)

1) 현실요법

현실요법(reality therapy)은 Glaser가 주창한 것으로 모든 사람은 기본적 욕구를 가지고 있으며, 자신의 욕구에 따라 행동할 수 없을 때 무책임하게 행동한다는 가정에 기초하고 있다. 따라서 현실요법은 현실요법의 3R이라고 할 수 있는 현실적(realistic)이고 책임 있는(responsible) 올바른 행동(right action)에 의해서 충족될 수 있는 상관성(relatedness)과 공경(respect)을 기본적 욕구로 가정한다.[10]

따라서 Glaser는 범죄자에게는 일관성 있는 훈육과 훈훈한 사랑을 필요로 하는데 따뜻한 정이나 훈육이 서로를 대신할 수 있는 것이 아니라 둘다 동시에 필요한 것이라고 말한다. 즉 재소자가 따뜻한 정과 일관성 있는 훈육을 동시에 받을 때 책임감도 증대될 수 있다는 것이다.[11]

결국 현실요법은 범죄자가 자신의 현실을 직시하지 못할 때 문제가 되기 때문에 상담자는 적절치 못한 행위를 유발하였던 문제에 대해서 특별한 관심을 가져야 한다. 그리고 재소자로 하여금 자신의 행위의 현실적 결과를 일관성 있고 확실하게 분석하도록 하여 현실을 있는 그대로 볼 수 있도록 도와야 하는 것이다. 그래서 현실요법은 재소자의 내부문제가 아니라 외부세계에 존재하는 현실을 직면하는 데 초점이 모아져야 한다.[12]

이를 위해서 환자(내담자)는 그의 상담자와 정직한 개인적 관계를 형성해야만 한다. 다음으로 상담자는 환자(내담자)에게 자신은 환자(내담자)의 무책임한 행위를 이해할 수 없지만 비난하지는 않는다는 것을 인식시켜야 한다. 즉 환자(내담자)의 행위는 받아들일 수 없지만, 환자(내담자) 자신은 받아들여져야 하는 것이다.

마지막으로 상담자는 환자(내담자)에게 사회에 존재하는 대로의 현실의 범위 내에서 자신의 욕구를 수행하는 더 좋은 방법을 가르쳐야 한다. 구체적으로 범죄자의 교화개선과 재활을 위해 필요한 통제, 재교육 그리고 사회재통합을 제공하기 위해서 개발된 프로그램은 참여자는 변화에 대한 환자(내담자) 자신의 동기에 기초하여 선정된다. 이들을 위한 처우는 자기 진단, 타인과의 집중적인 관계, 정직하고 책임 있는 행위에 대한 일관적인 추구 등을 포함한다. 상담자는 기준

---

10 William Glaser, *Reality Therapy*, New York : Harper & Row, 1965, p. xii.

11 *Ibid.*, p. 70.

12 Lee H. Bowker, *Corrections*, New York : Macmillan Publishing Co., 1982, p. 245.

과 기대치를 설정하고 가르치고 지도하며, 보충적인 행정적·임상적 서비스를 제공하는 역할을 한다. 환자(내담자)가 책임 있는 행동을 보여 줄 때 조건부석방이 추천된다.[13]

그런데 현실요법에 대한 성과는 그 평가가 아직은 확실한 것이 아님에도 불구하고 많은 교정시설에서 활용되고 있는 데는 몇 가지 이유가 있다. 우선 현실요법의 기본원리가 쉽게 학습되고 터득될 수 있다는 것이다. 또한 현실요법이 재소자의 내부문제보다는 외부세계에, 과거보다는 현재에 그리고 개인적 문제보다는 인간적 잠재성에 초점을 맞추고 있으며, 상담자에게 권한과 권위를 제공한다는 사실을 높이 평가하고 있다. 뿐만 아니라 현실요법이 책임과 훈육을 강조하는 것도 매력적으로 비쳐지는 이유이다.

그리고 현실요법은 보호관찰과 연계되어 지속될 수 있다는 것도 하나의 장점으로 지적되고 있다. 그러나 현실요법을 비판하는 사람들은 현실요법이 인간의 행위를 지나치게 단순화하고 있으며, 상담자에게 권위적인 태도를 가질 수 있게 할 위험이 있다고 주장한다. 더불어 현실요법이 과거는 잊어버리고 현재에 초점을 맞추고 있는데, 과연 과거를 잊어버리고 무시하는 것이 항상 현명한 일인가는 의문스러운 일이다.[14]

2) 교류분석

교류분석(transactional analysis)은 사람들끼리의 관계를 평가하고 해석하는 것을 기초로 세워진 자아(ego)상태에서 타인과의 상호작용에서의 취한 관점에 초점을 맞추고 있다. 교류분석에는 대체로 부모(parent)·성인(adult)·아동(child)이라는 3단계의 자아상태가 함축되어 있다. 부모가 판단하고 통제하며, 성인은 성숙하고 현실적이며 윤리적이고, 아동은 유희적이고 의존적이며 때로는 버릇이 없기도 하다. 교류분석의 목표는 사람들로 하여금 자신의 문제가 성인으로서보다는 화난 부모나 연약한 아동으로서 세상을 접근할 때 문제가 야기된다는 것을 인식하도록 하는 것이다.

교류분석은 재소자로 하여금 자신의 과거경험이 현재 행위에 미친 영향을 보기 위해 일종의 녹음을 재생하듯이 되돌려보도록 한다. 그것은 인간의 기억은 초기아동기의 사건, 그 사건의 의미 그리고 그 사건에 대한 느낌 등을 기록하는 일종의 녹음테이프처럼 기능하기 때문이다. 즉 모든 사람은 자신이 과거에 경험한 유사한 사건을 다시 직면했을 때, 그 사건에 대한 녹화테이

---

13 Robert J. Wicks, *Correctional Psychology*, San Francisco : Canfield Press, 1974, pp. 17~18.
14 Bartollas, *op. cit.*, p. 131.

프를 돌려 보는 경향이 있다.

당연히 재소자는 그가 범죄라는 자기 파괴적인 행위를 했기 때문에 자신의 과거테이프를 되돌려보면, 그는 일종의 패배아가 되는 것이다. 그래서 상담자는 이들 재소자로 하여금 과거에 대한 부정적인 장면들은 지워버리고 그들도 승자가 될 수 있으며, 인생의 목표를 성취할 수 있다는 것을 확신하도록 가르치는 것이다. 일단 이렇게 해서 재소자가 교류분석에 대한 동기를 부여받게 되어 상담치료에 참여하게 되면, 그는 타인과의 관계에 있어서 3가지 역할에 따라 행동하도록 배운다.

여기서 재소자는 아동기의 좋지 않았던 테이프 속에 묻혀진 나쁜 감정을 지우고, 성인의 자아상태를 보다 빈번히 이용하도록 도와 주는 것이다. 그래서 상담자는 대체로 선생님의 역할을 주로 하게 된다.[15]

교류분석의 기법으로는 4가지가 있는데, 구조분석은 전술한 것처럼 개개의 성격의 구조를 분석하여 개별적으로 또는 집단적으로 3개의 자아상태를 알기 쉽고 구체적으로 설명하는 것이다. 교류패턴분석은 3개의 자아상태 중 2개의 자아상태 사이에서 일어나는 의사패턴을 분석하는 것인데, 이로써 자신의 타인에 대한 대처방법이나 타인의 자신에 대한 대처방법을 의식적으로 통제할 수 있게 된다. 게임분석은 겉으로는 합리적인 메시지를 발신하는 것처럼 보이나, 그 속에는 다른 동기나 목적을 가지고 있는 교류 중에서 정형화되어 있는 것을 분석한다.

이 분석을 통해서 교정상담자의 역할은 재소자나 소년원생들에게 자신도 모르는 사이에 비생산적인 방법으로 타인을 조작한다거나 타인에게 반응하고 있는 경향이 있음을 깨닫게 해 주어 그러한 것을 통제하도록 유도하는 것이다. 마지막으로 각본분석은 각본을 분석함으로써 자기 파괴적인 각본을 이해하고 그로부터 해방되어서 자기를 통제하게 된다는 것이다. 여기서 각본이란 어린시절에 부모들을 중심으로 한 주위의 영향하에서 발달하여 그 후의 대인관계를 포함한 인생체험에 의해서 강화된 인생의 프로그램이라고 볼 수 있다.

교류분석은 현실요법과 같이 쉽게 배울 수 있고, 희망을 주며, 훈육문제를 줄일 수 있으며, 단순하고 단기적이며, 한편으로는 재소자의 동의와 공식적인 상담치료계약을 맺고 있기 때문에 대부분의 교정처우에서 문제로 지적되는 강제적 상담치료의 문제가 해소될 수 있다는 장점을 가지고 있다.

반면 이 방법으로는 스스로 변화를 추구하지 않아서 동의하지 않는 범죄자나 자신의 문제를

---

15 Bartollas, *op. cit.*, p. 128.

검토할 의사가 전혀 없는 사람 그리고 현재 행동에 문제가 있는 사람에게는 아무 소용이 없게 된다. 또한 성숙되지 못한 인성의 소유자나 지능이 낮은 사람, 사회병리적 문제가 있는 사람에게도 교류분석은 전혀 도움이 되지 못한다.[16]

(2) 집단심리요법

집단심리요법(group therapy)에 참여하는 재소자들은 자신들이 공유하는 문제를 함께 토론하게 된다. 물론 이 경우 상담자가 생활에 대한 참여자의 지향성을 변화시키는 데 도움이 되도록 상호작용을 구조화해 준다. 이러한 집단처우는 인간이 사회적 동물이라는 점을 고려할 때 매우 중요시될 수밖에 없다. 더욱이 대부분의 인간행위, 특히 청소년비행의 경우는 집단적으로 행해지고 있기 때문이다. 우리가 자신을 규정하고, 자신의 경험을 해석하는 것은 바로 집단적으로 학습되는 것이다.

요약하자면 집단요법이란 개인적 또는 사회적 문제를 해결할 목적으로 3~4명이 집단적으로 벌이는 상담적 또는 상담치료적 활동이라고 할 수 있는데, 그 목적이나 지도력에 따라 구조적일 수도 있고 비교적 비구조적일 수도 있다. 이처럼 개별요법 대신 집단요법을 택하는 가장 주요한 이유는 전문인력자원의 부족이다. 즉 현재 거의 모든 교정시설에는 상담이나 상담치료를 요하는 시설에 수용된 모든 재소자들에게 필요한 개별상담이나 상담치료를 제공할 훈련된 전문상담가나 상담자가 충분히 확보되지 않은 상태이다.

더불어 집단요법은 그 집단이 지나치게 커지지 않는 한 상담치료의 효과를 크게 감소시키지 않으면서도 그 비용은 상당히 줄일 수 있다. 그 밖에 개별요법에서는 불가능했던 것으로 상담자는 물론이고 참여재소자들은 동료재소자들과 자신의 사상을 집단요법을 통해서 비교하고 검증할 수 있는 이점도 있다.[17]

이러한 관점에서 교도소에서는 다양한 형태의 집단적 처우나 상담치료를 시행하고 있는데, 집단심리요법으로서 현재 많이 활용되고 있는 상담치료기법으로 집단지도상호작용(GGI) 또는 심리극 등을 대표적으로 들 수 있다.

---

16 Bartollas, *op. cit.*, pp. 129~130.
17 Bowker, *op. cit.*, p. 249.

1) 집단지도상호작용

집단지도상호작용(guided group interaction)은 교정시설 내의 집단심리요법의 가장 대중적인 기법으로서, 대체로 성인보다는 청소년범죄자에게 많이 적용되고 있다. 참여청소년은 성인지도자의 지도와 지시하에 일반교도소와는 다른 캠퍼스와 같은 환경에서 함께 생활하고 공부하고 놀게 된다. 그 결과 그들 상호간의 상호작용은 격렬하나 분위기 자체는 권위적이지도 않고 적대적이지도 않으며, 집단참여자는 상당한 선택권이 주어진다. 경우에 따라서는 GGI집단이 특정집단구성원이 언제 석방되거나 귀휴(歸休)갈 것인가 또는 어떻게 처벌할 것인가 등을 결정하기도 한다.

이러한 집단지도상호작용은 몇 가지 단계를 거치며 이루어진다.

첫 번째 단계에서는 새로운 구성원이 들어오게 되면 집단구성원과 지도자에 의해서 그가 경계심을 풀고 느긋해지도록 한다.

그리고 두 번째 단계에서는 참여자들은 서로 집단을 믿기 시작하므로 자신의 인생사나 문제를 서로 나눈다.

세 번째 단계에서는 종종 자신이 문제에 빠지게 된 이유를 밝히고 시설이나 사회생활의 문제를 논의한다.

네 번째 단계에서는 재교육을 수용할 정도로 안정감을 느끼게 된다.

다섯 번째 단계에서는 변화를 위한 자신의 계획을 구성하게 된다. 자기 스스로나 집단의 평가에 의해 지도받음으로써 자신의 미래에 관한 이성적 결정에 도달할 수 있게 된다.

집단지도상호작용은 참여자를 밀접하게 엮어진 대안적 공동체에 합류시킴으로써 비행동료부문화(delinquent peer subculture)를 피할 수 있다는 점이 주요한 장점으로 평가되고 있다. 이 기법은 부분적인 것이 아니라 가치관·행동·신념을 전혀 새로운 구조로 바꾸는 종합적인 전략이다. 또한 소내훈련된 보안요원까지도 이 집단요법을 지도하는 경우가 있기 때문에 큰 추가비용 없이도 더 많은 인력이 처우과정에 참여할 수 있는 경제적 이념도 있다.

더불어 참여재소자에게 자신의 행위에 대해서 책임을 지고 비행교우집단에의 의존성을 줄이도록 가르친다는 사실도 하나의 이점이라고 할 수 있다. 그러나 집단지도상호작용도 훈련된 지도자가 부족하다는 것이 가장 큰 문제로 지적받고 있다. 집단지도상호작용은 동료집단규범을 강조하기 때문에 개별처우의 여지를 거의 남겨 두지 않으며, 이를 통한 성과가 실생활에 쉽게 전이되지는 않는다는 비판을 받기도 한다.[18]

끝으로 직원과 재소자가 자주 바뀌는 교정시설 내에서 과연 집단지도상호작용에 필요한 강력한 친분관계와 건강한 가족생활이 형성되고 지속될 수 있는가라는 의구심을 갖게도 한다.[19]

2) 심 리 극

교도소에서의 심리극은 사회적 상황을 교도소 내 임상병리학자의 사무실로 옮겨 놓은 것으로서, 이를 통하여 재소자들이 자신이 겪고 있는 갈등을 공개적으로 다루는 것을 학습케 하는 데 의미가 있다. 이러한 심리극(psychodrama)은 수용시설에서의 수용생활을 자신의 남은 생활을 위한 연습으로 삼게 해 줌으로써 재소자들에게 상당한 호응을 받을 수 있다.

심리극을 소개한 Moreno는 심리극의 주요 원리로서 먼저 환자(내담자)가 자신과 주변인을 표현하는 자기 표현(self-presentation), 자신의 인생계획을 연기하는 자기 실현(self-realization), 자신의 생각과 감정을 자유롭게 자신이나 집단에게 말하게 하는 직접적인 혼잣말(direct soliloquy), 숨겨진 감정이나 생각을 나눌 수 있는 요법상담치료적 혼잣말(therapeutic soliloquy), 보조자로 하여금 환자(내담자)를 표현하고 그와 동일시하게 하고 그와 같이 행동하게 하는 이중화(doubling), 자신을 흉내내는 수명의 보조자와 함께 자신의 또 다른 인성을 표현케 하는 복수이중화(multiple doubling), 타인이 자기를 모방함으로써 타인이 자기를 보는 것처럼 자신을 비추어 보는 반사(mirroring), 환자(내담자)가 상대방의 역할을 하는 역할전환(role reversal), 자신이 기대하는 미래상을 행하게 하는 인생연습(life rehearsal), 자신의 환상을 표현하는 심리극적 환상(psychodramatic hallucination) 그리고 말하는 대신 자신의 꿈을 연기하는 심리극적 꿈의 기법(psychodramatic dream technique) 등을 들고 있다.[20]

이처럼 심리극은 재소자를 자신의 감정이나 행동을 보여 주게 하는 역할연기상황에 놓이게 함으로써 무의식이 증대되면 쉽게 집단이나 자신에게 자신의 문제를 보여 주게 된다. 따라서 심리극은 재소자로 하여금 수용할 수 있는 사회적 상호작용의 기술을 배울 수 있게 해 준다. 결국 심리극은 재소자로 하여금 타인과의 상호작용과 이해를 가르치기 때문에 특히 격정범죄를 범한 재소자에게는 상당한 효과가 있을 것으로 간주됨에도 불구하고, 이 또한 전문가의 부족으로 그 이용에 한계가 있다.

18 Bartollas, *op. cit.*, p. 134.
19 Wicks, *op. cit.*, p. 52.
20 L. Moreno, *Psychodrama*, Beacon, NY : Beacon House, 1969, pp. 239~242.

2. 행동수정

　　행동수정(behavior modification)은 재소자의 행동을 변화시키기 위한 하나의 기술로서 현실요법과 마찬가지로 과거에 대해서는 별 관심을 두지 않는다. 단지 행동에 대한 긍정적이거나 부정적인 재강화를 적용함으로써 그 사람의 행위를 변화시키려는 시도이기 때문에 다분히 미래지향적이라고 할 수 있다. 따라서 재소자에게 긍정적이고 즉각적이며 체계적으로 특정한 행위에 대해 보상한다면 그 행위의 발생은 증대될 것이고, 반대로 특정 행위에 대해서 부정적 재강화가 이루어진다면 그 행위의 발생빈도는 줄어들 것이다.

　　이러한 속성을 이용해서 행해지고 있는 교정시설 내 행동수정프로그램 중 가장 대표적인 것이 바로 토큰보상(token economy)이다. 재소자들이 바라는 긍정적인 재강화는 관심, 칭찬, 돈, 음식 그리고 특전 등이 있을 수 있으며, 반대로 가급적 회피하려고 하는 부정적인 재강화는 위협, 구금, 처벌 그리고 조롱 등이 있을 수 있다.[21] 즉 행동요법상담자는 바라는 결과, 그 결과를 초래할 수 있는 자극, 바라는 반응을 얻기 위해 필요한 재강화를 결정함으로써 재소자의 행위를 변화시키고자 한다. 즉 재소자들에게 당근과 채찍을 이용하여 그들의 행동을 통제하고 변화시키자는 것이다.

　　행동수정은 모든 직원들이 긍정적이거나 부정적인 재강화를 일관성 있게 제공할 것을 중시한다. 그러나 행동수정의 주장자들은 대개 재소자가 자신이나 동료들에게 위험을 야기하지 않는 한 처벌은 피할 것을 권한다. 이들은 바람직하지 못한 행위가 근절되면, 그 행위를 조장하는 부정적인 태도도 사라질 것으로 믿고 있다.

　　다음과 같은 세 가지 특징으로 인하여 행동수정이 교정환경에도 적합한 것으로 알려지고 있다.

　　우선 행동수정은 그 원리가 이해되고 기억하여 설명하기 쉽고 간단하다.

　　둘째로 행동수정은 단기간이라도 효과를 볼 수 있다.

　　셋째로 행동수정은 사회병리적 범죄자에게 큰 영향을 미칠 수 있다.[22]

　　그러나 행동수정에서 겉으로 드러난 행동만을 다루는 것은 지나치게 피상적이며, 비록 행동수정이 단기적 효과는 있을지 모르지만 그것이 장기간 지속될 수는 없다고 비판하기도 한다. 더

---

21 Carl F. Jesness *et al.*, *The Youth Center Research Project*, Sacramento, CA : American Justice Institute, 1972, p. 7.
22 Robert R. Ross and Bryan McKay, "Behavioral Approaches to Treatment in Corrections : Requiem for a Panacea," in Robert R. Ross and Paul Gendreau(eds.), *Effective Correctional Treatment*, Toronto : Butterworths, 1980, p. 41.

육이 행동수정에서는 재소자를 단순히 돼지와 같은 존재로 취급하고 있으며, 행동수정에서의 재강화는 상당한 수준의 일관성과 지속성을 가지고 제공되야 하는데 이는 교정분야에 있어서 쉽지 않은 일이다.

그럼에도 불구하고 긍정적인 행동을 한 재소자에게 긍정적인 보상을 하고, 반면에 부정적인 행동을 한 재소자에게는 부정적인 처벌을 함으로써 재소자들이 시설의 규율과 절차를 지키게 하고 재소자들에게 특전을 부여하여 보다 긍정적인 태도를 견지하도록 하는 행동수정은 교정시설에서 가장 보편적으로 수용되고 있는 원리가 되고 있다.[23]

3. 사회요법

사회적 요법(social therapy)은 지금까지의 심리적 또는 행동수정 프로그램의 약점을 보완하기 위해서 시도된 요법으로서 재소자들을 위해 건전한 사회적 지원유형을 개발하고자 하는 것을 주요 내용으로 한다. 범죄가 범죄자 개인만의 문제라기보다는 개인적 적성이나 특성과 주변 환경의 복합적인 상호작용의 산물로 인식되기 시작하면서 범죄자 개인만을 대상으로 하는 어떠한 노력도 범죄자를 변화개선시키기에는 충분할 수 없다는 각성에서 시작된 것이다.

여기서 우리가 사회적 요법이라고 이름하는 이유는 이들 프로그램이 교도소 내에서의 친사회적인 환경의 개발을 시도하기 때문이다. 사회적 요법이라고 할 수 있는 대표적인 상담치료방법은 환경요법과 긍정적 동료부문화라는 것이 있다.

(1) 환경요법

환경요법(milieu therapy)은 모든 교정환경을 이용하여 재소자들간의 상호작용의 수정과 환경통제를 통해서 개별재소자의 행동에 영향을 미치고자 하는 것으로서, 그 대표적인 프로그램이 바로 요법처우공동체(therapeutic community)이다.

이 요법처우공동체는 사실 여타의 요법처우와는 달리 시설 내의 사회환경을 강조한다는 점에서 혁신적인 기법이라고 할 수 있다. 그러나 요법처우공동체는 여타의 처우요법을 무시하지 않고 그 속에 포함시키고 있다. 그럼에도 불구하고 처우의 대부분은 사회적 활동에 투자되고 있다.

---

23 Bartollas, *op. cit.*, p. 133.

요법처우공동체는 다음과 같은 세 가지 원리에 의해서 지배된다.

첫째, 이는 생산적 작업과 신속한 사회복귀를 지향한다. 즉 시설 내의 모든 활동이 재소자가 책임 있는 시민으로서 외부사회로 조기에 석방될 수 있도록 유리한 심리적 상태에 도달하는 데 도울 수 있는 방향으로 활용되어야 한다는 것이다.

둘째, 재소자는 교육의 방법을 통해서 첫 번째 원리가 재강화되어야 하고, 건설적인 목적을 위해서 집단의 역동성과 압력을 적극적으로 활용할 필요가 있다.

셋째, 교도소의 권위는 직원과 재소자에게 폭넓게 분산되고, 단지 권위가 있다면 그것은 지위가 아니라 기술적 능력이나 전문성에 기초하여야 한다.[24] 결국 이 프로그램의 참여환자는 매우 능동적인 역할을 수행하게 되며, 그와 함께 교도소의 권위도 상당 부분 이들 환자(내담자)에게 위임되고 있다.

요법처우공동체는 재소자가 자신이 살아가야 할 사회적 환경을 만들고 유지할 책임감을 가질 때 비로소 진정한 변화가 일어날 수 있다고 가정한다. 따라서 시설 내 모든 활동은 재소자가 적절한 사회적 태도를 견지하고 법을 준수하는 생활양식을 조장하여 이러한 재소자문화를 개발하는 방향으로 이루어져야 한다는 것이다. 이러한 프로그램은 모든 것이 친사회적인 시설환경이나 분위기를 엮어 내는 데 도움을 줄 수 있는 시설정책의 변화를 중요한 전제로 한다. 시설 내 모든 관행이 관료적이지 않고 민주적이어야 하며, 모든 프로그램은 구금보다 처우에 초점을 맞추어야 하며, 시설의 일상적 활동이 억압적이기보다는 인본주의에 우선순위를 두어야 하며, 융통성이 중시되어야 한다는 것이다.

그러나 전통적 교정시설이 이와 같은 환경의 시설로 변화하기는 쉽지 않은 문제이기 때문에 이를 위해 필요한 몇 가지 전략을 강구할 수 있다. 우선 재소자와 교도관을 이러한 요법처우공동체에 적합한 사람으로 수용하고 채용한다. 그리고 교도소의 물리적 시설도 기숙사와 같이 설계되고, 가급적 개방적이어야 한다. 끝으로 가장 중요한 사항은 소규모 재소자집단이 매일 소집되어 교도소관리, 재소자와 교도관의 상호작용 그리고 재소자행위 등에 관한 문제를 토의할 수 있도록 하여야 한다.[25]

요법처우공동체는 교도소 내 전체 생활단위에서 이루어지고 있으며, 개인적 의사결정기회를 많이 제공할 수 있고, 보안요원과 처우요원 간의 전통적 갈등이 존재하지 않는다는 이점이 있

---

24 Hassim Solomon, *Community Corrections*, Boston : Holbrook, 1976, p. 51.
25 Clear and Cole, *op. cit.*, p. 344.

다. 그 외에 교도관과 재소자 사이의 대화와 언로의 괴리를 상당부분 메울 수 있었다. 반면에 현재의 과밀수용은 요법처우공동체의 실현을 어렵게 하며, 대부분의 교정당국에서는 그들이 재소자에 대한 통제력을 상실하는 것이 두려워 요법처우공동체를 시행하는 데 필요한 정도의 수형자자치를 허용하기를 꺼려한다.[26]

따라서 요법처우공동체를 통제가 중시되는 교정시설에 도입하여 시행하기는 쉽지 않은 일이며, 더욱이 참여재소자에게 상당한 자율성을 부여하기 때문에 간헐적인 무질서의 위험성도 배제할 수 없다. 또한 현재의 교도소에서는 대부분 물리적 설계나 시설면에서 공동체처우를 시행하는 데 장애요인으로 작용하기도 한다.

(2) 긍정적 동료문화(positive peer culture)

이는 생산적인 청소년부문화를 형성하기 위한 집단적 접근법의 하나로서, 집단지도상호작용(GGI)을 모태로 하기 때문에 시설 내 수용생활의 모든 면을 총동원하는 총체적 전략이다. PPC의 기본목표는 부정적인 동료집단을 생산적인 방향으로 전환시키는 것이다. 이를 위해서 참여자에게 서로서로를 배려하도록 가르친다. 서로를 보살펴 줌으로써 청소년들은 문제를 파악하고, 그 문제를 해결하는 방향으로 노력하게 된다. 따라서 이러한 상호 보살핌이 확산되어 자연스럽게 되면, 상호 해침이란 자연스럽게 사라지게 되는 것이다.

PPC를 활용한 결과 청소년수용시설에서 수용사고가 적어지고, 프로그램이 더욱 부드럽게 운영될 수 있다는 사실이 밝혀지고 있다. 이 제도는 GGI와 마찬가지로 비행적 동료문화의 가치를 축소시키며, 청소년범죄자처우를 위하여 총체적인 전략을 활용하며, 범죄자에게 책임을 부여한다는 강점이 있다. 그러나 이 제도의 적용이나 효과성에 대해서 몇 가지 한계점도 지적되고 있다. 우선 이 제도가 부정적인 재소자지도자의 영향을 과소평가하지는 않았는가라는 의구심을 불러 일으킨다. 이보다 더 큰 의문은 일생 동안 약탈과 착취를 해온 청소년범죄자들에게 상호 보살핌의 관계를 가르치는 것이 과연 가능한가라는 것이다.[27]

---

26 Bartollas, *op. cit.*, p. 137.
27 Bartollas, *op. cit.*, p. 136.

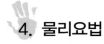

4. 물리요법

지금까지 살펴본 각종 상담치료나 상담에 잘 반응하지 않고 별 효과가 없는 재소자에게는 아마도 보다 강제적인 기법이 필요한지도 모른다. 이들에게 이용가능한 강제적 기법이 바로 물리요법(physical therapy)이며, 여기에는 약물요법과 같은 화학요법(chemotherapy)·충격처우(shock treatment)·거세 등이 포함될 수 있다. 물론 이들 요법이 반사회적 행위를 없애기 위한 방법의 일부로서 격한 고통을 부과하기도 하기 때문에 행동수정과 유사한 점도 없지 않다. 현재 거세나 충격처우와 같은 물리요법은 거의 활용되지 않고 있으나, 진정제의 투약과 같은 약물요법은 현재도 이용되고 있는 물리요법이다. 약물투약은 사회적으로 수용될 수 없는 행위를 한 데 대한 준처벌적인 성격을 지니기도 한다.

이러한 약물요법이 때로는 환자(내담자)에 대한 종합적인 평가도 없이 이루어지고 있으며, 임상학자들에 의하면 약물요법시 반드시 따라야 할 심리요법이 거의 실시되지 않고 있어 교정에 있어서의 약물요법에 대한 심각한 의문이 제기되고 있다. 따라서 약물요법에 있어서 약물이 오용될 수도 있으며, 이는 곧 유기요법(organic therapy)에 대해서 부정적인 시각을 갖게 한다. 이런 시각은 범죄행위가 생물학적인 원인에서 기인될 가능성도 있기 때문에 약물요법의 가능성도 없지 않은 점을 고려할 때 매우 불행한 일이다.[28]

즉 다수의 유전적 문제나 생리학적 또는 생화학적 문제로 인한 범죄자에 대한 가장 효과적인 처우는 바로 이 약물요법일 수 있기 때문이다. 그러나 이러한 긍정적인 가능성은 항상 있지만 그 가능성을 적용할 대상, 즉 약물요법을 필요로 하는 범죄자와 재소자는 우리 사회의 전체 범죄자와 재소자 중 극히 일부분에 지나지 않는다는 점이나 강제적 상담치료라는 점에서 인권침해의 소지가 많다는 등의 문제가 지적될 수도 있다.

---

28 Judith Resnik and Nancy Shaw, "Prisoners of Their Sex : Health Problems of Incarcerated Women," in Ira Robbins(ed.), *Prisoners' Rights Sourcebook*, New York : Clark Boardman, 1980, pp. 319~413.

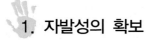

제4절 교정상담의 효과

1. 자발성의 확보

사회심리학자들이 보고하듯이 인간의 신념·태도·의도·행동면에서의 변화를 유발하기 위해서는 수동적인 참여보다 능동적이고 적극적인 참여가 매우 효과적이다. 상담참가자들로 하여금 능동적으로 다른 사람들과 상호 관계를 맺고, 행동의 여러 대안 중에서 선택한 것은 행동으로 옮기고, 변화하려는 방향을 다른 사람들 앞에서 공약하는 등의 방법으로 적극적인 참여를 도모해야 한다.

2. 분류심사결과와 참여상담의 일치성

Coulson과 Nutbrown(1992)은 이제 범죄자재활이 효과적인가 아닌가 하는 것은 문제가 아니고, 어떠한 범죄자들에게 어떠한 환경하에서 어떤 기법과정들이 효과적인가 하는 것이 문제라고 말한다. 김보경(1993)의 연구에서는 훈련대상자들을 세 집단으로 나눌 필요가 있음을 강조하였으며, 각 집단의 세 가지 행동특성이란 공격적 행동집단·위축행동집단·미성숙행동집단 등이다.

공격적 행동집단은 언어와 행동이 공격적으로 빈번한 싸움, 사회적 교란, 파괴, 욕설, 불안정감, 쉽게 다툼, 사회적 권위에 대한 반항, 무책임감, 남의 이목을 끌려고 하는 것에 대한 지나치게 높은 동기, 죄악감의 부재 등을 특징으로 한다. 폭행·강도·강간 등의 범죄자가 이 범주 내에 속한다고 보았다.

위축행동집단은 지나친 자기 금지·내면화·신경증·성격문제 등이 특징으로 남에게 직접 공격을 가하기보다는 후퇴하며, 내면적으로는 공포·불안·불행감·고통·우울감·열등감·자기 의식·수줍음·과민성·은폐성·불투명성 등이 특징이다. 방화·아동추행 등의 범죄자가 이 범주 내에 있는 것으로 보았다.

미성숙성행동집단은 주의력결핍, 수동성, 공상, 자신감결여, 미성숙한 행동형태로서 절도 등에 관련된 범죄자를 나타낸다고 보았다.

이 세 집단은 그 성격에 따라 훈련내용에 차이가 있어야 한다고 주장하며, 공격적 행동집단에게 필요한 친사회행동기술은 자기 감정통제, 남과의 타협, 남의 허락받기, 싸움 피하기, 다른 사람들의 감정 이해하기, 남의 분노에 대응하기 등이며, 위축행동집단은 다른 사람들의 대화에 참가하기, 공포감에 대한 대응방법 결정하기, 다른 사람을 설득할 때에 대응하기, 자기 의견 표현하기 등의 기술이 필요할 것으로 보았다. 미성숙행동집단에게는 다른 사람과의 나눔, 타인비방에 대한 반응방법, 실패에 대한 대응, 집단적 압력에 대한 반응, 목표 정하기, 일에 집중하기 등의 기술이 필요한 것으로 보았다. 그래서 참가자들에게 결여된 친사회행동분야를 선택하여 집중적으로 가르칠 것을 강조하였다. 이를 위해서는 Goldstein(1975)이 개발한 친사회행동기술훈련상담이 적절한 것으로 추천되었다.

3. 교정상담의 성공요건

Gendreau와 Goggin(1996)은 교정치료상담의 효율성연구논문들을 종합·분석한 결과 상담참가자출소자들의 경우 비참가출소자들에 비하여 평균 25% 내지 30% 재범률이 감소되어 온 것으로 보고하였다. 이 분석에서 연구자들은 가장 효과적이었던 교정상담은 행동주의적이고 구조화되어 있었고, 재범의 위험도가 높은 범죄자들을 대상으로 하고 있었으며, 범죄경향과 태도, 가치관, 행동의 변화에 초점을 두었던 상담이라고 말하였다. 한편 부적합하고 비효과적인 경우는 정신역동적·비지시적·의학적 모델에 의거한 상담으로 명료하지 않은 전략을 가지고 있는 경우라고 하였다.

이들은 상담의 성공요인을 다음과 같이 정리하고 있다.

첫째, 평가면에서는 재범위험도가 높은(high-risk) 수감자들을 선정하여 보다 집중적인 상담에 참가하도록 한다.

둘째, 훈련기간은 3~4개월 또는 100시간으로 하며, 매일 만나는 상담이 바람직하다.

셋째, 훈련은 다중모델을 기반으로 긍정적인 강화를 즉시 주어야 하며, 가능하면 개별화된 것이라야 효과가 좋다.

넷째, 범죄욕구를 줄이는 데에 궁극적인 목표를 두어야 하며, 재소자와 치료자, 상담성격이 서로 맞도록 하여 동기를 유발해야 하며, 친사회적인 행위를 학습할 수 있도록 조건을 최적화해야 한다.

다섯째, 상담이 종료된 후에도 계속적으로 도움을 구할 수 있게 해야 한다.

체계적인 면에서 상담지도자는 전문적인 면에서 신뢰가 있어야 하고, 구체적인 설계와 직원 훈련상담평가가 따라야 한다. 직원들은 적절한 훈련·경험·상담기술을 익혀야 하며, 상담시 명료하고 공감하고, 엄격하면서도 공정하고 문제해결의 능력이 있어야 한다고 말하였다.

상담의 종류면에서 성공적으로 재범률을 낮추었던 효과적인 교정상담들은 집중적으로 3~4개월 정도 지속되는 상담으로서 범죄행동을 사회학습적 이론으로 개념화하고, 차별적 연상을 기반으로 한 상담이었다. 이 상담들은 주로 인지적 행동상담으로 모델링기법을 적절히 사용하며, 재범의 위험성이 높은 범죄자들의 범죄욕구감소에 초점을 두었다. 행동교정과 함께 이들 상담들은 참가자들의 친사회적인 기술의 촉진훈련도 포함하고 있었는데, 한 예로 충동적이고 공격적인 참가자들을 근로토큰경제프로그램(work-token economy program)에 배치하여 구조화된 현장에서 훈련받도록 하고 있었다.

또 다른 연구자들은[29] 1970년에서 1991년 동안 쓰여진 범죄자치료연구논문들을 양적 분석한 결과 효능성과 관련된 중요한 요인들을 다음과 같이 밝히고 있다.

첫째, 견고한 개념적 모델을 기반으로 한 상담들이 효과적이었다.

둘째, 인지-행동적 이론모형(cognitive-behavioral theoretical model)을 기본모델로 한 상담 중 75%가 성공적이었던 데 반해, 인지-행동적 상담이 아니었던 상담 중 38%만이 성공적이었다. 금지(deterrence) 또는 사회학적 모델을 기반으로 한 상담들은 가장 성공률이 낮았다.

셋째, 다양한 방법을 통합한 상담들(multifaceted programming)이 단일상담보다 효과적이었다. 범죄자들은 여러 유형이므로 상담도 그들의 특성에 맞춰 다양해야 한다. 성공적인 상담들 중 70%가 다양한 방법을 통합하고 있으며, 성공적이지 못한 상담의 38%만이 그러하였다.

넷째, '범죄경향성욕구'의 감소를 목표로 한 상담들이 효과적이었다. 상담이 가지는 목표는 특히 재범과 연결된 구체적 요인들이어야 한다. 즉 사회적 인지 또는 반사회적 태도변화, 반사회적 감정변화, 반사회적 연계감소, 가족간의 의사소통과 정서증진, 가족 내의 조정과 감독도모, 반범죄형 역할모델과 동일시, 자기 컨트롤증진, 자기 관리와 문제해결기술증진, 사기·절도·폭력 기술을 보다 친사회적인 대안으로 대치하기, 약물의존성경감, 가정·학교·직업·레크레이션·그 밖의 행동현장에서 범죄활동과 비범죄활동의 보상과 비용을 바꿈으로써 비범죄대안이 선호되도록 하기, 생활환경 마련하기, 범죄와 관련된 것을 보여 주는 속성과 환경을 개별화된 평가

29 D. H. Antonowicz & R. R. Ross, *Essential Components of Successful Rehabilitation Program for Offenders International Journal of Offender Therapy and Comparative Criminology*, 1994, 38(2).

를 통해 찾아내어 변화하기, 참가자로 하여금 위험상황을 인지할 수 있도록 확인시키기, 위험상황들을 대처할 수 있는 구체적이고 잘 연습된 계획을 갖도록 해주기 등 상담의 목표가 매우 구체적이었다.

다섯째, 반응성(responsivity) 원리를 토대로 한 상담들이 효과적이었다. 상담의 효능성은 범죄자들의 학습스타일과 학습능력에 적합한 방법으로 짝을 이룰 때에 가능하다.

요약하자면 범죄자들은 인지 – 행동적 접근방법에 가장 잘 반응하는 것으로 나타났다. 따라서 반응성원리를 적용한다면, 행동적 또는 사회학습적 기법들을 활용하거나(예로 모델링, 점차적인 연습, 반복연습, 역할기법, 강화 또는 인지적 재구성 등), 또는 보다 구체적인 반응성을 고려하기 위해서 사전범죄특성의 탐색을 수행하여야 한다. 또한 역할기법·모델링을 활용한 상담이 효과적이었는데, 이는 교정직원들이 반범죄적인 태도와 행동을 모델로 보여 주어야 한다는 점을 부각시킨다. 또한 모델링과 역할기법은 공감훈련, 대인관계문제해결, 사회기술과 같이 범죄자들로 하여금 지금까지의 범죄경향의 환경경험을 친사회적으로 대처할 수 있도록 도와 주는 요인들을 훈련하는 데에 토대로 사용될 수 있기 때문에 가치가 있다. 이런 요소들을 포괄적으로 포함하고 있는 통합적인 사회인지기술훈련상담이 가장 효과적이었다. 반면 인지요소를 포함하고 있지 않은 행동주의적 상담이나 갈등의 원천적인 소인을 제거하려 한 정신분석적 심리치료기법은 모두 성공적이지 못하였다.

제3장

교정처우의 구분

제1절 폐쇄형 처우

1. 수형자자치제

수형자자치제(inmate self-government system)는 수형자들에게 자율과 책임을 주어 자치적으로 행형을 운용하도록 함으로써 수형자들로 하여금 질서의식과 사회적 훈련을 경험케 하여 수형자가 법과 질서를 준수하는 정상적인 사회인으로 복귀하는 데 초점을 맞춘 제도이다. 전통적 행형이 교도관의 권위와 명령에 따라 수동적으로 움직이기 때문에 모범수형자는 될지언정 모범시민으로의 성장은 기대하기 힘들다는 것을 고려한 수용제도이다. 따라서 수형자자치제는 수형자의 책임과 자율성을 강조하여 사회적응력을 함양하고, 나아가 건전한 사회인으로의 복귀를 용이하게 한다는 데 가치를 두고 있다.

이러한 수형자자치제도는 자치제도에 적합한 수형자를 선별하기 위한 수형자분류제도가 과학화되고 정착되어야만 가능하며, 일종의 누진처우로서 모범수형자를 대상으로 하기 때문에 부정기형을 도입하여 사회적응력이 형성된 수형자에 대해서는 조기가석방을 통하여 사회 복귀시킬 수 있어야 효과적으로 시행될 수 있는 제도이다.

수형자자치제도는 수형자의 독립심과 자율성 및 자립심을 고양할 수 있으며, 단체생활에서의 책임감 및 상부상조의 정신을 기를 수 있어 사회성을 고취시킬 수 있다. 그리고 수형자로 하여금 스스로 수형생활의 질서를 유지하고 행형을 운용하게 함으로써 자긍심을 심어 줄 수 있어서 수형자의 개선에 도움이 되고, 수형자의 관리·감독이라는 계호의 부담이 줄어들어 행형경비도 줄일 수 있다는 장점이 있다.

반면에 자치제가 수형자에게 책임성과 자율성을 보장하는 것을 전제로 하는데, 자기통제력과 사회성이 부족한 수형자에게 이를 허용한다는 것은 합리적이지 못하며, 구금이 가지는 목적의 하나가 형벌의 위하성과 그로 인한 범죄제지에 있음에 비추어 수형자자치제는 이를 경시하는 경향이 있다. 또한 수형자 중 소수의 힘 있는 수형자에게 권한이 집중될 수 있어 수형자에 의한 수형자의 억압과 통제라는 폐해를 유발할 수 있다는 점이 문제로 지적되고 있다

2. 선시제도

선시제도(good-time system)는 일종의 형기자기단축제도(self-shortening sentence)로서 수형기간중 스스로 선행을 유지함으로써 자신의 석방시기를 그만큼 단축시킬 수 있는 제도이다. 이는 형기 자체가 단축되는 것이 아니라 단지 선행을 통하여 수형기간을 단축하여 석방시기를 앞당기는 것이어서 사면에 의한 감형과는 차이가 있다. 이는 선행을 조건으로 석방시기를 앞당길 수 있기 때문에 수형자의 분발과 자력개선을 기대할 수 있다는 장점이 있다.

반면, 선행이라는 것이 대부분 외형적인 사항에 집중되기 때문에 수형생활에 익숙한 약삭빠른 수형자가 선행점수를 얻기 위해서 내면적 개선은 없이 외형적으로만 선행하여 조기석방되어 사회적 위험성을 초래할 우려가 있다. 또한 삼권분립하에서 사법부에 의해 정해진 형기를 행정권에 의해서 단축한다는 것은 사법권의 침해이며, 삼권분립의 원칙에 어긋난다는 비판을 받기도 한다.

제 2 절   개방형 처우

1. 개   관

현대교정의 궁극적인 목표가 물론 응보나 제지 등을 전혀 무시하는 것은 아니지만, 이보다는 범죄자에 대한 교화개선과 사회재통합을 통한 완전한 사회복귀에 있음은 의문의 여지가 없

을 것이다. 그 결과 과거의 응보나 제지를 목표로 하였던 교정처우와는 달리 전통적 교정시설의 폐쇄성을 지양하고 교정시설을 개방화하고 처우도 사회화 내지는 개방화하려는 경향으로 바뀌고 있다. 이러한 변화는 사형수를 제외하고는 모든 수형자들이 언젠가는 사회로 복귀하게 되기 때문에 그들이 되돌아 갈 일반사회에 더 가까이 접근시키고, 그 생활에 익숙해지게 할 필요성에서 시작된 것이다.

이렇게 볼 때 개방처우는 앞서 기술된 시설 내 처우의 발전과 현대화의 결과이다. 물론 교도소는 범죄자를 집단적으로 그것도 강제로 수용하는 곳이지만, 구금의 목적으로만 끝나기보다는 수용을 통하여 범죄자를 교화개선하고 사회복귀시키는 단계까지 수행할 것을 요청받고 있다. 바로 이러한 요청에 보다 부합하기 위해 과거의 전통적 폐쇄된 교정시설에서 전통적 형벌관의 시행보다는 사회의 안전이 위협받지 않는 범위 내에서의 시설과 처우의 개방화가 필요하다.

그런데 개방처우는 폐쇄처우에 일면 반대되는 용어이지만, 반드시 정반대의 절대적 개념이 아니라 정도의 차를 중시하는 상대적 개념으로 이해할 필요가 있다. 개방처우는 전통적 폐쇄처우의 폐해나 문제점을 축소하거나 해소하고 재소자의 사회복귀를 극대화시키기 위한 노력의 일환이기 때문에 상반된 것이라기보다는 처우의 경험을 통한 하나의 변형이나 발전이라는 비교의 개념으로 파악될 필요가 있다.

따라서 이러한 개방처우는 대체로 개방시설에서의 개방처우와 전통시설이지만 전통적 시설처우에 비해 비교적 개방적으로 행해지는 처우로 대별될 수 있으며, 개방시설에서의 처우도 그 형태가 매우 다양할 수 있으며, 일반시설에서의 개방처우도 상당한 다양성을 가지고 있으나 여기서는 가장 보편적인 몇 가지만을 소개하고자 한다.

2. 개방처우의 형태

(1) 개방교도소

개방시설에 대한 최초의 논의는 1950년 헤이그에서 열렸던 국제형법 및 형무회의로서 당시 개방교도소(open institution)를 "주벽, 자물쇠, 창살 또는 잉여교도관 등과 같은 어떠한 물리적 수단에 의해서 도주방지를 위한 보안이 제공되지 않는 교도소"라고 정의한 바 있다. 또한 "개방교도소의 주된 목적은 지속적이고 철저한 감시가 없어도 재소자가 교도소의 규율에 동조할 것이라고 확신할 수 있고, 자기 책임성훈련이 (교도소) 체제의 기초가 되어야 한다"고 갈파하였다.[1]

그 후 몇 차례의 회의를 거치면서 정의된 개방시설은 보안조치가 없다는 것과 수용자의 자율성과 책임성을 강조한다는 것을 큰 특징으로 하고 있다. 보안조치가 없어지게 된 것은 수형자에 대한 과학적인 분류가 가능해지면서 시설수용자의 상당수는 도주방지를 위한 철저한 보안조치가 없어도 도주의 가능성이 크게 없다는 것을 깨닫게 되면서이다.

결국, 감시가 필요하지 않은 재소자들에게까지 보안시설을 철저히 하는 것은 일종의 행형경비의 낭비이며, 교화개선의 해악이 될 수도 있다는 점을 인식하기에 이르렀다. 따라서 이들에게는 특별한 보안조치가 없어도 스스로 규율을 지키면서 수형생활을 할 수 있을 것으로 여겨졌던 것이다.

이와 같은 역사적 사실을 고려한다면, 개방시설은 형벌의 인도화와 범죄자의 사회화에 크게 기여할 수 있는 것으로 간주될 수 있다. 먼저 형벌의 인도화는 앞에서 설명한 보안시설과 관계가 깊은 것으로 보안의 정도가 낮을수록 재소자에 대한 자유박탈의 정도도 낮아지는 것과 관련이 있다. 특히 도주의 위험성이 없는 다수수형자에 대해서는 강도 높은 보안과 그로 인한 심각한 자유의 박탈 및 부수적인 고통의 부과는 결코 인도적 형벌이라고 할 수 없을 것이다.

그리고 개방시설을 통한 재소자의 사회화문제는 상식적으로 범죄자를 사회로부터 철저하게 격리하여 집단적으로 그것도 강제에 의해 교도소에 수용한 채 그들의 사회화와 재사회화를 기대한다는 것은 처음부터 불가능한 일일 수밖에 없는 것이다. 더욱이 개방시설은 전통적 교도소에 있어서 가장 큰 문제의 하나로 지적되어 온 목표의 갈등과 그 원인으로서 보안요원과 처우요원의 갈등이 해소할 수 있는 가능성도 가지고 있다. 그것은 개방시설의 직원은 감시자가 아니라 조언자요, 지도자 내지는 교사의 역할을 더 강조하고 있다는 사실에서 알 수 있다.

그런데 개방시설은 그 조직과 운영에 있어서 몇 가지 유형으로 나눌 수 있다. 우선 수형자의 특성에 따라서 구분할 수 있는데, 그것은 범죄자의 모든 형기를 처음부터 개방시설에서 수형하게 하는 경우와 폐쇄시설에서의 처우에 이은 일종의 석방 전 처우로서 개방처우가 그것이다. 전체형기를 개방시설에서 수형하는 경우는 대체로 단기수형자에게 주로 적용될 수 있으나, 만약 철저한 분류심사에 의한 분리수용을 전제로 한다면 일부 장기수형자에게도 적용이 가능할 수 있다. 따라서 이 경우는 일명 구금의 완화라는 기능도 기대할 수 있는 제도이다. 한편 석방 전 처우로서 형기의 마지막을 개방시설에서 보내는 것은 수형자를 사회로부터 격리의 정도를 완화하여 재소자의 사회복귀를 용이하게 해 주는 것을 목적으로 한다고 볼 수 있는데, 이 경우는 따

---

1 United Nations, *Open Institutions*, Report by the Secretariat, 1950, p. 27.

라서 일종의 중간처우의 기능을 수행한다고 할 수 있다.

그 밖에 개방시설의 조직에 따라 전통적으로 폐쇄된 교정시설의 일부로서 개방시설을 조직·운영하거나 아예 시설 전체를 개방시설로 조직·운영할 수 있다. 폐쇄시설의 일부로서 개방시설을 운영한다면 처우의 지속성이 유지될 수 있다는 점, 즉 특정수형자에 대한 처우가 끝까지 같은 교정인력에 의해서 행해질 수 있다는 장점이 있으며, 동시에 개방시설에서 사고를 일으키거나 위험성의 발견 등의 문제로 폐쇄시설로 복귀시켜야 할 경우 그 절차 등이 간소하다는 것도 하나의 장점이 될 수 있다. 반대로 전체시설을 개방시설로 운영하면 개방시설이 폐쇄시설의 운영관리나 편의를 위해서 주객이 전도된 채 운영될 수도 있다는 위험성을 해소할 수 있으며, 전체교도소의 시설·정책·자원 등을 모두 개방처우에 초점을 맞출 수 있기 때문에 철저한 개방처우가 가능해진다는 장점을 가지고 있다.

그런데 개방시설의 설치와 운영을 위해서는 몇 가지 고려되어야 할 사항이 있다. 먼저 시설의 조직과 운영의 문제로서 전술한 바와 같이 폐쇄시설의 일부로서 할 것인가 아니면 모든 시설을 개방시설로 할 것인가를 결정하고, 다음은 수형자의 전체형기 동안 수형하게 할 것인가 아니면 석방 전 마지막 형기만을 수형하게 할 것인가가 결정되어야 개방시설의 주요 목적을 구금의 완화인가 아니면 중간처우로서 사회복귀를 위한 것인가를 확실히 할 수 있다.

다음은 개방시설의 설치장소의 문제인데, 가장 바람직한 개방시설의 장소는 재소자가 되돌아갈 사회 내이다. 이는 개방시설이 교정의 사회화와 재소자의 사회복귀를 목적으로 한다면, 당연히 사회로부터 격리된 위치에서는 그 목적을 이룰 수 없기 때문이다.

시설 및 형태, 그리고 위치가 설정되면, 다음으로 결정되어야 할 것은 어떤 유형의 수형자를 어느 정도나 수용할 것인가를 결정하여야 한다. 먼저 적절한 수용대상자의 선정은 앞에서도 언급된 바와 같이 교정에 있어서 모든 분류와 선별이 그렇듯이 여기서도 개방처우의 필요성 및 그로 인한 효과성과 잘못된 선정으로 인한 위험성의 내포를 어떻게 조화할 것인가가 문제시된다.

이 경우 바람직한 방향은 과학적인 분류를 전제로 사회에 대한 위험성을 극소화하는 범위 내에서 개방처우의 대상을 극대화하기 위해 노력하는 것이다. 그렇지 않고 사회안전을 위해서 형기를 얼마 남겨 두지 않은 과실범만 수용한다면 개방시설의 의미가 전혀 없고, 반면에 상습범죄자 등 위험성이 높은 범죄자에게까지 그 적용을 확대한다면 사회에 위해를 끼칠 수 있기 때문에 이 역시 바람직하지 않기는 마찬가지이다. 그리고 개방시설이 보안조치가 거의 없으며 수형자의 자율과 책임을 강조하고 수형자의 사회적응력을 조장하기 위한 것이라면, 개방시설의 수용인원은 적을수록 바람직하다고 보여진다.

개방교도소는 결국 교정의 인도화와 사회화에 기여함은 물론이고, 그로 인하여 교정의 궁극
적인 목표인 범죄자의 교화개선과 사회복귀에도 긍정적으로 기여할 수 있을 것으로 기대된다.
더불어 개방시설이 단기수형자들에게 적용될 수 있기 때문에 단기자유형의 폐해를 어느 정도
해소시킬 수 있고, 보안시설과 장비가 갖추어지지 않고 보안요원의 필요성이 적기 때문에 그로
인한 교정경비의 절감이라는 경제적 이점도 무시할 수 없으며, 수용의 부정적인 폐해도 적지 않
게 줄일 수 있다는 점에서 긍정적으로 평가되고 있다.

반면에 개방처우에 대한 시민의 법감정이 아직은 이를 완전하게 수용하지 못하는 경향이 있
고, 적정대상자선정에 있어서 사회의 감정과 안전성을 지나치게 강조하여 위험성이 전혀 없는
수형자만을 대상으로 개방처우하는 경향이 있어서 개방처우의 의미를 퇴색시키는 경우가 많이
있다. 또한 개방처우의 성공은 지역사회의 협조를 전제로 하고 있으나, 개방시설의 설치부터 지
역사회의 반대에 직면하는 어려움을 안고 있다.

(2) 외부통근과 통학

외부통근(work release)은 선정된 재소자로 하여금 교도소외부의 지역사회에서 정상적인 근
로조건과 보상하에서 일할 수 있도록 출·퇴근을 허용하는 제도로서, 그 근원은 '휴가제'(ticket-
of-leave)에 두고 있다. 외부통근 재소자는 하루의 일과가 끝나면 시설로 복귀하여 다른 재소자
와 마찬가지로 자신의 형기를 수형하게 된다.

그런데 외부통근제도는 그 적용형태에 따라 사법형, 행정형 그리고 혼합형으로 구분할 수
있다. 먼저 사법형은 형벌의 일종으로서 법원에서 외부통근을 선고하는 것이며, 행정형은 석방
전 처우의 일환으로서 가석방심사위원회나 기타 교정기관에서 행정적으로 결정되는 것이고, 혼
합형은 양자를 혼용하는 경우이다. 사법형은 수용으로 인한 실업의 위험을 해소하고, 주말구금
이나 야간구금과 같은 반구금제도와 함께 활용될 수 있다. 행정형은 수용으로 인한 사회와의 단
절을 해소하여 사회적응력을 높일 수 있는 장점이 있다.

외부통근제도에 참여하는 재소자는 대체로 보안의 문제나 위험성이 없어서 보안수준이 낮
고 경비가 적게 드는 시설에 수용될 수 있으며, 자신의 수용경비를 부담할 수 있다. 외부통근제
도는 교정경비면에서 효과적이고 효율적이라는 점에서 그 정당성을 찾을 수 있다. 더불어 자아
개념의 고취, 교육기회의 증진과 기술개발, 수용의 부정적 폐해의 축소 그리고 지역사회의 사회
적 유대의 강화, 교화개선적 관점에서도 바람직한 것으로 평가되고 있다. 또한 통상적인 구금에
비해 인도적이라는 것도 긍정적인 면으로 간주되고 있다. 따라서 외부통근은 재소자로 하여금

교도소에서 사회로의 전이와 복귀를 용이하게 하고, 출소 후에도 취업할 수 있는 기회를 줄 수 있고, 재정적 지원의 수단을 제공하여 가족을 지원할 수 있게 하고, 교정당국에게는 재소자의 가석방준비 여부를 알 수 있게 해 주며, 더불어 지역사회의 관습적 직업인과의 접촉은 강화하고 대신 재소자와의 접촉은 축소시킴으로써 긍정적인 태도변화를 기대할 수 있게 해 준다.

결국 이러한 점에서 외부통근은 재소자의 교화개선과 사회복귀를 용이하게 하는 장점을 가지고 있다.[2] 이들 장점을 요약하자면 사회에 대한 심각한 위험을 야기하지 않고, 사회에 대한 교정경비를 추가로 부담지우지도 않으면서 재소자의 사회재통합에 도움이 될 수 있는 것으로 평가할 수 있다.

그러나 외부통근은 몇 가지 문제점을 안고 있으며, 약간의 비판의 소리도 듣고 있는 것도 사실이다. 먼저 외부통근의 가장 큰 문제는 외부통근자의 선정이다. 근로의욕이 낮고, 기술숙련도가 낮으며, 학력수준이 낮은 재소자의 특성상 외부통근에 적절한 재소자의 선정이 사실 쉽지 않아서 외부통근은 상당히 제한적으로 운용될 수밖에 없다. 이와 같은 맥락에서 비숙련의 제한된 재소자를 대상으로 외부통근이 이루어지기 때문에 이들에게 주어지는 작업 또한 극히 비숙련·단순노동에 불과하다. 그리고 재소자나 출소자를 고용하기를 꺼려하는 사회의 분위기 또한 외부통근을 어렵게 하는 이유가 되고 있다. 따라서 출소 후 취업이 계속되기 어렵다는 비판을 받게 된다. 그리고 사회적으로 실업문제가 증대된 경우에는 외부통근자들이 일자리를 구하기는 더욱 힘들며, 설사 일자리를 구하더라도 준법시민조차도 실업자가 많은데 재소자에게 일자리를 제공하는 것이 과연 합당한 것인가라는 의문이 제기될 수도 있다.

이외에 외부통근자들의 도주위험이나 불법물품의 반입과 출퇴근문제는 말할 것도 없고, 외부통근자 또한 주간에는 일반인과 비교적 자유롭게 지내다 야간에는 다시 자유가 제한되는 수형생활을 요구받기 때문에 수형생활에의 적응문제도 있을 수 있다. 또한 직장에서는 일반근로자와 그리고 교도소에서는 통근하지 않는 다른 재소자와 갈등의 소지도 있을 수 있고, 외부통근으로 인해 재소자가 필요로 하는 처우를 받을 수 없게 되는 불이익도 예상될 수 있다는 비판을 받고 있다.[3]

한편 외부통학(study release)은 교정교육과 관련된 문제점을 해결할 수 있는 대안이 될 수 있는 개방처우제도이다. 재소자가 주간에 시설 외의 지역사회에서 교육을 받을 수 있게 하는 일

2 Harold Newman and Geoff Lyons, "Work Release Programs," pp. 243~256 in Bill Cullen, Michael Dowding, and John Griffin(eds.), *Corrective Services in New South Wales*, New South Wales : The Law Book Co., Ltd., 1988, p. 243.

3 Newman and Lyons, *ibid.*, p. 244; Duffee, *op. cit.*, p. 412; Reid, *op. cit.*, p. 312.

종의 교정교육제도로 지역사회에서 교육된다는 점에서 개방처우의 일환으로 간주되고 있다.[4]

　　외부통학제도는 몇 가지 이점이 있는데, 교정교육의 다양화에 기여할 수 있고, 교정교육의 질을 향상시키며, 교정교육의 수준을 고등교육까지 확대시킬 수 있으며, 일부 재소자에게는 출소 후에도 교육을 지속할 수 있게 해 주는 것이다.

　　물론 이와 같은 특징에 걸맞게 부분적으로는 직업교육, 초등교육과 같은 기본교육, 그리고 검정고시 등을 위한 외부통학도 있지만, 미국에서는 대학교육을 받기 위한 것을 외부통학의 가장 큰 이유로 꼽고 있다.

　　그러나 실제로는 외부통학을 결정하는 데 있어서 가장 중요한 변수는 교육의 필요성이 아니라 수형자의 구금등급·수형기간·죄질 등이 더 중요한 결정요인으로 작용하고 있다. 즉 대부분의 경우 외부통학을 경구금수형자와 형기만료에 가까운 재소자에게 제한하고 있는 실정이다.[5]

　　그런데 외부통근에 비해서 외부통학이 그 활용 정도에 있어 상대적으로 적은 것으로 알려지고 있는데, 이에는 몇 가지 이유가 있다. 우선 대부분의 외부통학이 대학교육을 위한 것인데, 다수의 재소자는 학력수준이 낮고 지능이 낮아서 시설 내에서 행해질 수 있는 기초교육이나 초등교육에 적합하지 대학교육을 받을 만큼 지능이나 학업의욕이 충분하지 못하다. 설사 대학교육에 적합한 재소자일지라도 대개는 시설 내에서 수업이 진행되는 경우가 많고, 이와 함께 최근에 와서는 통신과 방송에 의한 교육방법이 시도되고 있어서 외부통학의 필요성이 줄어들었다. 또한 대부분의 교정시설이 일반사회로부터 멀리 떨어져 있어서 통학이 어렵고, 외부통근이 통학에 비해 더 오랫동안 실시되어서 일반의 인식이 더 좋기 때문이라고 한다.[6]

(3) 귀　　휴

　　귀휴(furlough)는 수형성적이 양호하고 도주 등의 위험이 없음 등을 기초로 하여 선정된 수형자에게 일정한 이유와 조건 하에서 일정한 기간 동안 정해진 행선지로 외출이나 외박을 보내는 처우제도로서, 이 제도도 '휴가제'(ticket−of−leave)에 그 근원을 두고 있다. 그러나 귀휴제도

---

4 Robert R. Smith, John M. McKee, and Michael A. Millan, "Study−release Policies of American Correctional Agencies : A Survey," *Journal of Criminal Justice*, 1974, 2 : 357~364.

5 David Shichor and Harry Allen, "Study−release : A Correctional Alternative," *A Paper Presented at the Annual Meetings of American Society of Criminology*, Tucson, Arizona, 1976; David A. Duffee, *Corrections*, New York : Randome House, 1989, p. 411에서 재인용.

6 Smith *et al., op. cit.*

는 형의 집행이 계속 유지되기 때문에 형의 집행정지와는 구별된다.

귀휴제도는 다양한 형태로 운영되고 있다. 하나는 초기의 휴가제와 유사한 것으로 수형자의 개선을 촉진하고 사회복귀를 준비할 수 있도록 하기 위하여 일종의 석방 전 중간처우로서 누진처우시 최상급 누진계급자에게 주어지는 귀휴가 있다. 다음은 UN의 피구금자처우최저기준규칙에도 명시된 바와 같이 부모 등의 사망 등과 같이 중요 가족사로 인해 허용하는 귀휴가 있다.

이 두 가지 형태의 귀휴가 가장 일반적이고 보편적으로 활용되는 것으로 간주되고 있으나, 이외에도 몇 가지 귀휴의 형태가 있다. 특정한 교도작업종사자나 모범수형자에 대한 일종의 상으로서 주어지는 귀휴와 부부간이나 가족과의 유대관계를 유지할 수 있게 하기 위해서 특별면회를 대신하여 주어지기도 한다.

따라서 귀휴제도는 다음과 같은 몇 가지 기능을 한다고 할 수 있다.

첫째, 가족과의 유대관계를 재강화하고, 신뢰감을 형성함으로써 자기 존중심을 재강화하며, 둘째, 가족과의 만남을 통하여 재소자의 자녀에게 이익이 될 수 있고, 셋째, 지역사회와의 연계과정에서 출소 후 계획의 수립에 기여할 수 있다. 결국은 이 모두가 범죄자의 교화개선과 범죄의 예방에 긍정적인 보탬이 될 수 있다.[7]

그 밖에 귀휴를 통하여 증대된 자유에 대한 개별 범죄자의 적응능력을 검증함으로써 교정당국으로 하여금 누구를 언제 가석방 또는 석방할 것인가를 더 정확하게 결정할 수 있도록 도움을 주기도 한다. 그러나 귀휴제도는 재소자를 직접 교화개선하는 것보다는 재소자의 사회 내로 재복귀를 용이하게 하는 데 초점을 두고 있는 특징을 가지고 있다.

(4) 부부 및 가족접견

부부접견제도(conjugal visit)는 교도소 내의 특정지역에 별도의 접견시설을 마련하여 부부간에 숙식을 같이할 수 있게 허용하는 등 부부간의 애정의 자유를 보호하기 위한 접견의 한 방법이다. 이 제도는 교도소의 폭동 등 대부분의 수용사고가 이성접촉의 박탈, 즉 성문제에 기인하는바 크다는 사실에 입각하여 교도소 내의 성문제나 성적 긴장감 내지는 박탈감을 해소하기 위한 제도라는 이면적 주장도 없지 않다.

반면에 이 제도를 실시함으로써 오히려 조용하던 교도소를 성적 긴장감이 고조되게 할 수도

---

7 Daniel P. LeClair, "Furloughs and Recidivism Rates," pp. 449~453 in R. Carter, D. Glaser, and L. Wilkins(eds.), *Correctional Institutions*(3rd ed.), New York : Harper & Row, 1985, p. 449.

있다는 비판적 시각도 만만치 않다. 그 결과 부부접견제도가 서구유럽에서는 비교적 활성화되었으나, 미국에서는 그 역사가 짧지 않지만 그렇게 적극적으로 활용되고 있지 않는 제도이다. 그러나 부부접견제도가 반드시 부부간의 성적 문제와 긴장감만을 해소하기 위함이라기보다는 재소자와 가족 간의 유대관계의 강화를 위한 것으로 볼 수 있다. 따라서 이는 일종의 보상으로서 재소자관리와 자력개선에도 기여할 수 있다는 측면에서 긍정적인 면이 많은 것으로 보여지며, 그 결과 많은 나라에서 시도되고 있는 실정이다.

단순히 재소자의 성적 긴장감의 해소에 치중했던 부부접견제도보다 더 포괄적인 기능을 하는 것으로 간주되고 있는 접견제도가 바로 가족접견(family visit)이다. 이는 부부접견과 마찬가지로 대개 주방시설·거실 등이 마련된 별도의 가옥이나 접견시설에서 부부만이 아니라 부부를 포함한 자녀 등 전 가족이 함께 숙식을 같이 할 수 있게 하는 접견제도이다.

이로써 부부접견이 기혼재소자에게만 허용 가능했던 제도여서 미혼재소자에 대한 차별이라는 비판도 받을 수 있었던 데 비해, 가족접견은 기혼자는 물론이고 미혼자에게도 가족과의 접견을 허용한다는 이점이 있다. 특히 부부접견이 단지 재소자의 성적 욕구의 해소를 이유로 들어 시민의 인식이 부정적이고 이를 잘 수용하지 못할 수도 있으나, 가족접견은 시민들로부터도 큰 반대 없이 잘 받아들여지고 있다는 것도 장점이 될 수 있다. 따라서 특별접견제도는 단순히 일회성 성적 욕구의 충족을 위한 가족접견제도보다는 가족 간의 유대감형성을 위한 가족접견제도로 발전하는 것이 더 바람직한 것으로 보인다.[8]

(5) 카티지제도

카티지제도(cottage system)는 소집단처우제도로서 기존의 대집단 처우제도가 대규모시설에서의 획일적인 수용처우라는 단점을 보완하기 위한 대안적 제도이다. 이 제도는 미국의 오하이오주에서 처음 시작되었으며 대부분 수형자자치제도(inmate self government system)와 유기적으로 운영되고 있는데, 그 이유는 수형자자치제도는 사회생활훈련에 용이하고 카티지제도는 가족적인 공동생활을 영위할 수 있도록 하기 때문이다.

이 제도는 재소자를 그 특성에 따라 소규모집단으로 분류하여 각각 그 특성에 맞는 카티지로 분류수용하여 각 카티지별로 가족적인 분위기에서 자치적인 생활을 영위하도록 한다. 카티지별로 대개 20~30명 수준으로 이루어지기 때문에 이들을 수용하기 위해서는 다수의 카티지가

---

8 Paul W. Keve, *Corrections*, New York : John Wiley and Sons, 1981, pp. 240~241.

필요하며, 이로 인하여 막대한 경비를 요한다는 문제가 있고, 행형집행의 기준과 관련해서는 재소자와 소년원생에 대한 이러한 처우에 대해서 시민의 인식과 감정이 과연 이를 용납할 수 있는가라는 문제가 제기될 수도 있다. 또한 이 제도는 단순한 수용과 구금의 확보에 그치지 않고 가족적 분위기에서의 사회적 처우를 요하기 때문에 이를 위해서는 많은 전문요원이 필요한데, 이 또한 전문요원의 확보는 물론이고 상당한 인건비의 조달이라는 어려움을 겪을 수도 있다.

(6) 주말구금제도

주말구금제도란 구금을 가정이나 직장생활에 지장이 없는 토요일과 일요일인 주말에 실시하는 제도로 매 주말마다 형이 집행되는 형의 분할집행방법이다. 토요일과 일요일의 양일이 휴일인 자는 토요일 아침부터, 토요일 오후와 일요일이 휴일인 자는 토요일 오후부터 교정시설에 수용하여 월요일 아침에 석방된다. 그리고 그 외에 휴일, 즉 주말 외의 공휴일 등이나 연말휴가 기간에는 집행되지 않는다. 이는 주말에 시설수용되는 형의 집행이란 점에서 시설수용이 없는 가택구금과 구별되고, 주말 외의 봄·여름휴가 등을 이용하여 형의 분할집행을 하는 단속구금과도 구별된다. 단속구금은 휴일구금의 일종으로 비교적 장기의 휴가기간을 이용하거나 주말 이외의 휴일에 범죄인을 시설 내에 수용하고 형을 집행하는 구금방법이다.

주말구금제도는 독일의 소년법원법에서 소년구금의 형태로 휴일구금을 인정한 데서 비롯되었는데, 원래 소년구금은 종래의 소년에 대한 단기자유형의 폐해를 제거하기 위하여 새로이 채택된 제도로 휴일구금·주말구금·단속구금 등의 형태가 있다. 그 후 1953년 제정된 신소년법원법(서독)에 흡수되어 현재까지 계속 시행되고 있으며, 성인에 대하여는 1956년 형법초안에 의하여 휴일구류제도를 채택하였으나 1960년과 1962년의 형법초안에서 휴일구류는 특별한 형의 집행방법이므로 행형법의 입법사항으로 고려할 문제라는 취지를 들어 실체법인 형법의 영역에서 다루는 것은 성질상 부적당하다는 이유로 형법에서 이 제도의 규정을 제외시킨 바 있다. 한편 1948년 영국의 형사재판법은 경범죄인에게 직장에 지장이 없는 휴일에 출두하여 제재를 받게 한 바 있으며, 벨기에서는 1963년 단기자유형의 폐해대책으로 주말구금제를 반구금제와 함께 채용한 바 있다.

주말구금의 대상은 원칙적으로 형의 집행을 받지 않은 자인데(벨기에는 불문), 독일의 소년법원법에 의한 휴일구금 및 1956년의 형법초안은 1∼4주 이하로 주말구금을 실시하였고, 프랑스의 행형과 형사입법협회 초안은 최고 10회의 주말구금을 실시하였으며, 벨기에서는 원칙적으로 1개월 이하의 자유형대상자에게 주말구금을 선고하였다. 주말구금의 집행장소는 원칙적으로 소년은 독방에 수용되어 엄격하게 집행하고 주말마다 집행명령이 없더라도 수형자가 자진하여 시설수용에 응해야 하고, 만약 불출두시는 도주로 보아 구금형에 처하는 등 강력한 조치를 취할 수 있다.

주말구금제는 ① 경범죄자에 대한 명예감정을 자각시켜 자신의 범죄적 책임을 반성토록 촉구하고, ② 단기자유형의 악성감염 등 폐해를 제거하며, ③ 직장과 가정생활을 원만하게 함과 아울러, ④ 피해자에 대한 손해배상에도 유리하다. 그러나 ① 국민의 응보감정에 맞지 않고, ② 장기수형자에게는 부적합하며, ③ 수용시설 등의 부족 등에 따라 구금장소가 원거리인 경우에는 주말구금대상자가 형집행을 받기 위하여 먼 거리를 왕래하는 것이 곤란하다는 애로점이 있어서 시행에 문제가 따른다.

(7) 기타 개방처우

1) 사회견학제

사회견학은 장기수형자의 경우, 구금으로 인한 사회와 단절된 상태를 완화하고, 사회의 우수한 기술습득 등 석방 후 사회복귀를 용이하게 하기 위한 것으로 원칙적으로 2급 이상을 대상으로 하지만, 처우상 필요한 경우에는 3급자를 포함하여 자비부담 의류를 착용하도록 하고 실시할 수 있다. 견학지는 주로 전통문화 및 애국지사 유적지 기타 성공적인 사회교육현장 등 건전한 국민정신을 함양하기 위한 교화적인 장소이거나 각종 상업시설 중 수형자의 기술향상에 기여할 수 있는 작업장 등이다.

2) 합동접견제

수형자합동접견이라는 제도가 있는데, 이는 교도소 내 특별구역에서 주로 모범수형자들과 그들의 가족들이 합동접견하는 것으로 일반접견보다는 더 자유롭고 더 오랜 시간 동안 접촉할 수 있다는 점에서 수형자들에게 호응이 좋다. 현재 원칙적으로 누진계급 2급 이상의 수형자를 대상으로 하지만, 3급 이하도 교화상 필요한 경우는 소장이 허가할 수 있으나 합동접견일을 기준으로 하여 1년 이내 관규위반사실이 없어야 한다. 현재 연 4회 이상 실시하며, 시기는 어버이날, 중추절, 석가탄신일, 성탄절, 그 밖에 기관장이 적당하다고 인정하는 때에 실시한다. 외부접견인은 친족 중 5인 이내, 무연고자는 자매결연자, 교화·종교위원 및 종교단체신도 3인 이내에서 허용하는 것이 원칙이나 교화상 필요한 경우에는 접견인원을 증감할 수 있으며, 음식물은 보안상 문제가 없는 범위 내에서 허가하되 음료수는 기관에서 지급하는 것을 원칙으로 하고 필요시 교정시설 내 매점판매음료를 사용하도록 하고 있다.

3) 보스탈제

보스탈이란 '보호 또는 피난시설'이란 뜻을 갖고 있으며, 영국 켄트지방의 Borstal이란 곳에서 먼저 이런 시설이 있었던 것에서 일반화되어 오늘날 소년원의 대명사로 사용되곤 한다. 이는 1890년경 러글스 브라이스(E. Ruggles－Brise)에 의해 창안된 것인데, 주로 16세부터 21세까지의 범죄소년을 2년 이하의 부정기간 수용하고, 직업훈련·학과교육 등을 실시하여 교정·교화하는 것이다. 초기에는 군대식의 통제방식으로 엄격한 규율·분류수용·중노동 등이 처우의 기본원칙으로 적용되었다. 그 후 1906년 범죄방지법에 의해 제도화되면서 영국의 가장 효과적인 시설 내 처우로서 주목받고 있다. 한편 1920년 보스탈감옥의 책임자 피터슨(A. Peterson)은 종래의 군대식 규율에 의한 강압적 훈련을 비판하고, 소년의 심리변화를 목적으로 하는 각종 처우방식을 적용하였다. 이러한 보스탈제도는 개방처우 하에서 생산활동, 인근지역과의 관계, 수용자간의 토의 등을 중시한 소년교정시설의 선구적 모델이 되었다.

제 3 절 사회형 처우

 1. 구금의 대안으로서 중간처벌

(1) 개   관

최근까지만 해도 재소자와 소년원생을 교정시설에 구금하는 것은 대부분 이들에 대한 사회적 반응으로 인식되어 왔고 또 그렇게 교정이 이루어져 왔다. 그러나 범죄자를 무조건 시설에 구금하는 것만이 사회를 보호하고 범죄자를 정상적인 사회인으로 개선·복귀시킬 수 있는 유일한 또는 최선의 방법이 아닐 수 있다는 사실도 느끼게 되었다. 경험에 비추어 재범률이라는 실증적 자료에 의하면 범죄자의 구금은 재소자와 소년원생의 개선과 복귀라는 목표를 효과적으로 성취하지도 못했으며, 그래도 약간의 효과가 있었다면 그것은 기껏해야 구금에 의한 일시적인 특별예방적 효과에 지나지 않았다. 반면, 오히려 범죄의 학습과 낙인이라는 부정적 결과를 초래할 뿐만 아니라 구금으로 인한 사회경제적 비용도 적지 않다.[9]

그러나 재소자와 소년원생 모두가 구금이 필요치 않거나 구금이 반드시 부정적인 영향을 미친다고는 볼 수 없지만, 그 중 일부는 구금을 피할 수 있는 형사정책이 그 개인과 사회를 위하여 보다 더 바람직한 경우도 많다. 전통적으로 재소자와 소년원생을 구금함으로써 사회를 미래의 범죄위험으로부터 보호하려는 특별예방적 기능에 호소하는 것이 주된 교정정책이었으나,[10] 구금의 확보라는 것이 사실은 국가형벌권의 남용과 오용의 문제를 낳고 구금이 가져오는 여러 가지 폐해가 지적되어 왔다. 형벌권의 오남용은 구금의 대상자가 지나치게 많다는 것과 구금의 기간이 지나치게 길다는 뜻으로 이해된다. 그 결과는 낙인의 심화와 전과자의 확산 및 범죄의 학습이라는 형태로 나타나며, 이것은 곧 누범자의 양산이라는 문제를 초래하게 된다. 따라서 재소자와 소년원생의 구금은 형사정책상의 마지막 선택이어야 하며, 또한 구금의 기간과 정도가 최소한이어야 한다는 것이다. 또한, 범죄자에 대한 구금의 대안을 필요로 한다는 데는 이론적인 근거는 물론이고, 교정의 실제에 있어서도 그 정당성을 부여받고 있다. 우선 이론적인 측면에서 보면 긴장/기회이론(strain/opportunity theory)[11]을 들 수 있다. 이 이론은 범죄자가 준법적인 사회인으로서 생활하기 위해서는 합법적인 목표를 달성할 수 있는 기회와 기술이 필요한데, 이러한 기회와 기술은 교정시설에 구금된 상태로서는 충분치 못하다고 주장한다.

또한 교정의 현실적인 문제로서 구금의 대안을 강구하게 된 가장 근본적인 이유는 구금의 폐해 때문이고, 그중에서도 구금으로 인한 낙인의 부정적 영향 때문이라는 사실은 재론의 여지가 없다. 교정현실적 문제로 범죄자에 대한 낙인뿐 아니라 악풍의 감염과 범죄의 학습이라는 또 다른 폐해를 유발하는데, 이는 바로 범죄적 집단과의 친근한 접촉 때문이라는 차별적 접촉이론에 기초한다. 따라서 범죄자로 하여금 범죄집단이 아닌 관습적인 집단과의 접촉이 필요하고 이를 위해서 구금보다는 그 대안이 바람직하다는 것이다. 한편 사회통제이론은 관습적인 사회와 사람들과의 유대관계가 약화되거나 차단된 사람은 그 사회로부터 그만큼 범죄에 대한 통제를

---

9 이윤호, 한국형사사법정책론, 법전출판사, 1992, 292면.

10 Henry W. Mannle and J. David Hirschel, *Foundations of Criminology*, Englewood Cliffs, NJ : Prentice-Hall, 1988, pp. 362~363.

11 President's Commission on Law Enforcement and Administration of Justice, *Challenge of Crime in a Free Society*, 1967, p. 88.

적게 받기 때문에 그만큼 쉽게 일탈할 수 있다고 한다. 따라서 사회와의 유대가 약화되어 범행한 재소자와 소년원생을 사회로부터 완전히 격리구금한다면 더욱 사회와의 관계는 악화될 것이기 때문에 일탈의 위험성은 더 높아지기 마련이므로 구금을 대신할 수 있는 대안적 정책이 필요한 경우가 생긴다고 주장한다.[12]

범죄자에 대한 구금의 대안은 교정의 실질적 차원에서도 정당화되고 있는바, 그중에서도 전통적 시설수용에 대한 비판과 반성에 기인한 것이 가장 크다. 범죄자에 대한 교정효과나 비용－편익이라는 경제적 측면 그리고 인간성상실 등의 부정적 측면만 보더라도 범죄자를 시설에 구금하여 교정하는 데 대해서 만족스럽지 못한 경험을 해 왔음을 알 수 있다. 범죄자를 구금함으로써 범죄의 제지와 일반시민에 대한 일반 제지효과를 기대하였으나 그에 대한 분명한 실증적 증거는 확실치 않으며,[13] 반면에 약간은 기대할 수 있었던 특별제지효과도 사실은 악풍의 감염, 자기 비하, 범죄의 학습 등 부정적 폐해로 인하여 기대하기 곤란하게 되었다. 이러한 사실은 출소자의 재범률이 잘 대변해 주고 있다.

범죄원인에 대한 결정론적 입장에서는 범죄자를 사회적 질병을 앓고 있는 병자로 인식하고 그들에 대한 교화개선을 강조하였으나, 이들을 억압적인 시설에 구금하고서는 병의 치유와 치료 및 교화개선에 의한 사회복귀가 어려운 일이라는 것을 깨닫게 되었다.[14] 따라서 범죄자가 지역사회에서 정상적인 생활과 자신을 재통합시킬 수 있도록 유도할 필요가 있으며, 이것이 범죄자의 구금에 대한 대안의 필요성에 대한 현실적 정당성이기도 하다. 이러한 사회재통합적 교정이념은 곧 지역사회에 기초한 교정을 중시하게 되는데, 이 또한 전통적 시설수용이라는 구금위주의 교정과는 사뭇 다른 하나의 대안적 접근이라고 볼 수 있다.

이러한 근거와 타당성을 가진 재소자와 소년원생에 대한 시설구금의 대안은 대체로 재소자와 소년원생을 시설에 수용하지 않고 처우(deinstitutionalization)하거나 재소자와 소년원생을 사회와 재통합할 수 있게 해 주기 위해서 재소자와 소년원생을 정상적인 사법절차와 단계로부터 우회 또는 전환(diversion)시키는 방법으로 이루어지고 있다.

그러나 전환제도의 형태가 매우 다양한 데서도 알 수 있듯이 그 의미에 대해서는 상당한 혼

12 구금의 대안의 필요성에 대한 이론적 근거에 관한 자세한 논의는 이윤호, 형사사법정책론, 법전출판사, 1992, 296～297면을 참조할 것.

13 Paul H. Hahn, *Community Based Corrections and the Criminal Justice System*, Santa Cruz, CA : Davis Publishing Co., 1975, p. 154.

14 E. Wright, *The Politics of Punishment : A Critical Analysis of Prisons in America*, New York : Harper and Row, 1973, pp. 152～160.

선이 빚어지고 있는 것도 사실이다. 우선 완전한 전환은 공식적인 절차를 완전히 끝내거나 전적으로 형사사법체제 외부의 프로그램에 회부하는 것으로 사회봉사, 수강명령이 있으며, 선별의 의미로서 전환은 일반적으로 타기관에의 회부 없이 형사사법의 첫 단계와 절차에서 범죄자를 우회하는 것으로 유예제도를 예로 들 수 있다. 그리고 형사사법체제로의 침투를 최소화하는 전환은 비공식적 개입이나 과정을 계속하거나 형사사법체제 내의 프로그램에 회부하는 것이고, 끝으로 전통적 의미에서의 전환은 경찰이나 법원에 의해서 지역사회프로그램에 회부하거나 비공식적으로 처리하려는 재량적 결정이라고 할 수 있다.

그런데 이러한 의미의 차이는 주로 범죄자에 대한 형사사법체제의 법률적 권한과 통제의 정도에 따라 결정되는 것이다. 즉 법률적 권한과 통제가 많을수록 전통적 전환에 가깝고, 권한과 통제가 적을수록 완전한 전환에 가깝다고 볼 수 있다.[15]

먼저 전환은 범죄자를 형사사법체제의 공식적인 절차로부터 우회 또는 전환시켜 처리하는 것으로서, 이는 주로 범죄적 낙인과 접촉으로 인한 부정적 위험을 피함으로써 이차적 일탈을 방지할 수 있다는 가정에 근거하고 있어서 낙인이론과 차별적 접촉이론이 이론적인 논리를 제공하고 있다. 이러한 전환제도에 대해 낙인이론의 중심인물인 Lemert는 범죄자에 대한 인권과 처우의 거부, 낙인, 재범률의 악화 등 형사사법제도 특히 교정제도의 폐단을 치유할 수 있는 가장 합리적인 대안이라고 주장하였다.[16] 더불어 범죄자의 선별처리가 가능해지기 때문에 교정경비를 절감할 수 있고, 피해자 없는 범죄 등 일부 특정범죄자는 형사정책의 대상이 되기보다는 사회복지의 대상으로 보는 것이 바람직한 경우도 있으며, 사회경제적으로 하류계층의 사람들이 주로 교정의 대상이 되어 왔다는 형평성의 논란 등도 전환제도를 정당화시켜 주는 근거로 인식되고 있다.[17]

전환제도의 의미가 다양한 것처럼 실제 운영되는 형태도 매우 다양하다. 전환은 경찰단계에서부터 교정단계에 이르기까지 전체 형사사법단계에서 가능하기 때문이다. 경찰단계에서의 훈방, 검찰단계에서의 선도조건부 기소유예, 재판단계에서의 보호관찰부 형의 유예(probation) 그리고 교정단계에서의 보호관찰부 가석방(parole) 등을 각 사법단계별 대표적인 전환제도라고 할

---

15 Andrew Rutherford and Robert McDermott, *Juvenile Diversion : National Evaluation Program*, Phase Ⅰ Summary Report, U.S. Government Printing Office, 1976, pp. 3~4.

16 Edwin M. Lemert, "Diversion in Juvenile Justice : What have been *wrought ?" Journal of Research in Crime and Delinquency*, 1981, 18(1) : 37.

17 John Ortiz Smykla, *Community-based Corrections*, New York : Macmillan Publishing Co., 1981, p. 57; Albert R. Roberts, Juvenile Justice, Chicago : The Dorsey Press, 1989, p. 86.

수 있다. 특히 미국의 청소년봉사국(Youth Service Bureau)이 가장 대표적인 전환제도의 하나로 평가받고 있다.

그러나 제도의 다양성에도 불구하고 주로 청소년범죄자를 주요 대상으로 하는 경우가 많은데, 그 이유는 청소년범죄자는 아직 범인성이 고착화되지 않아서 개선의 가능성이 높으며, 반대로 수용으로 인한 부정적 폐해의 위험이 더 크기 때문이라고 한다. 또한, 전환제도의 대상은 경미범죄자나 초범자를 중심으로 이루어지며, 보호관찰조건을 파기한 사람, 마약거래자나 마약전과자, 폭력범죄자, 강력범죄경력자 등은 전환의 대상에서 제외되고 있다.

이러한 전환제도에 대한 평가는 엇갈리고 있다. 긍정적으로 평가하는 사람은 구금되지 않기 때문에 전과자라는 낙인을 제거하거나 적어도 최소화할 수 있으며, 범죄자라도 자신의 직업을 계속할 수 있고 가족과의 관계를 유지할 수 있으며, 경우에 따라서는 피해자에 대한 배상이나 보상을 할 수도 있다는 점 등을 그 이유로 들고 있다.

반면에 부정적으로 평가하는 측에서는 지나치게 범죄자를 가볍게 처벌하기 때문에 형벌의 제지효과가 줄어들고 따라서 재범의 가능성을 더 높일 수 있다고 비판한다. 이러한 사실은 전통적 처우를 받은 범죄자와 전환된 범죄자를 비교하였을 때, 후자가 오히려 더 높은 재범률을 보여 주는 경우가 많은 데서 기인할 수 있다.[18]

이보다 더 중요한 문제는 전환제도가 사실상 형식적으로 실시되고 있으며, 뿐만 아니라 전환제도로 인하여 형사사법의 그물망만 더 강해지고 넓어졌다는 비판을 받고 있다는 사실이다. 우선 실제로 전환제도가 의도했던 목표를 위해서, 즉 구금이 필요치 않거나 구금이 바람직하지 않은 범죄자를 위한 다른 대안적 처분으로 시행되지 않고 형식적 운영에 그쳐 일종의 전시효과적인 또는 눈가리고 아웅하는 식으로 이루어진다는 비판이다. 이를 눈속임(window dressing)이라고 한다.

이로 인하여 원래 의도하였던 경제성이나 교정대상의 축소 등은 고사하고 오히려 교정의 대상자는 증대시키고 형사사법의 경비 또한 증대시키게 된다. 전환으로 인한 교정대상의 확대를 우리는 형사사법망의 확대(net widening)라는 말로 표현한다. 형사사법망의 확대는 전환제도가 없을 때, 즉 완전한 자유 아니면 완전한 구금이라는 극단적인 두 가지 대안만 있고, 그 중간적 대안이 없을 때에는 기소되지도 않고 형사사법체제로부터 자유로울 수 있던 범죄자도 전환제도

---

18 Lee F. Wood and Barbra R. Darbey, *The Effects of Treatment Modality on Recidivism with Multiple DWI Offenders in Pretrial Diversion*, Rochester, NY : Pretrial Service Corporation, Monroe County Bar Association, 1985.

라는 대안이 생기게 됨으로써 형사사법의 대상이 되어 결국은 형사사법의 대상자를 확대시킨다.

쉽게 말해서 과거에는 형사사법의 그물이 듬성듬성했기 때문에 큰 고기(중요범죄자)만 걸려들었으나, 전환제도로 인하여 형사사법의 그물망이 그만큼 촘촘해져서 과거에는 걸리지 않던 작은 고기(경미범죄자)까지도 형사사법망에 걸려들기 때문에 형사사법의 대상자가 확대된다는 것이다. 따라서 더 많은 경비와 시간 및 인력이 요구되는 결과를 초래하였다는 비판을 받고 있다.[19]

(2) 구체적 대안의 유형

1) 배상명령

범죄자로 하여금 자신의 범죄로 인해 피해를 입을 범죄피해자에게 금전적으로 배상시키는 제도이다. 배상명령은 피해자에 대한 단순한 금전적 배상이라는 점에서는 하나의 처벌인 동시에 금전마련을 위해서 일을 하거나 피해자를 배려한다는 등의 차원에서는 교화개선적 기능도 가지고 있다.[20] 이런 금전적 보상과 더불어, 범죄피해 때문에 손실된 시간과 보험금 차감 혹은 의료비 등 부가적인 비용 또한 보상할 수도 있다. 배상명령은 다이비전 프로그램(Diversion)의 일부분인데, 대개 절도나 기물파손에 대한 배상을 하고 좀 더 심각한 피해를 입었거나 폭력을 당한 피해자가 있을 경우 형벌의 기능을 지니고 범죄피해자는 보상을 받을 수 있다.

이러한 배상명령(restitution)은 시민이나 교정당국에 아무런 비용을 부담시키지 않으며, 범죄자를 사회로부터 격리수용하지 않고 지역사회에서 가족과 인간관계를 유지하며 직업활동에 전념할 수 있다는 장점이 있다. 또한 그 결과 수용으로 인한 낙인과 범죄학습 등의 폐해가 없다. 이 제도는 보호관찰과 같은 다른 형태의 처분과 병행해서 부과할 수 있다. 따라서 보호관찰만을 처분할 때, 이는 지나치게 관대한 처분이라는 비판을 해소시킬 수 있고, 반대로 금전적 배상으로서 그렇지 않을 경우 있을 수 있는 형벌을 대신함으로써 지나친 처벌이라는 비난을 면하게도 해 줄 수 있다. 즉, 형벌이 지나치게 관대한 경우와 지나치게 무거운 경우의 간격이 줄 수 있고, 따라서 형사정책의 형평성을 고취하는 데도 일익을 담당할 수 있다는 것도 긍정적인 평가라고 할 수 있다. 더불어 배상명령을 수행한 범죄자는 자신이 저지른 범죄에 대하여 책임을 졌다는 일종의 성취감을 얻을 수도 있다. 또한 자존감을 드높이거나 회복시킬 수도 있다. 즉, 가해자는

---

19 Dean J. Champion, *Corrections in the United States, Englewood Cliffs*, NJ : Prentice-Hall, 1990, p. 115.

20 Burt Gallaway, "Restitution as Integrative Punishment," in Randy E. Barnet and John Hegel III(eds.), *Assessing the Criminal*, Cambridge, MA : Ballinger, 1977, p. 331.

자신이 저지른 범죄피해에 대하여 보상을 하기 위한 의무감에 자신의 일에 더욱 집중할 수도 있다. 그 과정 중에 바람직한 업무 습관을 길들이거나 적절한 소비습관을 길들일 수 있어, 도움이 될 만한 삶의 기술들을 자연스레 익힐 수도 있는 긍정적인 측면도 있다.

그 외에 가해자가 피해자에게 배상하는 과정에서 피해자와 가해자가 상호 화해를 이룰 수 있어 사회적 갈등의 소지를 없앨 수 있게 해 주며, 전통적으로 형사사법체제와 절차상 거의 배제되어 왔던 피해자를 형사사법절차와 과정에 참여시키게 되어 형사사법에 대한 인식의 개선과 지원의 확보가 용이해질 수도 있는 이점이 있다. 반면에 이 제도는 경제적 능력이 없는 가해자에게는 오히려 지나칠 정도로 무거운 처분이 될 수도 있으며, 배상능력이 없을 때는 이를 대신할 수 있는 처분(대체로 환형처분 등)을 받아야 하기 때문에 경제적 능력이 있는 사람에게만 이점이 있는 차별적 형사정책이 되기 쉽다는 비판을 받을 수 있다.

그러므로 피해의 정도도 중요하지만 배상액을 가해자의 경제적 능력을 고려하여 경제적 능력에 따라 차등적으로 결정하고 배상의 집행도 일시불이 아닌 연불이나 후불로 할 수 있게 할 필요가 있다.[21]

결론적으로 배상명령은 가해자에 대하여 범죄피해에 대한 책임감과 보상에 대한 의무감을 통해 긍정적인 효과를 얻을 수 있다. 피해자는 좀 더 만족스러운 피해보상을 받을 수 있고 가해자는 사회적 낙인을 피하는 동시에 자신의 업무나 사회 활동에 큰 지장 없이 생활할 수 있다. 이를 통해 지역사회는 금전적인 지출을 줄일 수 있고 보다 안정된 사회를 이끌어 갈 수 있다.[22]

2) 사회봉사와 수강명령

사회봉사명령은 사실 위에서 기술한 범죄가해자의 피해자에 대한 배상(restitution)의 하나로 볼 수 있다. 즉, 사회봉사(community service)는 범죄자가 피해자에게 범죄피해를 금전적으로 배상할 능력이 없을 때 금전적 배상 대신 노동을 통해서 범죄피해를 배상하는 제도이다. 단, 피해자가 자신에 대한 가해자의 노동을 원치 않을 때는 공공분야에 노동을 제공하도록 하는데, 이를 지역사회봉사명령이라 한다. 범죄자가 금전적 배상능력이 없거나 범죄자가 지나치게 금전적 여

---

21 National Institute of Corrections, *The Goals of Community Sanctions*, 1986, p. 20; Smykla, *op. cit.*, p. 243; Henry Mannle and J. Davis Hirschel, *Fundamentals of Criminology*, Englewood Cliffs, NJ : Prentice－Hall, 1986, pp. 379~380.

22 Michael Torny, "Evaluating Intermediate Sanction Programs," in Community Corrections; Probation, Parole and Intermediate Sanctions, ed. Joan Petersilia(New York : Oxford University Press, 1998) p. 84.

력이 많은 부유층이어서 금전적 배상이 아무런 형사정책적 효과를 기대할 수 없고, 오히려 차별적 형사정책이라는 비난의 소지가 있을 때 또는 유명인에 대한 명예형으로서 바람직하며, 시설수용이라는 형벌도 바람직하지 못하다고 판단될 때 범죄자로 하여금 공공을 위한 노동을 제공하여 지역사회를 위해 일정한 봉사활동을 하도록 하는 대안적 처분이다. 사회봉사명령은 가해자에 대하여 특정 시간에 한하여(대개 40~1,000시간) 공공 기관이나 복지 기관에 봉사를 하는 일종의 노동을 통해서 범죄피해를 배상하는 제도이다.

사회봉사명령을 받은 범죄자들이 주로 하는 봉사활동은 공원의 청소, 공공도서관의 도서정리, 사법기관에서의 사무보조, 각종 사회복지시설에서의 노력봉사 등 다양한 편이다. 그러나 이들 활동의 대부분이 범죄자의 사회복지에 필요한 기술개발에 적합하지 않은 단순노동에 불과하기 때문에 시장성 있는 기술습득도 기대할 수 있으면서 동시에 사회에 봉사할 수도 있는 활동이 개발되어야 한다는 지적도 받고 있다. 또한 활동 배정시에도 범죄자 개인의 취미·특기·신분·적성 등을 고려하여 적절하게 지정할 필요가 있다. 예를 들어서 청소년층의 우상인 유명연예인이나 운동선수에게는 마약의 위험성에 관한 순회강연을 시키고, 기업인에게는 갱생보호공단에 참여하게 하는 등의 방법이 있을 수 있다.

이러한 사회봉사명령이 현재 많은 형사사법분야에서 체계적으로 활용되고 있는 데는 다음의 4가지 이유가 있다. 사회봉사명령 자체가 병과처분 아니면 독립처분으로서든 형벌의 다양화라는 점에서 정당성을 인정받고 있고, 가해자와 피해자를 화해시킬 수 있는 잠재성이 있으며, 지금까지 소외되었던 피해자와 지역사회를 형사사법체제에 참여시킬 수 있는 하나의 방법이 되며, 그리고 기존의 제도와 기관으로도 운영이 가능하다는 것이다.[23]

한편 영국의 경험에 의하면 사회봉사명령은 다른 처분에 비해 그 비용이 적게 들고, 범죄자로 하여금 지역사회에서 직장생활을 하면서 가족과 함께 살 수 있기 때문에 사회복귀적 의미가 크며, 지나친 종속성, 의사결정권의 상실, 책임성의 상실 그리고 지위의 상실 등 교정시설의 부정적 영향을 피할 수 있어서 보다 인간적이며, 범죄자로 하여금 어떤 형태로건 지역사회에 봉사할 수 있는 기회를 주어 개선적 의미가 있었다고 평가되었다.[24]

이 제도는 낙인의 방지는 물론이고 노동을 하기 때문에 노동의 가치와 근로의식의 고취 그리고 봉사정신의 함양 등으로 인한 교화개선적 효과도 적지 않은 것으로 인식되고 있으며, 동시

23 Gallaway, *op. cit.*, pp. 331~347.

24 John Harding, "Community Service Restitution by Offenders," in Joe Hudson(ed.), *Restitution in Criminal Justice*, Minneapolis : Minnesota Department of Corrections, pp. 102~133; Smykla, *op. cit.*, p. 243에서 재인용.

에 형사사법이 지역사회와 관계를 개선할 수도 있다는 면에서 긍정적인 평가를 받고 있다. 더불어 이러한 장점이 있음에도 이를 시행하는 데는 새로운 제도나 기관을 필요로 하지 않고, 기존의 형사사법기관과 제도 내에서 얼마든지 가능하다는 이점도 있다.[25]

그 밖에 형사정책경비를 절감할 수 있고 구금의 부정적 폐해를 해소할 수 있다는 점, 피해자에게 심리적 보상감을 줄 수 있다는 점 그리고 지역사회에 필요한 서비스를 무상으로 제공할 수 있다는 점 등이 장점으로 지적되고 있다. 특히 범죄자에게 지역사회에 대한 소속감을 심어 주고, 새로운 기술개발과 집단생활을 학습할 수 있는 기회를 주며, 근로정신의 함양과 여가선용의 기회가 될 수 있어 범죄자의 교화개선과 사회재통합에 매우 유익한 것으로 평가되고 있다. 완전히 구금을 피하면서도 피해자에게는 어느 정도의 만족감을 주고, 또한 형사사법정의를 실현할 수 있으면서 동시에 범죄자의 교화개선적 효과도 기대할 수 있고, 더불어 지역사회봉사기능도 할 수 있는 제도라는 긍정적 평가를 받고 있다.[26]

그런데 사회봉사명령은 기존의 제도나 기관으로서 충분히 운영될 수 있는 장점이 있다고 하였는데, 기존의 제도의 범위 내에서 운용될 수 있는 방법은 대개 다음의 세 가지 경우가 있다. 법원이 직접 봉사활동을 정하여 관리·감독하는 경우와 법원에서는 봉사기간만 정하고 보호관찰소에서 봉사활동을 정하여 관리·감독하는 경우 또는 법원에서 봉사활동을 정하고 봉사를 제공받는 기관이나 단체에서 관리·감독하는 경우가 그것이다. 그러나 범죄자와 지역사회관계의 재통합이 중요하며 가급적이면 형사사법기관의 개입을 억제하는 것이 바람직하다는 점과 지역사회의 참여와 형사사법기관이 지역사회와의 관계에서 협조가 필요하다는 점, 그리고 보호관찰소의 업무가 과다하다는 점 등을 고려할 때 법원에서는 봉사의 기간만 정하고 보호관찰소에서 봉사대상이나 기관단체를 지정하면 봉사수혜기관이나 단체에서 관리·감독하는 것이 가장 바람직한 것으로 보인다.[27]

한편 수강명령(attendance order)은 대체로 청소년범죄자, 마약범죄자, 알코올중독범죄자나 음주운전자, 정신이상범죄자 또는 피해자 없는 범죄(victimless crime)의 범죄자 등의 특수범죄자에게 적용되는 구금의 대안이다. 이들 유형의 범죄자들은 전통적 의미의 범인성, 즉 형사정책의 대상으로서 처벌받아야 할 문제라기보다는 다른 문제로 범죄와 형사사법제도와 관련된 사람들

---

25 Lee H. Bowker, *Corrections*, New York : Macmillan Publishing Co., 1982, p. 372.

26 Smykla, *op. cit.*, p. 222.

27 Mannle and Hirschel, *op. cit.*, pp. 378~379; Dean Rojek and Maynard Erickson, "Reforming the Juvenile Justice Systems : The Diversion of Status Offenders," *Law and Society Review*, 1981~1982, 16(2), p. 242.

이므로 전통적·통상적 범죄자들과는 구별되어야 한다. 만약 이들을 전통적인 방법으로 교정시설에 구금할 경우 범죄를 유발하였던 근원적인 문제가 더 악화되며, 범죄학습의 부작용도 따를 수 있기 때문에 구금 대신 문제의 해결에 필요한 교육훈련을 받도록 하는 제도이다. 현재 여러 나라에서 다양한 형태와 명칭으로 수강명령이 시행되고 있는데, 주간처우센터(Day Treatment Center)·출석센터(Attendance Center) 등이 그 대표적 사례라고 할 수 있다.

청소년범죄자들에게 수강명령을 부과함으로써 청소년들로부터 여가를 박탈하게 되어 일종의 처벌의 효과도 얻을 수 있으며, 동시에 교육훈련을 통하여 자기 개선적 효과도 기대할 수 있는 장점이 있다. 또한 교통사고자나 음주운전자의 경우는 강제로 운전학교나 금주학교에 보내 수강하도록 함으로써 자신의 음주문제나 부족한 운전기술 또는 상식 등에 대한 보수교육의 효과도 거둘 수 있으며, 동시에 강제성을 띤 명령이므로 어느 정도의 처벌효과도 기대할 수 있다.[28]

이러한 수강명령의 운영도 앞에서 기술한 사회봉사명령처럼 운영의 방식은 세 가지가 있을 수 있으나, 수강명령도 법원에서 대상자와 시간을 정하고 보호관찰소에서 교육기관을 지정하여 관리·감독하면 좋을 것이다. 그러나 또 다른 바람직한 방안은 위에서 언급한 주간처우센터(Day Training Center)나 출석센터(Attendance Center)와 같은 수강명령전담기관을 두고, 법원에서 대상자를 넘겨받아 직접 교육훈련하는 것이다. 운영의 주체가 누구이며 실제 교육훈련과 관리·감독은 누가 하건 수강명령은 거주프로그램일 수도 있고, 비거주프로그램으로 시행될 수도 있다. 그러나 대부분의 경우는 비거주프로그램으로 운영되고 있다.

3) 집중보호관찰

집중보호관찰(intensive probation)은 과밀수용의 해소방안으로서 중요한 의미를 가지지만 그 외에 전통적 보호관찰이 지나치게 전시효과를 노리는 눈가림식이라는 비판과 범죄자에 대한 처분이 지나치게 관대하다는 시민의식을 불식시킬 수 있는 장점이 있으며, 동시에 재범률을 낮출 수 있는 교화개선의 효과도 적지 않다는 경험적 평가를 받고 있다.[29]

범죄자의 증가로 인하여 보호관찰대상자가 양적으로 증가할 뿐 아니라 과밀수용으로 인해 죄질이 나쁜 강력범죄자까지도 보호관찰을 받게 되어 질적으로도 전통적인 일반보호관찰로서는 범죄자의 교화개선과 사회복귀는 물론 사회의 안전을 확보할 수 없게 되었다. 하지만 교정시설

---

28 이윤호, 한국형사사법정책론, 법전출판사, 1992, 311면.

29 Donald Cochran, Ronald P. Corbett, Jr., and James M. Byrne, "Intensive Probation Supervision in Massachusetts : A Case Study in Change," *Federal Probation*. 1986, 50 : 32~ 41, p. 36.

의 증설과 구금의 확대가 결코 해답은 될 수 없었다.

　　따라서 과밀수용을 해소하고 시민의 불안도 불식하기 위해서는 보호관찰대상자에 대한 집중적인 감시·감독을 전제로 하는 보호관찰이 하나의 유력한 대안으로 제시되었다. 이런 점에서 일부에서는 집중보호관찰을 보호관찰과 교정시설이라는 양극단의 중간에 위치한 중간제재 또는 중간처벌(intermediate sanction or punishment)이라고도 한다. 즉 이러한 중간처벌이 존재하므로 과거 비교적 위험성이 적은 범죄자이면서도 사회의 보호라는 미명하에 구금되어 형벌의 남용이라는 비판을 받을 수 있었거나, 반대로 과밀수용으로 인하여 위험성이 높은 범죄자까지도 구금할 수 없어 사회로 내보내 일반보호관찰을 받게 하여 사회가 위협받게 되었다는 비판의 소리를 잠재울 수 있는 대안이라고 할 수 있다.

　　결국 집중보호관찰은 수용인구의 폭증에 직면하여 구금하지 않고도 범죄자를 통제하고, 그들의 행위를 효과적으로 감시할 수 있는 장치가 필요하다는 인식에 기초하고 있다. 이러한 인식하에 집중보호관찰은 다음과 같은 두 가지 가정에 기초하여 발전되었다. 법원은 범죄자를 처벌하거나 제지하기 위해서 또는 무능력화시키기 위해서 교정시설에 구금한다는 가정과 구금이 아닌 다른 방법으로 범죄자의 위험성을 효과적으로 관리할 수 있는 것은 보호관찰이 가장 적합하다는 가정이다.[30]

　　물론 일반보호관찰과 집중보호관찰을 구분하는 기준이 명확한 것은 아니지만, 대체로 보호관찰대상자와 감시·감독의 정도에 따라 차이가 있음을 알 수 있다. 우선 일반보호관찰이 주로 경미범죄자나 초범자 등을 대상으로 하는 반면, 집중보호관찰은 어느 정도의 강력범죄자까지도 그 대상으로 한다. 또한 감시·감독의 정도에 있어서도 일반보호관찰이 보호관찰관의 과중한 업무량 등을 이유로 간헐적인 직접접촉과 전화접촉에 만족하지만, 집중보호관찰은 10명 내외의 적은 수의 대상자를 상대로 매주 수회에 걸친 직접대면접촉을 보호관찰대상자의 직장이나 가정에서 수행하고 있다. 이와 함께 집중보호관찰은 대개의 경우 야간통행금지시간을 정하고, 일정시간의 사회봉사를 행하게 하고, 취업을 증명할 수 있는 봉급명세서를 제출케 하며, 보호관찰관의 감시·감독을 도울 수 있는 지역사회후원자를 두도록 하기도 한다.[31]

30　Todd R. Clear and Carol Shapiro, "Identifying High Risk Probationers for Supervision in the Community : The Oregon Model," *Federal Probation*, 1986, 50 : 42~49, p. 42.

31　James M. Byrne, "The Control Controversy : A Preliminary Examination of Intensive Probation Supervision Programs in the United States," *Federal Probation*, 1986, 50 : 4~16, p. 12; Vincent O'Leary and Todd R. Clear, *Directions for Community Corrections in the 1990's*, Washington, D.C. : National Institute of Corrections, 1984, p. 19; Frank S. Pearson, "Taking Quality into Account : Assessing the Benefits and Costs of New Jersey's

또한 경우에 따라서는 보호관찰비용과 피해자에 대한 배상을 명하기도 하고, 알코올이나 마약에 대한 검사도 받게 한다. 결국 집중보호관찰은 보호관찰관과 대상자의 대인적 접촉의 강화, 범죄자의 범죄행위에 관련된 개인적 또는 사회적 필요성을 충족시키기 위한 유관기관이나 프로그램에의 강제적 회부 그리고 보호관찰조건의 강화와 엄격한 집행 등을 특징으로 한다고 볼 수 있다.[32] 따라서 집중보호관찰은 보호관찰부 가석방(parole)이나 보호관찰부 선고유예(probation) 두 가지 경우 모두 활용가능한 제도이다.

대상자의 선정은 대체로 범죄자의 위험성을 기준으로 이루어지는데, 약물남용경험, 소년비행경력, 가해자와 피해자의 관계, 피해자에 대한 피해, 과거 보호관찰파기 여부, 초범시 나이 등을 고려대상으로 하여 위험성이 높은 보호관찰대상자를 집중보호관찰의 대상자로 정하는 것이 보편적이다.[33]

4) 전자감시와 가택구금

이 제도는 시설수용을 대신하여 범죄자를 자신의 집에 구금시키고, 전자장비를 이용하여 범죄자를 감시하는 일종의 중간처벌이다.[34] 강력범죄자의 수용인구가 폭증함에 따라 과밀수용을 초래하게 되었다. 과밀수용을 해결하기 위하여 많은 재소자들을 보호관찰로 석방하였으나, 보호관찰관의 인력부족으로 인하여 피보호관찰 대상자에 대한 주도적인 관리가 사실상 힘들어졌다.[35] 또한 보호관찰관의 과중한 업무로 대상자의 감시·감독이 제대로 이루어지지 못하면서 사회의 위험을 초래하게 된다. 이에 교정시설의 과밀수용을 해소함과 동시에 적절한 감시·감독을 통한 사회안전을 확보할 수 있는 수단으로 전자감시가택구금제도를 도입하게 된다. 대표적인 예로 미국의 플로리다주나 캘리포니아주가 있으며, 스웨덴에서는 음주교통사범 및 경미한 범죄자

Intensive Supervision Program," in Belinda R. McCarthy(ed.), *Intermediate Punishments : Intensive Supervision, Home Confinement, and Electronic Surveillance*, Monsey, NY : Criminal Justice Press, 1987, pp. 86~87; Frank S. Pearson and Daniel B. Bibel, "New Jersey's Intensive Supervision Program : What is it Like? How is it Working?" *Federal Probation*, 1986, 50 : 25~31, pp. 25~28.

32 Cochran et al., *op. cit.*, p. 34.

33 Dean J. Champion, *Corrections in the United States*, Englewood Cliffs, NJ : Prentice–Hall, 1990, p. 136.

34 Richard A. Ball and J. Robert Lilly, "The Phenomenology of Privacy and the Power of the State : Home Incarceration with Electronic Monitoring," in J.E. Scott and J. Hirschi(eds.), *Critical Issues in Criminology and Criminal Justice*, Beverly Hills, CA : Sage, 1987; Ronald P. Corbett and Ellsworth A. L. Fersch, "Home as Prison : The Use of House Arrest," *Federal Probation*, 1985, 49 : 13~17.

35 Leonard E. Flynn, "House Arrest : Florida's Alternative Eases Crowding and Tight Budget," *Corrections Today*, 1986, 48 : 64~68.

들을 전자감시의 대상자에 포함시켜 교정시설의 과밀수용을 해소하고 적절한 감시·감독을 통한 사회안전을 확보하고 있다.[36]

전자감시는 원래 정신질환자를 추적하기 위해서 시도된 장치로서 원격계측장비(telemetering unit)를 이용하여 범죄자가 정해진 시간에 정해진 장소에 있는지 여부를 확인하는 것이다. 전자장비가 범죄자의 발목이나 손목에 매여져서 그들의 형기가 끝날 때까지 추적하므로 정해진 장소를 이탈하거나 전자장비를 제거하면 교정시설에 구금시키는 등의 강력한 제재를 가한다.

그런데 전자감시를 위해서는 다음과 같은 장비를 기본적으로 필요로 한다. 보호관찰소나 경찰서와 같은 중앙발신장소로부터의 전화통신에 의해서 전해지는 지속적인 신호를 방출하는 지속적 신호기(continuous signaling devices), 범죄자와의 전화접촉을 정해진 시간이 아니라 무작위의 시간에 시행하고 컴퓨터에 의해서 범죄자의 목소리가 전자적으로 검증되는 프로그램된 접촉장비(programmed contact devices), 범죄자가 발목이나 손목에 차고 있으며 지역모니터에 의해서 감지되는 송신기(transmitter) 그리고 역시 범죄자가 차고 있는 송신기로서 이동식 수신기를 가지고 있는 보호관찰관이 감지할 수 있는 지속적인 신호를 보내는 지속적 신호송신기(continuous signaling transmitters)로 구성된다.[37] 우리나라에서 사용되고 장치는 한 단계 업그레이드된 방식으로 사용되는데 범죄자가 집 밖을 나가게 되면 여러 개의 위성통신망과 다양한 기술들이 좀 더 정확하게 위치를 파악한다. 재택 감독 장치를 통해 재택여부를 확인하고 전자발찌에 해당하는 부착장치는 본인을 증명하기 위한 것으로서 발목에 발찌처럼 채워진 장치이다.

이러한 전자감시가택구금은 많은 이점이 있는 것으로 평가되고 있다.

가장 먼저 비구금적 대안인 이 제도를 활용함으로써 교정시설의 수용인구의 과밀을 줄일 수 있다는 것이다. 두 번째 이점은 운영경비의 절감이다. 즉 시설에 구금하지 않고 가정에 구금하기 때문에 구금에 필요한 경비가 절감되고, 보호관찰관이 전자장치로 감시하기 때문에 그만큼 업무량이 줄어들어 많은 경비가 절감된다는 것이다. 세 번째 이점은 비구금적 대안이라는 사실이다. 즉 구금으로 인한 낙인이 없고, 지역사회에서 가족과 함께 생활하며 직장생활을 할 수 있고, 자신의 교화개선에 도움이 될 수 있는 각종 교육훈련과 상담도 받을 수 있다는 것이다. 끝으로 전자감시가택구금(electronically monitored home confinement)이 실제로 재범률을 많이 줄였다는 것이다.[38]

36 J. Robert Lilly, "Home Incarceration in Kentucky : An Empirical Analysis," *Annual Meeting of the American Society of Criminology*, San Diego, CA, 1985.

37 Champion, *op. cit.*, p. 153.

한편 전자장비의 개발과 그 이용에 대한 기술지원 등의 방법으로 이 제도가 교정의 민간화 (privatization)에 기여한 바도 크며, 이 제도를 이용하면 전자장비의 조작에 대한 간단한 지식 이외에는 보호관찰관에게 특별히 교육훈련을 제공할 것이 없다는 점도 긍정적으로 평가되고 있다.

이러한 이점에도 불구하고 이 제도에 대한 비판의 소리도 없지 않으나, 대부분은 이 제도에 대한 잘못된 이해에 기인한 것으로 보인다. 가장 빈번하게 받는 비판은 이 제도가 전혀 처벌이라고 할 수 없다는 것이다. 그러나 범죄자 스스로는 이 제도가 시설수용보다 더 제한적이고 위협적이고 심한 좌절감을 맛본다고 토로한다. 두 번째 비판은 프라이버시에 관한 의문이다. 즉 이 제도가 시민의 프라이버시를 침해할 수 있다는 지적이다. 그러나 이 제도에 응하는 범죄자는 강제가 아닌 스스로 자발적으로 선택한 것이며, 설사 선택이 아니라 강제에 의하여 응하게 되었더라도 과연 이것이 집중보호관찰 등의 현행 지역사회교정에 비해 더 범죄자의 권익을 침해하는 것인가는 확실치 않다.[39] 즉 이 제도가 범죄자가 특정시간에 특정장소에 있는지 여부를 전자감지기를 통하여 원격계측하는 것이기 때문에 프라이버시의 침해가 크게 문제되지 않는다. 사실 교정시설이 가택구금보다 훨씬 프라이버시가 적다는 것은 상상하기 어려운 일이 아니다.

끝으로 가택구금된 범죄자가 아동학대나 배우자학대 등의 범죄자라면, 그 자신의 가족구성원에 대해 해를 끼칠 수 있는 위험성이 크다는 지적이다.[40] 그러나 이러한 위험성의 문제는 이 제도만의 문제라기보다는 보호관찰부 가석방 등 거의 모든 형사정책적 의사결정시에 공통으로 제기되는 문제이다.

사회의 범죄는 증가할 것이고 그만큼 수용인구도 늘어날 것이지만, 수용능력은 한계가 있기 때문에 비구금적 대안의 필요성은 더 커질 것이고 따라서 전자감시가택구금도 문제보다는 장점이 더 많다는 점에서 앞으로 더욱 활성화될 것으로 기대되고 있다. 다만, 혹자는 앞으로의 전자감시가택구금에는 보호관찰관의 업무량을 덜어 주기 위해서도 그렇지만 지역사회와 범죄자의 재화합과 재통합을 위해서 보다 많은 민간자원봉사자를 참여시키는 것이 바람직하다고 주장한다.[41]

---

38 Champion, *op. cit.*, p. 153.

39 C. Ronald Huff, Richard A. Ball, and J. Robert Lilly, *House Arrest and Correctional Policy : Doing Time at Home*, Beverly Hills, CA : Sage, 1988, p. 9.

40 Huff et al., *ibid.*, pp. 122~123.

41 David E. Duffee and Edmund F. McGarrell, *Community Conections*, Cincinnatti : Anderson Publishing Co., 1990, pp. 89~90.

5) 충격구금

충격구금(shock imprisonment)은 글자 그대로 구금을 통하여 범죄자에게 충격을 가한다는 것이다. 이 제도는 우선 장기구금에 따른 폐해와 부정적 요소를 해소하거나 줄이고 대신 구금이 가질 수 있는 긍정적 측면을 강조한 것이다. 즉, 범죄자를 장기간 구금함으로써 부정적 낙인의 골은 깊어지고 악풍의 감염과 범죄의 학습은 심화되지만, 반대로 구금에 따른 박탈과 그로 인해 고통으로 인한 제지효과는 점점 줄어들게 된다는 사실과 이러한 구금의 고통은 입소 후 6∼7개월에 이르기까지 최고조에 달하다가 그 이후 급격히 떨어진다는 사실에 기초하여 구금의 고통이 가장 큰 짧은 기간 동안만 구금하여 구금으로 기대되던 고통과 그로 인한 제지효과를 극대화하는 대신 장기구금으로 인한 부정적 측면은 극소화하자는 데 그 의의가 있다.

물론 과거 구금의 폐해를 줄이기 위해서 보호관찰이라는 대안을 시도해 왔지만, 그것이 지나치게 관대한 처벌이라는 인식으로 인해 형벌이 가져야 하는 제지효과를 기대할 수 없다는 비판을 받게 되어 이의 해결방안으로서 단기간의 구금을 경험케 하여 형벌의 제지효과를 심어 준 다음 형의 선고를 유예하거나 보호관찰에 회부하는 등 구금을 대신할 수 있는 처분을 하는 것이다.

결국 이 제도는 보호관찰과 형의 유예 및 구금의 일부 장점들을 결합한 것이라고 볼 수 있다. 그리고 장기구금을 피함으로써 결과적으로 범죄자로의 태도의 악화를 피하는 대신 동시에 짧은 기간 동안 지속적인 감시를 하고, 교도소생활에 대한 실상을 심어 줄 수 있다는 점에서도 이 제도는 정당성을 갖는다.[42]

그러나 보호관찰과 구금의 장점을 결합한다는 것에 대해서 논란의 여지가 없는 것은 아니다. 그것을 긍정적으로 평가하는 측에서는 우선 시설수용과 구금은 반드시 재소자를 위한 것이어야 한다고 주장한다. 따라서 장기구금이 결코 재소자를 위한 것이라기보다는 사회안전을 중시하는 측면이 있으나 보호관찰 전에 단기간 구금은 사회도 보호되고 재소자 자신도 되돌아 볼 수 있는 기회가 된다는 것이다.

이와 관련하여 보호관찰에 회부하기 전에 단기간의 구금을 시키는 의도는 구금의 경험을 통해서 교정시설의 실상을 인식하게 하여 충격을 가하여 다시는 범죄를 하지 않도록 제지하자는 것이다. 즉 단기간이지만 매서운 구금을 경험하게 함으로써 범죄자에게 충격을 가하는 것(short,

---

42 Paul C. Friday and David M. Petersen, "Shock of Imprisonment : Short Term Incarceration as a Treatment Technique," pp. 61∼69 in Edward Sagarin and Donal E. J. MacNamara (eds.), *Corrections. Problems of Punishment and Rehabilitation*, New York : Praeger Publishers, 1973, p. 63.

sharp, shock)은 재소자에게 이익이 될 수 있다는 것이다.

반대로 부정적인 측면에서는 범죄인은 보호관찰의 자격이 있거나 아니면 없는 이분법적인 것이지 이 둘이 합쳐질 수 있는 것이 아니라고 주장한다. 특정범죄인이 지역사회에 남는 것이 바람직하다고 결정된다면, 그는 지역사회교정, 즉 보호관찰에 의해서 가장 큰 이익을 얻을 수 있는 것이지 그를 단기간 구금시킨다고 얻어질 수 있는 이익은 없다는 것이다.

또한 아무리 단기간의 구금이라고 하지만 그 구금기간은 재소자에게 부정적인 경험과 영향을 미치기에는 짧지 않은 시간이라는 주장이다. 즉 짧은 기간이라도 구금은 범죄자를 악풍에 감염시키고, 따라서 교화개선의 기회마저 상실케 한다는 것이다. 시설에서 보낸 구금의 시간은 그 기간과 관계 없이 보다 개방적인 환경과 바람직한 각종 처우에 부정적인 영향을 미친다는 것이다. 짧은 기간이지만 범죄자의 태도를 악화시키고, 더 많은 범죄자에게 노출시키며, 구금으로 인해 자신의 빚을 다 갚았다는 인식을 심어 주게 되어 좋지 않다는 것이다. 한편 보호관찰은 구금을 피하자는 데 목적이 있는 것이지 구금을 보완하기 위한 것은 아니다.

2. 지역사회교정

1967년 미국의 사법행정과 법집행에 관한 대통령위원회(President's Commission on Law Enforcement and Administration of Justice)가 "범죄와 비행은 지역사회의 해체와 실패의 증상이다. … 따라서 교정의 목표는 사회의 일상적 기능상 범죄자의 자리를 마련해 주고 교육과 취업을 확보해주며, 사회적 유대를 구축 또는 재구축하는 것이어야 한다"[43]라고 주장한 이래 교정에 있어서 지역사회의 역할과 중요성을 인식하게 되었다. 그 이후 1973년에는 형사사법기준과 목표에 관한 국가자문위원회(National Advisory Commission on Criminal Justice Standards and Goals)는 "교정시설은 교정문제의 마지막 수단이어야 한다"[44]라고 말하여 지역사회교정의 필요성을 강조하기에 이르렀다. 즉 사회와 일반 대중에게 격리되어야 마땅한 흉악한 범죄를 제외하면, 반드시 구금이 필요하지 않은 범죄자들에게는 구금 이외의 처벌이 필요하다는 것이다(Cromwell, Paul, Alarid, Leanne Fiftal and del Carmen, Rolando V. Community-Based Corrections Thomson :

---

43 President's Commission on Law Enforcement and Administration of Justice, *The Challenge of Crime in a Free Society*, Washington, D.C. : U.S. Government Printing Office, 1967, p. 7.

44 National Advisory Commission on Criminal Justice Standard and Goals, *Corrections*, Washington, D.C. : U.S. Government Printing Office, 1973, p. 12.

Wadsworth 2005, p. 9).

　　이러한 추세에 힘입어 우리는 교정의 적합한 장소는 교도소가 아니라 바로 지역사회라고 믿게 되었다. 그러나 범죄자를 지역사회에 두고 교정하는 관행이 결코 지금까지 전혀 시도되지 않았던 새로운 시도는 아니다. 예전부터 우리는 사회가 그 지역의 관습적·준법적 규범이나 행동에 대해서 책임이 있듯이 마찬가지로 그 사회의 비행과 일탈에 대해서도 책임이 있다는 신념을 가지고 있었기 때문이다. 여기서 교정에 대한 지역사회의 책임이 요구되는 이유가 있다. 한편 오늘날 교정이 적어도 범죄자를 더 악화시키지는 않아야 한다는 요구가 점증하고 있는 것도 사실이어서 양형제도의 개혁, 구금자의 선별, 범죄자분류심사제도의 필요성 등이 강조됨은 물론이고, 전통적 교정에 대한 새로운 대안의 모색을 강요받게 되었고, 그것이 곧 범죄자와 사회의 재통합을 추구하는 지역사회교정으로 나타나고 있는 것이다.

　　그렇다면 지역사회교정이란 무엇인가? 불행하게도 지역사회교정을 명확하게 정의하기는 쉽지 않다. 사람들은 지역사회교정을 지역사회에서 일어나고 있는 모든 교정활동 전체라고 정의하기도 하고, 범죄자가 법을 준수하는 시민이 될 수 있도록 도움을 주는 것을 직접적인 목표로 하는 지역사회에서의 활동이라고 규정하기도 한다. 양자 모두 지나치게 협의로 또는 지나치게 광범위하게 지역사회교정을 규정하고 있다.[45] 이는 지역사회교정을 다른 교정프로그램과 구별하는 데 필요한 범주와 가정을 제공하지 못하기 때문이다.

　　그래서 혹자는 지역사회교정을 지역사회와 범죄자와의 상호 의미 있는 유대라는 개념을 기초로 지역사회교정과 일반교정을 구분함으로써 지역사회교정을 정의하려고 한다. 여기서 중요한 것은 범죄자와 지역사회의 '의미 있는' 유대관계의 개념으로서, 결국 특정교정프로그램이 지역사회환경과의 의미 있는 유대관계에 영향을 미치는 것이어야만 지역사회교정의 하나라고 할 수 있다는 것이다.

　　그런데 이러한 개념정의에 따르면 지역사회교정은 지역사회와 범죄자의 의미 있는 유대관계의 질과 양에 따라 지역사회교정의 정도가 구분될 수 있다. 지역사회와 범죄자의 의미 있는 유대관계가 양적으로 많고 질적으로 강할수록 더 지역사회교정에 가깝다고 할 수 있는 것이다.[46]

　　그러나 단순히 의미 있는 지역사회와의 유대관계만을 잣대로 지역사회교정을 규정하더라도 항상 그 개념이 명확한 것은 아니다. 이러한 개념정의의 모호성을 해소할 수 있는 하나의 방법

---

45 National Advisory Commission, *ibid.*, pp. 2~3.
46 John Ortiz Smykla, *Community-based Corrections*, New York : Macmillan Publishing Co., 1981, pp. 8~9.

은 어떠한 교정프로그램이 지역사회교정에 부적절한가를 살펴보는 것이다. 즉 우리가 지역사회교정을 정의하고 이해할 때 범하기 쉬운 몇 가지 잘못된 인식을 밝힘으로써 지역사회교정의 개념을 좀 더 분명히 할 수 있다는 것이다.[47]

지역사회교정을 말할 때 가장 많이 범할 수 있는 오해가 바로 만약 특정프로그램이 지역사회에 위치하고 있다면, 그것은 지역사회교정이라고 생각하는 것이다. 이러한 생각이 잘못된 이유는 모든 교정시설이 모두 우리 사회의 어느 한 곳에 위치하고 있지만 모두가 지역사회교정으로 볼 수는 없으며, 더욱이 도심 한복판, 즉 우리 사회의 심장부에 위치하고 있는 구치시설을 지역사회교정이라고는 할 수 없기 때문이다.

그리고 범죄자에 대한 통제와 감시의 정도가 최소한에 그친다면, 그것을 지역사회교정으로 인식하는 것이 두 번째 오해이다. 물론 청소년봉사국이나 보호관찰 등은 전통적 시설수용에 비해 확실히 통제와 감시가 적은 것은 사실이다. 그러나 일부 교정시설도 외부통근, 외부통학 또는 사회견학과 같이 재소자에 대한 감시와 통제를 최소화하는 프로그램을 운용하고 있지만 그것을 지역사회지향적, 즉 사회적 처우라고는 할 수 있으나 지역사회교정이라고는 하지 않는다. 따라서 범죄자에 대한 감시와 통제의 정도로 지역사회교정과 일반교정을 구분할 수는 없는 것이다.

그리고 교정프로그램의 운영이 국가나 공공기관이 아니라 민간부문에 의해서 이루어지는 것을 지역사회교정으로 보는 것 또한 지역사회교정에 대한 잘못된 인식이다. 물론 민간부문에 의해서 운영되는 프로그램이 보다 지역사회교정에 유리하고 그들에 의해 운영되는 지역사회교정프로그램이 많은 것은 사실이나, 이들 민간부문에 의해서 운영되는 프로그램 중에서 청소년범죄자에 대한 보호시설위탁과 같은 것은 시설수용에 못지않게 사회로부터 고립되고 감시와 통제가 적지 않은 것도 있다.

이렇게 지역사회교정을 잘못 인식하고 있는 이유는 바로 지역사회교정에 있어서 지역사회와의 의미 있는 유대관계의 중요성을 간과하고 있기 때문이다. 결국 범죄자, 직원 그리고 지역사회의 관계의 빈도(frequency), 기간(duration) 그리고 질(quality)이 바로 지역사회교정을 구분하는 기초가 되어야 한다는 것이다. 따라서 범죄자가 지지적이고 합법적인 지역사회에 더 깊이 더 많이 참여하고 가담할수록 그 프로그램은 그만큼 더 지역사회에 기초한 것이 되는 것이다.[48]

---

47 Lloyd E. Ohlin, Alden E. Miller, and Robert B. Coates, *Juvenile Correctional Reform in Massachusetts*, Washington, D.C. : U.S. Government Printing Office, 1977, pp. 23~25.

48 Ohlin et al., *ibid*., p. 25.

이러한 오해와 정의들을 종합하여 볼 때, 지역사회교정은 공공의 안녕을 위태롭게 하지 않으면서 범죄자의 책임을 지원하는 기회를 제공함으로써 미래의 범죄행위를 예방하는 상호연관된 프로그램들로 이해할 수 있다(Dennis J. Stevens, Community Corrections : An Applied Approach, New Jersey : Pearson Education, 2006, p. 7). 즉 지역사회교정은 교정개혁에 초점을 둔 인간적 처우를 증진하며, 범죄자에게 책임을 보다 부과하려는 시도라 볼 수 있다.

지역사회 교정프로그램은 프로그램이 실시되는 지역사회의 규모와 범위에 따라 다양하지만 공통적으로 다음과 같은 특징이 있다. 첫째, 20~30명을 수용가능하고, 근무지와 사회복지 서비스에 걸어서 접근할 수 있도록 지역사회의 거주지역에 위치한 하나 이상의 대형 숙소이다. 둘째, 의료적·사회적 또는 심리적 응급상황에 대응할 수 있도록 전문인력 내지는 준전문인력이 필요하다. 셋째, 지역사회 교정프로그램을 집행하는 직원들에게 범죄자들의 행동을 감독할 수 있고, 가석방 조건을 지키도록 강제할 수 있는 권한이 부여된다. 또한 지역사회 교정프로그램 집행을 담당하는 직원들은 범죄자의 긴급한 도움요청이 있을 경우를 대비하여 항시 연락이 가능해야 한다. 다섯째, 지역사회 교정프로그램은 범죄자의 향상에 관련하여 법원에 교정프로그램 직원의 책임을 강조할 준비가 되어 있다. 마지막으로 지역사회 교정프로그램은 출소자 구직과 관련하여 다양한 지역사회 기관과 기구들을 서로 연결시키는 역할을 하며, 이를 위해 구직자 추천 서비스 등을 제공하고 있다(Champion, Dean John, Corrections in the United States : A Contemporary Perspective, Pearson Prentice Hall : Upper Saddle River, 2005, p. 169).

한편 이러한 의미의 지역사회교정은 대체로 전환(diversion)·옹호(advocacy)·재통합(reintegration)의 형태로 시행되고 있다.[49]

먼저 전환이란 낙인의 영향을 최소화하고 범죄자의 사회복귀를 용이하게 하기 위해서 범죄자를 공식적인 형사사법절차와 과정으로부터 비공식적인 절차와 과정으로 우회시키는 제도로서 대부분의 지역사회교정은 최소한 이러한 전환을 전제로 가능한 것으로 알려지고 있다. 공식절차에 의해서 범죄자를 사회로부터 격리하여 시설에 수용하고서는 제대로 지역사회교정을 할 수조차 없는 경우가 많기 때문이다.

지역사회교정의 두 번째 형태는 범죄자의 변화보다는 사회의 변화필요성을 더 강조하는 것으로서 이를 옹호라고 한다. 옹호는 단순히 기존의 자원에 범죄자를 위탁하는 것만으로는 충분치 못하고, 필요한 자원이 부적절하다면 그 자원을 개발하고, 기존의 자원이 활용하기 어려운

---

49 Smykla, *op. cit.*, pp. 14~17.

것이라면 이용가능하도록 만들어야 한다고 주장한다. 따라서 이들의 주요 활동은 청소년범죄자를 위한 청소년봉사국의 설립이나 청소년범죄자에 대한 무료법률부조활동 그리고 법률의 변화에 대한 적절한 대처 등이 있다. 그러나 옹호는 사람들에게 각종 지역사회제도를 의미 있고 책임 있는 제도가 되도록 요구하기 때문에 목표보다 수단을 강조하는 사람들에 의해서 특히 많은 저항을 받게 된다.

지역사회교정의 마지막 유형은 재통합의 형태로 나타난다. 앞의 옹호유형이 범죄자보다는 사회의 변화를 강조하는 데 비해, 재통합은 범죄와 사회, 양쪽의 변화를 추구하는 것이다. 이는 범죄자가 자신의 가정, 학교 또는 사회적 상황으로 인하여 범죄자가 되었기 때문에 이들이 재범을 하지 않게 하기 위해서는 그들이 겪었던 문제를 해결하기 위하여 교육·취업·상담 등 범죄자가 필요로 하는 적절한 사회자원을 범죄자와 연결시켜 줌으로써 그들로 하여금 지역사회에서의 합법적이고 적절한 역할을 수행할 수 있게 한다는 가정에 기초하고 있다. 이러한 주장은 대부분의 범죄자들이 사회적 환경의 문제로 범행에 가담하게 된다는 환경론적 원인론과 재범자들의 재범이유가 대부분 사회의 냉대라고 지적하는 사실에서 뒷받침되고 있다. 이러한 재통합적 지역사회교정은 대표적으로 중간처우소(halfway house)나 집단가정(group home) 등을 들 수 있다. 따라서 재통합적 지역사회교정은 알고 보면 낙인과 범죄학습 등 시설수용의 폐해와 범죄자에 대한 지역사회의 부정적 인식 그리고 사회의 변동과 복잡화 등에서 그 의미를 찾을 수 있다. 결국 재통합적 지역사회교정은 다양한 재소자와 그들이 필요로 하는 다양한 서비스를 제공해 줄 수 있는 지역사회와 교정프로그램의 연계, 프로그램에 대한 범죄자의 참여 등과 같은 지역사회와 교정프로그램의 상호작용을 극대화하는 노력이 중요한 가치로 평가되고 있다.

그렇다면 왜 우리가 지역사회교정을 필요로 하는가를 살펴볼 필요가 있다. 물론 결과론적이긴 하지만 전통적 시설처우에 대한 불만과 그 개선책으로서 지역사회교정이 주창된 것은 사실이다. 그러나 이를 종합하면 결국은 범죄자에 대한 인도주의적 처우, 교화개선과 사회복귀의 긍정적 효과 그리고 교정경비의 절감과 재소자관리라는 관리적 이익 등으로 요약될 수 있다.[50]

교정에 대해서 누구도 부인할 수 없는 것은 일반사회에 비해 교도소가 훨씬 더 비인도주의적인 장소라는 사실이며, 따라서 교도소는 처음부터 범죄자를 교화개선하는 장소로는 적절치 못한 환경이라는 사실이다. 자유의 박탈이나 자율성의 박탈 등으로 인한 인간가치와 존엄성의 상실은 물론이고, 교도소의 물리적 환경 등을 고려할 때 교도소가 지역사회교정에 비해 그 환경이

---

50 Smykla, *op. cit.*, pp. 23~25.

나 여건이 바람직한 것으로는 볼 수 없는 것이다. 그에 비해 지역사회교정은 정도의 차이는 있지만 부분적이나마 자유가 보장되고, 직장과 가족관계 그리고 사회관계가 유지된다는 사실만 하더라도 충분히 인도적인 처우라고 말할 수 있을 것이다. 물론 지역사회교정이 모두 인도적이라고 단정하기는 곤란하다. 때로는 지역사회교정이 오히려 범죄자의 인권을 침해하기도 하며, 지역사회교정이 있기 때문에 없다면 받지 않아도 될 처분을 받게도 될 수 있다는 등 적지 않은 비판의 소리도 있다. 한편으로는 지역사회교정이 사실 그 모습만 바뀌었지 일반적인 교정과 크게 다를 바 없다고 주장하기도 한다.

또한 지역사회교정의 두 번째 정당성은 지역사회교정이 범죄자가 지역사회에 통합되어 준법적 시민으로서 위치하여 기능할 수 있게 할 것이라는 기대감이다. 그것은 과거의 시설교정이 어쩔 수 없이 비인도적이었고, 재소자들이 출소한 후에는 지역사회가 범죄자들로부터 손을 놓았기 때문에 재소자를 준법적 생활로 제대로 복귀시킬 수 없었다. 이런 이유로 지역사회교정은 가족, 지역사회 그리고 집단 등을 범죄자와 유대를 갖게 해 주어 그들로 하여금 지역사회에서 보다 효과적으로 기능할 수 있도록 자신감과 능력을 얻게 해 준다. 그러나 지역사회교정의 복귀적 효과는 범죄자 개인은 물론이고 제도나 체제의 변화를 전제로 해야만 가능한 것이다. 예를 들어 빈곤이 범죄의 원인이라면 빈곤문제의 해결이라는 사회의 개선과 변화가 필요하고, 학교의 문제라면 학교문제의 개선은 물론이고 학력사회의 병폐가 먼저 해결되어야 하는 것이다.

끝으로, 지역사회교정은 재소자관리와 경제적 비용이라는 측면에서도 정당화될 수 있다. 물론 지역사회교정이 처음부터 이들 관리적 측면에서 시도된 것은 아니지만 현실적으로는 지역사회교정의 최초의 의도, 즉 교정목표의 효과적인 성취보다는 경제성과 교정관리의 편의가 더 중시되고 있다.

먼저 교정의 경제적인 측면을 보자. 범죄자를 교도소에 수용하여 처우하는 것과 보호관찰에 회부하는 경우의 필요한 교정경비는 비교가 되지 않을 정도로 차이가 날 수밖에 없다. 즉 지역사회교정이 그만큼 비용이 적게 든다는 것이다. 한편 재소자관리는 어떠한가? 현대교정이 안고 있는 가장 큰 문제 중의 하나가 과밀수용이라고 할 수 있는데, 이러한 지역사회교정이 있음으로써 상당수 범죄자를 교도소에 수용하지 않고도 처우할 수 있기 때문에 과밀수용을 해소할 수 있고, 따라서 재소자의 수용관리도 그만큼 쉬워지며 더불어 교정경비 또한 절감될 수 있는 것이다. 그리고 지역사회교정이 보호관찰부 가석방과 같이 때로는 재소자에 대한 일종의 보상제도로도 기능하기 때문에 이 또한 재소자관리를 위한 하나의 좋은 수단이 될 수도 있다.

그러나 이러한 지역사회의 경제적 이점과 관리적 장점이 교정의 목표를 혼돈시키는 경우가 있다. 하지만 교정의 성공이 교정의 경제성이나 관리의 용이성으로 평가될 수 있는 것은 아니다. 교정의 궁극적인 목표의 하나는 범죄로부터 사회를 보호하는 것이지 교정경비를 절감하고 재소자관리를 쉽게 하기 위한 것은 아니기 때문이다. 물론 지역사회교정이 사회에 대한 아무런 위협과 위험을 초래하지 않으면서도 적은 비용으로 사회를 보호할 수 있다면 더욱 좋다. 지역사회교정의 경제성에 대해서는 보다 깊이 있는 논의를 필요로 한다. 물론 지역사회교정이 대부분의 경우는 시설교정에 비해 그 비용이 적게 드는 것은 사실이나, 이러한 주장에는 몇 가지 문제가 있다. 우선 대부분의 지역사회교정은 사실 원래 지역사회교정에서 요구되는 만큼 제대로 시행되지 않고 흉내내기나 전시효과에 지나지 않기 때문에 비용이 적게 드는 것이지 제대로 시행되기 위해서는 오히려 더 많은 경비를 요할 수도 있다는 것이다.

이와 더불어 지역사회교정으로 말미암아 형사사법의 망이 확대되고, 그 결과 지역사회교정은 오히려 형사사법에 있어서 추가적인 경비를 지출하게 할 수도 있다. 만약 지역사회교정이 없었다면 형사사법의 대상이 되지도 않을 범죄자까지도 지역사회교정이 있음으로 형사사법의 새로운 대상이 되어 형사사법에 새로운 경비를 부담지우게 된다는 것이다.

끝으로, 경제성은 항상 투자된 비용과 얻어진 결과를 동시에 고려하는데 효과성보다는 효율성을 중시하는 것이 현대적 의미의 경제성이라면, 단순히 비용만 논할 것이 아니라 결과까지도 포함하는 비용−편익(cost−benefit)의 입장에서 논의되어야 한다. 즉, 투자된 비용인 교정경비와 그 결과로 얻어진 재범이라는 지표를 놓고 볼 때, 과연 지역사회교정이 효율적이라고 말할 수 있을 것인가라는 의문이 제기되고 있다. 즉 속된 말로 싼 게 비지떡이 될 수도 있다는 것이다.

미국에서 시행 중인 지역사회 교정 프로그램의 효과성을 평가한 결과, 19개의 프로그램 중 1편의 프로그램은 효과가 있는 것으로 나타났다. 그리고 16편의 프로그램은 그 프로그램의 전망이 좋은 것으로 나타났으며, 나머지 2편의 프로그램은 효과적이지 못하다는 평가를 받았다. 구체적으로 살펴보면, 효과가 있는 것으로 나타난 프로그램은 침입절도 예방과 관련된 것으로 침입절도 피해자와 이웃과 잠재적인 범죄자들 모두를 아우르도록 고안되었다. 앞으로 프로그램의 결과가 기대되는 프로그램들의 경우, 약물중독과 관련된 프로그램이 8편, 범죄자의 사회복귀 및 재범방지에 관련된 프로그램이 8편이었다. 효과가 없는 것으로 나타난 프로그램은 보호관찰 사건 관리 프로그램과 강력범의 사회복귀와 관련된 프로그램이었다(http://www.crimesolutions.gov/topicdetails.aspxid=28. 2011. 12. 검색).

지금까지 언급한 교정경비와 교정효과와도 관련된 것으로서 반드시 논의될 필요가 있는 것이 바로 지역사회교정의 대상자문제이다. 이는 대체로 사회의 안전과 지역사회교정의 필요성이라는 어쩌면 두 가지 상반된 기준으로 결정을 요하는지도 모른다. 구체적으로 말해서 사회의 안전을 확보하기 위해서는 위험성이 중요한 결정변수가 되어야 하나, 이 경우 교정의 필요성이 절감될 수 있기 때문이다.

사회의 안전을 담보하기 위해서 위험성이 아주 낮거나 거의 없는 범죄자만을 지역사회교정에 회부한다면 그것은 단지 교정자원의 낭비에 불과할 수도 있고, 반면에 교정의 필요성만을 강조한 나머지 위험부담이 있는 범죄자를 지역사회교정의 가능성을 담보로 지역사회교정을 결정한다면 사회에 대한 위험성이 야기될 수도 있는 것이다. 결과적으로 이 두 변수의 적절한 조화가 실현되어야 하는 것이다. 그러나 대부분의 경우는 교정이 사회의 보호라는 궁극적인 목표에 집착하여 위험성을 지역사회교정의 대상자를 결정하는 절대적인 변수로 활용하고 있다. 그런데 위험성의 판단은 대부분이 예측을 기초로 이루어지기 때문에 이에 따르는 한계와 문제점이 노출되기 마련이다.

교정에 있어서의 예측은 우선 그 예측이 과거나 현재의 사실을 기초로 미래행위를 예측하기 때문에 지극히 어려운 일이며, 그 결과 정확하지 않은 예측이 항상 있을 수 있으며, 예측이 잘못되었을 경우 사법정의가 위협받게 된다는 문제점이 있다.[51] 현실적으로 대부분의 교정예측은 위험성이 지나치게 보수적으로 판단되고 있어서 대체로 지역사회교정이 단순한 형사사법망의 확대로 비추어지기 쉽다.

그러나 지역사회교정의 활성화나 효율화를 위해서는 적어도 예측이나 결정에 있어서 지나친 보수화는 경계해야 한다. 교도소는 가능한 최소한의 범위 내에서 그것도 최후의 수단으로서만 교정의 장소가 되어야 하고, 반면 지역사회교정은 사회의 안전을 심각하게 위협하지 않는 범위 내에서 최대한 대상자의 범위를 넓혀야 한다고 주장한다. 그래서 미국의 범죄와 비행에 관한 국가위원회(National Council on Crime and Delinquency)에서는 지역사회교정이 최대한 활용되어야 하고, 구금은 중요한 대인범죄를 범하고 심대한 정신장애에 기초하여 지속적으로 폭력적인 행위유형을 표출하거나 조직범죄에 깊이 가담한 범죄자에게만 제한되어야 한다고 주장하였다.[52]

지역사회교정의 대상자선정문제와 관련된 것으로서 형사사법망의 확대(widening the net)가 지역사회교정에 대해서 가장 심각한 문제로 대두될 수 있다. 이는 지역사회교정이 범죄자의 생활에 대한 통제를 줄이기 위해서 시도되었으나 실제는 범죄자에 대한 통제를 증대시켰다는 것

---

51 David Greenberg, "Problems in Community Corrections," *Issues in Criminology*, 1975, 10(1) : 1~33.

52 National Council on Crime and Delinquency, "The Nondangerous Offender should not be Imprisoned," *Crime and Delinquency*, 1973, 19(4) : 449~456.

이다. 즉 사회봉사명령이 보호관찰에 병과되고, 충격보호관찰은 일반보호관찰을 대신할 수도 있기 때문이다. 지역사회교정으로 인한 형사사법망의 확대는 다음과 같은 세 가지 형태로 나타난다. 먼저 국가에 의해서 통제되고 규제되는 시민의 비율이 증가되는 현상, 즉 더 많은 사람을 잡을 수 있도록 그물망을 키워 왔다는 망의 확대(wider nets), 범죄자에 대한 개입의 강도를 높임으로써 범죄자에 대한 통제를 강화시켰다는 망의 강화(stronger nets) 그리고 범죄자를 사법기관이 아닌 다른 기관으로 위탁하여 실제로는 더 많은 사람을 대상으로 만든 상이한 망(different nets)의 설치가 형사사법망의 확대로 나타난다.[53]

결국 지역사회교정의 미래가 성공적이기 위해서는 우선 형사사법기관의 보수화를 극복하고, 의사결정에 있어서 개인의 자유가 중시되어 형사사법제도가 지금까지 보여 주었던 것처럼 범죄자를 지역사회에서 교정하는 데 대한 저항이나 부정적 시각을 해소하여야 한다. 그리고 지역사회교정의 요체는 역시 지역사회인만큼 지역사회의 참여와 협조 및 지원이 절대적으로 확보되어야 한다. 더불어 지역사회교정의 그 개념규정부터 어려울 정도로 추구하는 목표가 명확치 못했던 것이 사실인바, 이 또한 보다 명확해져야 지역사회교정이 제자리를 잡을 수 있을 것이다.[54]

3. 보호관찰

일반적으로 보호관찰(probation and parole)을 지역사회교정의 대표적인 예로 간주하고 있는데, 그것은 보호관찰이 지역사회에서 이루어지고 있기 때문이다. 그러나 지역사회에서 이루어지는 것으로는 지역사회교정의 개념을 완전히 충족시킬 수 없고 보호관찰이 의미 있는 지역사회의 참여를 확보할 때 비로소 지역사회교정이 될 수 있는데, 대개의 경우 보호관찰은 이러한 전제를 어느 정도 충족시키고 있고 또 그러한 방향으로 발전되고 있다.

일반적으로 우리나라에서는 보호관찰이라고 통칭하지만 원래는 보호관찰부 형의 선고유예나 집행유예, 즉 probation과 보호관찰부 가석방을 의미하는 parole의 두 가지 형태로 존재한다. 사실 이 둘은 보호관찰의 결정과 부여 그리고 법률적 특성이나 형사사법상의 위치 등 거의 모든 부분에서 상당한 차이가 있다. 그러나 한 가지 분명한 것은 probation이나 parole 모두 선행을 조건으로 범죄자에게 지역사회에서 부분적으로나마 자유로운 생활을 허용하되 보호관찰관의 지

---

53 Barry Krisberg and James Austin, *The Unmet Promise of Alternatives to Incarceration*, SF : National Council on Crime and Delinquency, 1980; Clear and Cole, *op. cit.*, p. 424에서 재인용.

54 Clear and Cole, *op. cit.*, p. 434.

도감독과 보도원호를 제공함으로써 그가 교화개선되고 사회와 재통합하여 정상적인 사회인으로 사회에 복귀할 수 있도록 하는 데 목적을 두고 있다는 것이다. 그래서 보호관찰은 범죄자의 교화개선과 사회복귀를 통한 재범의 방지와 그로 인한 사회의 보호라는 세 가지 상호유관한 기능을 수행하고 있다.[55]

구체적으로 기술하자면 보호관찰은 선행 등 일정한 조건을 전제로 법원에서 형의 선고나 집행을 유예하거나 또는 수형생활 중 일정한 조건하에 가석방심사위원회의 결정 등과 같은 행정작용으로 가석방시켜서 지역사회에서 처우 받게 하는 것이다. 그러나 주어진 조건을 위반하는 경우에는 양형의 조건을 변경하거나 형을 재선고하거나 가석방자에게는 조건의 위반시 재수감하여 잔여형기나 추가형기를 살게 하는 등의 조치를 취하고, 반대로 정해진 기간 동안 정해진 조건을 성공적으로 수행했을 때는 보호관찰이 해제된다.[56]

따라서 보호관찰은 시설수용의 폐해와 교화개선 및 사회복귀효과의 의문에 대한 대안으로서 사회 내 처분이면서도 단순한 형의 유예나 가석방에 비해 일정한 조건이 부과되고, 보호관찰관의 지도·감독과 보도원호를 받게 함으로써 교정효과의 증진은 물론이고 사회 안전의 확보면에서도 보다 발전된 적극적인 것으로 간주할 수 있다. 즉 만약 단순한 형의 유예나 가석방제도만 있다면 가석방이나 형의 유예를 받을 수 없는 범죄자도 보호관찰관의 지도·감독하에 보도원호를 받을 수 있기 때문에 대상자의 폭을 넓히면서도 사회에 대한 추가적인 위험부담은 크지 않다는 것이다.

그러나 보호관찰에 대한 이러한 기대감은 오늘날의 보호관찰에서 찾아보기 쉽지 않게 되었다. 위에서 언급한 것처럼 보호관찰이 범죄자의 사회복귀와 그로 인한 재범의 방지와 사회 안전의 확보라는 효과를 얻을 수 있을 것으로 기대되어졌으나, 오늘날의 보호관찰은 대상자선정시 사회의 안전을 지나치게 고려한 나머지 지극히 위험성이 낮은 그래서 그냥 유예해도 좋을 범죄자를 주로 보호관찰 처분하는 경향이 있다. 한편으로는 재소자의 수형성적이나 보호관찰적정성 여부 내지는 가능성보다는 교도소의 과밀수용을 해소하기 위한 수용자관리의 수단으로 parole이 이용되고 있는 경우가 많다는 현실적 비판이 높다는 것이다.

이러한 보호관찰은 단순히 범죄자를 지역사회에서 형기를 수형하도록 하는 형의 선고 이상의 의미를 가지고 있음을 쉽게 짐작할 수 있는데, 사실 보호관찰 특히 형의 선고나 집행의 유예

55 이윤호, 한국형사사법정책론, 법전출판사, 1992, 243면.
56 Harry E. Allen *et al.*, *Critical Issues in Adult Probation : Summary*, Washington, D.C. : U.S. Government Printing Office, 1979, pp. 12~13.

에 의한 보호관찰인 probation은 용어 자체가 4가지 상호의존적인 의미로 사용되고 있다.

우선 probation은 법원의 처분으로서 일종의 형의 유예로 활용된다. 미국변호사회에서도 probation을 "구금을 포함하지 않는 형"이라고 정리하고 있다.[57]

probation의 두 번째 의미는 probation이 선고된 범죄자의 지위를 반영하는 것이다. 즉 보호관찰이 선고된 범죄자는 시설에 수용된 범죄자나 자유시민과는 그 신분과 지위가 다르기 때문이다.

다음으로 probation은 그 자체가 형사사법체제의 하부체제 내지는 제도를 지칭하기도 한다. 이 경우 보호관찰이란 용어는 보호관찰을 집행하는 조직이나 기관이라는 의미로 쓰여지고 있다.

그리고 보호관찰이란 용어가 때로는 법원, 범죄자, 지역사회와 형사사법제도와의 교류과정, 즉 판결 전 조사보고서의 작성, 피보호관찰대상자에 대한 감독과 원호 등의 과정을 뜻할 때 사용되기도 한다.

한편 보호관찰의 또 다른 하나인 parole도 법원에 의해서 처분되는 것이 아니라 행정결정으로 이루어지며, 시설구금을 요하지 않는 것이 아니라 일정기간의 시설구금을 경험한 다음에 가능하다는 사실 외에는 probation과 큰 차이가 있는 것은 아니다. 특히 probation과 parole이 우리나라와 같이 대개의 경우는 같은 기관의 같은 직원들에 의해서 함께 운영되고 있음에서도 이를 짐작할 수 있을 것이다.

여기서 한 가지 부언할 것은 지역사회교정에 대한 일반적인 비판이기도 하지만 보호관찰의 문제로 지적되고 있는 형벌에 대한 위하(威)와 범죄제지효과의 감소, 시민법감정의 악화, 보호관찰효과의 의문시 그리고 형사사법망의 확대문제의 전부 또는 일부라도 해소하기 위한 방법으로서 전통적인 보호관찰에서 약간씩 발전된 변형보호관찰이 나타나고 있다는 사실이다. 대표적으로 충격보호관찰(shock probation or parole)이 있는데 이는 범죄제지효과를 동시에 거양하기 위해서 범죄자를 일단 교도소에 수감하였다가 형을 유예하여 보호관찰처분하거나(shock probation) 6개월 정도의 수형생활을 하게 한 다음 보호관찰로 가석방시키는(shock parole) 것이다. 이에 대해서 물론 약간의 제지효과와 시민법감정의 무마는 가능할지 모르지만, 단기간의 수용구금일지라도 직장의 상실, 낙인, 악풍감염과 범죄학습, 사회와의 격리 등 수용의 폐해를 입기에는 충분한 기간이라고 비판하기도 한다. 충격보호관찰 외에 관찰관의 업무량과다로 인한 감독의 부족과

---

57 American Bar Association Project on Standards for Criminal Justice, *Standards Relating to Probation*, New York : Institute of Judicial Administration, 1970, p. 9.

그로 인한 사회 안전의 위험에 대처하기 위해서 보호관찰과 전자감시(electronic monitoring)를 병행하기도 한다. 또한, 보호관찰이 지극히 위험성이 낮은 경미범죄자나 초범자들을 대상으로 하여 사실상 형사사법망의 확대와 교정경비의 추가를 초래한다는 비판의 대안으로 중요 범죄자에게는 강력한 감시·감독을 전제로 보호관찰을 명하는 집중보호관찰(intensive probation)도 시험되고 있다.

이러한 보완에도 불구하고 많은 사람들이 보호관찰, 특히 parole에 대한 그 교정효과를 의문시하는 것은 물론이고 기타 문제를 제기하며, parole제도의 폐지를 주장하는 목소리도 적지 않으며, 실제로 미국에서는 parole이 폐지된 주도 있다고 한다. 이들의 주장은 보호관찰의 전제조건인 부정기형제도가 더 이상 효과적이지 못하고, 가석방심사는 범죄자가 심사위원회와 속고 속이는 놀이를 하는 데 불과하기 때문이라고 한다.

Von Hirschi(1978)는 parole의 문제점으로 첫째, 보호관찰심사가 확실한 기준에 의해서 결정되지 않고, 둘째, 재범가능성의 정확한 예측과 교화개선 정도의 감시는 현재로서는 능력이 부족하며, 셋째, 미래행위에 대한 기대와 예측을 기초로 처벌의 정도를 결정하는 것은 공정하지 못하다는 점을 지적하였다.[58]

보호관찰의 성패에 대한 논란은 아직도 한창 진행중이지만, 보호관찰의 성패는 보호관찰의 운영과 관리에 달려 있는 것이지 성패를 떠나 보호관찰이 근본적으로 문제가 있거나 잘못된 것이라고는 보지 않는다.[59] 한편 보호관찰의 운영과 관리에 있어서 가장 중요한 요소인 인력과 자원은 문제점으로 귀착된다고 할 수 있다. 다시 말해서 보호관찰관의 역할갈등과 업무량의 과다 및 전문성의 결여가 인력의 문제이고, 자원의 문제는 지역사회관계에 기초한 지역사회자원의 개발과 활용으로 모아질 수 있다. 그런데 이 문제를 설명하기 위해서는 먼저 보호관찰관의 역할과 이를 기초로 한 보호관찰과 관리형태를 분석할 필요가 있다.

지금까지의 경험에 비추어 보호관찰이 안고 있는 가장 큰 문제 중의 하나는 역시 보호관찰관의 역할갈등이라고 할 수 있다. 이는 보호관찰이 보호라는 사회사업적 기능과 관찰이라는 법집행적·경찰적 기능, 즉 어쩌면 아주 상반된 두 가지 기능을 보호관찰관이 동시에 수행하도록 요구받고 있는 데서 기인한다. 그러나 문제는 현실적으로 이 두 가지 역할이 같은 사람에 의해서 동시에 수행될 수는 없다는 사실이다.[60]

---

58 Andrew Von Hirschi and Kathleen J. Hanrahan, *Abolish Parole?* Washington, D.C. : U.S. Government Printing Office, 1978.

59 이윤호, 전게서, 244면.

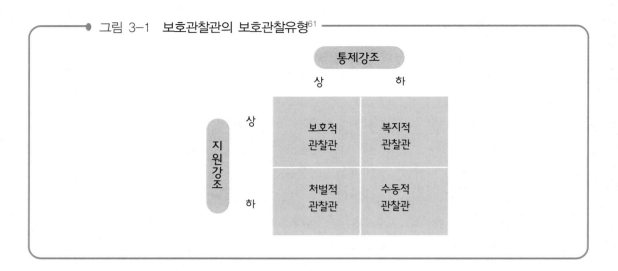

그림 3-1 보호관찰관의 보호관찰유형[61]

일찍이 Ohlin은 보호관찰관의 유형을 처벌적(punitive) · 보호적(protective) · 복지적(welfare) · 수동적(passive) 보호관찰관으로 분류하였다.

처벌적 보호관찰관은 위협과 처벌을 수단으로 범죄자를 사회에 동조하도록 강요하고 사회의 보호, 범죄자의 통제 그리고 범죄자에 대한 체계적 의심 등을 중요시한다.

보호적 관찰관은 사회나 범죄자의 보호 양자 사이를 망설이는 유형으로서, 주로 직접적인 지원이나 강연 또는 칭찬과 꾸중의 방법을 이용한다. 그는 사회와 범죄자의 입장을 번갈아 편들기 때문에 어정쩡한 입장에 처하기 쉽다.

복지적 관찰관은 자신의 목표를 범죄자에 대한 복지의 향상에 두고 범죄자의 능력과 한계를 고려하여 적응할 수 있도록 도와주려고 한다. 즉 이런 유형의 관찰관은 범죄자의 개인적 적응 없이는 사회의 보호도 있을 수 없다고 믿고 있다.

한편 수동적 관찰관은 자신의 임무를 단지 최소한의 노력을 요하는 것으로 인식하는 사람이다.[62] 이러한 보호관찰관의 역할유형을 요약하면 <그림 3-1>과 같다.

한편 Smykla는 보호관찰관의 기능과 자원의 활용이라는 측면에서 보호관찰을 모형화하고

60 Smykla, *op. cit.*, p. 145.

61 Frank C. Jordan and Joseph E. Sasfy, *National Impact Program Evaluation, A Review of Selected Issues and Research Findings Related to Probation and Parole*, Washington, D.C. : Mitre Corporation, 1974, p. 29.

62 Lloyd E. Ohlin, Herman Piven, and D.M. Dappenfort, "Major Dilemmas of the Social Worker in Probation and Parole," *National Probation and Parole Association Journal*, 1956, 2 : 21~25; Daniel Glaser, *The Effectiveness of a Prison and Parole System*, Indianapolis : Bobbs—Merrill, 1969, p. 293.

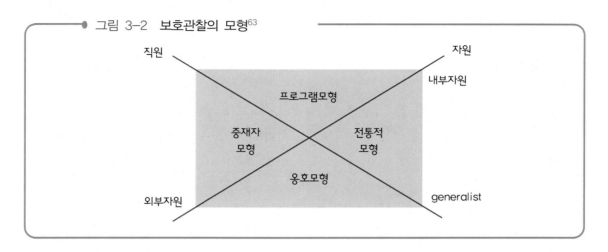

그림 3-2 보호관찰의 모형[63]

있다.[64] 그는 기능적 측면에서 보호관찰관은 다양한 기능을 책임지는 generalist가 될 수도 있고, 반면에 특수한 지식과 능력에 따라 각자의 책임영역을 제한하는 specialist가 될 수도 있다고 보았다. 더불어 자원의 활용의 측면에서는 보호관찰의 목적을 수행하기 위해서 외부자원을 적극적으로 활용하느냐 아니면 전적으로 내부자원에 의존하느냐의 문제로서, 외부자원을 강조하는 입장에서는 관찰대상자의 원호와 변화에 중심을 두나 내부자원에 의존하는 보호관찰은 주로 대상자에 대한 통제를 강조하는 것이 보통이다.[65]

그러나 자원의 문제나 대상자에 대한 통제냐 지원이냐는 말할 것도 없고 기능도 상호배타적인 개념이 아니기 때문에 이분법적인 구분과 선택의 대상이라기보다는 우선순위와 정도의 문제로 인식되어야 한다.

바로 이러한 두 가지 관점을 토대로 Smykla는 다음과 같이 모형화하였다(<그림 3-2> 참조).

전통적 모형(traditional model)은 관찰관이 지식인(generalist)으로서 내부자원을 이용하여 지역적으로 균등배분된 대상자에 대해서 지도·감독에서 보도원호에 이르기까지 다양한 기능을 수행하나 통제가 더 중시되고 있다.

두 번째로 프로그램모형(program model)은 관찰관은 전문가(specialist)를 지향하나 목적수행

---

63 Smykla, *op. cit.*, pp. 234~242.

64 Smykla, *op. cit.*, pp. 231~242.

65 Yeheskel Hasenfeld, "People-changing vs. People-processing Organization : An Exchange Approach," *American Sociological Review*, 1972, 37 : 256.

을 위한 자원은 내부적으로 해결하는 경우이다. 이 모형에서는 관찰관이 전문가로 기능하기 때문에 대상자를 분류하여 관찰관의 전문성에 따라 배정하게 된다. 이 모형의 문제는 범죄자의 상당수는 특정한 한 가지 문제만으로 범죄자가 된 것은 아니며, 한 가지의 처우만을 필요로 하는 것도 아니라는 것이다.

세 번째 옹호모형(advocacy model)에서의 보호관찰관은 지식인(generalist)으로서 외부자원을 적극활용하여 관찰대상자에게 다양하고 전문적인 사회적 서비스를 제공받을 수 있도록 무작위로 배정된 대상자들을 사회기관에 위탁하는 것을 주요 일과로 삼고 있다.

끝으로, 중개모형(brokerage model)의 보호관찰관은 전문가(specialist)로서 자신의 전문성에 맞게 배정된 관찰대상자들에게 사회자원의 개발과 중개의 방법으로 외부자원을 적극 활용하여 대상자가 전문적인 보호관찰을 받을 수 있게 하는 것이다.

그런데 현대교정이 사회와 범죄자의 동시변화와 개선을 통한 양자의 재통합을 추구하고 더불어 지역사회교정에 의해 사회의 책임과 역할을 강조하고 있다. 그러므로 지역사회와 범죄자 및 형사사법과의 의미 있는 상호작용과 유대관계를 전제로 하는 이상 보호관찰도 이러한 추세에 걸맞는 형태로 발전하여야 할 것이다. 이 점에 대해서 미국의 「형사사법기준과 목표에 관한 국가자문위원회」에서는 보호관찰관이 caseworker나 counsellor보다는 지역사회자원관리자(community resource manager)의 역할이 요구된다고 주장한다.[66] 따라서 보호관찰관의 주요 임무는 관찰대상자가 필요로 하는 것을 파악하고, 그에 적합한 서비스를 알선·중재해 주고, 서비스의 전달제공 여부를 지도·감독하는 것이어야 한다.

한편 앞에서도 언급하였지만 사회자원의 활용도 필요하지만 그 자원이 효율적으로 쓰여지기 위해서는 필요에 적절한 서비스의 제공이 가능해야 하는데, 이는 관찰관의 전문성이 전제되어야 한다. 따라서 보호관찰의 모형 중 관찰대상자를 지역성에 기초한 업무량의 배정이 아니라 관찰관의 전문성에 따른 업무배정이 이루어지고, 전문적 서비스의 전달을 위해 사회자원이 활용되는 중개모형이 바람직한 것으로 보인다. 그러므로 여기서 언급되어야 할 필요가 있는 것이 바로 업무배정과 처리의 방법이다.

일반적으로 업무배정의 방법으로 담당건수(caseload)와 작업량(workload)의 두 가지를 활용하게 되는데, 담당건수(caseload)는 양을 기준으로 하는 업무배정인 반면 작업량(workload)은 사례수가 아니라 업무의 내용과 특성을 고려하여 배정한다.

---

66 National Advisory Commission, *op. cit.*, p. 311.

여기서 양적 기준에 의한 업무배정은 대체로 업무대상의 상이점이나 유사점 등을 전적으로 무시하고 사례의 수를 기준으로 배정하는 것이며, 업무의 내용과 특성에 따른 배정은 당연히 대상자의 유사성과 상이성을 중시하여 유사한 대상자끼리 집단화하여 배정하는 것을 말한다. 사례수를 기준으로 업무를 배정하는 경우는 대체로 그냥 무작위로 아무런 규칙 없이 우연하게 배정되거나, 소내 모든 관찰관에게 관내 모든 사례를 수적으로 균등하게 배분하거나 아니면 관내 대상자를 지역별로 안배하는 방법이 있다.

그러나 대개의 경우는 비록 사례수를 기준으로 배정하더라도 이 세 가지 방법, 즉 무작위배정, 수적 균등화 그리고 지역적 안배 모두를 가미한 형태로 배정되고 있다. 반면에 업무의 내용과 특성에 따른 배정은 대상자가 공유하는 특성에 따라 대상자를 집단화하고 집단별로 특정한 관찰관에게 배정되는 것을 말한다. 따라서 보호관찰의 전문화는 물론이고, 관찰관의 역할갈등의 해소를 위해서도 보호관찰업무가 단순히 사례수에 따라 균등배분되기보다는 대상자의 특성의 유사성에 따라 집단화하여 업무의 내용과 특성별로 배정하는 것이 바람직하다.[67]

보호관찰운영과 관련된 마지막 쟁점은 지도·감독과 보도원호를 관찰관 각자나 자신에게 배정된 대상자에게 개별적으로 수행할 것인가, 아니면 두 사람 이상의 단체 또는 집단으로 수행할 것인가의 문제이다. 물론 전통적인 방법은 관찰관 각자가 자신에게 주어진 대상자들을 전적으로 책임지는 것이었다. 이러한 방식이 보호관찰집행의 대종을 이루게 된 데는 몇 가지 이유가 있다.

우선 이 방식이 보호관찰기관이 수행해야 하는 업무를 분배하는 데 있어서 가장 쉽고 간단한 방법이기 때문이다.

또 다른 이유는 보호관찰에 있어서 case work의 중시와 그로 인한 1 대 1관계의 강조에 기인한 바 크다.

다음으로 이 방식을 따르면 개별관찰관에 대한 감독과 평가가 용이하기 때문이다.[68]

그러나 이러한 방식은 보호관찰의 전문성과 효율성 및 효과성을 저해한다는 비판을 받고 있다. 즉 대상자의 특성이나 필요가 전혀 고려되지 않으며 관찰관의 능력이나 전문성도 무시되기 때문이다. 더불어 전통적 보호관찰에서 중시되었던 1 대 1 개별상담 등에 대한 비판이 제기되고, 관찰대상자에 대한 획일적 보호관찰이 문제시 된다. 한편으로 지식인(generalist)으로서 보호관찰관의 역할갈등과 업무의 과다문제까지 야기되면서 개별적 보호관찰집행의 방식보다는 집단

---

67 Harry E. Allen, Chris W. Eskridge, Edward J. Laressa, and Gennaro F. Vito, *Probation and Parole in America*, New York : The Free Press, 1985, pp. 171~173.

68 Allen *et al.*, *ibid.*, p. 178.

적 보호관찰의 집행이 더 바람직한 것으로 평가받기 시작하였다.[69] 즉 관찰대상자의 욕구를 보다 효율적이고 효과적으로 충족시켜 주며, 관찰관의 개인적 능력과 전문성을 효과적으로 활용하기 위해서는 집단적 접근(team approach)이 필요하다는 것이다.

이 방법은 각자 자신의 전문영역을 가진 소수의 전문가들로서 하나의 team을 구성하고, 적정수의 관찰대상자가 team으로 배정되면 team에 배정된 관찰대상자 전체에게 소속된 관찰관 각자가 자신의 전문분야별로 보호관찰을 집행하는 것이다.[70] 이러한 방식은 다음과 같은 몇 가지 정당성을 가지고 있다. 우선, 관찰관 한 사람보다는 집단이 보다 폭넓은 전문성과 기술을 보유하기 때문에 보다 다양하고 전문적인 보호관찰을 제공할 수 있다. 또한 보호관찰이 겪고 있는 문제의 하나로서 점점 늘어나는 대규모 사례를 개인보다는 집단에서 더 효율적으로 다룰 수 있다. 이외에도 집단적 접근을 따르면 보호관찰관의 전문화와 책임의 분산 등의 부수적인 장점도 얻을 수 있다.

그러나 구성원간의 의사소통과 협조문제, 구성원과의 개성차이와 갈등 그리고 관찰대상자가 이리저리 돌려진다는 느낌 등이 해결되어야 할 문제로 남는다. 가장 대표적인 team approach는 '지역사회자원관리단'(Community Resource Management Team)이라고 하는 제도이다. 이 제도는 보호관찰에 있어서 사회자원의 활용, 자원중개로서의 보호관찰기능, 업무내용과 특성에 따른 업무배정 그리고 개별집행이 아닌 집단적 집행 등의 내용을 모두 가미한 새로운 시도이다.[71]

4. 중간처우소

대부분의 사람들은 교도소에서 석방된 범죄자가 겪게 되는 어려움은 대부분이 구금으로 인한 사회적 낙인과 그에 따른 취업의 어려움에서 초래된다고 인식하고 있다. 또한 이들은 재소자들이 사회로부터 단절되고 격리된 채 오랜 수형생활을 경험하는 동안 사회는 수많은 변화가 일어나서 더 이상 그들에게 익숙지 않은 사회로 아무런 준비도 없이 바로 내보내는 것은 지나칠 정도로 비인도적인 처사일 뿐더러 그들에게 사회에 정상적으로 복귀하기를 기대하는 것은 지나

---

69 이윤호, 전게서, 253~254면.

70 Smykla, *op. cit.*, p. 232; Allen *et al.*, *op. cit.*, p. 179.

71 Frank Dell'Apa, W. Tom Adams, James D. Jorgensen, and Herbert R. Sigurdson, "Advocacy, Brokerage, and Community : The ABC's of Probation and Parole," pp. 140~152 in Martin D. Schwartz, Todd R. Clear, and Lawrence F. Travis(eds.), *Corrections : An Issue Approach*, Cincinnati : Anderson Publishing, 1981.

친 요구일 수밖에 없다고 주장한다. 이런 이유로 이들은 수용생활을 끝내고 석방되는 재소자들
이 자신의 지역사회에 재적응할 수 있도록 도와주는 과도기적 시설이 필요하다고 역설한다.

더불어 재소자들의 성공적 사회재통합은 교도소가 아니라 바로 현실사회에서 가장 효과적
으로 이루어질 수 있다는 사실을 중간처우소의 필요성에 대한 정당성으로 들기도 한다. 중간처
우소와 같은 과도기적 시설이 있음으로써 출소자들이 겪게 될지도 모를 혼란·불확실성·스트레
스 등을 점차적으로 경험하게 하고 해결하게 하여 지역사회에서의 독립적인 생활에 재적응할
수 있는 적절한 시간적 여유를 제공할 수 있는 것이다. 이런 관점에서 혹자는 중간처우소
(halfway house)를 출소자들을 위한 감압실(decompression chamber)이라고도 한다.[72]

그러나 중간처우소가 반드시 위와 같은 의미만을 가진 것은 아니다. 물론 통상적인 의미에서
의 중간처우소는 출소자들을 위한 감압실로서의 기능을 의미하고 있으나, 사실은 중간처우소는
그 반대의 경우로도 이용되고 있다. 즉 중간처우소는 출소자들을 위한 것(halfway-out house)과
입소자들을 위한 것(halfway-in house)의 두 가지 역할을 수행한다는 것이다.

위에서도 언급했듯이 출소전 중간처우소(halfway-out house)는 출소와 지역사회에서의 독립
적인 생활사이의 과도기적 단계로서 주거서비스를 제공하여 가족과 지역사회의 유대관계를 회
복할 수 있도록 도와준다. 또한 취업 알선 프로그램이나 사회복귀 문제요인을 해결책으로 제시
함으로서 사회에 적응을 할 수 있도록 도와준다. 반면에 입소전 중간처우소(halfway-in house)
는 사람들이 교도소로부터 갑자기 사회로 출소할 때만 충격을 받는 것이 아니라 사회로부터 교
도소로 입소할 때도 적지 않은 충격을 받는다는 전제로 운영한다.[73] 즉 신입재소자들이 충격을
완화하고 수형생활에 잘 적응할 수 있도록 준비기간이 필요한데 이러한 기능을 하는 것이 바로
입소자를 위한 중간처우소라는 것이다. 그런데 이 경우는 대체로 정신질환범죄자나 마약중독범
죄자 등에게 유용한 것으로, 수형자가 겪고 있는 정신질환이나 중독증상을 치유된 이후에 수형
생활을 하는 것이 교정의 효과를 높일 수 있기 때문이다.

그런데 최근에 와서는 중간처우소가 이러한 과도기적 시설과 기능 외에 직접적인 하나의 형
벌의 대안으로서 이용되기도 한다. 즉 시설수용과 거주지역사회교정 모두에 대한 대안으로서 쓰
이고 있다는 것이다. 다시 말해서 지금까지의 형벌이 사실상 완전한 구금과 완전한 자유라는 어

---

72 Harry E. Allen, Eric W. Carlson, Evalyn C. Parks, and Richard P. Seiter, "Halfway House," pp. 454~464 in
   Carter *et al.*(eds.), *Correctional Institutions*(3rd ed.), New York : Harper & Row Publishers, 1985, pp. 454~455.
73 Latessa, E. J. and L. F. Travis Ⅲ. 1991. "Halfway house and Paroles : A national assessment," *Jounal of
   Criminal Justice.* 10(2):153 – 163

쩌면 극단적인 두 가지로만 이루어져 왔으나, 이제는 극단적 두 처분의 중간에 위치할 수 있는 대안도 필요하다는 인식을 한 것이다. 따라서 일반적인 보호관찰이나 집중 감시 보호관찰 대상자들보다 좀 더 강한 통제와 체계가 필요하다고 판단되는 경우에 적용할 수 있고, 보호관찰 혹은 가석방 규칙을 위반한 경우에도 중간처우소 제도를 적용하기도 한다.

우리 사회의 범죄자 중에는 구금을 요하는 사람도 있고 구금을 전혀 요하지 않는 사람도 있으나, 범인성이라는 것이 그렇게 이분법적인 재단으로 잴 수 있는 것은 아니기 때문에 범인성이라는 일연속선상의 중간에 자리할 수 있는 사람들을 위한 처벌도 필요한 것이다. 미국의 [형사사법기준과 목표에 관한 국가자문위원회](National Advisory Commission on Criminal Justice Standards and Goals)는 그 하나의 대안으로서 형벌이 완전구금과 완전자유의 양자택일의 문제가 아니라 그 중간의 것도 있어야 하며, 대표적으로 입소전 중간처우소(halfway－in house)가 좋은 대안이 될 수 있다고 주장하였다.[74]

그러나 중간처우소가 이처럼 다양한 긍정적인 잠재성이 있음에도 불구하고 교도소가 지나치게 과용되듯이 중간처우소도 지나칠 정도로 많이 이용되고 있다. 즉 중간처우소는 모든 범죄자에게 활용될 수 있는 것이 아님에도 불구하고 지나치게 폭넓은 사람들을 대상으로 중간처우소가 이용되고 있어서 중간처우소의 잠재적 가치를 위협하고 있다는 우려의 소리가 적지 않다.[75]

구체적으로 중간처우소는 우선 과도기적 시설과 서비스를 필요로 하는 교도소에서 출소할 재소자, 구금의 대안으로서 보호관찰부 형의 유예자들에게 제공된다. 그리고 법원의 양형결정에 필요한 분류심사서비스로서도 활용되고 있다. 심지어 중간처우소가 출소자들에게는 외부통근이나 통학 또는 석방 전 처우센터로서도 이용되며, 특히 아동보호시설이나 재판 전 구치시설이나 소년원의 대안으로서도 이용되기도 한다.

그런 많은 중간처우소에서는 마약중독자, 알코올중독자 또는 정신질환자(내담자) 등의 특수한 문제가 있는 범죄자에게만 제한하기도 한다.[76] 그러나 일반적으로 중간처우소의 처우대상자는 대부분 청소년을 비롯한 젊은 사람, 초범자 등 범죄경력이 없거나 많지 않은 사람, 비폭력범죄자 등 위험성이 많지 않은 사람들을 대상자에 포함시킨다. 보통 출소 전 6개월 전후의 수형자

---

74 National Advisory Commission on Criminal Justice Standards and Goals, *Corrections*, Washington, D.C. : U.S. Government Printing Office, 1973, p. 570.

75 Smykla, *op. cit.*, p. 159.

76 John M. McCartt and Thomas J. Mangogna, *Guidelines and Standards for Halfway House and Community Treatment Centers*, Washington, D.C. : U.S. Government Printing Office, 1973, pp. 22~26.

를 수용하며, 연령은 60세 이하로 제한을 둔다. 그 이유는 60세 이상은 노동을 통한 취업에 적절치 못하기 때문이다.

중간처우소는 출소자의 사회복귀와 재통합에 필요한 서비스는 물론이고 충격완화를 위한 감압시설로서 기능하도록 요청받고 있는데, 이를 위해서 다양한 형태의 처우가 실시되고 있다. 물론 가장 보편적인 것은 취업, 교육, 상담 그리고 직업훈련이지만, 경우에 따라서는 재정적 지원, 여가선용기회의 제공, 심리적·감정적 지원 그리고 지지적 환경의 조성 등도 중요한 프로그램으로 여겨지고 있다.

이를 종합하자면 중간처우소는 출소하는 재소자에게 숙식을 제공하고, 각자의 재통합에 장애가 되는 문제점을 파악하여 문제해결방안을 강구하고, 전문직원의 도움으로 문제를 해결할 수 있도록 지원하여 준법시민으로서 사회에 복귀할 수 있게 하는 것을 중요한 기능이자 목적으로 한다고 볼 수 있다.[77]

그런데 이러한 중간처우소의 운영을 위해서는 깊이 있게 고려되어야 할 몇 가지 중요한 문제가 있다.

먼저 중간처우소가 공적으로 운영되어야 하는지, 아니면 사적으로 운영되어야 하는지의 문제이다. 중간처우소가 성공적으로 기능하기 위해서 반드시 형사사법기관 및 지역사회와 협조적인 관계를 유지하여야 한다. 이는 중간처우소가 적정한 범죄인을 확보하기 위해서는 유관형사사법기관과 긴밀한 협조관계를 지속해야 하며, 부족한 자원과 재소자의 사회재통합을 고려할 때 지역사회의 참여와 협조도 무시할 수 없는 것이다. 즉, 범죄인의 확보라는 측면에서는 사적인 중간처우소보다는 공적인 중간처우소가 유리하고, 반면에 지역사회와의 관계에 있어서는 관료적인 공적 기관보다는 사적으로 운영되는 중간처우소가 유리할 수 있다.[78]

또한 중간처우소를 사적으로 운영하는가 아니면 공적으로 운영하는가는 주로 운영에 필요한 재원이 무엇인가와 주요 기능이 무엇인가에 있어서 상당한 차이를 보일 수 있다. 당연히 공적 기관은 공공기금으로 운영되겠지만, 사적 중간처우소는 지역사회의 자원에 주로 의존할 수밖에 없다. 그리고 주요 기능면에서도 공적인 곳은 심사, 분류 그리고 처우라는 과정을 거치면서 인성결함이나 부적응문제를 교정하는 데 관심을 두는 개입적(interventive) 프로그램을 중시하고, 반면에 사적인 곳에서는 사회자원의 개발과 중개를 통한 범죄자의 필요를 충족시켜 주는 지지

---

77 Richard P. Seiter *et al.*, *Residential Inmate Aftercare : The Study of the Art*, Columbus, OH : Ohio State University Program for the Study of Crime and Delinquency, 1976, p. 56; Allen *et al.*, *op. cit.*, p. 455에서 재인용.

78 Allen *et al.*, *op. cit.*, p. 457.

적(supportive) 프로그램이 주가 된다.[79]

결국 중간처우소는 형사사법기관, 지역사회 자원 사이의 협력관계가 중요한 요소이다. 중간처우소가 공적기관으로 운영되면 교도소나 가석방 위원회 같은 위탁기관과 밀접한 관계를 유지할 수 있어 사적으로 운영하는 것보다 유리할 수 있다. 그러나 이 시설이 지역사회에서 긴밀하게 운영되기 위해서는 서비스를 제공하는 기관들의 협조도 상당히 중요하며, 이런 기관들의 도움을 통해 거주자들에게 제공되는 프로그램의 일부 부담도 줄일 수 있다.[80]

중간처우소의 운영주체가 누구여야 하는 문제 다음으로 중요한 것은 중간처우소의 위치선정이다. 물론 중간처우소의 거주자가 교도소출신으로 밝혀지더라도 낙인되는 곳보다는 그 지역사회의 일부인 구성원으로 느낄 수 있는 곳이 바람직한 위치라고 할 수 있다. 이런 면에서 이웃간의 융화감이 적고, 따라서 익명성이 보장되는 상업지역이나 재개발지역 등이 매력적인 위치로서 문화적, 경제적 환경이 다양하여 중간처우소의 존재를 쉽게 드러나지 않아 오히려 자연스레 그 지역과 융화될 수 있다.[81] 그러나 중간처우소는 대중교통이 좋고, 취업과 직업훈련의 기회가 많으며, 그 밖에 의료·건강·여가활동 등에 필요한 지역사회자원이 풍부한 곳에 위치할 필요가 있다. 이러한 위치가 중간처우소에게 바람직한 중요한 이유는 중간처우소가 범죄자와 지역사회를 재통합시키는 것을 목적으로 하기 때문이다.[82]

그런데 중간처우소의 위치선정에 있어서 지역사회와의 관계가 중요한 만큼 지역사회의 태도가 가장 먼저 고려되어야 할 것인바, 당연히 중간처우소에 대해서 긍정적인 태도가 팽배한 지역이 좋은 위치라고 볼 수 있다. 그 이유는 지역사회의 태도에 따라 중간처우소의 존립 여부와 발전에 큰 영향을 끼치기 때문이다. 물론 중간처우소가 거주자가 돌아가서 살아야 할 거주지역과 최소한 유사하거나 동일한 지역특성을 갖거나 아니면 동일한 지역사회 내에 위치하는 것만큼 바람직한 것은 없다.

---

79 Smykla, *op. cit.*, p. 163.

80 Allen, E, E. W. Calson, E. C. Parks, and R. P. Seiter. 1978. Halfway Houses. Office of Development, Testing and Dissemination, National Institute of Law Enforcement and Criminal Justice, U.S. Department of Justice.

81 Oliver Keller and Benedict Alper, *Halfway House : Community Centered Correction and Treatment*, Lexington, MA : Heath, 1970, p. 107.

82 Richard L. Rachin, "So You What to Open a Halfway House," *Federal Probation*, 1972, 36(1) : 34~36.

5. 비행소년에 대한 지역사회교정

(1) 청소년봉사국

청소년범죄자는 성장단계에 있는 미성숙한 존재이며, 따라서 그들은 합리적 의사결정의 능력이 부족하므로 범죄행위도 그들의 자유의사에 의한 공리적 결정의 산물이라기보다는 환경적 결정론에서 원인을 찾는 것이 타당하다. 더불어 그들은 성장단계에 있기 때문에 교육과 상담치료를 통한 개선의 가능성도 높으며, 그들의 범행동기도 대부분은 우연한 것이어서 그들의 범인성이 크게 우려하거나 깊은 정도가 아니라고 간주되고 있다. 이러한 견지에서 소년사법은 청소년범죄자들을 처벌하기보다는 청소년들의 비행을 유발하거나 조장하는 사회환경을 개선하고 기존의 사회제도나 기관으로 하여금 청소년들의 요구에 보다 책임 있게 잘 반응하도록 하는 데 초점을 맞추어야 한다는 것이다.

이러한 주장의 배경에는 다음과 같은 논리가 깔려 있다.

첫째, 청소년은 자신을 계발하고 발전시킬 수 있는 적절한 기회를 가질 기본적 권리가 있다.

둘째, 청소년정책에 있어서 청소년은 철저히 소외되고 그들을 대신한 성인들은 잘못된 의사결정을 할 위험성을 갖고 있기 때문에 청소년들의 권리는 각종 구조적 절차에 의해서 집행될 수 있다.

셋째, 이처럼 청소년을 옹호하는 입장에서는 청소년들의 생활에 영향을 미치는 제도나 기관에 초점을 맞추고 있다.

넷째, 청소년들은 자신의 권리가 적절하게 보호받도록 할 권한이나 힘을 가지고 있지 못하다.

다섯째, 도시화나 산업화의 영향으로 학교나 사회기관이 가정을 대신하는 경우가 증대되기 때문에 더욱 청소년들의 권리를 보호할 가치가 커진다. 따라서 청소년사법은 청소년들의 필요에 주의를 기울이고 상응한 제도나 체제의 변화를 위해 능동적이고 활동적으로 노력해야 한다는 것이다.[83]

구체적으로 소년사법이 청소년을 옹호하는 방향으로 전개되어야 하는 데는 몇 가지 이유가 있다.

우선 사법기관에 의해서 체포되거나 구속되는 청소년범죄자가 급증하고 있다는 사실이다. 이들의 증가는 바로 소년사법에 대한 새로운 실험을 요구하게 되고, 그 한 예가 바로 청소년의

---

83 Smykla, *op. cit.*, pp. 176~178.

옹호이다.

둘째, 비행소년의 상당수는 비교적 경미한 비행으로 소년사법의 대상이 되는데, 이들 중 대부분은 그들이 청소년이기 때문에 일탈이고 비행이 되는 소위 지위 또는 신분비행(status offense)으로 처벌보다는 그들의 입장을 보호해 주는 것이 바람직할 수 있다.

셋째, 비행소년에 대한 시설수용이 비행소년의 교화개선에 큰 도움이 되지 못하였다는 경험에서 이들 비행소년을 위한 새로운 시설의 필요성이 대두되었다.

끝으로, 청소년교정보호에 있어서 가장 큰 문제로 지적되는 것이 바로 비행소년에 대한 부정적 낙인의 영향이다. 비행소년이나 전과자라는 낙인이 곧 비행소년들을 전문범죄꾼으로 만들기 쉽기 때문에 사법절차상의 낙인을 피할 수 있는 전략이 필요하게 되었다.[84]

그런데 이러한 필요성과 정당성을 가장 잘 표현한 실험이 바로 미국에서의 청소년봉사국(Youth Service Bureau)이라고 할 수 있다. 미국의 「사법행정과 법집행에 관한 대통령위원회」가 이 점을 인식하고 청소년봉사국에 대한 관심을 표명하였다. 그들은 보고서에서 청소년범죄자에게 불필요한 부정적 낙인을 지우지 않고, 필요한 통제가 가능한 절차와 서비스를 제공하고, 협의할 제도의 필요성을 언급하였다.[85]

그들의 주장의 요체는 바로 청소년범죄자들을 전통적 사법제도 밖에서 처리할 수 있는 지역사회청소년봉사기관, 즉 청소년봉사국의 설치였다.[86] 이는 청소년범죄자들을 집 가까이서 비사법적으로 처리하는 것을 골자로 한다.

이를 보다 구체적으로 설명하면 청소년봉사국을 지역사회의 중심에 설치하여 경찰, 학부모, 학교 또는 법원으로부터 비행소년 또는 우범소년 등을 위탁받아 이들을 위한 모든 지역사회서비스를 조정하고, 필요한 서비스를 제공해 준다. 이들 위탁청소년에 대해서 봉사국은 거주시설·정신의학치료·오락·개선교육·상담·의료·취업·직업훈련·교육 등의 서비스를 직접 제공하거나, 이러한 서비스를 제공할 수 있는 기관 등으로 청소년을 위탁하여 서비스를 받게 한다.

청소년봉사국의 개념을 정리하자면 청소년문제를 해결하기 위해서 지역사회자원을 동원하고, 기존의 청소년자원을 강화하고 새로운 자원을 개발하며, 비행유발조건의 치유를 위한 긍정적 프로그램을 증진시킴으로써 사법제도로부터 청소년을 전환시키기 위해 설치된 비강제적·독립적인 공공기관이라고 할 수 있다.[87]

---

84 Smykla, *op. cit.*, pp. 178~179.
85 President's Commission, *op. cit.*, 1973, p. 83.
86 President's Commission, *op. cit.*, pp. 223~224.

따라서 이러한 청소년봉사국의 목적은 여러 가지일 수 있으나 가장 대표적인 것은 전환(diversion)이다. 전환제도가 성공적이기 위해서는 청소년범죄자의 전환이 강제적이지 않아야 한다. 그래서 청소년봉사국에의 위탁도 당연히 자발적인 것이어야 한다. 일단 청소년이 봉사국에 위탁되면, 그가 제 2 의 범죄를 행하지 않는 한 당해 비행으로 법원으로 다시 돌려보내져서는 안 된다는 것이다.

이들 목적을 달성하기 위해서 청소년봉사국은 주로 다음의 세 가지 기능을 수행한다.

먼저 청소년봉사국은 서비스중개(service brokerage)기능을 한다. 청소년을 위탁하거나 추적함으로써 청소년이 필요로 하는 서비스와 그를 위해 가용한 서비스 사이의 간극을 메운다는 것이다.

두 번째로 전환에 필요한 자원이 파악되고 확보되지 않는 한 단순한 전환은 별 의미가 없기 때문에 봉사국에서는 필요한 서비스를 계약하고, 자원을 개발하기 위하여 사회와 시민과 손잡고 노력해야 하는 것이다.

세 번째로 청소년문제를 유발했던 학교나 가정 또는 사회적 문제와 환경을 변화시키지 않고는 청소년들이 정상적인 시민으로 재적응하기는 어려운 일이기 때문에 문제나 청소년들에게 불이익을 주고, 따라서 그들의 반사회적 행동에 기여했던 기존 체제나 제도의 관행과 태도를 수정하는 노력을 경주해야 한다.[88]

이러한 노력에도 불구하고 청소년봉사국에 대한 평가는 그렇게 긍정적이지 못한 것 같다. 원래 청소년봉사국은 자원의 조정과 전환을 대표적인 목표로 삼았으나, 실제 운영결과를 보면 두 가지 목표가 모두 만족스럽게 이루어지지 않았음을 알 수 있다. 봉사국에의 위탁이 주로 경찰이나 법원 등이 아니라 학교나 학부모 등이었다는 사실은 공식기관으로부터 위탁받은 청소년들을 비공식적으로 전환시킨 것이 아니라, 처음 의도했던 집단과 전혀 다른 새로운 집단을 대상으로 하는 결과를 낳았다. 오히려 더 많은 수의 청소년을 공식기관의 대상으로 삼는 결과를 초래하였다는 것이다. 한편 봉사국이 자원과 서비스의 중심적인 조정역할을 담당할 것으로 기대하였으나 처음부터 조정될 자원 자체가 부족하여 목표하였던 성과를 얻을 수 없었다는 것이다. 따라서 봉사국이 성공하기 위해서는 유관기관과 지역사회의 적극적인 참여와 협조를 전제해야만 한다는 것을 보여 주고 있다.

---

87 Sherwood Norman, *The Youth Service Bureau: A Key to Delinquency Prevention*, Paramus, NJ: National Council on Crime and Delinquency, 1972, p. 8.

88 Norman, *ibid.*, pp. 1~15.

(2) 대리가정

대리가정(foster homes)은 소년법원이나 가정법원에서 비행소년의 실제가정에 두지 않고 대리 또는 양육가정에 보내어 24시간 보호와 훈련을 받도록 하는 제도이다. 대리가정은 청소년범죄자를 위한 의미 있는 지역사회교정의 매우 중요한 한 부분을 차지하고 있다. 그것은 과거의 경험과 현재 가정에서의 적응상 문제가 있는 청소년에게 청소년이라는 어려운 시기에 자신을 지탱할 수 있게 해 주는 감정적·물질적 자원을 지원하는 가정적 분위기를 제공함으로써 그 청소년으로 하여금 자신감을 갖게 해 주기 때문이다.

청소년이 정상적으로 발전·성장하기 위해서는 자신이 사랑받고 있고 존경받고 있다는 것을 느낄 수 있어야 한다. 대리가정은 안락한 숙식의 제공과 청소년에 대한 관심의 표명을 통하여 청소년에 대한 사랑을 표현해야 한다. 청소년의 언어적·비언어적 의사에 귀 기울이고, 청소년의 문제와 한계를 이해하고 수용하며, 청소년의 성취에 대해서 반응하고 그것을 인정해 줌으로써 청소년이 자신이 존경받고 사랑받고 있으며, 자신도 남을 사랑하고 존경하도록 느끼게 하는 데 도움을 줄 수 있다.[89]

그러나 대리가정을 운영하는 것이 쉬운 것만은 아니다. 우선 청소년들은 상상할 수 없을 정도로 매우 다양한 특성을 가지고 있고, 그들이 안고 있는 문제 또한 매우 다양하고 복잡하며, 그들의 출신성분과 성향도 가지각색이기 때문에 청소년들의 이러한 다양성에 상응한 대리가정의 확보가 쉽지 않다. 대리가정과 주관기관이 상호 긴밀하게 의미 있는 관계를 유지하여 대리가정과 위탁청소년이 상호 잘 융화하지 못한다면 서로 적응하기가 어려워져서 대리가정에서는 청소년을 위탁받은 것에 대하여 후회하게 되고, 청소년은 다른 가정으로 다시 보내지게 된다. 이러한 상황이 빈번하게 일어나고 있는 것이 현실이고 이집 저집 돌려지는 청소년은 오히려 더 나쁜 감정을 갖게 된다.

더욱이 물론 이들 대리가정에서는 국가로부터 약간의 지원을 받지만 대리가정을 필요로 하는 많은 청소년을 수용할 정도로 충분한 대리가정을 확보하기가 쉽지 않다. 사실 가장 바람직한 대리가정은 진짜 가정 같은 분위기를 제공하는 것이지만, 친자식에 대한 가정교육도 어려운 판인데 문제 있는 남의 자식을 자기 집에서 양육하고자 하는 가정이 많지 않은 것은 당연한 것이기 때문이다.

---

89 Smykla, *op. cit.*, p. 201.

이처럼 진짜 가정 같은 환경을 제공할 수 있을 정도로 만족할 만한 대리가정은 많지 않으며, 상당수 청소년은 대리가정위탁에 대해 부정적 감정을 가지기도 한다. 이들 청소년 중 일부는 파괴적이고 장애가 많아서 대리가정에 위탁되기 힘들고, 일부는 지나치게 일탈적이어서 위탁이 곤란하다. 한편 일반적으로 대리가정을 잘 선별하지만 일부 대리부모는 부모로서 능력이나 자질이 모자라는 사람이 적지 않다.[90]

(3) 집단가정

일종의 장기거주프로그램으로서 집단가정(group homes)은 가족 같은 분위기에서 가정과 같은 생활을 강조하는 비보안적(nonsecure) 거주프로그램이다. 집단가정에서는 법원에 의해서 위탁되었거나 보호관찰의 조건으로서 보내진 청소년들에게 개인적·사회적 서비스와 구조화된 생활환경을 제공한다. 때로는 집단가정이 시설에 수용되었다가 사회로 복귀하는 청소년을 위한 과도기적 주거시설로서도 이용되기도 한다.

집단가정은 정상적인 가족집단생활, 학교출석, 취업유지, 문제해결을 위한 부모와의 공동노력 그리고 지역사회에의 참여 등을 강조한다. 그러나 현실적으로는 집단가정에 위탁된 많은 청소년들이 집단가정을 긍정적으로 보지 않고 더 심한 처벌을 피하기 위해서 어쩔 수 없이 선택된 것에 불과한 것으로 여기고 있다는 사실이다.

그럼에도 불구하고 집단가정은 상당한 장점을 가지고 있다.

첫째, 비행소년을 전통적인 교정시설에 수용하지 않으며 수용되었던 청소년도 사회복귀를 위하여 위탁되기도 하기 때문에 집단가정이 청소년범죄자의 비시설수용에 크게 기여하고 있다.

둘째, 집단가정은 자기 의존, 독립성 그리고 건전한 대인적·사회적 관계를 강조하기 때문에 청소년이 가능한 한 정상적으로 생활할 수 있는 기회를 제공해 주어 이것이 곧 정상적인 사회복귀에 큰 도움이 된다.

셋째, 집단가정은 대부분 지역사회 내에 위치하기 때문에 위탁된 청소년들은 자신의 가정과 가까이서 생활할 수 있게 하여 가족관계나 친구관계가 유지되기 쉽다.

넷째, 집단가정은 지역사회에서의 독립적인 생활에 필요한 정보·기술·자기통제 등을 가르치기 때문에 청소년의 정상적인 사회화에 기여할 수 있다.[91]

---

90 Yitzhak Bakal and Howard Polsky, *Reforming Corrections for Juvenile Offenders : Alternatives and Strategies*, Lexington, MA : Heath, 1979, pp. 113~114.

91 Task Force on Residential Facilities, *A Handbook for Group Home Developers*, Pittsburg : Citizen

(4) 주간처우

주간처우(day treatment)는 주로 낮에 비행청소년에 대한 처우프로그램을 편성하여 실시하는 것을 의미한다. 물론 비행청소년에 대해서는 어느 정도의 통제와 압력이 가해질 필요가 있지만, 24시간 그러한 통제와 압력을 받고 그러한 압력을 주는 사람들과 24시간 생활하기보다는 매일 밤 가정으로 돌아갈 수 있도록 하는 것이 더 바람직할 수도 있다. 또한 야간에는 집으로 돌아가기 때문에 청소년에 대한 부모의 관심과 참여를 고조시킬 수도 있다. 더불어 숙식이 제공되지 않고 직원이 많이 필요하지 않기 때문에 비용이 적게 든다. 그 밖에 거주처우에 비해 강제성이 적고 처벌지향적인 것이 아니다. 이러한 것들이 주간처우센터를 정당화시켜 주는 논거들이다.[92]

주간처우의 가장 대표적인 프로그램의 하나는 미국 Florida의 연합해양연구소(Associated Marine Institute)에서 실시한 일종의 해양탐사이다. 이는 민간에 의해 운영되는데, 청소년봉사국의 전환이나 법원에 의해서 위탁된 청소년들에게 생산적인 행동을 자극하기 위해서 바다를 이용하는 것이다. 청소년들은 여기서 기본적인 학과교육 외에 수영이나 스킨스쿠버 등의 훈련을 받게 된다. 이 프로그램에 위탁되기 위해서는 15세에서 18세의 청소년이고 적어도 평균적인 지능을 가지고, 초등학교 졸업 이상의 학력을 소지하고, 마약 등에 중독되지 않아야 한다.

청소년들은 본인의 가정이나 대리가정에서 생활하면서 이 프로그램에 참여하게 된다. 일정 기간의 훈련이 끝나면 스쿠버다이버 공인자격증을 얻을 수 있는 이점이 있고, 거주프로그램에 비해 청소년들에게 훨씬 선호되고 있다. 청소년들에게 자신감을 심어 줄 수 있는 장점도 있으나 비용이 많이 들고, 중요 비행자보다는 경미비행자에게나 적합한 프로그램으로 보인다.

(5) Outward Bound

이 프로그램은 참여자로 하여금 자신의 인성 중 검증되지 않았거나 새로운 분야를 발견하도록 권장하는 일종의 실험적 학습환경이다. 이 프로그램의 목표는 학생들이 특정상황을 겪음으로써 이 경험을 통해 무언가를 배울 수 있게 하는 것이다. 대부분의 경우는 황야에서의 생존프로그램(wilderness camp)으로 운영되는데, 이를 통하여 거의 불가능한 일로 보이는 일을 극복함으

Education/Action Group for Criminal Justice, 1978, pp. 6~8.

92 LaMar T. Empey, George E. Newland, and Stephen G. Lubeck, *The Silverlake Experiment : A Community Study in Delinquency Rehabilitation*, Process Report No. 2, Los Angeles : Youth Studies Center, University of Southern California, 1965, p. 130; Smykla, *op. cit.*, p. 197에서 재인용.

로써 참여자로 하여금 자기 의존심(self reliance)을 갖게 하고, 자신의 개인적 가치를 입증하게 하며, 자아관(selfhood)을 갖게 해 준다.

이 프로그램의 기본적 구성은 기술훈련(skill training), 스트레스와 곤경(stress/hardship), 문제 해결(problem - solving), 서비스, 반성(reflection) 그리고 평가(evaluation)로 이루어진다. 기술훈련은 참여자가 특정환경에서 안전하고 능력 있게 기능할 수 있게 기술을 개발시키는 것이고, 스트레스와 곤경이란 암반등반이나 위기상황 등에 처하게 하여 참가자로 하여금 그러한 도전적 상황에 대한 자신의 반응을 시험해 보게 한다. 문제해결부분은 문제상황에 직면했을 때 그 문제를 분석하고 해결책을 강구하도록 하며, 서비스는 장애인과 함께 일을 하고, 구조활동에 참여시키고, 또는 일반작업을 통해서 환경과 타인에 대한 책임감을 계발하도록 한다. 반성이라는 것은 참가자로 하여금 자신의 경험을 거울삼아 새로운 직관을 개발하게 하며, 평가는 참가자가 자신의 반응을 비판적인 평가를 통한 건설적인 행동을 권장하는 것이다.[93]

---

93 Bartollas, *op. cit.*, p. 98.

제 6 편

특수교정론

CORRECTIONS

제 1 장
여성범죄자의 교정

　역사적으로 여성범죄자에 대한 유죄확정 후의 형사사법과정, 특히 교정단계에 있는 여성수형자는 글자 그대로 방치되고 잊혀진 범죄자(neglected and forgotten offenders)로 설명되고 있다. 여성범죄자가 남성범죄자에 비해서 보호관찰처분이나 다양한 형태의 전환제도 등 기타 비시설적 처우를 받을 확률이 높지만, 일단 교정시설에 수용된 여성수형자를 위한 교화개선의 기회는 남성수형자에 비해 비교가 안 될 정도로 적게 주어지고 있다. 이런 현실은 여성범죄자가 특별히 필요로 하는 것과 그들만의 특수한 문제점을 파악하여 그것을 해결하려는 노력과 의지가 절대적으로 부족하기 때문이다.

　이러한 현상을 초래하는 가장 중요한 이유는 당연히 비용이라는 측면의 경제적 논리이다. 어쩌면 이율배반적인 논리같지만 여성수형자를 위한 바람직한 또는 효율적인 처우를 하기에 충분한 여성수형자를 확보하지 못했기 때문에 기인된 것이다. 예를 들어서 미국의 경우는 1987년도 전체수형자의 단 7%만이 여성범죄자라는 사실이 여성수형자의 희소성을 잘 입증해 주고 있다.[1] 우리나라의 경우도 2013년 현황을 보면 여성수형자가 전체 수형자의 5%대를 차지하는 것으로 나타났다.[2] 즉 지나치게 적은 수의 여성범죄자를 위해서 독립된 교정시설을 설치하고, 그들만을 위한 특별한 프로그램을 제공하는 등의 교정이 결코 비용－편익이라는 차원에서 볼 때 효율적인 정책이라고 할 수 없다는 이유로 여성범죄자에 대한 방치와 차별을 정당화하고 있다.[3] 우리나라의 경우도 1989년 개청된 청주여자교도소가 유일한 여성 전담 교정시설로서, 전국 여성 재소자 가운데 25%가 이곳에 수용되어 있다. 따라서 여성수형자의 특성 및 처우 등을 고려

---

1 Lawrence Greenfield, *Prisoners in 1987*, Washington, D.C. : U.S. Department of Justice, 1988, p. 3.

2 교정본부, 전게서, p. 75.

3 Estelle B. Freedman, *Their Sisters' Keepers : Women's Prison Reform in America 1830~1930*, Ann Arbor, MI : University of Michigan Press, 1981, p. 54; Clarice Feinman, "Sex Role Stereotypes and Justice for Women," *Crime and Delinquency*, 1979, 2 : 87~94, pp. 92~93.

한 여성 전담 교도소의 수는 절대 부족한 상황이다.[4]

물론 여성수형자에 대한 불이익과 차별이 경제적 이유에만 의해서 야기된 것은 아니다. 이보다 더 중요한 것은 성차별의 영향일 것이다. 전통적으로 여성수형자는 요리하고, 바느질하고, 청소하는 등 가정주부로서의 역할이 강조되어 그들이 필요로 하는 것은 직업훈련이 아니라 출소 후 후원해 줄 좋은 남편이라는 것이다. 이러한 성역할인식이 교정정책에도 영향을 미치게 되어 여성수형자에 대한 처우·교육·훈련·작업 등에서의 차별과 불이익을 야기시켰다는 것이다. 그 결과 대부분의 여성수형자는 교도소의 자급자족을 위한 시설관리나 주방업무에 치중하게 되었다. 이는 여성수형자의 교화개선상의 불이익뿐만 아니라, 한편으로는 여성수형자를 착취하는 결과를 낳기도 한다.[5]

그런데 여성수형자에 대한 성차별은 여성수형자를 극단적으로 순종적인 존재로 간주함으로써 여성수형자에 대한 통제를 강조하는 부차적인 결과도 초래하게 된다. 성인여성임에도 불구하고 수형자들은 수업을 받는 어린이같이 취급된다. 이처럼 여성수형자들에게 어린이 같은 순종성을 강조하는 것은 여성수형자에 대한 훈육의 강조나 직원들이 그들에게 바라는 바람직한 행동 등에서 잘 나타나고 있다. 더불어 여성수형자들에게는 남성수형자에 비해 더욱 지나친 정도의 청결성을 엄격하게 요구하는 것도 일종의 여성수형자에 대한 통제강조의 한 단면이다. 이러한 여성수형자에 대한 통제에 있어서 지나친 순종성의 강조는 수형자통제가 수형자의 생활에 대한 거짓된 자비심과 관심의 가공적 외관에 의해서 채색되고 숨겨지는 일종의 '파스텔풍의 국가독재 사회주의'(pastel fascism)라고 할 수 있다.[6]

그러나 최근 여성해방운동 또는 여권신장 등으로 인하여 여성의 사회활동의 기회가 많아짐으로써 여성에게 범죄의 기회도 그만큼 많아지게 되어 여성범죄자의 수적 증가를 경험하고 있다. 게다가 전통적으로 형사사법제도가 여성범죄자에게 베풀었던 관대함도 약화되어 검거되거나 구속되고 자유형을 수형하는 여성수형자 또한 증가하고 있는 실정이다. 여성범죄의 증가와 여성수형자의 증가에 대한 이유가 무엇이든 이러한 여성수형자의 양적 변화와 더불어 여성수형자의 특수성에 대한 인식과 교정에 있어서 성별 불평등성에 대한 인지로 인하여 여성범죄 일반

---

4 교정본부, 동게서.

5 Todd Clear and George Cole, *American Correction*(2nd ed.), Pacific Grove, CA : Brooks/Cole Publishing Co., 1990, p. 504.

6 Sheila Balkan, Ronald J. Berger, and Janet Schmidt, *Crime and Deviance in America*, Belmont, CA : Wadsworth, 1980, p. 220.

은 물론이고 여성범죄자와 특히 여성수형자에 대한 관심도 상당히 고조된 것도 사실이다.

제1절　여성범죄자교정의 특성

1. 차 별 성

　　여성범죄자의 교정을 논하기 위해서는 우선 여성범죄자의 교정과 남성범죄자의 교정은 엄연한 차이점이 있다는 사실에서부터 시작되어야 할 것이다. 비근한 예로 교정관료들도 그들의 눈에 비친 여성수형자는 남성수형자와는 달리 행동한다고 말하고 있다. 여성수형자의 사회체계는 남성수형자들의 사회체계와 다르며, 시설부터도 남성용 시설에 비해 그 규모가 작고 보다 안락한 느낌을 주는 경향이 있어 상당한 차이를 느낄 수 있다. 여성수형자에 대한 처우와 여성용 교정시설의 관리도 남성수형자를 위한 처우와 관리의 철학과는 상이한 면이 있으며, 대체로 처우나 관리가 여성수형자들의 성역할에 대한 인식에 기초하고 있다. 즉 여성수형자를 위한 처우는 대체로 가정적·가족적인 것에 치중되나 남성수형자들을 위한 처우는 자동차정비 등과 같은 직업기술을 중심으로 이루어지고 있다. 이처럼 여성수형자를 위한 교정시설에서부터 여성수형자들을 위한 교정처우는 물론이고, 수형자관리라는 측면에서도 여성범죄자의 교정은 남성범죄자의 교정과는 사뭇 다른 점이 적지 않다.

　　우선 남성과 여성범죄자의 교정을 비교하기 위해서는 먼저 교정의 대상, 즉 남성수형자와 여성수형자의 특성상의 차이부터 살펴볼 필요가 있다. 남성수형자가 주로 폭력범죄로 인해서 수용되는 데 비해, 여성수형자는 마약과 재산범죄로 수용되는 경우가 많다. 여성수형자는 남성수형자에 비해 초범자가 더 많으며, 처음 교도소에 입소하는 나이가 남성수형자보다 여성수형자가 많다는 것도 차이라고 할 수 있다.

　　이보다 더 중요한 차이는 여성수형자들에게 있어서 자녀가 차지하는 비중일 것이다. 여성수형자의 대부분이 18세 이하의 미성년자녀를 두고 있으며, 특히 자녀의 나이가 어릴수록 여성수형자의 수용이 가족에 미치는 영향은 커진다. 따라서 대부분의 여성수형자는 정신적·감정적 문제로 고통받는 경우가 많다고 한다.

이러한 여성수형자의 특성은 곧 여성수형자에 대한 특수문제와 그로 인한 특별한 처우를 요청하게 되는데, 여성수형자의 전체적인 대상자가 너무 적고 그 결과 수용시설이 획일적이어서 개별적이고 다양한 전문적 처우를 베풀지 못하게 되어 여성범죄자의 교정을 더욱 어렵게 하고 있다. 특히 이 문제는 여성범죄자의 교정발전을 위하여 남성범죄자와의 동등한 처우를 요구하게 되는데, 이 경우 동등한 처우가 여성수형자의 특수한 필요와 처우의 시행에 걸림돌이 될 수도 있다.[7]

2. 동등성의 결여

(1) 공공의 관심

전통적으로 여성교정시설은 남성시설에 비해 일반대중으로부터의 관심을 거의 끌지 못하고 있다. 그 결과 여성범죄자의 교정은 당연히 교정분야에서 순위가 뒤로 밀릴 수밖에 없게 되어 앞에서도 언급한 것처럼 여성수형자는 잊혀진 수형자요 방치된 수형자로 존재하여 왔다. 여성수형자에 대한 일반이나 공공의 관심이 적은 데 대해서 Simon은 다음과 같은 세 가지 이유를 들고 있다.[8]

가장 큰 문제는 역시 여성수형자의 수적 열세이다. 즉 여성수형자가 전체 교정대상인구에서 차지하는 수적 비중이 지나치게 적기 때문에 대부분의 관심과 자원이 남성범죄자의 교정에 집중될 수밖에 없는 것이다.

교정의 역사를 통하여 여성교도소에서는 폭동·난동·도주·인질사건 등의 교정사고가 거의 없었다는 사실도 여성범죄자의 교정에 대한 관심이 적은 이유 중의 하나라고 할 수 있다. 즉, 유명한 탈주사고나 난동사고가 나면 모든 언론이 총동원되어 교정에 대한 관심을 표명하게 되기 때문에 대부분의 주요 사고나 사건 이후에는 항상 그 개선을 위한 대안이 제시되고, 어느 정도

---

7 Nichole Hahn, "Equity or Difference?" pp. 7~11 in *Female Offenders : Meeting Needs of a Neglected Population*, American Correctional Association, 1993, p. 7.

8 Rita Simon, "The Forgotten Offender : The Women in Prison," in F. Adler and J. Simon(eds.), *The Criminology of Deviant Women*, Boston : Hougton Mifflin, 1979; David E. Duffee, Corrections, New York : Random House, 1989, pp. 296~297에서 재인용.

해결책이 강구되고 시행되어 왔다. 그 대표적인 예로 영등포교도소 탈주사건이 있은 후 교정인력이 수천명씩 한꺼번에 증원된 사실이다. 그러나 여성교도소에서는 일반의 관심을 끌 만한 대형사고나 사건이 없었던 관계로 그러한 일반의 관심을 사지 못하고 있다.

마지막으로 근본적으로 여성이 범하는 범죄가 대부분 폭력적이거나 위험성이 높은 강력범죄라기보다는 재산범죄 등이 많다는 사실도 여성범죄자의 교정을 심각하게 고려하지 않게 하는 이유 중의 하나이다.

결국 이러한 여성수형자에 대한 관심의 부재는 여성범죄자의 교정을 교정제도와 체제상 남성범죄자의 교정에 예속되는 또는 부차적인 것으로 여겨지게 하였다. 실제로 교정처우·개혁·운영·관리 등 거의 모든 교정분야에서 주요 관심은 대부분 남성범죄자를 중심으로 이루어지고 있는 실정이다.

(2) 교정처우의 불평등성

여성수형자에 대한 교정처우상의 불평등성은 처우프로그램 자체가 남성수형자에 비해 양적으로 적을 뿐 아니라 그 내용에 있어서도 열세에 있다. 특히 이들 처우프로그램이 여성의 성역할을 중심으로 짜여져 있고 여성범죄자의 특수한 필요성을 충족시키지 못한다고 한다.

물론 이 문제에 대해서도 여성수형자의 절대적인 수적 열세와 일반공공의 관심의 열세로 인한 자원과 정책상의 불이익에 기인한 바 크다. 즉 수적 열세는 시설의 수를 제한하게 되고, 시설의 수가 적다는 것은 시설의 다양성이 무시되고 획일화할 수밖에 없고, 그 결과 다양한 형태의 양질의 전문적 처우를 제공하기 어렵게 된다. 시설의 획일성은 시설의 보안등급별 구분을 불가능하게 하고, 보안수준별 구분이 없이는 비교적 구금의 정도가 약하고, 제한을 적게 가하는 등의 환경을 요하는 처우프로그램을 시행할 수 없게 된다.

경제적으로도 시설의 수가 적고 시설에 수용된 수형자가 적다면 소위 말하는 생산단가, 즉 수형자 한 명당 제공될 수 있는 처우의 비용이 그만큼 올라가기 때문에도 여성수형자에 대한 프로그램의 다양화와 질적 향상이 쉽지 않다.

처우의 양적 면뿐만 아니라 내용면에 있어서도 처우의 형태가 우선 여성수형자의 특수한 필요성을 충족시켜 줄 수 있을 프로그램이 충분하지 못하다. 설사 있다고 하더라도 여성수형자의 문제를 해결할 수 있을 정도로 질적으로 만족할 만한 수준이 못되고 있다는 것이다. 예를 들어서 여성수형자가 남성수형자에 비해 마약이나 정신질환 등의 문제가 더 많은 데도 불구하고 이에 대한 특별한 배려가 따라 주지 못하고 있으며, 더욱이 여성수형자는 여성들만의 건강과 의료

문제가 야기되는 데도 이를 충분히 고려하지 못하고 있다.[9]

처우의 종류, 특히 직업훈련의 경우는 제한된 종류의 직업훈련만이 제공되고 있다. 그리고 그마저도 여성에 대한 전통적인 성역할에 기초한 여성적 일을 중심으로 짜여져 있다. 남성은 가족을 부양할 돈을 벌 수 있는 직업을 필요로 하나 여성은 가정을 관리할 주부로서의 역할에 필요한 작업들을 가르치고 있다. 즉 여성교도소에서는 수형자를 주부로서, 어머니로서, 또는 아내로서 개발시키고 처우하고 있다. 그러나 불행하게도 대부분의 여성수형자들은 그들의 수형과 함께 친정과 시댁 모두로부터 버림받기 쉽고 수형자가 되기 이전부터도 주부·어머니·아내로서 부적당하거나 자격을 잃어 버렸다는 것이다. 그래서 이들은 출소 후 주부로서보다는 독립적 생활인이 되어야 하는데, 성역할에 기초한 지극히 여성적·가정적 작업으로는 출소 후 여성범죄자의 독립적 생활의 기회와 가능성을 제공하는 데 도움이 되지 않는다.[10]

3. 여성수형자의 모성

대부분의 여성수형자가 남성수형자에 비해 첫입소하는 나이가 많다는 것은 한편으로 대부분이 기혼자일 가능성이 높으며, 따라서 자녀 또한 가지고 있을 확률이 높다는 것을 뜻한다. 자녀를 둔 어머니의 수감으로 집에 남겨지게 되는 이들 자녀들의 생활에 대한 염려와 그들이 의기소침해질 수 있기 때문에 여성수형자의 교정에 상당한 영향을 미치고 있다. 보호자가 없는 경우에 이들 자녀를 누가 보호할 것인가부터 문제가 시작된다.

수감되는 어머니는 그들의 자녀에게 과연 자신이 수감된다는 사실을 알려야 하는가, 아니면 숨기거나 거짓말을 해야 하는가, 또는 알릴 경우 왜 수감되어야 하는가를 말해야 하는지 등의 많은 고민으로 딜레마에 빠지지 않을 수 없다. 자녀가 어릴 경우에는 이런 상황을 이해하지 못하기 때문에 사실을 털어 놓을 수도 없고, 이럴 때일수록 어머니는 더 큰 모성적 불안을 느낄 수밖에 없다. 반면 나이가 든 자녀를 둔 어머니는 휴가중이라거나 출장중이라는 등으로 자신의 구금을 숨기려고 한다. 그러나 이러한 숨김이나 속임은 결코 오래 가지 못한다. 그래서 대부분의 수감된 어머니들은 자신의 구금사실을 말하고, 대신 그에 대한 적당한 합리화를 시도하는 경

---

9 Lawrence Bershad, "Discriminatory Treatment of the Female Offender in the Criminal Justice System," *Boston College Law Review*, 1985, 26 : 389~438, p. 421.

10 National Advisory Commission on Criminal Justice Standards and Goals, *Correction*s, Washington, D.C. : U.S. Government Printing Office, 1973, pp. 378~379.

우가 많다. 즉 자녀로 하여금 자신의 입장을 용서하고 이해해 주기를 바라는 것이다. 그러나 이러한 방법은 어머니의 구금사실을 들은 대부분의 자녀들이 자신의 어머니를 거부하지만, 대부분의 어머니들은 자신의 수형사실을 자녀에게 직접 알리는 것이 남을 통해서 알게 되는 것보다 바람직하다고 느끼는 것 같다.[11]

일단 여성범죄자가 겪는 구금으로 인한 자녀와의 헤어짐의 고통은 금방 무력감으로 변한다. 예를 들어 자녀의 방치를 상상하거나 학교에는 잘 다니고 있는지 때로는 범죄자의 자식이라는 놀림을 당하지는 않는지 등 자녀에 대해서 아무것도 알 수 없는 데 대한 불안감과 죄책감 때문에 무력감을 느끼게 되는 것이다. 만약 자녀가 면회를 자주 오지 않는다면, 이러한 감정은 더 심화될 수 있다.

이러한 무력감의 일부는 자신의 구금이 자식의 일상생활에서 어떠한 영향을 미치는가에 대한 두려움에 기인하는 것이다. 또한 이러한 자식에 대해서 무엇인가 해 줄 수 있는 권한을 모두 박탈당한 어머니는 자신에 대한 증오를 경험하게 된다. 무력감에 휩싸인 채 느끼게 되는 죄책감은 사회에 자녀를 남겨두고 수감된 어머니에게는 적이 되고 만다. 그러나 그들이 출소하더라도 사정이 달라지는 것은 아니다.[12]

출소 후에도 이들 어머니는 가정에서 어머니로서의 자신의 역할과 위치를 재정립하는 것이 쉽지 않다. 어머니의 구금기간 동안에 자녀들은 어머니 없이도 생활하는 요령과 방법을 터득했으며, 공개적으로 어머니의 구금사실과 전과를 문제삼아 어머니를 거부하기도 한다. 이처럼 가족에 대한 통제력의 재정립이라는 어려움 외에도 취업이나 주택문제 등 다른 사회복귀문제까지 겪게 되어 모자간의 유대를 약화시키고, 좋은 어머니로서의 역할의 어려움은 곧 범죄에의 유혹이라는 압박을 유발할지도 모른다. 그런데 문제는 여성출소자가 재범에 가담하는 경우는 대부분 이와 같은 자녀에 대한 배려와 고려 때문인데, 실제로는 자녀의 방치와 무시의 징표로 다루어지고 있다는 점이 매우 역설적이지 않을 수 없다.

이보다 더 큰 문제는 여성수형자가 임산부인 경우나 그들의 자녀가 아주 어린 유아인 경우이다. 임산부에 대한 교정관리는 물론이고, 그녀에 대한 건강의료상의 문제도 적지 않게 발생할 수 있다. 그리고 임신중절은 도덕적·법률적 문제의 소지가 따르며, 수형자가 원치 않는 강제유

---

11 Phillis Jo Baunach, "You can't be a Mother and be in Prison … can You? Impact of Mother−child Separation," in B. R. Price and N. J. Sokoloff(eds.), *The Criminal Justice System and Women*, New York : Clark Boarfman, 1982, p. 161.

12 Baunack, *ibid.*, p. 157.

산은 수형자의 권리를 침해하는 결과를 초래할 수도 있다. 그래서 대부분은 출산으로 이어질 수밖에 없는데, 교정시설에서 출산하게 되는 경우 그 아이는 누가 어디서 양육할 것인가가 문제시된다. 물론 아이의 생모가 교도소에서 직접 양육하도록 하거나 아니면 국가기관에서 대신 양육의 책임을 질 수도 있고, 그것도 아니면 교도소외부의 친권자나 보호자 또는 가족에게 양육을 맡길 수도 있다.[13] 그러나 미국의 연방교도소의 경우는 출산 후 며칠 뒤에 모자를 분리하고 심지어 면회시에도 어린이는 제외시키고 있다.[14]

　　이러한 문제들을 해소하거나 적어도 최소화하기 위해서 다양한 방법들이 시도되고 있다. 우선 어머니로 하여금 자녀들과의 지속적인 접촉을 허용하는 프로그램들이 활용되고 있다. 예를 들어 자녀를 교도소로 들어오게 하여 어머니와 자녀가 하룻밤을 같이 지낼 수 있게 해 주는 프로그램이 있고, 자녀들과의 1박 외에 이들의 접촉이 교도소같지 않은 분위기에서 이루어질 수 있도록 접촉의 장소가 변화하기도 하였다. 그러나 이러한 프로그램은 접촉 자체가 교도소 안에서 이루어지기 때문에 보안의 문제가 우려되고, 프로그램의 결과에도 부정적인 영향을 미칠 수 있어서 만족할 만한 것은 되지 못한다.

　　그래서 아이들을 교도소로 불러들이는 대신 어머니가 밖으로 나가서 자녀를 만날 수 있도록 하는 프로그램이 시도되기도 한다.[15] 그 밖에 수형중인 어머니에게 부모로서의 자녀양육기술을 증진시킬 수 있도록 자녀의 성장과 발전에 대한 교육을 하여 자녀와의 재결합을 준비하도록 해 주고 있다. 이러한 시도가 긍정적인 면이 없지 않지만 시설이 많지 않아 시설과 수형자의 가정이 멀리 떨어져 있게 마련이어서 이 제도의 시행에 어려움이 따르고 있고, 따라서 교도소당국에서 크게 권장하고 있지 않는 형편이다.

　　어떠한 방법으로건 교도소에 구금된 어머니와 사회 내의 자녀가 통합될 수 있도록 하는 정책과 방법이 있어야만 하는 것은 분명하다. 이론적으로는 이러한 프로그램이 다음과 같은 세 가지 형태로 이루어질 수 있다. 첫째는 교도소로부터 멀리 떨어져서 어머니와 자녀가 함께 살 수 있게 해 주는 지역사회에 기초한 프로그램이요, 두 번째는 교도소 내에서 어린 자녀로 하여금 구금된 어머니와 함께 살 수 있도록 하는 특수한 가옥(cottage), 세 번째는 가족구성원을 위한 방

---

13 Karen E. Holt, "Nine Months to Life—the Law and the Pregnant Inmate," *Journal of Family Law*, 1982, 20 : 523~543.

14 Judith Resnik and Nancy Shaw, "Prisoners of Their Sex : Health Problems of Incacerated Women," *Prison Law Monitor*, 1981, 3 : 57, 68~83, p. 80.

15 Belinda Rogers McCarthy, "Inmate Mothers : The Problems of Separation and Reintegration," *Journal of Offender Counseling, Services and Rehabilitation*, 1980, 4(3) : 199~212.

문접견의 확대로서 부모역할훈련이나 자녀양육교육 또는 상담 등을 동시에 제공하는 프로그램
이 그것들이다.[16]

한편 이와 같은 프로그램들은 모두 모자간의 헤어짐으로 인한 무력감과 불안감을 해소하기
위한 것으로서 여성수형자의 수형생활을 정상화하려는 데 목적이 있다. 이 목적을 위하여 현재 시
도되고 있는 움직임은 바로 가족접견(family visit) 그리고 남녀혼용교도소(Coeducational Correctional
Institutions)이다. 그러나 남녀혼용교도소에 대해서는 바로 다음의 제2장에서 논의될 예정이므
로, 여기서는 논의를 생략하기로 한다.[17]

가족접견은 사실 부부접견(conjugal visit)제도를 가족구성원으로까지 확대한 것으로서, 그 이
유는 부부접견이 부부의 성적 문제의 해결에 초점을 두었기 때문에 수형생활중인 어머니와 자
녀 간의 문제를 해결하는 데는 아무런 도움이 되지 않았기 때문이다. 이는 물론 부부접견과 가
족접견이 외견상으로는 부부접견의 확대가 가족접견으로 보일 수도 있으나 사실 의도하는 목적
은 상당한 차이가 있다. 즉 부부접견이 부부간의 관계를 중심으로 하는 반면, 가족접견은 오히
려 어머니와 자녀 간의 문제와 관계를 더 강조한다.

부부접견을 가족접견으로 확대함으로써 몇 가지 이익을 기대할 수 있다. 우선 여성범죄자의
수용과 교정에 있어서 가장 큰 문제로 등장하는 특수문제인 자녀를 결부시킨다는 것이 가장 큰
장점이다. 부부접견은 단지 기혼수형자에게만 가능하였으나 가족접견은 미혼자에게도 실시할
수 있어서 혜택의 대상과 폭을 넓힐 수 있다. 또한 가족접견이 귀휴(furlough)와 함께 보완적으
로 운영된다면 더욱 긍정적인 결과를 기대할 수 있을 것으로 보인다. 이는 귀휴가 정상적인 사
회의 가정으로의 잠깐동안 복귀로 이루어지기 때문에 이들 프로그램이 추구하는 수형생활의 정
상화(normalization)에 가장 크게 기여할 수 있다고 본다.

---

16 Jane Robert Chapman, *Economic Realities and the Female Offender*, Lexington, MA : D.C. Heath, 1980, p. 122.

17 Richard Hawkins and George P. Alpert, *American Prison Systems*, Englewood Cliffs, NJ : Prentice-Hall, 1989,
    p. 324.

제 2 절 여자교도소의 수인사회

　　여자교도소도 남자교도소와 마찬가지로 자유의 박탈을 비롯한 각종 박탈로 인한 고통을 경험하고 있다. 그렇다면 이들 여자수형자도 남자수형자와 마찬가지로 구금의 고통에 적응하는 나름대로의 방법이 있을 것으로 생각된다. 일반적으로 여자수형자들도 남자수형자들처럼 그들만의 부문화를 가지고 있고, 고유한 사회체계를 형성하여 그 속에서 각자의 역할을 하면서 살아가고 있는 것으로 알려지고 있다. 즉 여자수형자도 자신의 구금의 고통을 완화하는 수단으로서 교도소 내에 자신들의 사회체계를 형성한다는 것이다.

　　만약 여자교도소에도 남자교도소처럼 수형자문화가 형성되어 있다면, 그 원천은 어디에 있는가? 수형자가 겪게 되는 구금의 고통에 적응하기 위한 노력의 결과인가, 아니면 교도소입소 전 사회에서의 경험의 결과인가? 남자교도소에서와 마찬가지로 이 물음에 대한 대답은 흑백논리로서 양자택일의 문제가 아니라 상호보완의 문제인 것 같다. Giallombardo는 교도소에서의 경험이 수형자문화나 사회체계의 발전에 상승작용을 일으킬 수는 있겠지만, 교도소에서의 박탈만으로 수형자문화와 사회체계를 설명할 수는 없다고 주장하였다. 여자교도소의 수형자문화가 교도소생활의 각종 박탈에 대한 반응일 수 있지만, 수형자가 어떻게 반응하는가라는 반응의 내용은 전적으로 수형자의 외부세계에서의 경험에 달려 있다고 한다. 결국 교도소 밖에서의 가치관이나 태도뿐만 아니라 사회에서의 역할과 지위까지도 교도소로 유입되며, 교도소에서의 박탈은 외부에서 유입된 역할이 수행되는 구조를 제공하는 것으로 이해할 수 있다.[18]

　　물론 여자교도소의 수형자사회에도 나름대로의 사회체계가 있으며, 그것을 형성하는 몇 가지 역할유형이 존재하는 것으로 알려지고 있다. 예를 들어 Heffernan은 여성수형자사회의 사회체계를 비범죄적 유형으로서 관습적 가치를 유지하지만 격정이나 상황에 의해 범행하게 된 수형자 (square), 자신의 범죄를 생활의 기술과 방편으로 생각하는 직업적 범죄자인 수형자(cool) 그리고 관습적 가치는 멀리하고 대체로 여러 번의 수형경험이 있는 수형자(life)로 구분하고 있다.[19]

---

18 Rose Giallombardo, *The Social World of Imprisoned Girls : A Comparative Study of Institutions for Juvenile Delinquents*, New York : John Wiley and Sons, 1974, p. 3.

19 Ester Heffernan, *Making It in Prison : The Square, The Cool, and The Life*, New York : Wiley—Interscience, 1972, pp. 41~42.

이와 같은 사회체계와 역할만을 보면 여자교도소나 남자교도소의 수형자문화와 사회체계가 유사점이 너무나 많은 것 같지만, 상당한 차이점도 없지 않다. 가장 큰 차이점은 대인적 관계(interpersonal relationship)에 있다. 남자교도소에서는 수형자가 개별적으로 자신을 위해서 행동하고, 그것이 동료수형자에 의해서 부문화의 규범과 관련하여 살아가는 방법에 따라 평가되는 것이었다. 그래서 남자수형자는 집단을 형성하기는 하지만, 여자수형자들처럼 가족관계망을 형성하지는 않는다. 남자는 지위와 인정, 자율성, 자기 충족 그리고 자신의 문제를 스스로 해결하는 능력 등을 강조한다. 그러나 여자교도소에는 소집단 내의 밀접한 유대가 강조되는 의사가족(mock family) 또는 소꿉놀이가족(play family)을 형성하여 서로 감정적 지원을 받고 자원을 서로 나누기도 한다.[20]

그렇다면 왜 여자교도소에서는 확대가족체계가 형성될 수 있는가? 이에 대한 대답은 대체로 수형자문화형성의 원천으로서 유입요인(importation factors)을 강조하게 된다. Giallombardo에 의하면 여성은 문화적으로 가족역할에 의존하게끔 조건지어진다는 것이다. 남성은 감정을 억제하는 반면 여성은 표출하며, 남성간의 감정표현은 용납되지 않지만 여성간의 감정표현은 관용되고, 남성처럼 박탈에 공격적으로 대항하기보다는 여성은 수동적으로 반응하도록 사회화되어 왔다. 이러한 여성특유의 입소 전 조건들로 인해 교도소로 유입되어 교도소 내의 의사 또는 소꿉놀이가족이 형성될 수 있다는 것이다. 교도소 내의 의사가족에의 참여가 사회에 남겨진 가족역할을 대신하게 해 준다. 만약 이것이 사실이라면 외부세계와 유대관계가 유지되는 초범자, 단기수형자, 외부와의 접촉이 빈번한 수형자 등은 교도소 내의 의사가족에 참여하는 정도가 훨씬 적을 것이다.[21]

---

20 James G. Fox, *Organizational and Racial Conflict in Maximum Security Prisons*, Lexington, MA : Lexington Books, 1982, pp. 100~102.

21 Heffernan, *op. cit.*, pp. 102~103.

제 3 절 여성범죄자의 교정관리와 처우

 1. 교정관리

일반적으로 여자교도소가 남자교도소에 비해 교정관리가 용이한 것으로 알려지고 있다.

그 이유는 첫째, 여자교도소가 규모가 작고 수용인구가 적기 때문에 수형자에 대한 감독과 통제가 쉽기 때문에 직원의 수도 적다.

둘째, 남자수형자에 비해 여자수형자에게 제공되는 서비스와 처우가 훨씬 적기 때문에 여자교도소가 조직적으로 덜 복잡하다.

셋째, 폭력성범죄자가 많은 남성수형자에 비해 재산범죄자가 많은 여성수형자가 상대적으로 덜 위험하다.[22]

이와 함께 여자교도소에서는 수형자간의 일체감과 조직화가 덜 되어 있으며, 집단적 행위도 잘 발생하지 않는다는 사실도 여자교도소의 교정관리가 상대적으로 용이하게 하는 이유라고 볼 수 있다.

그러나 여성수형자를 다루기가 남성수형자를 다루기보다 쉽지 않다고 생각하는 교도관이 적지 않다는 사실이다. 교도관은 여성수형자들은 그들 주변의 사람들을 향해 사랑과 미움을 쉽게 표출하기 때문에 이들의 감정적 폭발의 잠재성에 대해서 항상 민감해야 한다고 생각한다. 여자수형자가 남자수형자에 비해 보다 감정적이고 감정표출을 많이 한다는 생각 때문에 교도관들이 여자수형자를 관리하는 방법에 영향을 미치고 있다. 시설수형자가 아닌 경우, 예를 들어 보호관찰대상자 중에서 남자보다 여자가 보호관찰조건을 더 많이 위반하는 것으로 알려지고 있다. 따라서 강압적 환경에서 예측곤란한 대상자를 관리한다는 것은 어려운 일일 수밖에 없다. 이처럼 여자수형자는 자신의 감정을 그대로 쉽게 표출하기 때문에 교도관의 존재 여부에 관계 없이 행동하지만, 남자수형자와는 달리 그들의 행동은 가식이 없기 때문에 믿을 수 있다. 따라서 여자수형자를 관리하는 것이 더 어렵다기보다는 다른 방법으로 관리할 필요가 있다고 생각하는 것이 더 바람직할 것이다.

---

22 Ralph Weisheit and Sue Mahan, Women, *Crime and Criminal Justice*, Cincinnati, OH : Anderson, 1988, p. 71.

2. 교정처우

여성범죄자의 교정처우에 있어서 가장 대표적으로 지적되고 있는 문제가 바로 형평성의 결여라고 할 수 있다. 형평성의 결여는 교정처우의 양(quantity)과 질(quality)은 물론이고, 다양성(variability)과 가용성(availability)의 측면에서 남자범죄자의 교정에 비해 열악하다는 것으로 풀이될 수 있다.

교도소의 여자수형자에게 제공되는 많은 교화개선적 프로그램의 부정적 특징의 하나는 프로그램들이 출소 후 그들이 해야 할 일에 대한 전통적 또는 전형적 관점을 반영하고 있다는 사실이다. 즉 거의 모든 프로그램이 여자수형자들로 하여금 더 좋은 아내·주부·어머니가 되는 데 도움이 될 수 있는 내용으로 짜여진다는 것이다.[23] 예를 들어 여성수형자에 대한 교정교육만 보더라도 교과과정이 대부분 가정생활교육·아동발달·가사 등에 치중되고 있다. 또한 교도작업분야에 있어서도 양적으로는 상당한 수준에 도달했지만, 내용면에서는 의복공장 등의 분야에 집중되고 있다. 그러므로 여성범죄자에 대한 교정교육과 처우 등 교화개선적 프로그램은 대부분 여성의 전통적 성역할을 중심으로 이루어지고 있는 실정이라고 할 수 있다.

여성범죄자를 위한 교육과 직업훈련프로그램이 부족한 데 대해 Mann은 다음과 같이 설명하고 있다.[24]

① 전체 수형인구 중 극히 일부에 지나지 않는 여성수형자를 위해서 광범위하고 집중적인 프로그램을 제공한다는 것은 비용–편익면에서 합리적이지 못하다.
② 여성수형자는 남성수형자에 비해 일반적으로 사회에 대한 위험성이 적은 것으로 인식되고 있어서 여성수형자를 위해서 많은 재원을 요하지 않는다.
③ 남성수형자에 비해 여성수형자를 위한 교육훈련의 비용이 훨씬 많이 든다.
④ 실제로 교육훈련프로그램이 제공되더라도 자발적으로 참여하는 여자수형자가 많지 않다.
⑤ 여자교도소는 대체로 그 수가 많지 않기 때문에 다양한 서비스를 제공하기가 쉽지 않다.

---

23 Clarice Feinman, "An Historical Overview of the Treatment of Incarcerated Women : Myths and Realities of Rehabilitation," *Prison Journal*, 1983, 63 : 12~26; Nicole Hahn Rafter, "Prisons for Women : 1790~1980," in Michael Tonry and Noval Morris(eds.), *Crime and Justice : An Annual Review of Research*, Chicago : University of Chicago Press, 1983, pp. 166~168.

24 Coramae Richey Mann, *Female Crime and Delinquency*, University, AL : University of Alabama Press, 1984, p. 216.

⑥ 여자에 대한 사회의 전통적 의식이 직장인보다는 주부와 어머니로서 여기고 있다.

상대적으로 보면 남성범죄자에 비해 여성범죄자가 형사사법제도로부터 전환(diversion)되거나 비시설수용적 중간처벌(nonincarcerative intermediate punishments)을 받는 비율이 훨씬 높다고 할 수 있다. 이에 대한 한 가지 이유는 여성범죄자는 범죄의 특성과 여성의 본성 등에 비추어 위험성이 낮고 비폭력적이라고 간주되기 때문이다.[25] 심지어 교도소에 수용된 여자수형자도 남성수형자에 비해 보호관찰부 가석방의 기회가 더 많고, 그 가능성이 더 높으며, 수형기간이 더 짧다고 할 수 있다. 이처럼 여성범죄자가 비시설수용처우를 받을 가능성이 더 높지만, 실제로 여성범죄자에게 시행되고 있는 전환프로그램은 그리 많지 않다. 그 이유도 거의 모든 여자교정의 문제와 마찬가지로 여성범죄자가 다양한 전환제도를 활용할 필요가 있을 정도로 많지 않다는 것이다.[26]

일반적으로 전환제도는 여성범죄자에게 더 유리하다고 하는데, 그 이유는 남성범죄자에 비해 비폭력적 범죄를 주로 범하고, 보호관찰관 등의 감시·감독에 더 잘 반응하며, 전환을 성공리에 끝마치는 확률이 더 높기 때문이다. 더구나 범죄여성이 어머니라면 지역사회의 도움을 받으면서 자녀를 계속 양육보호할 수 있다는 이점도 있다.

그럼에도 불구하고 여성범죄자에 대한 전환프로그램이 만족할 정도로 활용되지 못하고 있는 것은 전환제도가 대체로 마약사범이나 정신질환 등의 범죄자를 제외시키고 있는데, 여성범죄자 중에 약물관련자와 정신심리질환자가 많기 때문이다. 그리고 많은 전환프로그램이 취업과 경제적 안정을 전제조건으로 하는데, 범죄여성에게는 이 조건을 충족시키기가 쉽지 않다.

위에서도 언급한 바와 같이 범죄여성에 대한 보호관찰부 형의 선고나 집행의 유예(probation)의 기회가 매우 크다. 그 이유는 여성이 위험성이 낮고, 보호관찰조건의 위반이 적기 때문이다. 물론 이러한 이유에 대해서 혹자는 보호관찰관이 여성보호관찰대상자에 대해서는 보다 관대하기 때문에 조건위반을 보고하지 않는 경우가 많기 때문이라고 반박하기도 한다.[27]

---

25 Weisheit and Mahan, *op. cit.*, p. 55.

26 Russ Immarigeon, "Few Diversion Programs are Offered Female Offenders," *Journal of the National Prison Project*, 1987, 12 : 9~11.

27 Stepoen Norland and Priscilla J. Mann, "Being Troublesome : Women on Probation," *Criminal Justice and Behavior*, 1984, 11 : 115~135.

제 2 장
청소년범죄자의 교정

제1절 소년사법제도의 철학적 기초

 1. 국친사상

거의 모든 국가의 소년사법제도는 영국의 관습법(common law)으로부터 유래된다. 영국관습법은 범죄책임과 관련하여 범죄자의 나이에 따라 다음과 같은 세 가지 가정을 내놓고 있다. 첫째, 일곱살 이하의 소년은 범죄의도를 소유할 능력이 없는 것으로 간주하며, 둘째로 8세에서 14세까지의 소년은 범죄행위에 대한 책임을 물을 수 없고, 셋째는 14세 이상의 소년에 대해서는 자신의 행위에 대하여 책임을 물을 수 있으므로 처벌을 받아야 마땅하다고 가정하고 있다.[1]

이러한 가정은 현재 우리나라에서 소년범죄자를 분류하는 것과 거의 동일한 기준을 가지고 있음을 알 수 있다. 즉 영국관습법상의 둘째 가정에 속하는 소년은 우리나라 소년법상의 촉법소년, 즉 10세 이상 14세 미만의 형법에 저촉되는 행위를 한 소년에 해당되며, 세 번째의 경우 우리나라에서는 범죄소년, 즉 죄를 범한 14세 이상, 19세 미만의 소년에 해당한다. 우리나라 소년법에서는 영국관습법에서 가정한 8세 이하의 소년에 대해서는 아무런 언급을 하지 않는 대신 그대로 두면 장래에 법에 저촉되는 행위를 할 우려가 있는 10세 이상, 19세 미만의 소년을 우범소년이라고 규정하여 소년사법의 대상으로 하고 있다.[2]

---

1 Harry E. Allen and Clifford E. Simonsen, *Corrections in America*(4th ed.), New York : Macmillan Publishing Co., 1986, p. 295.

2 이에 대해서는 우리 나라 소년법 제 4 조 제 1 항을 참조할 것. 해당 연령은 2007년 12월 21일 소년법 일부 개정된 내용을 반영한 것임.

　　그런데 촉법소년은 형사책임이 없는 형사미성년자이고, 우범소년은 아직 반사회적 행위를 하지 않고 단순히 불량성이 있을 따름임에도 범죄소년과 동일한 조사와 심판을 받게 하는 것은 죄형법정주의의 원칙에 위배된다는 주장도 있다.[3]

　　그러나 바로 이 점이 소년사법을 성인사법과 구별하는 기초가 되고 있다. 과거에는 왕이 국가의 아버지였으며, 따라서 그가 국민을 보호할 의무와 책임을 지고 있었다. 특히 고아나 기타 미성년아동에 대한 양육과 보호의 책임은 보호자를 대신하여 국가가 책임질 수밖에 없다는 것이다.

　　국가는 자녀에 대한 양육보호를 부모에게 위임한 것이므로 부모가 자신의 자녀에 대한 양육보호를 제대로 하지 못하거나 할 수 없다면 아동의 복지를 위해서 국가가 양육보호의 책임을 지게 되는 것이다. 범죄소년은 어쩌면 우리 사회가 제대로 양육보호하지 못했기 때문일 수도 있다. 또한 많은 경우 가정적 요인이 중요한 비행의 요인으로 작용하고 있기에 사회에서의 소년에 대한 일종의 책임회피가 생길 수 있는 것이다. 그래서 비록 죄를 범하지는 않았지만 그대로 둔다면 범행할 가능성이 있는 우범소년까지, 범죄소년이나 촉법소년과 함께 소년사법의 대상으로 보는 것은 바로 이런 이유에서이다. 즉 국가가 보호자를 대신하여 궁극적인 보호자로서 아동을 양육하고 보호해야 한다는 것이 국친사상(parents patriae)이고, 국친사상이 소년사법의 철학적 기초가 되고 있다.[4]

　　그러나 이러한 국친사상에 대해서 상당한 의문이 제기되기도 한다. 그것은 소년사법제도의 비효율성과 소년법원의 공정성에 대한 의문이다. 이는 미국의 ‘사법행정과 법집행에 관한 대통령위원회’에서 제시한 의문으로서 주로 소년비행에 대한 기회이론과 낙인이론에 영향받은 바 크다. 기회이론에 따르면 일부 소년비행은 부적절한 감정발전의 문제가 아니라 차단되거나 제한된 기회의 산물이기 때문에 비행소년을 시설에 수용하는 것은 오히려 기회를 더욱 차단하는 결과를 초래한다는 것이다.[5] 낙인이론에서는 비행소년을 국가에서 취급하여 불필요한 부정적 낙인을 찍음으로써 비행적 성향을 악화시킬 따름이라고 주장한다.[6] 그래서 위의 대통령위원회는 비행소년을 가급적 빨리 그리고 많이 국가로부터 전환시킬 것을 강력히 권고하고 있다.[7]

---

3 나채규, “소년법상 보호처분의 활성화방안,” 청소년범죄연구 제 8 집, 법무부, 1990, 176면.

4 Sue Titus Reid, *The Correctional System*, New York : Holt, Reinhart and Winston, 1981, p. 349.

5 Richard Cloward and Lloyd Ohlin, *Delinquency and Opportunity*, New York : Free Press, 1960.

6 Edwin Lemert, *Social Pathology*, New York : McGraw－Hill, 1951.

7 President's Commission on Law Enforcement and Administration of Justice, *Task Force Report : Juvenile*

이러한 국친사상과 이를 바탕으로 한 소년사법에 대한 의문은 이론적인 면에서만 제기되는 것은 아니다. 소년사법의 절차에 대해서도 많은 비판이 제기되고 있다. 비행소년은 일부 법을 어기지 않은 사람도 있을 수 있고, 성인범죄자에 비해서 위험성도 적지만 오히려 성인범죄자에 대한 적법절차보다 절차적 권리가 적게 보장되고 있다고 말한다.

2. 소년법원

국친사상을 근간으로 하는 소년사법의 대표적인 제도가 바로 소년법원일 것이다. 소년법원은 사회사업이라는 새로운 직업의 탄생, 이민자녀의 행동에 대한 중산층의 우려 그리고 아동에 대한 업무가 자립적인 중산층여성을 위한 합법적 직업으로서의 인식과 같은 사회적 변화에 편승하여 나타난 현상이기도 하다.[8] 소년법원의 탄생에 대한 한 가지 흥미로운 주장은 소년법원이 널리 퍼지게 된 가장 중요한 요인이 도시화라는 것이다. 도시화가 많이 될수록 이미 성인교정과 별도의 소년교정체제를 가지고 있었던 경우가 많아서 기존의 소년교정체제를 감독할 별도의 법인으로 소년법원을 받아들였기 때문이라고 한다.[9]

초기의 소년법원은 비행소년뿐 아니라 방치되거나 혼자 살 수 없는 소년의 경우까지를 대상으로 하고 있었다. 그것은 소년법원이 국친사상을 기초로 하기 때문에 대상소년에 대한 처벌을 목적으로 하지 않고 보호와 육성을 목적으로 하기 때문에 어쩌면 당연한 것인지도 모른다. 즉 소년은 그들의 행동에 대해서 처벌받는 것이 아니라, 그들의 조건·여건·환경 등에 대해서 처우받기 위해 소년법원에 보내지는 것이기 때문이다.

그러나 소년법원의 출현 이후 소년이 교정시설에 도달하는 방법에 있어서는 약간의 변화가 있었으나, 그들 소년이 일단 교정시설에 보내진 후에 그들에게 행해지는 일은 큰 변화가 없다. 즉 소년법원이나 소년교정 등 소년사법이라는 것이 사실은 절차상으로는 약간의 변화가 있었을지라도 그 내용면에서는 큰 변화가 없이 지금까지 유지되어 왔다. 소년법원의 가장 큰 변화라면, 그것은 소년교정에의 참여와 개입, 보호관찰의 적극적 활용 등이라고 할 수 있다.

Delinquency and Youth Crime, Washington, D.C. : U.S. Government Printing Office, 1967.

8 Anthony Platt, "The Rise of Child−saving Movement : A Study in Social Policy and Correctional Reform," *Annals of the American Academy of Political and Social Science*, 1969, 381 : 21∼38.

9 John R. Sutton, "The Juvenile Court and Social Welfare : Dynamics of Progressive Reform," *Law and Society Review*, 1985, 19(1) : 107∼145.

이러한 소년법원은 당연히 일반법원과는 다른 점이 있다. 소년법원은 개별화된 처우를 강조하여 원래 법정이라기보다는 사회기관이나 의료기관으로 비추어졌었다. 즉 소년법원은 아동을 보호하고 재활시키기 위한 것이지 아동의 유죄를 재판하기 위해 만들어진 것이 아니기 때문에 소년법원과 성인법원은 차이가 있을 수밖에 없다.

사실 소년법원은 비행소년을 형사법원에서 재판할 때 생기는 부작용인 부정적 낙인으로부터 아동을 보호하기 위한 것이었다. 그래서 소년법원과 형사법원에서 쓰여지는 용어부터 차이가 있다. 예를 들어 재판이 아니라 심판, 판결이 아니라 결정, 처벌이나 형벌이 아니라 처분이라고 하는 것 등이 그것이다. 절차상으로도 비공개를 원칙으로 하며, 비공식적으로 진행하는 것도 다른 점이라고 할 수 있다. 그리고 심판·결정·처분의 주요 관심사도 아동의 범죄사실과 유무죄의 판단이라기보다는 아동에게 최선의 이익이 무엇인지를 가장 중요한 기준으로 삼고 있다.

그 밖에 소년법원이 일반법원과 다른 특성으로서 첫째, 소년법원의 철학을 들 수 있다. 소년법원은 처음부터 처벌과 억제지향에 반대되는 교화개선과 재활의 철학을 지향하고 있다. 둘째, 소년법원의 관할대상이 범죄소년만을 대상으로 하지 않는다는 사실이다. 소년법원은 그 관할대상을 비행소년은 물론이고, 지위비행자와 방치된 소년뿐만 아니라 다양한 유형의 가정문제까지도 대상으로 하고 있다는 사실이다. 특히 우범소년을 소년범죄의 대상으로 삼고 있는 우리의 소년법이 이를 잘 대변해 주고 있다. 셋째, 소년법원의 절차가 일반법원에 비해 훨씬 비공식적이고 융통성이 있다는 점이 있는 반면, 적법절차에 대한 관심은 적다는 사실이다. 이 점은 위에서 언급된 것과 같이 법정에서의 용어부터 차이를 보이고 있는 데서 알 수 있다. 넷째, 일반법원에 비해 소년법원은 감별 또는 분류심사 기능과 절차 및 과정이 비교적 잘 조직되어 있다는 것이다. 이는 소년분류심사원이나 법원의 소년조사관제도에서 잘 엿볼 수 있는 부분이다. 끝으로, 일반법원이 선택할 수 있는 형의 종류에 비해 소년법원에서 결정할 수 있는 처분의 종류가 더 다양하다.[10]

이처럼 소년법원은 성인형사법원과는 상당한 차이가 있고, 특히 소년법원이 일종의 현명한 부모로서 작용하기 때문에 소년법원에서의 공식적인 절차는 기껏해야 부담만 가중시키거나 오히려 부정적인 해를 초래하게 된다고 간주되어 왔다. 그래서 소년법원에서는 성인형사법정에서 적용되는 대부분의 절차적 권리, 즉 적법절차가 제대로 적용되지 않았다. 형사법원은 처벌의 개념에 기초하기 때문에 잔혹한 면이 있지만, 소년법원은 아동을 처벌하지 않고 그들에게 최고의

10 James O. Finckenauer, *Juvenile Delinquency and Corrections*, Orlando, FL : Academic Press, Inc., 1984, pp. 118~119.

이익을 보호해 주기 위한 것이기 때문에 성인법원에서보다 비행소년에게 더 많은 권리가 제공된다고 주장한다. 형사법원의 절차적 권리가 아동의 복지와 처우의 이익과는 호환적인 것이 되지 못한다. 따라서, 소년법원은 국가가 아동에 대한 보호자나 부모로서의 임무를 수임하여 아동을 처벌하지 않고 보호하고 도움을 주기 때문에 아무런 헌법적 권리가 침해되었거나 위반되었다고 할 수 없는 것이다.[11]

그렇다면 소년법원의 현실은 어떠한가? 불행하게도 초기 소년사법이 목표하였던 소년법원의 목적인 교화개선 또는 재활이라는 꿈은 실현되지 못하고 있다. 수사학적으로는 아동에 대한 도움·처우·관심 등을 부르짖지만, 현실적으로는 형사절차를 상당히 반영하고 있는 실정이다. 따라서 극단적으로 아동은 소년법원과 형사법원의 가장 부정적인 것만 받게 된다고 비판받기도 하는데, 그것은 소년법원의 아동은 형사법원의 성인범죄자에게 주어지는 보호도 제대로 받지 못하면서 동시에 헌신적 보살핌이나 갱생적 처우도 받지 못하기 때문이다.

실제로 비행청소년은 처우가 아니라 처벌을 받는다. 소년법원이 형사절차상의 범죄자라는 낙인으로부터 비행소년을 보호하기 위한 것이라고 하지만, 사실은 소년법원이 범죄자라는 부정적 낙인을 제거하지 못하고 있다. 소년비행은 사회적으로 소년범죄이고, 이는 일반성인범죄와 아무런 차이를 느끼지 못하며, 소년법원 또한 일반형사법원으로서 인식되고, 심지어 보호처분도 형사처벌과 동일시되고 있기 때문에 범죄자라는 낙인이 법률적 낙인은 아닐지 모르지만 적어도 사회적 낙인은 초래할 수밖에 없다. 그런데 이러한 사회적 낙인이 경우에 따라서는 매우 비극적인 것이 될 수도 있다. 예를 들어 우범소년이나 단순한 지위 또는 신분비행으로 소년법원의 처분을 받았다면, 아무런 위법행위도 하지 않았음에도 비행소년 또는 범죄소년 아니면 범죄자라는 사회적 낙인을 갖게 되어 인생에 적지 않은 짐이 되고 바르게 대접받지 못하는 불이익을 받게 되기 때문이다.

따라서 우리는 소년법원이 과연 처음 의도했던 목적과 목표를 효과적으로 수행하고 있는가라는 질문에 그렇지 않다고 답하게 될 수밖에 없다.

그 이유는 첫째, 법원을 특징짓고 있는 처벌과 처우의 애매함이다. 이론상으로 이 둘은 분명히 같을 수 없고 명확하게 구별되는 것으로 보이나, 현실적으로는 소년사법이 적법절차의 거부 등 처우보다는 처벌을 더 많이 실행하고 있다.

또 다른 이유로는 소년법원이 소화할 수 있는 범위와 능력 이상으로 과식하고 있다는 점이

---

11 Reid, *op. cit.*, pp. 350~351.

다. 소년의 범행 여부를 확인하는 대신 소년의 성장배경이나 환경 등 다양한 면에서 그 소년을 분석하고 평가하려고 한다. 물론 이론적으로는 바람직한 일임에 틀림없지만, 현실적으로는 거의 불가능한 일이라는 사실을 역사를 통해서 우리는 경험하고 있다.

셋째는 소년법원이 융통성이 있다는 점이 특징으로 지적되었지만, 사실은 일반법원과 마찬가지로 관료화되어 의도했던 만큼의 융통성을 발휘하지 못하고 있다.

그 밖에 소년법원이 처분의 다양성을 장점이라고 하였는데, 그것은 곧 소년법원의 재량권의 확대를 의미하고 재량권의 확대는 현명한 판단과 결정을 전제로 한다. 그러나 대부분의 소년법원이 그러한 전문성을 확보하지 못하고 있는 실정이다.[12]

그렇다면 소년법원은 어떻게 변화해야 하는가? 이에 대해서 미국변호사협회는 다음과 같이 제안하고 있다.[13]

① 청소년의 필요에 대한 법원의 견해가 아니라 비행의 경중에 기초한 상응한 처분이 애매하고 주관적인 범주를 대체해야 한다. 즉 가능한 처분의 특성과 기간이 명시되고 비행의 경중과 전과경력에 기초해야 한다.

② 처분이 결정형이어야 한다. 청소년을 임의적으로 구금하고 석방할 수 있도록 교정당국에 허용하였던 부정기형제도는 폐지되어야 한다.

③ 청소년이나 그 가족의 생활에 개입하기 위한 의사결정권자의 선택은 최소제한적 대안(least restrictive alternative)이어야 한다.

④ 지위비행과 같은 비범죄적 행위와 피해자 없는 범죄(victimless crime)와 같은 사적 범죄는 소년법원의 대상에서 제외되어야 한다.

⑤ 의사결정의 책임성과 가시성이 보장되어 폐쇄적 절차와 무제한적 재량권의 남용이 없어져야 한다.

⑥ 소년사법절차상 모든 단계에서 변호인의 조력을 받을 권리 등 가능한 적법절차권리가 보호되어야 한다.

⑦ 소년범죄자의 일반형사범으로서의 형사법정이송을 규제하기 위한 엄격한 기준이 마련되어야 한다.

---

12 Finckenauer, *op. cit.*, p. 119.

13 Barbara Flicker, "Standards for Juvenile Justice," *New York University Education Quarterly*, 1977, 8(4) : 15~21에서 재인용.

3. 소년교정의 이념적 목표

소년교정의 목표는 성인교정의 목표와 전혀 다를 수는 없다. 그것은 모든 교정이 어떤 면에서는 궁극적으로 범죄자나 비행소년의 사회복귀와 재통합을 통한 범죄로부터의 사회의 보호라고 할 수 있기 때문이다. 그래서 소년교정의 목표도 재활과 재통합(rehabilitation and reintegration), 억제(deterrence), 격리와 통제(isolation and control), 예방(prevention) 그리고 처벌과 응보(punishment or retribution)에 있다고 할 수 있다. 그러나 이들 목표가 때에 따라서는 모순적이다.[14] 예를 들어 전환이나 경고 등을 통해서 소년사법으로부터 비행소년을 멀리 하여 비행의 예방을 강조하는 사람이 있는 반면, 소년사법이 지나치게 관대하기 때문에 소년비행에 대해서 보다 확실하고 엄한 처벌을 함으로써 강력하게 대처해야 한다고 주장하는 사람도 있다. 이러한 극단적 두 주장의 중간에는 처벌은 물론이고 재활이나 교화개선을 위한 훈육을 강조하는 입장이 있다.

비행소년을 위한 대부분의 지역사회교정이 추구하는 목적이 교화개선과 재통합이라고 할 수 있는데, 이는 비행소년과 사회의 동시변화를 통해 성취할 수 있도록 하는 가장 궁극적인 소년사법의 목표일 수 있다.[15]

소년사법에 있어 명확하게 기술된 규율과 공식적 제재 등에서 억제적 요소를 찾을 수 있는데, 이는 이율배반적일 수도 있다. 그 이유는 소년사법이 처벌이 아니라 처우를 목적으로 하기 때문이다.[16]

격리와 통제는 물론 비행소년의 수용을 통해서 이루어질 수 있다. 소년원과 같은 수용시설에서 그 추구하는 목표가 교화개선·재활·처우 등으로 표현되지만, 일반교도소와 마찬가지로 교화개선보다는 통제를 강조한다. 어떻게 보면 바로 이와 같은 통제를 위한 통제가 장치적인 비행예방전략으로서 자기 파괴적인 것이라고 볼 수 있다.[17]

---

14 William E. Thornton, Jr., Lyndia Voigt, and William G. Doerner, *Delinquency and Justice*(2nd ed.), New York : Random House, 1987, pp. 350~351.

15 Kerry C. Martin, "Treatment of Delinquent Youths in Residential Settings, 1975~1986," *Corrective and Social Psychiatry and Journal of Behavior Technology Methods and Therapy*, 1987, 33 : 175~182.

16 Paul Gendreau and Robert R. Ross, "Revivification or Rehabilitation? : Evidence from the 1980s," *Justice Quarterly*, 1987, 4 : 349~408.

17 Belinda R. McCarthy, "Preventive Detention and Pretrial Custody in the Juvenile Court," *Journal of Criminal Justice*, 1987, 15 : 185~198.

소년사법과 소년교정이 청소년비행의 예방에 미친 영향은 확실치 않다. 그 이유는 청소년비행의 예방은 다양한 요인으로 인해 이루어질 수 있기 때문이다. 특히 소년교정이 비행예방에 기여할 수 있는 방법은 특별예방이라고 할 수 있는데, 특별예방은 교화개선적 의미와 억제적 의미에서 예방적 효과를 찾을 수 있다. 여기서 억제효과의 측정도 매우 어려운 일이며, 더욱이 재범의 예방이 교화개선의 효과인지 아니면 단순한 성장효과(maturation effects)인지 분명하지도 않다.

소년사법의 처벌과 응보적 관점은 최근 들어 청소년비행에 대한 강경대응(get-tough policy)이 강조되는 것에서 엿볼 수 있는 것으로 더 많은 비행소년을 형사법원으로 돌리려는 경향이 그것이다.

4. 소년교정의 모형

청소년범죄자의 교정도 성인범죄자의 교정과 마찬가지로 추구하는 의도에 따라 몇 가지 상이한 모형으로 구분할 수 있다. 그런데 소년교정의 모형은 위에서 언급한 이념적 목표와 상당한 관련을 갖고 있다. 일반적으로 청소년교정은 다음의 <표 2-1>과 같이 의료모형(medical model), 적응모형(adjustment model), 범죄통제모형(crime control model) 그리고 최소제한모형(least-restrictive model)으로 나눌 수 있다.[18]

의료모형은 처우에 관한 몇 가지 가정과 국친사상의 철학 및 실증주의범죄학과 결정론을 결합시킨 것이다. 즉 국친사상에 의하면 국가는 문제청소년의 대리부모이며, 문제소년에 대한 처벌은 부정적 자아상만 유발하지 아무런 도움이 되지 않기 때문에 비행소년에 대한 결정은 당연히 문제소년의 필요에 전적으로 기초되어야 하고, 비행소년은 비(非)비행소년과는 근본적인 차이로 인해 이들은 생리적·심리적·사회적 환경과 특성으로 인해 범죄로 이끌리게 되었다는 것이다.[19] 특히 실증주의범죄학자들은 범죄의 원인은 파악될 수 있으며, 올바른 처우를 통해 치료될 수 있다고 주장한다. 그래서 비행소년은 자신이 통제할 수 없는 요인에 의해서 범죄자로 결정되어졌으며, 이들은 사회적으로 약탈된 사회적 병질자이기 때문에 처벌의 대상이 아니라 치료의 대상이어야 한다는 것이다.

적응모형은 의료모형과 거의 유사한 가정에 기초하고 있다. 즉 범죄자는 비범죄자와 차이가

---

18 Clemense Bartollas, *Introduction to Corrections*, New York : Harper and Row Publishers, 1981, pp. 426~427.

19 Donald C. Gibbson, "Differential Treatment of Delinquents and Interpersonal Maturity Level : A Critique," *Social Forces Review*, 1970, 44 : 68.

표 2-1 소년교정모형[20]

모형	문제행위의 원인	처벌	처우
·최소제한모형	실제문제 없음, 비행은 정상적 행위임, 단지 일부 법률을 제거할 것	아니오	아니오
·범죄통제모형	부모와 사회의 관대함이 문제	예	아니오
·적응모형	개인적 문제와 일반적 무책임성	아니오	예
·의료모형	감정적 박탈과 같은 배경문제	아니오	예

있으며, 그 차이점이 파악될 수 있고 처우를 필요로 하며 치료될 수 있다는 것이다. 그러나 실증주의와 국친사상이라는 의료모형의 가정 외에 적응모형은 재통합(reintegration)의 철학을 하나 더 추가하고 있어서 적응모형에서는 범죄자의 사회와의 재통합을 돕는 데 상당한 무게를 싣고 있다. 또한 의료모형이 결정론적 입장에서 범죄자를 환자시하였지만, 적응모형에서는 범죄자 스스로 책임 있는 선택과 합법적 결정을 할 수 있다고 간주한다. 그래서 현실요법·환경요법·집단지도상호작용·교류분석·긍정적 동료문화 등의 방법이 이 모형에 따른 처우에서 널리 이용되고 있다.

범죄통제모형은 청소년범죄자에 대한 강경대응정책(get-tough policy)모형으로서 지금까지 청소년범죄자에 대해서 시도해 온 다양한 처우모형들이 거의 실패했기 때문에 청소년범죄를 억제하는 가장 효과적인 수단으로서, 이제 유일한 대안은 청소년범죄자에 대한 훈육과 처벌뿐이라는 것이다. 즉 나이가 어리다고 그들에게 지나치게 관대하였으며 대부분의 비행이 가정적 문제를 안고 있는데, 청소년이 성인이 되었을 때 그 가정이 반드시 개선되리라는 보장도 없다. 더구나 보호육성을 명분으로 관대한 처분을 한 결과 소년사법과 형사정책 및 법률과 형벌에 관한 권위와 위하마저 상실하게 되고 청소년범죄자가 직업적 범죄자의 길로 들어서기 쉽다고 비판한다. 요점은 청소년도 이제는 성숙할 만큼 성숙하였기 때문에 나름대로 합리적인 생각과 계산 및 의사결정을 할 수 있고, 따라서 자신의 행동에 대해서는 책임질 수 있으며 또 책임져야 한다는 것이다. 결국 청소년범죄자에 대한 처벌을 강화하는 것만이 청소년범죄를 줄일 수 있다고 한다. 따라서 범죄자에 상응한 처우가 아니라 범죄에 상응한 처벌이어야 하며, 그 처벌도 신속하고 효과적이고 공정할 것을 권고한다. 이 모형론자들은 지역사회의 보호가 최우선의 목표이기 때문에 비행소년에 대한 지역사회교정에 관대하지 못하고 반대하는 편이다.[21]

---

20 Clemense Bartollas and Stuart J. Miller, *The Juvenile Offender : Control, Correction, and Treatment*, Boston : Holbrook Press, 1978, p. 18.

21 Ernest van den Haag, *Punishing Criminals : Concerning a Very Old Painful Question*, New York : Basic Books,

끝으로, 최소제한모형은 청소년범죄자에 대한 개입을 최소화하자는 것이다. 이들은 비행소년에 대해서 소년사법이 개입하게 되면, 이들 청소년들이 지속적으로 법을 어길 가능성이 증대될 것이라고 주장한다. 즉 소년사법은 비행을 줄이기보다는 오히려 기르기 때문이라는 것이다. 낙인의 부정적 영향, 소년비행의 확산과 아마추어화와 그로 인한 보편화 그리고 소년교정의 비인간성 등이 최소제한모형의 주장을 뒷받침하는 가정들이다. 지위범죄자는 소년사법의 대상이 되어서는 안 되고, 소년범죄자에 대한 모든 절차적 권리는 보장되어야 하며, 비시설수용적 프로그램이 확산되어야 한다는 것이 이들의 주장이다.

이들 각각의 모형은 일장일단이 있다. 그러나 현재는 두 가지 모형이 주로 활용되고 있는 것으로 알 수 있다. 즉 폭력범죄자에 대해서는 범죄통제모형이, 그리고 지위나 신분비행자에 대해서는 비시설수용을 중심으로 하는 최소제한모형이 적용되고 있다.

제 2 절 소년범죄자의 수용처우

1. 조직과 행정모형

Street 등은 '처우조직'(organization for treatment)이라는 자신들의 저서에서 처우-구금-처우의 연속선상에서 처우조직을 복종/동조(obedience/conformity), 재교육/발전(reeducation/development) 그리고 처우(treatment)의 세 가지 유형으로 분류하였다.[22]

각 조직의 구조는 각 조직의 목표와 연관되는데, 구금적 시설은 대규모 보안직원에 비해 적은 수의 처우요원을 고용하고, 규율이 엄격히 집행되었으며, 수형자는 강제된 동조성을 강요당하는 준군대식 형태로 조직되었다. 이 곳에서는 습관, 동조성훈련 그리고 권위에 대한 복종 등이 강조되었고, 조절(conditioning)이 주된 기술이었으며, 청소년은 외부통제에 대해 즉각적으로 동조하도록 요구받고 있었다. 이러한 과정은 강력한 직원통제와 다양한 부정적 제재에 의해서 추구되었

1975, p. 249.

22 David Street, Robert D. Vinter, and Charles Perrow, *Organization for Treatment*, New York : Free Press, 1966, p. 21.

는데, 이 모형이 현재 구금을 강조하는 대부분의 소년교정시설을 대표한다고 볼 수 있다.

재교육과 개선을 강조하는 중간단계의 목표를 가진 시설에서는 비교적 엄격한 규율과 규제가 적용되었으나 복종보다는 교육을 강조하여 청소년을 지역사회의 학교로 외부통학도 시키기 때문에 규율의 엄격한 집행이 쉽지 않으며, 직원들은 대부분 교사로서 기술습득과 가족과 같은 분위기를 창출하는 데 관심을 두고 있었다. 이 모형은 훈련을 통한 청소년의 변화를 강조하며, 복종/동조모형에 비해 청소년과 직원의 밀접한 관계를 강조하고, 이를 통하여 청소년의 태도와 행동의 변화, 기술의 습득 그리고 개인적 자원의 개발에 중점을 두고 있다.

처우를 중시하는 조직은 가능한 한 많은 처우요원을 고용하고 있어서 가장 복잡한 조직구조를 가졌으며, 각 청소년의 처우계획을 진전시키기 위해서 처우요원과 보안요원의 협조와 청소년 각자의 이해를 강조하였다. 위의 두 모형에 비해 처우모형은 청소년의 인성변화를 강조하고, 청소년의 심리적 재편에 초점을 맞추고 있다. 처벌은 자주 이용되지 않으나, 이용시에도 그렇게 엄하지 않고, 다양한 활동과 성취감이 강조되며, 자기 존중심의 개발과 자기 성찰을 강조하였다. 여기서는 개인적 통제와 사회적 통제를 동시에 강조하기 때문에 청소년의 개인적 문제해결에 도움을 줌은 물론이고, 지역사회에서의 생활의 준비도 강조되었다.

그렇다면 소년교정에 있어서 이러한 조직구조의 유형이 왜 중요한 것인가? Street 등에 따르면 이들 유형이 반영된 시설의 목적이 곧 조직에 여러 가지 영향을 미치기 때문이다. 직원들이 자기 책임을 인식하는 형태에 영향을 미치며, 책임에 대한 인식, 청소년수형자에 대한 인식 그리고 시설의 일상적 운영에 영향을 미치기 때문이다. 더불어 권력과 권한의 구조, 제공되는 프로그램의 특성, 조직 내 갈등의 정도, 청소년수형자와 직원 간의 상호작용, 수형자 자신들간의 상호작용 등도 조직형태에 따라 영향을 받게 된다.

그러나 소년교정의 발전을 위해서 이러한 조직도 변화가 필요하다는 제안이 대두되기도 한다. 소년교정행정의 조직이 조금은 변화되어야 한다는 주장은 대부분 시설에 수용된 비행소년의 수를 줄이고, 대신에 가능한 많은 비행소년을 완전히 소년사법제도로부터 전환시키거나 지역사회교정으로 전환시켜야 한다는 데서 시작한다.[23] 비행소년에 대한 시설수용이 필요한 경우에는 사회의 보호를 위해 필요한 최소한의 보안수준이어야 하고, 더불어 수용된 비행소년에게는 청소

---

23 President's Commission on Law Enforcement and Administration of Justice, *The Challenge of Crime in a Free Society*, Washington, D.C. : U.S. Government Printing Office, 1967, pp. 55~89; National Advisory Commission on Criminal Justice Standards and Goals, *Corrections*, Washington, D.C. : U.S. Government Printing Office, 1973, pp. 350~352.

년의 정상적인 성장과 발전에 필요한 안전하고 인간적이며 보살펴 주는 환경이 제공되어야 한다. 청소년의 자유는 법원의 명령을 수행하는 데 필요한 만큼만 제한받아야 하고, 수용기간 동안 자신의 모든 법률적 권리가 보장되고 보호되어야 한다. 결국 소년교정행정은 법원의 처분명령의 수행이라는 면에서 법원에 대해 책임이 있고, 공공자원으로 운영하고 강제된 법규를 집행한다는 면에서 공공에 대해서도 책임이 있으며, 비행청소년에게 인간적이고 안전하고 보살핌이 있는 환경을 제공해야 한다는 면에서는 비행소년에게도 책임을 지게 된다.

2. 사회체계

위에서도 언급된 것과 같이 '형사사법목표와 기준에 관한 국가자문위원회'에서는 소년교정은 가능한 한 시설수용으로부터 전환되어야 한다고 주장하였다. 그것은 비행소년에 대한 시설수용이 이들의 교화개선과 재활이라는 목표를 제대로 수행하지 못했다는 실패에서 그 근거를 찾을 수 있을 것이다. 구체적인 이유로 첫째는 소년교정시설의 목표와 목적이 명확하게 명문화되지 않았고, 더러는 시설 내에서 또는 시설과 지역사회 간의 목표와 목적에 대하여 갈등적이거나 반목적인 경우도 있다. 비행소년이 시설에 수용되는 것이 법관의 입장에서는 그 외 다른 대안이 없어서 소년원이나 소년교도소로 보낼 수도 있고, 경찰의 입장에서는 사회의 보호라는 명분으로 구금을 주장할 수도 있으며, 사회에서는 응보와 처벌을 요구하기 때문일 수도 있다.

동 위원회에서는 소년범수용시설이 일종의 처벌과 형벌의 장소이나 억제효과는 거의 기대할 수 없는 실정이라고 강조하였다. 시설수용이 비행소년을 일시적으로는 사회로부터 격리시킬 수 있고, 그로 인하여 일시적으로는 사회를 보호할 수도 있지만 수용기간 동안에 비행소년은 부정적으로 변한다는 사실을 강조하고 있다.

이러한 부정적 변화와 관련된 중요한 요소는 바로 폐쇄성이라는 시설의 특성일 것이다. 많은 사람을 한꺼번에 수용하다 보면 보안과 통제가 강조될 수밖에 없다. 그 결과 수용된 소년에 대한 각종 제한도 따르게 된다. 이러한 시설분위기는 자신이 수용 전에 살던 사회와는 전혀 다르기 때문에 이미 소외감을 느끼는 비행소년은 게다가 적대감·불안감·공포심 등을 느낄 수밖에 없고, 궁극적으로 수용자부문화가 형성되고 거기에 적응해 간다는 것이다.

또한 수용과 더불어 공격적인 동료소년, 인내하지 못하고 관용적이지 못한 직원, 조직규율의 엄격성 등에 직면하여 수용생활이 지옥과 같은 생활이라고 인식하게 되며, 사회에 대하여 분노를 느끼게 된다.[24]

이와 같은 수용의 부정적 경험은 앞에서 기술된 남성수형자나 여성수형자의 수인사회나 수형자부문화와 마찬가지로 청소년수형자도 나름대로의 수인사회와 수형자부문화를 형성하게 될 것으로 이해되고 있다. 물론 이들 수형자사회의 사회체계나 수형자문화가 어떻게 해서 형성되는가, 즉 부문화형성의 근원이 어디에 있는지에 대해서는 수용 전 경험이나 가치가 수용시설로 유입되었다고 주장하기도 하며, 반대로 수용시설에서의 각종 박탈로 인한 고통에 대한 적응의 결과라고 주장하기도 한다. 대체로 이 두 가지가 혼합되어 수형자문화는 수용생활의 고통에 대한 반응이지만, 그 반응의 특징은 수용 전에 경험한 문화적 차이에 의해 상당한 영향을 받는 것으로 알려지고 있다. 그래서 여성수형자는 사회에서의 자신의 성역할에 따라 의사가족과 같이 가족을 자극하는 사회체계를 가지는 반면, 남성수형자는 공격적이고 지배적인 가치를 중시하는 사회체계를 가지는 경향이 있다.

지금까지의 연구결과에 따르면 수용된 소년범죄자사회에도 수형자사회체계가 형성될 수 있는 것으로 보고 있다. 오랫동안 수용되었던 고참과 새로 입소한 신참의 차이를 연구한 한 보고서에 의하면, 장기수용된 고참들이 전체를 휘어잡고 신참들에게도 영향력을 행사하는 것으로 알려졌다. 이들 고참들에 의해서 시설의 사회적 기류와 분위기가 통제되고 지배되었으며, 심지어 직원보다 더 큰 영향력을 행사하는 것으로 밝혀졌다.[25]

Bartollas 등도 강한 소년수형자가 약한 동료를 약취하는 것을 합법화하는 데 기여하는 비공식적인 수형자강령이 소년범죄자수용시설에 존재함을 연구결과 밝히고 있다. 그들의 강령은 일부 공격적인 수형자에게는 기능적인 것으로 간주되는데, 그들에게 위엄감을 제공하며, 자신들의 성취에 대한 신뢰감을 제공하고, 자아존중심을 개발하는 방법을 제공하기 때문이다. 이와 동시에 교정직원들이 수형자를 변화시키려는 기술을 피할 수 있는 이유를 제공하기도 한다. 반면, 약한 수형자에게는 수형자강령이 그들을 피해자화하는 데 기여하게 된다. 이들 약자들은 수형자의 사회체계에서는 패자이고, 따라서 강령은 약자의 약취를 강화시키고 직원들로부터의 소외도 증대시키기 때문에 약자에게 불리하게 작용하게 된다. 결국 이들 연구자들은 수형자의 사회강령이 시설외부로부터의 규범의 유입의 결과인 동시에 수용생활의 박탈에 대한 적응의 결과라고

---

24 Clemense Bartollas, Stuart J. Miller, and Simon Dinitz, *Juvenile Victimization : The Institutional Paradox*, New York : John Wiley and Sons, 1976, p. 166.

25 Robert D. Vinter, Theodore M. Newcomb, and Rhea Kish(eds.), *Time Out : A National Study of Juvenile Correctional Programs, National Assessment of Juvenile Corrections*, Ann Arbor, MI : University of Michigan, 1976, pp. 80~101.

결론짓고 있다.[26]

　　한편 지금까지는 소년교정시설의 부문화를 사회로부터 유입된 것이라는 측면이 강조된 것 같지만, 사실은 수용의 고통에 대한 적응이라는 박탈모형을 암시하는 연구결과도 없지 않다. 예를 들어 Street 등은 자신들이 소년수용시설을 세 가지 유형별로 분류하였던바, 복종/동조성을 강조하는 시설에 수용된 수형자가 수형자부문화의 특징으로 알려진 직원의 규범과 가치에 대한 반대, 직원에 대한 불신 그리고 반사회적 수형자가치에 대한 동조 등이 가장 강하였던 반면, 처우모형의 시설에 수용된 수형자에게서 수형자부문화에의 동조가 가장 약하였다고 보고하여 수용의 고통에 대한 적응의 결과로 수형자문화가 생성되었음을 암시하고 있다.

　　이러한 연구결과를 종합할 때 소년범죄자를 수용하는 교정시설의 수형자문화는 소년범들의 입소 전 사회적 경험과 특성은 물론이고, 동시에 수용시설의 특성에 의해서 영향받고 있음을 알 수 있다. 그러나 구금을 지나치게 강조하는 시설에서는 수형자간의 개인적인 차이가 잘 나타나지 않는다는 사실도 미루어 짐작할 수 있다.

3. 처 　 우

　　소년범에 대한 교정처우는 지금까지 다루어 온 일반적인 수형자처우가 성인범에 비해 보다 강조되고 있을 뿐 매우 유사한 내용들로 이루어지고 있다. 따라서 여기서는 소년범에 대한 처우를 구체적으로 다시 언급하기보다는 소년원이나 소년교도소에서 주로 시행되고 있는 교육훈련을 중심으로 살펴보고, 개별화된 처우의 예로서 미국의 Kennedy Center를 소개하도록 한다.

　　소년비행에 대한 부정기형은 교화개선과 처우라는 이름 하에 정당화되고 있다. 그러나 불행하게도 교화개선적 처우가 기초로 삼고 있는 비행의 원인에 대한 이론이 근본적으로 잘못되었기 때문에 소년사법의 교화개선사상은 실패할 수밖에 없다. 즉 교화개선이론은 소년비행이 심리적 문제의 증거이며, 청소년은 성장단계에 있고 변화와 개선의 가능성이 높기 때문에 성공할 확률도 높다고 인식하고 있다. 그러나 문제는 대부분의 비행이 사회환경적 요인에 기인되고 있다는 사실이다. 따라서 비행소년에 대한 처우의 대부분은 심리학적 요인이 아니라 사회학적 요인에 기초하고 있다. 그 대표적인 프로그램이 바로 학과교육과 직업훈련 및 교육이라고 할 수 있다.[27]

---

26 Bartollas et al., *op. cit.*, p. 69.
27 Finckenauer, *op. cit.*, pp. 149~150.

　　소년원에서의 교육이란 다양한 문화전달의 매개를 통하여 원생들을 건전하게 육성하는 것을 의미한다. 이러한 소년원수용교육은 긴장이론·기회이론·차별적 접촉이론 등을 기초로 하고 있음은 주지의 사실인데, 그 이유는 사회생활에 필요한 기본적 지식과 기술이 부족하여 합법적 기회를 갖지 못하거나 주어진 기회를 제대로 활용할 수 없기 때문에 비행적 수단과 기회를 엿보게 되는 것을 비행의 원인으로 간주하기 때문이다. 그러므로 그 해결을 위해서는 당연히 교육과 훈련을 통해서 필요한 지식과 기술을 습득하도록 하여 합법적 기회와 수단을 조장하고, 반면에 비행의 동기를 줄일 수 있다고 본다.

　　그러나 이러한 수용교육은 소년을 사회로부터 격리된 채 이루어지기 때문에 건전한 사회인으로서의 사회성개발과 성장을 저해할 수 있고, 범죄학습과 낙인이라는 수용의 폐해를 초래할 수 있다는 부정적 인식을 갖게 하기도 한다. 그럼에도 불구하고 수용교육이 가치를 지니는 것은 수용을 통하여 이들을 범죄조장적 환경으로부터 보호할 수 있고, 어떻게 보면 사회와 가정 그리고 학교로부터 실패하거나 버려진 이들 소년을 국가가 체계적이고 전문적으로 교육시킬 수 있기 때문이다.

　　이렇게 볼 때 소년원수용교육은 상당히 긍정적인 면도 있으면서 동시에 약간의 부정적인 문제점도 가지고 있음을 부인할 수 없다. 사실 알고 보면 수용교육이라는 것이 얼마나 어려운 것이고, 또 어쩌면 처음부터 그 한계가 있음을 발견할 수 있다.

　　대부분의 소년범죄자가 교육과 학교에 대한 열망을 가지지 못하고 학교에서 낙오하거나 실패한 것으로 밝혀지고 있다. 이러한 특성을 가진 소년에게는 정상소년에 비해 특수한 교육이 필요하지만 스스로 원해서가 아니라 강제로 처음부터 교육환경이라고 하기 어려운 수용시설에 집단적으로 수용된 원생들에게 부족한 자원으로 가정과 학교 그리고 사회보다 좋은 교육을 시킨다는 것은 무리인지도 모른다.

　　또한 소년원생에 대한 직업교육과 훈련도 마찬가지의 한계가 있게 마련이다. 대부분의 소년원생들은 공부하기를 싫어할 뿐만 아니라 일하기도 싫어하며, 일하는 능력과 의욕도 부족하다는 사실은 의문의 여지가 없다. 지능과 학습의 능력이 떨어지는 이들에게 고도의 정보기술사회에서도 이용가치가 있고, 시장성이 있는 기술을 습득시키는 것이 쉽지 않은 일일 수밖에 없다.

　　그런데 이러한 수용교육의 문제가 대부분은 수용시설의 획일성과 비대화에 기인된 것으로 지적받고 있다. 따라서 소년원 등이 규모와 기능면에서 다양화되고 전문화되어야 한다. 원생의 능력·문제영역·교육종류 등을 기초로 수용시설을 세분화할 필요가 있다. 이러한 시설의 다양화를 통해서 문제소년의 문제점과 필요한 교육 및 처우를 전문적이고 개별적으로 제공할 수 있을 것이기 때문이다.

한편 이러한 수용처우의 개별화를 추구하는 시설로서 미국의 West Virginia에 있는 소년원인 Kennedy Center를 들 수 있다. 이곳에서는 수용생활의 모든 것이 차별적 또는 개별적 처우의 목적을 지향하고 있다. 여기서 개별화된 처우를 강조할 수 있었던 것은 수용원생들을 그들의 비행행위에 따라 4가지 유형으로 분류할 수 있었기 때문이다.[28]

이곳에서 분류된 첫 번째 유형은 부적절하고 미성숙한 소년(inadequate immature)으로서 이들은 게으르고, 과묵하고, 편견적이며, 부주의하고, 집중력이 없으며, 무책임하고, 어린아이같이 행동하는 소년이다. 이들에게는 그들이 성장할 수 있는 안전한 환경과 분위기를 조성해 주려고 노력하였다.

두 번째 유형은 신경과민적-갈등적(neurotic-conflicted) 원생으로서 이들 소년은 불안감, 죄책감, 열등감 그리고 우울감을 느끼는 것으로 특징지어진다. 이들에게는 자신의 한계·강점·잠재력에 대한 이해를 증진시키기 위한 노력이 필요하다.

세 번째 유형은 비사회화된 공격적 또는 정신병적(unsocialized aggressive or psychopathic) 원생으로서 공격적이고 믿을 수 없는 소년들이다. 이들은 다른 사람을 이용하고, 권위를 부정하며, 흥분을 갈구하며, 때로는 시설의 문제아들이다. 이들에게는 직선적이고 강인하며, 원생들의 교란에 이용되지 않을 직원에 의한 매우 통제된 환경이 제공되어야 한다. 이들은 규율에 동조하고, 자신의 행동에 대한 책임을 감수하며, 타인과의 의미 있는 관계를 발전시킬 수 있도록 학습되어야 한다.

네 번째 유형은 사회화된 또는 부문화적 비행소년(socialized or subcultural delinquents)으로서 비행적 동료집단에 가담하여 집착하는 소년들이다. 이들은 크게 심각한 인성문제가 있는 것은 아니여서 시설 내에서도 적당하게 적응할 수 있다. 그러나 소년원당국과의 갈등이나 마찰이 생기면 일탈집단을 지지하게 된다. 따라서 이들에게는 사회적으로 수용될 수 있는 방법으로 자신의 지위를 찾을 수 있도록 가르쳐져야 한다.

이와 같이 원래는 4가지 유형으로 분류되었으나 Kennedy Center의 연구진들은 부문화적-미성숙한(subcultural-immature) 원생이라는 다섯 번째 유형을 추가하였다. 이들 소년은 부적절-미성숙한 소년과 사회화된 부문화적 비행소년의 양쪽 특성을 모두 소유한 부류로서 약간은

28 H. C. Quay, "Personality Dimensions in Delinquent Males as Inferred from Factor Analysis of Behavior Ratings," *Journal of Research in Crime and Delinquency*, 1964, 1 : 33~37.

사회적으로 부적절하며 집단비행활동에의 재강화를 추구한다. 이들에게는 성인과의 긍정적이고 신뢰할 수 있는 관계의 개발과 사회학습적 결함의 극복이 강조되어야 한다.

제 3 절   소년사법의 쟁점

소년사법에 대한 비판은 다양한 분야로부터 오랫동안 제기되어 왔다.[29] 물론 대부분의 비판은 성인사법의 실패에 대한 비판과 그 궤를 같이 하고 있다. 또한 사법제도 스스로도 이러한 비판의 소리에 귀기울이고, 양성제도의 개선, 교정개혁, 보호관찰제도의 개선과 다양한 대안과 실험을 시도해 온 것도 사실이다. 이들 중 핵심적인 쟁점의 대상은 지위범죄자의 비시설수용, 비행소년의 분류, 청소년범죄자의 성인범죄자로의 처리 등으로 귀착된다.

1. 지위범죄자의 비시설수용

성인이 같은 행위를 했다면 아무런 문제가 되지 않지만, 청소년이기 때문에 같은 행위라도 소년사법의 대상이 되는 것을 지위나 지위비행 또는 지위범죄(status offense)라고 한다. 그러나 소년사법에서는 이들까지도 국친사상과 소년에 대한 보호육성이라는 차원에서 아직도 소년사법의 대상으로 삼고 있다.

그런데 실제로 아무런 형벌법규를 어기지 않았음에도 불구하고 소년의 보호라는 명목적 이유 아래서 장래 아무런 불이익도 받지 않는다고 하지만 현실적으로는 형벌과 같이 인식되고 형벌과 같은 낙인을 얻게 되는 것은 중요한 문제이다. 즉, 분명히 청소년의 음주, 절도나 폭행은 엄청난 차이가 있음에도 불구하고 동일한 소년사법을 거치게 되고, 똑같이 비행자로서의 낙인을 얻게 된다는 것이다. 더구나 지위범죄에 대한 처분은 죄형법정주의에도 어긋나는 것이다.

---

29 Diane C. Dwyer and Roger B. McNally, "Juvenile Justice : Reform, Retain, and Reaffirm," *Federal Probation*, 1987, 51 : 47~51.

  이러한 문제 때문에 소년에 대해서 국가가 개입할 필요가 있을 때는 시설수용보다는 대리가 정이나 집단가정 또는 사회복지시설에 위탁하여 비구금화(decarceration)하는 것이 바람직하다. 아니면 소년사법기관에서 처리하되 가급적 시설수용은 피할 수 있도록 지역사회교정 등으로의 전환(diversion)을 최대한 활용할 필요가 있다. 이보다 더 혁신적인 대안은 일체의 권한을 포기하는 것으로(divestiture) 지위비행소년에 대한 소년사법에서 완전히 손을 떼는 것이다.[30]

  그러나 이처럼 지위비행자로부터 완전히 손을 떼는 데 대해서는 이론의 여지가 없는 것이 아니다. 이에 대한 반대론자들은 경찰의 재량권의 폭이 지나치게 넓어질 수 있고, 법원의 권한이 줄어들며, 국가의 제재권이 약화될 수도 있다고 주장한다. 특히 지위비행이 대부분 형벌법규를 위반하는 실제 비행이나 범행과는 상당한 연계성이 있다는 점에서 볼 때, 지위비행자에 대한 소년사법권의 포기는 소년비행에 대한 통제의 약화를 초래할 수도 있다고 우려되고 있다.[31]

2. 소년범죄자의 분류

  범죄자의 분류는 거의 불가능에 가까울 정도로 어려운 일이다. 그것은 범죄자의 분류가 대부분은 미래행위에 대한 예측을 포함하기 때문이다. 즉 과거의 사실(범죄행위)을 기초로 미래의 행위(범죄행위)의 가능성과 그로 인한 위험성을 예측한다는 것은 어쩌면 합리적이라고 할 수 없는 일이다. 특히 청소년범죄자의 경우는 아직도 성장단계에 있어, 변화의 가능성도 높고, 인성이나 행동 등이 고착되지 않은 관계로 미래예측을 더욱 어렵게 한다. 더구나 현재의 비행이나 범행이 반드시 미래의 범죄성과 연결된다는 확신도 하기 어려운 실정이다.[32]

  이러한 분류의 문제가 심각해지는 것은 위에서 제기된 쟁점인 지위비행자의 처리와 우범소년의 처리 때문이다. 형사사법에 있어서 모든 예측이 이처럼 어려운 것이기 때문에 항상 잘못된 예측이 있게 마련이다. 특정소년이 우범소년이 아님에도 불구하고 우범소년으로 분류되어 소년사법의 대상이 되거나 사실은 우범성이 있는 데도 우범성이 없다고 분류되어 아무런 조치를 받지 않는 것이 두 가지 가능한 잘못된 예측이다. 그런데 형사사법기관에서의 예측은 잘못된 예측

30 Anne L. Schneider, "Divesting Status Offenses from Juvenile Court Jurisdiction," *Crime and Delinquency*, 1984, 30 : 347~370.

31 Dean J. Champion, *Corrections in the United States*, Englewood Cliffs, NJ : Prentice Hall, 1990, p. 431.

32 Susan K. Datesman and Mikel Aicken, "Offense Specialization and Escalation among Status Offenders," *Journal of Criminal Law and Criminology*, 1985, 75 : 1246~1275.

에 대한 책임의 추궁이 따르기 때문에 항상 보수적일 수밖에 없다. 즉 위험성이 거의 없는 데도 위험성이 있는 것으로 분류하여 소년사법의 대상으로 삼는 것이다.

이 경우는 대체로 두 가지 문제가 생긴다. 하나는 해당 소년에 대한 부당한 처벌 등이고, 다른 하나는 소년사법망의 확대라는 문제이다. 이보다 더 중요한 문제는 아마도 소년사법의 형평성의 문제 또는 차별적 소년사법이라는 비판의 소리일 것이다.

그럼에도 불구하고 소년범에 대한 분류와 그에 상응한 처우는 다양하게 시도되고 있다. 위에서 기술한 미국의 Kennedy Center에서의 처우도 사실은 비행소년에 대한 분류를 전제로 하고 있었음은 주지의 사실이다. Gibbons는 인지발달이론(cognitive development theory)과 다양한 사회적 요인에 기초한 이론을 바탕으로 비행소년을 다음과 같이 분류하고, 분류된 유형별 처우형태를 제시하고 있다. 그는 집단비행과 joyrider에 대해서는 집단요법(group therapy), 과다하게 공격적인 비행소년에 대해서는 집중적 개별심리요법(intensive individual psychotherapy), 행동문제가 있는 비행소년에 대해서는 깊이 있는 심리요법(depth psychotherapy), 헤로인복용자에 대해서는 현실요법(milieu therapy), 비행소녀에 대해서는 집단 또는 개별내담자중심 상담이나 가족요법(group or individual clientcentered counseling and family therapy) 그리고 인과적 비행소년(causal delinquents)에 대해서는 적절한 처우가 없다고 제안하고 있다.[33]

한편 미국의 California Youth Authority에서는 비행소년의 대인관계의 성숙도를 기준으로 비행소년을 분류하여 유형별 바람직한 처우형태를 제시하고 있다. 이는 개별적 요인에 기초한

표 2-2　I-Level 분류유형과 처우형태

성 숙 도	비행소년유형	처우형태
2 Level Aa	비사회화적 공격형	지지적 환경의 심리극
Ap	비사회적 수동형	양육가정, 전통심리요법은 부적절
3 Level Cfm	미성숙한 동조형	보호자적인 태도, 역할활동
Cfc	문화적 동조형	자신의 행위를 통제함으로써 청소년에 대한 관심을
Mp	의사행동형	보여 주는 성인
4 Level Na	신경증적 행동형	가족집단요법, 개인 또는 집단 심리요법에 의한 내적
Nx	신경증적 불안형	갈등해소
Ci	불안한 문화동일시형	
Se	상황적·감정적 반응형	

33 Don C. Gibbons, *Changing the Lawbreaker : The Treatment of Delinquents and Criminals*, Englewood Cliffs, NJ : Prentice-Hall, 1965.

분류로서 대체로 소년이 자신과 세계를 어떻게 인식하며, 자신의 주변에서 일어나고 있는 일을 어떻게 이해하고, 그와 타인 간에 일어나고 있는 일을 어떻게 이해하는가를 기준으로 분류하는 것이다. 이를 우리는 소위 I-Level분류(대인성숙도단계)라고 한다. 구체적인 분류형태와 처우기법은 <표 2-2>와 같다.[34]

한편 Warren은 비행소년을 6가지 유형으로 대별하고, 각 유형별 비행소년의 특성을 기술하고, 유형별 비행의 원인과 적정한 처우기법을 소개하고 있다. <표 2-3>은 Warren이 유형화를 도식화한 것으로, 그녀의 유형화에 의하면 비행소년의 분류를 비행의 원인과 그 원인에 따른 처우기법을 연계할 수 있음을 보여 주고 있다.[35]

표 2-3 Warren의 비행소년분류

유 형	특 징	원 인	처우기법
비사회적	자신을 비행소년으로 보지 않고, 비합리적이고 적대적이며 혼란스러운 세계의 피해자로 간주함	극단적인 감정적 박탈, 부모의 거부, 신체적 잔인성이나 방치	환자부모대체, 사회를 향한 지지적 선회, 심리요법보다 교육을 통한 거부감과 방치의 해소
동조자	권력, 구조, 사회적 용인 규율에의 관심; 자기 존중심의 저하	가족무력감이나 무관심; 비일관적 구조와 훈육; 적정한 성인모형의 부재	사회적 인식감 증대를 위한 집단처우; 비비행을 지향한 동료집단압력; 생활기술교육
반사회적-약취자	관습적 규범의 비내재화, 죄의식 없음, 권력지향, 비신뢰적·극단적 적개	믿지 못하고 화난 가족; 좌절감; 거부감	사회적 인식도와 응집력증대를 위한 집단처우를 통한 사회적으로 수용가능한 응용기술개발; 합법적 기회증대 기술개발; 또는 장기적 개별처우를 통한 아동기문제의 해소와 약취욕구의 해소
신경증적 범죄자	위협적, 혼란스러운, 과다하게 억제된, 불안한, 우울한, 위축됨	부모불안 또는 신경증적 갈등의 피해자; 남성다움 동일시 추구	가족집단요법 / 소년에 대한 집단 / 개별심리요법
부문화-동일시자	강한 동료집단성향, 권위 비신뢰, 비행자낙인에 대한 만족, 자기 만족적, 내적보다 외적 문제	내재화된 일탈하위문화 가치체계	① 억제 통한 비행중지 ② 친사회적 동일시 모형과 관계개발, 집단 내 자기 개념확대
상황적	정신신경증이나 정신 착란을 가진 증상	사고적 또는 특정한 상황	없음

34 Finckenauer, *op. cit.*, p. 161.

35 Marguerite Q. Warren, "Classification of Offenders as an Aid to Efficient and Effective Treatment," *Journal of Criminal Law, Criminology and Police Science*, 1971, 62(2) : 249~253.

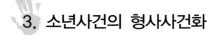

3. 소년사건의 형사사건화

소년범죄자는 소년사법절차를 통해서 처리될 수도 있고, 동시에 경우에 따라서는 성인사법절차를 통해서도 처리될 수 있다. 즉 일정한 소년범죄에 대해서 소년사건이 아니라 우리나라의 경우처럼 형사사건화하여 일반형사사법절차를 거치게 할 수도 있는 것이다. 물론 이러한 것은 소년범죄자에 대한 보다 엄중한 처벌을 위한 것이다. 그러나 문제는 우리가 기대하던 것과는 전혀 다른 결과가 초래되기 때문이다. 성인형사법원으로 보내지는 소년범죄자가 소년사건의 경우보다 항상 가장 강력한 범죄자라고 할 수도 없다. 오히려 일부 소년범죄자가 소년사건을 거쳐 소년원에 수용되는 것보다는 형사사건으로서 소년교도소로 가기를 원한다는 사실이다. 소년원은 일종의 부정기형이며 소년교도소는 정기형이어서 많은 경우 소년교도소가 소년원에 비해 수용기간이 더 짧기도 한데, 그렇다고 소년원이 소년교도소와 구금이나 자유의 박탈 또는 낙인의 정도 등에서 월등히 좋은 것도 아니기 때문에 이러한 결과를 초래할 수 있을 것이다.

제4절 소년사법의 추세

소년사법의 개선은 대체로 소년사법의 개입을 최소화하고, 개입시 적법절차를 극대화하는 것으로 요약될 수 있다. 우선 소년사법의 개입을 최소화하는 것은 지위비행 등 일부 비행에 대한 비범죄화(decriminalization)를 통해서 소년비행의 범위와 대상을 가급적 축소하는 것에서 시작하여 일단 소년사법의 대상이 된 비행에 대해서는 수용을 최소화하여 비시설수용적 대안을 적극 활용하고, 국가의 공적 개입을 줄이기 위해서 각종 전환제도를 최대한 활용하며 소년사법절차에 있어서 절차적 권리, 즉 적법절차를 극대화하자는 것이다. 이를 소년사법에 있어서 4D, 즉 비범죄화(decriminalization)·비시설수용(deinstitutionalization)·적법절차(due process)·전환(diversion)이라고 한다. 이에 대한 구체적 논의는 지금까지 여러 장에서 이미 구체적으로 기술되었기 때문에 중복을 피하기 위해서 다시 언급하지 않기로 하고 간략하게 소개하기로 한다.

먼저 전환제도의 활용은 적법절차의 확립, 소년사법경비의 절감, 낙인의 최소화라는 입장에서 긍정적으로 평가받고 있는 제도로서 비행소년을 공식적인 소년사법절차를 피해 비사법적 절차와 기관에 의한 처우와 처리로 전환시키는 것이다. 이렇게 함으로써 민간의 참여와 사설기관의 참여를 극대화할 수 있고, 공식기관과의 접촉을 최소화하여 낙인의 영향을 극소화시킬 수 있으며, 이로 인해 사법경비도 그만큼 줄일 수 있다.

청소년범죄자에 대한 시설수용은 우선 청소년에 대한 가혹한 형벌이며, 범죄의 학습과 악풍의 감염 그리고 부정적 낙인과 수용경비의 과다 등으로 많은 비판을 받아 왔다. 이러한 시설수용에 대한 부정적 견해는 시설수용자의 출소 후 재범률이 상당히 높은 수준이라는 사실로서 증명되기도 한다. 특히 소년비행의 원인이 사회적 환경의 영향이라고 간주하면서 비행소년만 수용하여 처벌하고 처우하는 것은 그 효과가 의문스러울 수밖에 없다는 것이다. 더불어 소년범죄자에 대한 궁극적인 목표가 그의 사회재통합이라면, 그를 사회로부터 격리수용하는 것은 앞뒤가 맞지 않는다는 주장이다. 따라서 가능한 청소년범죄자의 시설수용보다는 비시설수용적 처우와 지역사회처우가 더욱 바람직하다는 것이다.

다음으로 적법절차의 권리를 극대화하자는 것은 국친사상과 소년의 보호라는 명목하에 성인사법에서 주어지는 다양한 절차적 권리가 소년사법에서는 보호되지 않아서 소년들의 권익이 오히려 침해받고 있다는 비판에서 나온 것이다. 공개재판을 받을 권리나 변호를 받을 권리 등 기본적인 것부터 우범소년에 대한 처분과 같은 죄형법정주의에 어긋나는 것에 이르기까지 소년에 대한 권익의 보호가 미흡한 현실에서 이의 개선을 요구하는 목소리가 커지고 있다.

끝으로 비범죄화는 사회에 대하여 폐해나 위험을 거의 야기시키지 않으면서도 현재는 법과 형사사법의 통제를 받고 있는 일부 행위에 대해서는 더 이상 범죄행위로 규정하지 말자는 것이다. 특히 지위비행을 포함한 대부분의 소년비행은 일탈적인 것으로는 보일 수 있으나 사실은 위법적이라고는 할 수 없으므로 법률의 문제가 아니라는 주장이다. 이들 일부 일탈 내지는 비행에 대하여 비범죄화함으로써 도움이 필요한 소년에게는 소년사법기관이 아니라 기타 사회기관에서 담당하게 하여 낙인을 해소하고, 소년에 대한 복지제공의 효과도 거양할 수 있을 것으로 주장한다.

제 3 장
특수범죄자의 교정

시설교정이건 지역사회교정이건 교정의 대상이 누구인가, 즉 교정대상의 특성이나 구성에 따라 적용되는 교정관리와 처우 또한 상당한 차이가 날 수밖에 없다. 그것은 사람의 질병과 같이 외상의 치료와 내상의 치료는 분명히 다르기 때문이다. 또한 모든 병을 치료하기 위한 약품도 다 다르고 이 세상에는 만병통치약이 있을 수 없듯이 범죄자도 각자 안고 있는 문제가 다를 수 있고, 필요로 하는 것이 다를 수 있는 것이다. 예를 들어서 교육수준이 아주 낮은 범죄자라면 가장 먼저 그의 문맹을 퇴치하기 위한 교육이 우선되어야 하며, 직업훈련은 가장 기술수준이 낮은 종목이 바람직할 것이다.

어떤 점에서는 모든 수형자가 다 각기 독특한 개성과 특성, 문제와 필요가 다를 수 있다. 즉 엄밀히 말해서 이 세상에는 똑같은 두 사람이 있을 수 없기 때문이다. 이 때문에 사실은 범죄자나 수형자를 몇 개의 집단으로 분류한다는 것이 있을 수 없는 일 같지만, 그래도 집단으로 분류할 수 있는 것은 집단에 따라 동일집단구성원들은 유사한 경험이나 특성, 문제나 필요를 가지는 반면 다른 집단과는 다른 면이 있기 때문이다. 그래서 우리가 범죄자의 집단에 관해서 논하는 것은 몇 가지 특성을 공유하고 있는 개인에 관한 논의를 하는 것과 마찬가지이다.

제1절 정신질환범죄자

정신질환의 종류는 너무나 다양하기 때문에 여기에서 구체적으로 정의하거나 기술하기는 곤란하다. 다만, 정상적인 사람에 비해서 정신질환을 가진 사람이 분별력이나 이성, 자제력 등이 결여되었거나 부족하기 때문에 때로는 폭력적일 수 있는 등 상당한 위험요소가 있다는 사실은 분명하다. 그러므로 비록 뇌질환에 의해서 야기되지 않았을지라도 우리가 이해할 수 없는 행위를 가장 쉽게 설명하기 위해서 쓰여지는 용어가 정신질환이라는 것이다.[1] 물론 이러한 정의는 정신질환을 지나치게 일반화하고, 따라서 교정에 있어서 정신질환의 문제를 과대평가하는 결과를 초래할 수 있다.

이처럼 정신질환에 대한 개념규정의 문제로 교정에 있어서 정신질환의 문제가 어느 정도인지도 정확하게 파악하기 힘든 형편이다. 일부에서는 범죄자의 아주 작은 일부만이 정신질환자라고 할 수 있다고 하고, 혹자는 물론 범죄자의 정신질환수준이 정상인에 비해서는 상당히 높다고 할 수 있지만, 그것은 구금과 수용의 조건으로 인해서 일시적인 정신질환을 유발했을 수도 있다고 주장하기도 한다.[2]

수형자들의 정신질환율이 높은 것이 과연 구금에 의한 것인지 아닌지는 수형자의 입소 전 정신질환경력을 보면 알 수 있을 것이다. 몇 가지 경험적 연구결과에 의하면 수형자의 상당수가 입소 전에 정신질환상담 등을 받았고 자살을 시도한 경험이 있는 것으로 나타나서 수형자의 정신질환율이 높은 것이 전적으로 수용의 조건에 기인한다고는 볼 수 없는 것 같다.[3] 그러나 앞으로 사회가 복잡해질수록 사회 전체의 정신질환율이 높아질 것이고, 따라서 수형자의 정신질환율도 높아질 것으로 기대되어 교정에 있어서 정신질환의 문제도 더욱 심각해질 것이다.

그런데 문제는 교정당국이 정신질환수형자를 처우하려고 할 때, 그 효과가 교정의 처벌적 관점으로 인해서 줄어들게 된다는 것이다. 즉, 교정시설이란 처음부터 환자의 치료를 위한 병원은 되지 못하고 더욱이 정신질환의 치료조차도 수형자에 대한 처벌과 연관시키기 쉽기 때문에 그 효과가 감소될 수밖에 없다. 정신질환자들에 대한 치료가 가장 성공적이기 위해서는 두말할 필요도 없이 수형자에 의한 자발적 참여일 것이다. 그러나 그 치료가 교정당국의 권위와 환경 속에서 이루어진다면 치료자의 역할은 혼란스러워진다. 즉 환자를 위한 객관적 치료자가 때로는 수형자의 처벌의 기간과 특성을 결정하는 정보의 원천도 되기 때문이다.

---

1 Thomas S. Szasz, *Law, Liberty, and Psychiatry*, New York : Macmillan, 1963, p. 12.

2 Joseph J. Cocozza, Mary E. Melick, and Henry J. Steadman, "Trends in Violent Crime among Ex-Mental Patients," *Criminology*, 1978, 16 : 317~334.

3 Loren H. Roth and Frank R. Irvine, "Psychiatric Care of Federal Prisoners," *American Journal of Psychiatry*, 1971, 128 : 56~62.

그러나 정신질환수형자의 치료와 처벌을 완전히 분리하는 것은 어려운 일이다. 그것은 우선 정신질환과 범죄성의 인과관계가 분명하지 않기 때문에 일반시민과 사회가 정신질환수형자의 질환이 치료되어 안전하다고 판단될 때만 석방되도록 요구하기 때문이다. 더구나 정신질환이 완전히 치료되었는지 여부도 확실하게 알 수 있는 것도 아니다.

그렇다면 이들 정신질환수형자들을 위해서 무엇을 어떻게 해야 할 것인가? 물론 정신질환수형자에 대한 치료와 처우는 정신적 문제의 임상적 특성과 그가 수용된 교정환경에 따라 다르다. 이에 미국의 의학협회(American Medical Association)는 교정시설에서의 의료서비스에 관한 지침을 낸 적이 있는데, 다음은 그 지침 중 정신질환과 관계된 주요 부분이다.[4]

① 교정직원은 수형자의 감정혼란·성장지체·화학물의존성 등의 증상을 인지할 수 있도록 훈련될 필요가 있다.

② 모든 신입수형자는 자격 있는 심리학자에 의해서 면담되고, 만약 필요하다고 판단되면 14일 이내에 임상병리검사를 받도록 한다.

③ 임상병리적 문제는 즉각적인 조치를 요한다.

④ 정신질환수형자의 배방·작업배정·징벌·이송 등이 임상전문가의 자문 없이 이루어져서는 안 된다.

⑤ 당해 시설에서 치료하거나 조치할 수 없는 정신질환수형자는 즉시 치료가 가능한 시설로 이송한다.

⑥ 세밀한 의료검사를 요하는 수형자를 위해서는 자격 있는 의료진에 의해서 프로그램이 개발되고, 건강의료분야에 관한 훈련을 받은 교정직원이 실행할 수 있는 특수한 프로그램의 개발이 필요하다.

---

4 American Medical Association, Standards for Health Services in Jails, Chicago, 1979, Lee H. Bowker, *Corrections : The Science and the Art*, New York : Macmillan Publishing Co., 1982, p. 130에서 재인용.

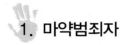

제 2 절 약물범죄자

1. 마약범죄자

마약은 다양한 면에서 범죄와 관련된다. 우선 마약을 소지하거나 판매하거나 또는 사용하는 것 자체가 범죄행위로 규정되어 있다. 그리고 마약중독상태 등 마약의 영향으로 이성을 잃거나 판단력과 자제력을 잃어서 범죄행위에 가담하거나 마약에 중독되어 값비싼 마약을 구하기 위해 필요한 돈을 마련하려고 절도를 하는 등 마약은 상당히 넓은 범위에서 범죄와 관련된 것으로 인식되고 있다.

실제로 미국의 경우 수형자들의 1/3이 범행시 불법약물의 영향 하에 있었으며, 8대 중요 범죄를 범한 범죄자의 상당수가 범행시 마약의 영향 하에 있었다고 시인하고 있고, 검거된 범죄자 중 조사된 표본의 반 이상이 마약을 복용한 것으로 밝혀졌다.[5] 이러한 자료는 결국 수형인구의 상당수가 마약에 중독되지는 않았을지 모르지만, 적어도 약물의 경험이 있거나 범행시 약물의 영향을 받았음을 암시하고 있어서 교정에 있어서 약물남용의 문제가 심각함을 알 수 있다.

마약범죄자를 교정하는 데 있어서는 다음 두 가지 중요한 문제를 인지해야 한다.

첫째는 마약수형자는 자신의 범행시 마약의 역할 때문에 범죄자가 되었다는 것이다. 즉 마약소지나 판매 또는 제조 그리고 마약남용이 범죄행위로 규정되어 있으므로 수형되었다는 것이다.

둘째는 마약범죄자의 수형기간중에는 마약의존성의 영향에 대해서 교정당국이 인식하고 있어야 한다. 마약범죄자는 교도소에 있건 사회에 나오건 재범과 재수감의 가능성 때문에 교정당국은 잠재적 통제문제를 지니게 된다.

이러한 마약범죄자들을 위한 처우프로그램은 그리 성공적이지 못했고, 더러는 논란의 대상이 되기도 하였다. 마약에 대한 사회운동이 활발해지면서 마약사범에 대한 임상적 처우가 활발해지고, 특수수형자로서 마약중독자를 위한 특수한 마약처우시설이 문을 열기도 하였다. 그러나 흥미롭게도 시설수용보다 중독자를 위한 비거주처우프로그램이 더 효과적이라는 증거도 나오기

---

5 Bureau of Justice Statistics, Department of Justice, Drug Use and Crime, *Special Report*, Washington, D.C. : U.S. Government Printing Office, 1988.

시작하였다. 보호관찰대상자에 대한 규칙적인 소변검사를 실시한 결과 재중독률·재범률 등이 줄어들기도 하였다.

이런 이유로 약물남용은 교정에 있어서 심각한 딜레마를 초래하였다. 물론 마약사범의 단순한 약물남용은 그리 심각한 범행은 아닐 수 있지만, 마약과 관련된 폭력과 범죄성이 매우 심각한 문제로 대두되고 있다. 이러한 통제문제에 대한 효과적인 처우대안의 부족이 마약사범에 대한 처벌이 처벌되는 행위의 심각성을 능가하게 되는 상황이 벌어지게 되었다.

2. 알코올중독범죄자

알코올중독은 마약중독에 비해 범죄와의 관계가 비교적 간접적이라고 할 수 있다. 그러나 술은 마약과는 달리 널리 이용되고 있고 쉽게 구할 수 있으며, 비교적 비용이 비싸지 않아 어떤 면에서는 생활의 일부라는 데 문제가 있다. 그런데 알코올중독이 실업, 가족해체 그리고 범죄와 관련될 때 사회적 문제가 되고 사회적 관심사가 된다. 특히 다수의 교통사고가 음주관련 사고이고, 적지 않은 수의 대인범죄, 특히 폭행 등이 음주와 관련된 것이며, 가정폭력의 상당수도 음주에 기인한 것이다. 알코올중독이나 과음은 판단력을 흐리게 하고, 자제력을 잃게 하며, 이해력을 감소시키기 때문에 범죄로 이어지기 쉽다.

이러한 음주와 범죄의 유관성을 단적으로 증명하기는 쉽지 않지만, 보통시민과 수형자의 음주를 비교할 때 수형자가 일반인에 비해 과음하는 수가 3배 이상인 것으로 알려지고 있다.[6] 수형자 중 강간·폭행·절도사범의 상당수가 입소 전 과음자였다는 연구도 보고되고 있다. 특히 수형자와의 인터뷰결과에 따르면 그들이 범행하기 직전에 술을 마셨다고 답하였다. 그중에서도 강간과 폭행사건이 범행직전 음주한 비율이 가장 높은 것으로 알려지고 있다.

알코올중독범죄자에 대한 연구의 대부분은 시설에 수용된 범죄자를 중심으로 이루어졌지만, 알코올중독범죄자는 교정시설뿐만 아니라 보호관찰이나 기타 지역사회교정에 있어서도 문제를 유발할 수 있다. 이들 알코올중독자가 음주하여 취할 때 폭력적일 수 있기 때문에 이들을 다루는 것이 기분 좋은 일도 아니고, 안전하지도 않은 것일 수밖에 없다.

그 밖에 알코올중독자의 처우에 관련된 문제는 또 있다. 가장 큰 문제는 음주를 일탈이 아니라 놀이적 행위로 보는 시민과 사회의 태도이다. 결과적으로 이들에 대한 처우도 음주 그 자

---

6 Clear and Cole, *American Correction*(2nd ed.), Pacific Grove, CA : Brooks/Cole Publishing Co., 1990, p. 184.

체보다는 그들의 음주행태와 특성을 이해시키는 데 초점이 맞춰질 수밖에 없다. 이것이 알코올중독자로 하여금 자신의 음주행위를 관리하고 통제할 수 있도록 집중적인 동료의 지지와 지원을 제공해 주는 단주동맹과 같은 프로그램이 가장 효과적인 프로그램으로 인식되는 이유이다.[7]

그러나 단주동맹과 같은 프로그램은 범죄자에 대해서는 크게 활용도가 높은 것은 아니다. 이유는 알코올중독범죄자의 대부분은 하류계층출신인 데 비해, 단주동맹은 주로 중산층지향성이 강하기 때문이다. 그리고 단주동맹은 전적으로 자발적인 참여에 의하는 것인데, 양형의 조건으로 단주동맹에의 참여를 요하는 것과 같은 교정분야에서의 강압적 처우의 특성상 그 활용도가 낮다는 것이다. 이는 알코올중독범죄자에 대한 단주동맹이나 알코올중독치료소 등의 프로그램이 결코 교정시설에서 그냥 수용하는 것보다 더 효과적이라는 증거를 찾지 못했다는 연구결과가 이를 잘 대변해 주고 있다.[8]

제 3 절 성범죄자

교정의 대상이 되고 있는 성범죄자는 대개 강간 등 성폭행과 아동에 대한 성학대 그리고 매춘범이라고 할 수 있다. 이들 성범죄자에 대한 교정당국의 대응은 대체로 성범죄에 대한 일반사회의 태도에 의해서 크게 영향받고 있다.

1. 강간범죄자

여성해방론자나 여권신장론자 등의 목소리가 커지면서 강간범죄에 대한 형사사법당국의 대응이 주요한 정치적 논쟁거리가 되고 있다. 통상적으로 성범죄(sex offense)라고 하면 강간범죄에

---

7 Robert Fred Boles, "Types of Social Structure as Factors in 'Cures' for Alcohol Addiction," *Applied Anthropology*, 1942, 1 : 1~13.

8 Keith S. Ditman, George G. Crawford, Edward W. Forgy, Herbert Moskowitz, and Craig Macandrew, "A Controlled Experiment in the Use of Court Probation for Drunk Arrests," *American Journal of Psychiatry*, 1967, 124 : 160~163.

대한 한 가지 주요한 요소를 무시하는 결과가 된다고 주장하는 사람들이 있다. 이들에 따르면 강간은 모든 남자가 모든 여자를 공포의 상태로 만드는 위협의 의식적 과정 그 이상도 이하도 아니라는 인식이다. 따라서 강간이 성범죄(sex crime)가 아니라 잔혹한 대인적 폭력으로 재개념화되어야 한다는 것이다. Brownmiller에 의하면 "여자에게 있어서 강간의 정의는 비교적 단순하다. 감정적·육체적 그리고 이성적 고결성의 의도적 위반이며, 폭력의 적대적·지위강등적 행위이다. 그러나 강간에 대한 현대의 법률적 인식도 아직은 여성을 남성이 소유한 재산으로 보는 시각과 인식에 뿌리를 두고 있다. 이러한 남성적 강령이 아니라 폭력범죄의 범주에서 강간이 자리매김된다면, 강간이라는 범죄가 강도와 폭력의 중간쯤 되는 특유의 차원을 지킬 수 있을 것이다."[9]

즉, 강간이 성(sexuality)에 의해서 동기지어진 범죄가 아니라 폭력적 강제에 의해 동기지어진 신체적 침범이라고 폭넓게 인식하는 것이다. 이로 말미암아 형사사법의 두 가지 큰 변화가 있었다. 하나는 강간의 범죄를 성별 중립적(gender-neutral) 성적 폭행 또는 일반 폭력범죄의 특수한 사례로 재규정하는 움직임이다. 두 번째 변화는 강간피의자에 대한 보다 엄한 처우를 지향하는 추세이다.

이러한 성폭력범죄자는 교정관리에 특별한 어려움을 야기시킨다. 실제 폭력적 범죄자는 비이성적 태도와 예측불가능한 행위유형 때문에 교도소 내에서 보안의 위험성이 클 수 있다. 그러나 강간범이 수감중 수형자폭력의 표적이 될 확률이 높다. 왜냐하면 대부분의 강간범은 수형자문화와 수형자사회체계에서 가장 밑바닥으로 치부되기 때문이다. 강간범에 대해서는 수형자지배의 형태로 치욕적인 신체적·성적 공격이 보편적이다. 그래서 예측불가능할 정도로 공격적이거나 또는 예측가능할 정도로 공격에 취약하건 간에 교도소에서의 성폭력자는 보안의 위험성을 항상 불러일으킨다.

2. 아동성학대

아마도 아동에 대한 성적 학대보다 비난을 많이 받는 범죄도 많지 않을 것이다. 아동성학대(child molester)에 대한 일반적 분노감이 매우 높기 때문에 아동성학대에 대한 낙인 또한 적지 않다. 따라서 아동성학대에 대한 논의와 연구도 최근에 와서 매우 무성한 편이다.

아동에 대한 성적 학대에 관한 많은 논의와 연구결과에 따르면, 아동성학대범의 90% 정도

---

9 Susan Brownmiller, *Against Our Will : Men, Women, and Rape*, New York : Simon & Schuster, 1975, pp. 376~377.

가 그 스스로 아동기에 성적 학대의 피해자였다고 밝혀지고 있다. 그리고 20% 정도의 아동성학
대범이 50세 이상이고, 아동성학대의 상당수가 피해자와 가해자 간에 불안한 유대감에서 시작하
여 점차적으로 성적 접촉으로 전환된다는 특징을 가지고 있다.[10] 대부분의 피해자가 범죄로 인
하여 혼돈스러워하며, 자신의 학대자에 대한 감정적 유대가 상당히 현실적이기 때문에 죄의식을
느끼게 된다. 그들은 대체로 그러한 행동이 잘못되었고 나쁘다는 것을 알지만 그러한 행동이 유
쾌한 느낌을 불러일으켰을 때는 상황이 더욱 복잡해진다. 그래서 아동에 대한 성적 학대는 많은
요소를 내포한 복잡한 범죄이지만, 일반적으로 가해자의 개인적 무력감에서 유발되는 것으로 알
려지고 있다.[11]

　　아동에 대한 성적 학대가 사회의 공분을 불러일으키는 것은 물론 그것이 약자인 아동에 대
한 성적 학대라는 점에서이지만, 이 범죄에 대한 사회적 공분의 태도가 형사사법에도 그대로 영
향을 미치게 되어 이들 아동성학대범은 법원이나 교도소에서도 가장 경멸받는 존재이다. 구금된
아동성학대범은 동료수형자들로부터 지속적인 위협, 실제 폭력 그리고 일상적 적개의 표적이 되
기 일쑤다. 더구나 대부분의 교도소에서는 이들 아동성학대범에 대해서는 거의 아무런 처우를
제공하지 못하거나 않기 때문에 이들에게 교도소에서의 수용의 경험은 매서운 것일 수밖에 없
다. 이러한 사정으로 간혹 교정당국에서는 이들 아동성학대범들을 보다 안전하게 수용하기 위해
서 별도의 시설수용을 하거나 별도의 사동을 설치하기도 한다.

3. 매춘범죄자

　　매춘(prostitution)은 성범죄라기보다는 일종의 경제범죄로 보는 것이 바람직할 수도 있다. 그
것은 매춘이 서비스제공자와 서비스수혜자 간의 불법적인 경제적 교류이기 때문이다. 즉 재물로
서 성을 사고 팔기 때문에 매춘이 범죄가 되는 것이지 남녀간의 성적 문제로 범죄가 되는 것은
아니라는 것이다. 매춘에 대한 국민적 태도도 분명치는 않다. 매춘을 규제는 하되 합법화시키자
는 개혁적인 입장에서 매춘을 완전히 청소하자는 강경보수적 태도에 이르기까지 매우 다양하다.
그러나 최근의 후천성면역결핍증(AIDS)으로 인하여 감염여성의 매춘행위를 금지하는 등 매춘을
보다 철저히 규제하는 방향으로 나아가고 있다. 그러나 인류의 역사를 보면 어떤 경우이든 어느

---

10 Daniel Glaser, *Crime in Our Changing Society*, New York : Holt, Reinhart & Winston, 1978, p. 370.

11 Clear and Cole, *op. cit.*, p. 180.

사회, 어느 국가에서도 매춘은 어떤 형태로든 존재해 왔고, 매춘행위자에 대한 처벌 또한 대부분 시설수용에까지는 이르지 않고 있다.

　　매춘이 경제적 범죄의 특성이 강한 관계로 교정사업가들은 매춘부를 위한 직업알선에 관심을 집중시킬 수밖에 없다. 그러나 매춘부의 전직은 그들이 대개 시장성 있는 기술이 없고, 교육수준이 낮으며, 상당수가 약물에 손을 대고 있으며, 일을 좋아하지 않는 경우가 많아서 대부분의 매춘부가 자신의 생활행태를 바꾸고자 하지 않기 때문에 사실상 어려운 형편이다.[12] 더구나 매춘이 사회적 문제는 될지라도 사회에 대한 직접적인 위험을 유발하지는 않기 때문에 국가나 사회는 물론이고, 교정당국의 관심에서도 그 우선순위가 뒤로 밀릴 수밖에 없다. 그 결과 매춘범죄는 일종의 무관심한 처벌을 받는 데 지나지 않고 있다.[13]

제 4 절   상황범죄자

　　범죄자 중에는 범인성이 내재화되고 고착화되어 의도적으로 범죄를 하는 계획범이 아니라 격정이나 충동 등 특수한 상황에 의해서 범행을 하게 된 범죄자가 상당수 있다. 이들은 대부분 자신의 범죄로 처벌을 받은 뒤 다시 범죄를 지속하지 않는 특성을 가지고 있다. 우리는 이들을 이름하여 상황범이라고 칭한다.

　　이들이 제 2, 제 3 의 범행을 하지 않는 데는 몇 가지 이유가 있다. 그중에서 가장 중요한 이유는 바로 이들 범죄자가 상황범죄자(situational offenders)라는 사실이다. Haskell과 Yablonsky에 의하면 상황범죄자는 첫째, 어떠한 행동을 요하는 문제에 직면하고, 둘째, 형법에 저촉되는 행동을 취하였으며, 셋째, 체포되어 범죄자의 신분이 주어지고, 넷째, 범행 전까지는 사회의 규범적 체계에 전념하여 다른 일반인들과 구별되지 않는 사람이라고 한다.[14]

---

12 James H. Bryan, "Apprenticeships in Prostitution," *Social Problems*, 1965, 12 : 287~297.

13 Clear and Cole, *op. cit.*, p. 181.

14 Martin R. Haskell and Lewis Yablonsky, *Criminology : Crime and Criminality*, Chicago : Rand McNally, 1974, p. 264.

이렇게 볼 때 상황범죄자는 자신의 범행이 실수를 한 것이고, 그 실수로 인하여 사회에 지게 된 빚을 갚은 것으로 해석할 수 있다. 그러나 이들 상황범죄자는 교정에 있어서 적지 않은 문제를 야기시킬 수 있다. 그것은 우선 대부분의 상황범죄가 매우 죄질이 나쁜 강력범죄라는 사실이다. 상황범죄가 대체로 살인이나 폭행 등 매우 심각하고 폭력적인 범죄이며, 상황범죄의 가해자는 그 피해자가 가해자와 지면관계가 있는 잘 아는 사람인 경우가 많다. 이러한 강력범죄에 대해서 강력한 처벌이 적절한 것으로 일반적으로 받아들여지고 있다.

그러나 이들 상황범죄자가 교정시설에 수용되면 교정당국에서 이들에게 할 수 있는 것이 많지 않다는 데 문제가 있다. 상황범죄자는 일반적으로 받아들여지고 있는 사회적 가치를 긍정적으로 지향하고 있고, 통상적으로 견실한 직업을 가지고 있으며, 적절한 작업기술을 소지하고 있기 때문이다. 따라서 수용에 따른 수용생활에의 적응을 도와주는 것 외에는 상황범죄자에게 제공할 수 있는 긍정적인 프로그램이 많지 않을 수밖에 없는 것이다.

보호관찰부 가석방(parole)에 잘 적응할 것으로 쉽게 예측할 수도 있으나, 우리 사회는 어쩌면 모든 범죄 중에서 가장 폭력적일 수도 있는 상황범죄를 포함한 모든 폭력범죄자를 두려워하고 있다. 따라서 상황범죄자의 범행에 대한 공분과 상황범죄자에 대한 공포로 인하여 상황범죄자에 대한 장기수용을 초래하게 된다. 장기수형자에 대한 어려움과 문제점은 주지의 사실이지만, 이들이 아무리 범인성이 고착화되지 않았을지라도 장기수형을 요하는 이들 상황범죄자를 위해서 교정이 제공할 수 있는 긍정적인 교정처우가 별로 없다. 그래서 이미 실질적으로 적응된 이들 상황범죄자들에게 있어서는 장기간의 수형생활을 한다는 것, 즉 교도소에서 별로 일도 없이 긴 시간을 보낸다는 것이 쉽지 않은 일이다. 수용사고의 대부분이 수형자의 무료함에서 기인되는 것으로 알려지고 있음을 볼 때, 이는 작은 문제일 수 없는 것이다.

더구나 과밀수용으로 몸살을 앓고 있는 교정당국으로서는 사회에 대한 아무런 위협을 야기시키지 않을 이들 상황범죄자를 보호관찰부 가석방으로 출소시킨다면, 그로 인한 교도소의 공간이 보다 폭력적이고 위험한 범죄자를 수용할 수 있다고 생각하게 된다. 그러나 상황범죄자에 대한 이러한 조기석방은 시민들로 하여금 사법당국이 범죄자에 대하여 지나치게 관대하다는 반응을 불러일으킬 수 있기 때문에 이를 시행하기가 쉽지 않다. 직접적인 피해자는 물론이고 일반시민조차도 사법정의가 실현되지 않는다고 생각하게 되기 때문이다. 만에 하나라도 상황적 살인범죄자가 가석방되어 제2의 살인을 한다면 문제는 더욱 심각해지고, 더러는 가석방에 대한 책임소재가 가려지고 급기야는 담당자가 문책당하는 결과를 초래할 수도 있을 것이다. 따라서 상황범죄자는 사회에 대한 제2의 범죄가능성으로 인한 위험성이나 위협도 없으며, 이들에게 특별히 제공할 수 있는 교정처우도 마땅하지 않으면서도 어쩔 수 없이 교정시설에 장기간 수용되는 반면 실질적으로 사회에 대한 심대한 위협을 초래할 수 있으나 교정에 대해서는 큰 위협을 야기하지 않는 범죄자는 석방될 수도 있는 것이다.

제 5 절   직업범죄자

직업적 범죄자라고 하는 유형의 범죄자가 범죄자의 분류나 유형화에 있어서 가장 엉성한 개념정의의 하나일 것이다. 직업범죄자(career criminals)라는 용어는 Reckless가 처음 발전시킨 것으로 그는 직업범죄자의 속성을 다음과 같이 피력하였다.[15]

① 범죄가 그 사람의 생활방편이어서 범죄가 곧 그의 주업이다.
② 자신의 범행에 유용한 기술적인 기교를 개발한다.
③ 비행아동으로 출발하며, 범인성에 대한 긍정적인 태도와 기술을 점진적으로 견지하고 지향하게 된다.
④ 이러한 형태의 일을 하는 데 대한 '비용'으로서 일정기간의 수형생활을 인식하고 있다.
⑤ 심리학적으로 정상적이다.

Walker는 이러한 Reckless의 직업적 범죄자를 세 가지 소집단으로 세분하였다. 그에 따르면 직업적 범죄자를 권위의 계층화와 안정적 조직을 이루는 대규모 범죄집단의 구성원인 조직범죄자(organized criminals), 합법적인 직업활동의 일부로서 범죄운동에 가담하는 white－collar범죄자, 그리고 불법적 직업을 선택하여 그 일에 지속적으로 가담하는 전문적 범죄자(professional criminals)로 소유형화하고 있다.[16]

---

15 Walter C. Reckless, *The Crime Problem*, New York : Appleton－Century－Croftons, 1961, pp. 153～177.
16 Andrew Walker, "Sociology and Professional Crime," in Abraham S. Blumberg(ed.), *Current Perspectives on Criminal Behavior*, New York : Knopf, 1974, p. 88.

이처럼 직업적 범죄자에 대한 규정이 비교적 광범위하게 되는 것은 일반적으로 거의 모든 사회에서 일부 소년수의 범죄자가 중요 범죄의 다수를 범한다는 사실에 기인한 바 크다. 그런데 이러한 개념정의의 확대는 상당한 의미를 가진다. 확대된 의미는 사실상 자신의 직업이 극히 일부의 범죄자에게 직업적 범죄자라는 용어가 적용되던 것이 다수의 범행기록을 가진 모든 범죄자에게 직업적 범죄자라는 낙인이 붙여지게 되기 때문이다. 즉 일상적으로 어떤 일이건 서너 차례의 경험이 있다고 그것을 우리는 직업이라고는 하지 않는데, 서너 차례의 범죄경력자를 직업적 범죄자라고 규정하는 것은 지나친 것일 수도 있기 때문이다. 이 점이 바로 직업적 범죄자의 규정을 애매하게 만들고 있다.

물론 이들 중누범자들이 실제로 많은 범죄를 행하는 것은 사실이다. 이처럼 소수의 중누범자가 다수의 범죄를 행하고 있다는 데 대해서는 어느 정도 수긍할 수도 있으나 몇 번의 범행경력이 있다고 반드시 그가 직업으로서 범죄를 행한다고 말하기보다는 과거 몇 차례의 범행을 한 누범자(frequent offender)라고 부르는 것이 더 바람직할 것이다. 이런 이유로 혹자는 동질적인 직업적 범죄자는 보편적이라고 볼 수 없고, 결과적으로 이러한 입장에 기초한 범죄자유형은 그 범위가 제한적일 수밖에 없다고 주장한다.[17]

이러한 직업적 범죄자에 대한 개념의 확대와 범죄자에 대한 교화개선의 평가절하는 곧 교정의 목적으로서 범죄자에 대한 무능력화(incapacitation)가 새로운 신뢰와 지지를 받게 되었다. 이러한 추세를 반영하는 것이 선별적 무능력화(selective incapacitation)인데, 이는 이들 소수의 중누범자 등 직업적 범죄자를 선별적으로 수용하여 그들의 범죄능력을 무력화시키자는 것이다. 그러나 이러한 시도는 처음부터 예측의 문제와 법정죄형주의 그리고 형평성과 위헌성의 논란 등의 문제와 교도소의 과밀수용과 그로 인한 교정관리의 어려움 등을 야기시키게 되었다.

결과적으로 교정당국이 이러한 직업적 범죄자에 대한 개념정의의 확대로 인한 늘어난 비용을 끌어안게 되었다. 폭력적 상황범죄자와 마찬가지로 이들 직업적 중누범자가 약탈적 직업을 추구하지 못하도록 장기간 교도소에 수감하도록 요구받게 되었다. 그러나 이러한 범주를 따르면 분명히 비전문적이지만 간헐적인 범죄자까지도 포함시키게 되는 결과를 초래하게 된다. 만약 그 결과가 심각한 과밀수용을 초래한다면, 그들이 직업적 범죄자이기 때문에 수용되어야 할 필요가 있는 범죄자라고 주장하게 되는 논리적 모순을 야기시키게 된다.

그렇다고 이러한 관측이 결코 교정에 있어서 직업범죄자에 대한 사고와 견해를 가볍게 생각

---

17 Roger Hood and Richard Sparks, *Key Issues in Criminology*, New York : McGraw-Hill, 1971, p. 138.

한다는 것을 의미하지는 않는다. 현재 교도소에는 범죄생활에 전념하는 전문적 범죄자가 있다는 것은 의심의 여지가 없다. 문제는 직업적 범죄자라는 전체적인 상표의 정확성에 관해 의문을 제기하는 것이고, 범죄자를 분류하기 위한 결정은 항상 사회적·정치적으로 중요한 의미와 결과를 가진다는 점이다.

제 6 절　화이트칼라범죄자

화이트칼라범죄자는 대체로 사회경제적 지위와 신분이 상류계층에 속하며, 고등교육을 받은 엘리트인 경우가 많고, 연령적으로 중노년층에 속하며, 정상적인 인격특성을 소유하고, 과거 범죄경력을 가지지 않는 등 전통범죄자들과 상당한 차이가 있다. 따라서 이들에 대한 교정도 전통범죄자에 대한 교정과 같을 수는 없는 것으로 생각할 수 있다.

사실 이들 화이트칼라범죄자는 상황적 범죄자와 마찬가지로 상당부분 정상적인 시민과 큰 차이가 없는 사람들이기 때문에 교도소에서 이들을 위해 할 수 있는 의미 있는 프로그램이 불필요하거나 아예 유용한 프로그램이 없을 수도 있다. 따라서 이들을 장기간 교정시설에 수용하는 것은 무의미할 수도 있는 것이다.

화이트칼라범죄는 주로 기업범죄가 상당부분을 차지하는데, 이들 기업범죄에 대해서는 사실상 경영주에 대한 형벌보다는 기업에 대한 재산형적 처벌이 주류를 이루고 있다는 점에서는 화이트칼라범죄가 교정과는 크게 관련성이 없을 수도 있는 것으로 보인다. 이러한 추세는 화이트칼라범죄에 대한 시민의 무관심과 관대한 태도에 영향받은 바가 크다고 할 수 있다. 사람들은 한 사람의 목숨만을 앗아가는 살인범이 어쩌면 수천 수만 명의 생명을 위협할 수도 있는 환경범죄와 같은 화이트칼라범죄자보다 더 비난받아야 할 중대한 범죄로 생각하기 쉽다.[18]

결과적으로 화이트칼라범죄자는 대체로 고등교육을 받았고, 안정된 직업과 직장이 보장되어 있으며, 가족 등 사회적 기반과 뿌리가 깊고, 범인성인격특성을 소유하지도 않았으며, 사회에 대

---

18 이윤호, "White-collar범죄와 지역사회에 기초한 교정," 교정 1988년 12월호, 통권 제152호, 교정협회, 17~33면 참조.

한 신체적 위협을 초래하지도 않기 때문에 이들에 대한 교정처우가 마땅치 않다. 특히 이들에 대한 시민의 관대한 태도와 범죄경력이 없다는 점 등으로 인한 단기수형으로 의미 있는 교정프로그램의 제공이 현실적으로 쉽지 않을 수밖에 없는 실정이다.

제 7 절 특수수형자

1. 고령수형자

일반적으로 고령수형자라고 함은 60세 이상의 수형자라고 할 수 있는데, 범죄성의 절정이 대개 20대를 전후한 시기이기 때문에 실제로 교정에서 노인수형자가 차지하는 비중은 크게 높지 않을 수 있다. 그러나 이처럼 범죄연령이나 범죄성의 농도 등 노인수형자란 특수한 신분을 고려하여 노인수형자의 기준을 일반사회에서의 노인층보다 낮게 잡을 필요성이 있을 수 있다. 범죄자에 대한 사회의 보수적 태도와 성향 및 그로 인한 형사정책의 보수화추세를 감안한다면 장기수형자가 증대할 것이고, 따라서 노령수형자의 인구도 늘어날 것으로 추정할 수 있다. 그렇다면 전체 수형자인구에서 노령수형자가 차지하는 비율도 무시할 정도로 낮은 것만은 아닐 것이다. 더불어 이들 장기수형자는 대체로 살인 등 폭력적 대인범죄를 중심으로 하는 중요 강력사건의 범행자이기 때문에 교정관리가 어려운 위험성 있는 수형자이다. 따라서 폭력적 범죄를 범하여 장기간 수형생활을 하기 때문에 교도소화나 수형자부문화에의 동화도 비교적 심각한 수형자라고 볼 수 있어 교정에 대하여 상당한 부담을 줄 수밖에 없다.

한 연구에 의하면 이들 노령수형자가 자신의 수형생활을 극복하는 전략이 젊은 수형자와는 상당히 다르다고 한다. 대체로 노령수형자는 시설의 규율에 전적으로 동조하고, 교도관에게 자신을 철저히 종속시키는 경향이 있다고 한다. 이런 이유로 노령수형자는 대개 교도관과 비교적 밀접한 관계를 유지하며, 젊은 수형자들과는 일정한 거리를 두고 있는 것으로 알려지고 있다. 노령수형자가 그렇게 하는 것은 교도관이 젊은 수형자들의 약탈과 피해로부터 자신을 보호해 줄 것이라는 중요한 보상을 받을 수 있다고 느끼기 때문이라고 한다. 한편으로는 젊은 수형자들

과 일정한 거리를 두는 것은 교도소의 교정시설이용에 방해를 받을 수도 있다.[19]

노령수형자의 이러한 수형생활적응과 극복전략은 일종의 시설의존성(institutional dependency)으로 이해되고 있다. 젊어서 교도소에 입소할수록 이러한 시설의존성은 더 높아지는 것으로 알려지고 있다. 장기간 수감된 수형자일수록 외부세계를 지향하지 않는 경향이 더 많고, 그 중 일부장기수형자는 사회로의 복귀를 두려워하는 것으로 알려지고 있다. 아마도 이들 장기노령수형자가 교도소에서의 적절한 의료보호를 제대로 받지 못하고 장기수형의 영향을 받으며, 일반적인 노화현상에 따른 영향도 받아서 이를 모두에 의해 전반적으로 건강이나 의욕, 의지 등을 상실했다고 느끼기 때문일 것으로 풀이되고 있다.[20]

반면에 일부 노령수형자에게 있어서는 교도소가 오히려 이들 노령수형자를 보호해 주기 때문에 노화과정의 영향을 적게 받을 수도 있을 것이다. 예를 들어서 일반사회에서의 노령층의 특징이라고 할 수 있는 퇴직 등을 장기노령수형자가 처음 입소했을 때인 젊은 시절에 이미 경험하였기 때문에 사회에서의 노령화에 의한 영향이 시설수용중 노령화한 지금에는 아무런 영향을 주지 못하는 것이다.[21] 이러한 주장에 의하면 노령수형자가 양로원에 수용된 노령자보다 비교적 더 건강한 상태이기 때문에 노령화의 부정적 영향에 저항하고 이겨내는 데 있어서 양로원수용 노인보다 더 좋은 조건에 있다는 것이다.

그런데 노령수형자를 위한 교정프로그램은 퇴화적인 질병, 높은 문맹률, 동료수형자에 의한 피해에 대한 취약성, 그리고 건강에 대한 종합적이고 규칙적인 관찰 등 이들 노령수형자의 특성이 고려되어야만 한다. 노령수형자는 젊은 수형자에 비해 사회와의 재통합시 더 큰 어려움을 경험할 수 있기 때문에 교정당국에서는 노령수형자를 사회로 복귀시키기 위한 재활프로그램이나 실제 복귀시 또는 복귀 후에도 이 점을 유의하여야 한다.

2. 장기수형자

장기수형자라고 할 때 어느 정도의 수형기간을 장기로 보아야 하는지에 대해서는 일정한 기

---

19 Joshep N. Ham, "The Forgotten Minority : An Exploration of Long−term Institutionalized Aged and Aging Male Prison Inmates," Ph.D. Disertation, University of Michigan, 1976, Bowker, *op. cit.*, p. 134에서 재인용.

20 Ronald H. Aday and Edgar L. Webster, "Aging in Prison : The Development of Preliminary Model," *Offender Rehabilitation*, 1979, 3 : 271~282.

21 Monika B. Reed and Francis D. Glamser, "Aging in a Total Institution : The Case of Older Prisoner," *The Gerontologist*, 1979, 19 : 354~360.

준이 없지만, 무기수형자를 장기수형자로 보는 데 대해서는 아무런 문제가 없을 것이다. 이러한 수적인 개념정의의 어려움은 바로 수용시설의 특성이나 보안의 등급 등에 따라서 수용의 강도가 다르고, 그에 따른 수용이 수형자에게 미치는 영향도 다르기 때문에 장기수형이라고 할 때 수형기간을 단순한 시간적 길이로만 기준할 수 없어서이다.

장기수형자에 대한 경험적 연구에 의하면 장기수형으로 인한 본질적인 지능의 저하나 악화는 없었다고 한다. 사실 지능 중 언어적 능력은 집단적인 수형생활로 인하여 오히려 개발되고 향상될 수도 있다.[22] 그러나 적대감이나 적개심은 수형기간의 장기화에 따라 증대되는 것으로 밝혀지고 있다.[23] 장기수형자는 수형기간이 경과함에 따라 점점 내향적이 되고, 감정의 단조로움, 동기의 감소, 미래관의 격감 그리고 무관심과 냉담함의 증대 등을 경험하게 된다.[24] 그리고 수형기간의 경과와 장기화에 따라 장기수형자에게 퇴행적 행동, 강박적 사고, 불안 그리고 감정적 문제 등 기능적 정신신경증후군(functional psychesyndrome)이 나타나게 되는데, 이 기능적 정신신경증후군은 수형자의 격리 정도에 따라 그 정도가 달라지며 장기수형자의 교화개선을 어렵게 하는 요인이라고 한다.[25]

노령수형자와 마찬가지로 장기수형자도 수형기간의 경과에 따라 점점 교도관 등과 가능한 가까워지려고 노력하는 등 교도소환경에 적응하는 것으로 알려지고 있다.[26] 이렇게 교도소환경에 적응함으로써 수형의 장기화로 신체적 건강은 나빠질 수 있을지 모르지만, 정신질환은 적게 경험하게 될 수 있다.[27] 이들이 환경적응을 하는 한 가지 방법은 동료수형자는 물론이고 교도소당국과의 갈등과 마찰을 피하는 것이다. 이러한 사실은 장기수형자일수록 규율위반의 사례가

---

22 N. Bolton, F. V. Smith, K. J. Heskin, and P. A. Banister, "Psychological Correlates of Long—Term Imprisonment, IV, A Longitudinal Analysis," *British Journal of Criminology*, 1976, 16 : 38~47.

23 D. A. Crawford, "The HDHQ Results of Long—Term Prisoners : Relationships with Criminals and Institutional Behavior," *British Journal of Social and Clinical Psychology*, 1977, 16 : 391~394; K. J. Heskin, "Psychological Correlates of Long—Term Imprisonment, III, Attitudinal Variables," *British Journal of Criminology*, 1977, 17 : 378~386.

24 R. J. Sapsford, "Life—sentence Prisoners : Psychological Changes During Sentence," *British Journal of Criminology*, 1978, 18 : 128~145.

25 Willibald Sluga, "Treatment of Long—Term Prisoners Considered from the Medical and Psychiatric Point of View," in Council of Europe, European Committee on Crime Problems, *Treatment of Long—Term Prisoners*, Strasbourg, France, 1977, pp. 35~42, Bowker, *op. cit.*, p. 135에서 재인용.

26 Sapsford, *op. cit.*

27 N. Heather, "Personal Illness among Lifers and the Effects of Long—Term Intermediate Sentence," *British Journal of Criminology*, 1977, 17 : 378~386.

적다는 자료로서 입증될 수 있다. 이들은 자신이 장기수형자라는 사실을 알고 있기 때문에 단기수형자에 비해 모든 행동과 결정에 있어서 조심하게 되어 교도소에서 일종의 안정요인이 되기도 한다. 이들은 공식적인 프로그램에의 참여는 저조하지만, 공작 등 자기 개발과 발전에는 적극적인 편이다.

이러한 장기수형자에 대한 교정프로그램은 대체로 두 가지 형태로 구분되어진다. 하나는 주로 시설 내에서의 노력이고, 다른 하나는 귀휴(leave)를 허가하는 등 교도소로부터의 외부지향적인 것이다. 특히 유럽에서는 장기수형자에 대한 귀휴는 매우 관대한 편이어서 주말휴가(weekend leave)나 통제된 휴가(supervised leave) 등을 적극 실시하고 있다. 만약 수형자의 위험성이 지나치게 많아서 귀휴 등을 실시할 수 없다면, 그들에게는 부부접견(conjugal visit), 지역사회와 교도소 간의 교류가 빈번한 개방시설화에의 구금 등으로 극복하고 있다.[28]

3. 외국인 수형자

우리나라는 1988년 서울올림픽과 1986년 아시안게임, 1993년 대전엑스포 등의 대규모 국제행사의 개최를 시작으로 급격한 국제화, 세계화 및 개방화가 이루어졌다. 이러한 상황에서 여행, 유학, 취업, 이민 등의 이유로 외국인의 국내로의 유입이 급증하고 있다. 국내에 거주하는 외국인의 수가 늘어나고 우리사회가 다문화사회로 바뀌어가면서 외국인범죄 역시 빠르게 증가하고 있고, 외국인수형자의 수도 증가하고 있는 상황이다. 외국인수형자들은 언어적으로 혹은 문화적으로 일반수형자들과는 상이한 특성을 가지고 있고, 따라서 이들의 특성을 고려한 교화와 처우가 필요하다.

현재 외국인수형자를 수용하는 교정시설에서는 외국어에 능통한 소속 교도관을 전담요원으로 지정하여 일상적인 개별면담, 고충해소, 통·번역 및 외교공관 등 관계기관과의 연락 업무 등을 수행하게 하고 있으며, 외국인 미결수용자에게 소송 진행에 필요한 법률정보 등을 제공하게 하고 있다. 소장은 외국인수형자의 수용거실을 지정하는 경우에는 종교 또는 생활관습의 차이, 민족감정 등으로 인한 분쟁의 소지가 있는 외국인을 분리 수용하고 있으며, 외국인수형자의 생활양식을 고려하여 필요한 수용설비 등을 제공하고 있다.[29]

---

28 Bowker, *op. cit.*, p. 136.
29 교정본부, 전게서, p. 80.

제 7 편

미래교정론

CORRECTIONS

제 1 장
남녀공동/공학교도소

교정의 초기 역사에는 남녀와 노소를 구분하여 수용하지는 않았다. 그러나 교도소개혁의 필요성이 대두되면서 교도소에 대한 비판적 시각은 대체로 수형자의 무료함, 잔인성 그리고 여성과 아동을 골수남성범죄자들과 같이 혼합수용한다는 점에 대해서였다. 이들의 노력으로 현재까지 거의 대부분의 국가에서는 범죄자를 남녀와 노소를 분리하여 수용하여 왔다.

이처럼 남녀를 분리수용하였던 것은 남성범죄자나 남성교도관의 폭력으로부터 여성수형자를 보호하고 여성들을 위한 특별한 프로그램을 개발하여 제공하되, 여성수형자에게 시설관리의 책임을 일임시킴으로써 여성수형자의 자립심과 독립심을 고양하며, 외부세계의 혼란으로부터 여성범죄자를 격리시키기 위해서였다고 한다.[1]

그런데 남녀범죄자를 분리수용함으로써 남녀수형자 모두에게 부정적으로 기능하는 상황이 생기게 되었다. 여성범죄자측에서는 수용인구의 과소와 그로 인한 시설수의 과소로 인해 여성시설이 대부분 수형자의 생활지역과 멀리 떨어져 있게 되어 수형자의 사회접촉이 어렵고 사회로부터 더욱 격리된다는 것과 시설수준이나 시설 내에서의 처우나 프로그램의 수준이 또한 수적으로 질적으로 떨어지게 되는 결과를 초래하였다. 남성수형자의 면에서는 시설환경이 지나치게 딱딱해지며, 과밀수용으로 인한 직원 대 수형자의 비율이 높아지는 등의 문제가 야기되었다. 또한 남녀를 구분함으로써 그들의 전형적인 성역할에 따라 수형자가 처우된다는 현상이 남녀수형

---

1 J. G. Ross and Others, "The Co—Correctional Universe," pp. 234~249 in Robert M. Carter, Daniel Glaser, and Leslie T. Wilkins(eds.), *Correctional Institutions*(3rd ed.), New York : Harper and Row, 1985, p. 235.

자 모두에게 야기되었다.[2]

그래서 최근에 와서는 몇몇 교도소에서 다시 남녀에게 공히 문호를 개방하여 수용하는 실험을 하고 있다. 물론 현재도 동일한 교도소에 일부 여성범죄자를 수용하기도 하는데, 이 경우는 대개 여성을 필요로 하는 교도소 내의 업무를 수행하기 위한 인력으로서 극히 일부 여성범죄자를 수용하거나 같은 교도소지만 사실상은 거의 분리된 시설과 다를 바 없는 경우이다. 여기서 말하는 남녀혼용교도소란 남녀범죄자를 같은 시설에 동시에 혼합수용하고 사방이나 사동은 달리하지만, 일부프로그램에서만 제한적으로 남녀를 공동으로 참여케 하는 데서부터 교정시설의 공동사용과 처우의 공동참여 등에 이르기까지 다양한 범위에서 남녀를 통합하여 공동으로 교육하고 교정하는 곳이다. 그러므로 남녀공학을 의미하는 co-educational 또는 남녀공동교정이라는 의미의 co-correctional교도소라고 이름하고 있다.

이러한 남녀공학적 교정시설은 처음 청소년비행자들을 위한 청소년가정(juvenile home)이나 약물범죄자를 위한 재활기관 등에서 시작되었다. 남녀범죄자를 공동으로 수용하여 공동으로 교육하고 교정하는 것은 몇 가지 이점을 가지고 있음이 분명하다.[3] 예를 들어서 여성범죄자의 교정에서도 언급되었지만 여성범죄자의 교정에 있어서 가장 문제가 되고 있는 것이 남성수형자와의 차별성이었는데, 남녀공동교정을 통해서 이러한 여성범죄자에 대한 차별적 불이익이 해소될 수 있다는 것이다. 즉 여성범죄자가 극히 소수에 불과하고, 따라서 그들을 수용하는 시설도 극소수에 지나지 않아서 결과적으로 남성수형자에 비해서 여성수형자에 대한 처우가 소홀하거나 차별적일 수밖에 없다. 그러나 남녀를 공동으로 수용함으로써 이러한 문제가 자연히 해결될 수 있다는 것이다.

한편 남녀를 공동으로 수용함으로써 남자들만을 수용하는 경우보다 교도소의 분위기가 부드러워질 수 있기 때문에 수형자간의 폭력 등의 문제가 줄어들 수 있고, 특히 교도소 내에서의 동성애문제를 해결하는 데도 도움이 되며, 수용으로 인해 박탈되었던 이성과의 접촉이 제한적이나마 허용됨으로써 출소 후 이성관계를 원활하게 할 수 있어 사회적응과 복귀에 유익할 수도 있다고 한다.

그러나 이보다 더 중요한 이유는 교정관리의 경제성에서 찾을 수 있다. 남녀범죄자를 공동으로 수용함으로써 교정시설을 더욱 비용-편익적인 방법으로 이용할 수 있다는 것이다. 여성범

---

2 Ralph R. Arditi, Frederick Goldberg, M. Martha Hartle, John H. Peters, and William R. Phelps, "The Sexual Segregation of American Prisons," *Yale Law Journal*, 1973, 82 : 1229~1273.

3 John O. Smykla, *Go-ed Prison*, New York : Human Science Press, 1980.

죄자와 여성수용인구는 거의 변화가 없이 같은 수준을 유지하나 남성범죄자와 수용인구는 증가하고 있어서 여성범죄자수용시설과 남성범죄자수용시설이 수용밀도에 있어서 상당한 차이가 있다. 따라서 여성교정시설은 수용공간이 여유가 있고 남성시설은 과밀수용상태에 있으므로, 이들을 혼합함으로써 여성시설에 더 많은 수형자를 수용할 수 있어 효용가치가 높아지고, 반면에 남성시설은 수용밀도가 낮아지는 결과를 가져올 수 있다는 것이다.

제 2 절   특   성

어떠한 교정시설이 남녀공학시설이 되기 위해서는 그 시설이 반드시 개방시설이어야 한다. 개방시설은 대체로 외부통근·외부통학 등 일정한 이유로 교도소 밖으로 나갈 수 있고, 외부인사 또한 종교적·교육적·사회적 목적으로 교도소를 방문할 수 있도록 허용하고 있다. 이와 함께 교도소가 개방시설이 되기 위해서는 당연히 그 시설은 경구금시설일 수밖에 없다. 그러나 가끔은 중구금교도소에서도 실시되고 있다.

남녀공학교도소가 보안수준만 제한되는 것이 아니라 수용능력에 있어서도 일정한 한계를 두어야 한다고 한다. 즉 남녀공학교도소는 가능한 최소한의 규모가 더 바람직하다는 것이다. 그래서 실제로 남녀공학교정을 실시하는 시설은 대개 500명 내외로 알려지고 있다. 작은 규모의 시설이여야 하는 것은 과다수용은 곧 보안문제와 수형자 간 긴장과 갈등 등을 야기시킬 수 있기 때문이다. 그 밖에 남녀공학교도소는 수형자와 직원의 비율이 남녀분리수용교도소에 비해 상대적으로 높아야 한다. 즉 남녀공학교도소가 더 많은 직원을 필요로 한다는 것이다. 그 이유는 물론 수형자를 수용하는 데 그치지 않고, 교화개선하기 위해서는 많은 인원이 필요하기 때문이다.[4]

남녀공학교도소의 수형자는 남녀가 사동이나 사방을 달리하여 수용되고 있는데, 구분의 정도는 시설에 따라 많은 차이를 보일 수 있다. 사동을 구분하거나 사방만 분리할 수도 있고, 때로

---

4 Barry Ruback, "The Sexually Integrated Prison : A Legal and Policy Evaluation," pp. 33~60 in John Ortiz Smykla(ed.), *Co−ed Prison*, New York : Human Science Press, 1980, pp. 41~42.

는 거의 별개의 시설이라고 할 수 있을 정도로 엄격하게 분리되기도 한다. 물론 남녀가 동일한 사방을 배당받지만, 대개 여성수형자에게 더 많은 privacy를 제공하기 위해서 더 많은 공간이 제공되는 것이 보편적이다. 한편, 남녀의 수용비율은 시설에 따라 1 : 1에서부터 심지어는 20 : 1 에 이르기까지 다양하게 분포되어 있다.[5]

그런데 남녀공학교도소에 수용되는 범죄자의 선정은 다양한 기준과 내용에 의해서 가려지는데, 주로 수형자 스스로의 선택, 나이, 지금까지의 수형기간, 현재의 수형성적, 폭력경력 여부와 도주위험성, 성범죄경력 여부, 갱집단두목 등 경력유무, 보안수준, 초범자, 지리적 여건, 동일 시설 내 친인척수용 여부, 특수작업수행능력, 지역사회프로그램 참여자격 등을 기준으로 삼고 있다. 그러나 여성수형자의 경우 수적 부족으로 이러한 기준에 관계없이 거의 전원 수용되는 실정이어서, 이러한 선별기준은 사실상 남성수형자의 선별과 선정을 위해서만 적용되고 있다. 남성수형자의 선별시 그중에서도 가장 중요하게 고려되는 것은 수형자의 선택, 지금까지의 수형성적, 폭력경력 그리고 경구금보안등급이라고 할 수 있다.[6]

남녀공동교도소에는 남녀직원이 공동으로 일하고 있지만, 대부분의 시설이 여자직원에 비해 남자직원이 더 많은 실정이다. 그런데 남녀공동교도소의 성패는 남녀공동교정, 반대되는 성별의 수형자, 반대되는 성별의 직원 그리고 교정일반에 대한 직원의 태도에 달렸다고들 한다. 이런 점에서 다수의 남녀공동교도소에서는 직원채용시 과거 남녀분리수용교도소에서 근무한 경험이 없는 사람만을 신규로 채용하였는데, 그것은 과거 남녀분리수용교도소에서의 경험이 공동교도소에 영향을 미칠 것을 염려해서였다.

남녀공동교도소에서의 프로그램은 구조화된 것과 구조화되지 않은 것이 있다. 우선 구조화된 프로그램은 대부분이 교육과 작업에 관한 프로그램이며, 비구조화된 것은 여가활동·식사·수형자조직·교회 등의 활동을 말한다. 이 중 구조화된 프로그램은 남녀가 공동으로 참여하는 경우가 대부분이다. 그러나 완전한 남녀 통합운영에는 약간의 한계가 있는데, 그것은 프로그램의 수용능력상 한계, 시간과 장소에 따른 이동의 제한, 프로그램의 특성상 남녀공동으로 할 수 없는 경우, 일정표상의 어려움, 혼성이 아닌 단성에 대한 선호, 제한필요성에 대한 행정적 결정 등에 기인하고 있다.[7]

5 James Ross, Esther Heffernan, James Sevick, and Ford Johnson, "Characteristics of Go−Correctional Institutions," pp. 61~82 in Smykla, *ibid.*, pp. 63~64.

6 Ross *et al.*, *op. cit.*, pp. 241~242.

7 Ross *et al.*, *op. cit.*, p. 243.

　　게다가 그러나 프로그램에 대한 제한은 비구조화된 프로그램에 더욱 심하다. 남녀수형자간의 비구조화된 상호작용은 상당히 엄격하게 제한되고 있다. 비구조화된 남녀간 상호작용의 범위와 정도는 대체로 감독의 적절성, 이동의 제한 그리고 행정결정 등에 의해서 제한되고 있다. 예를 들어 거의 모든 시설에서 여가활동의 통합에는 제한을 가하고 있는데, 그것은 여성의 조깅은 감독하기가 어렵기 때문이다. 또한 서로 다른 시간에 수영을 하는 등 시간과 장소에 따라 제한받기도 한다. 식사는 남녀가 함께 하는 곳도 있으나 절반 이상은 금하고 있다. 비구조화된 남녀수형자간의 상호작용은 시설에 따라 차이가 많이 나기 때문에 획일적으로 규정할 수는 없다. 특히 자유시간의 상호작용에 대한 제한과 허용의 한계는 더욱 다양하다. 예를 들어 어떤 시설에서는 최소한의 범위 내에서만 간섭하고 최대한 상호작용을 허용하는 반면, 다른 시설에서는 물리적으로 통제된 장소에서만 상호작용을 허용하는 등 제한의 폭이 서로 다르다. 결론적으로 남녀간 상호작용이 프로그램으로서 가치를 지닐 때에는 비구조화된 상호작용이 상당수준 허용되고 있는 것으로 볼 수 있다.[8]

　　남녀공동교도소의 운영에 있어서 가장 제한되는 요소는 남녀수형자간 신체적 접촉에 대한 규정일 것이다. 물론 이것도 시설에 따라 수형자간 성교를 제외한 거의 모든 접촉이 허용되는 곳에서부터 거의 모든 신체적 접촉을 금지하는 곳에 이르기까지 매우 다양하다. 예를 들면, 어떤 시설에서는 공공장소에서 일반적으로 허용되고 있는 행위가 허용되어 수형자의 쌍이 있는가 하면, 다른 시설에서는 단지 손을 잡고 또는 팔짱을 끼고 걸을 수만 있고, 극단적인 시설에서는 어깨에 손을 얹는 등 어떠한 신체적 접촉도 허용되지 않으며 접촉시 징계의 대상이 되기도 한다. 그러나 이들 신체접촉을 허용하지 않는 곳에서도 약간의 신체접촉을 허용하는 시간을 주기도 한다. 신체접촉을 엄격하게 제한하는 시설의 수형자와 교도관 모두가 신체접촉제한정책을 따르기가 매우 힘들다고 비판하면서 특정한 자격을 갖춘 수형자에게는 동성간의 신체접촉이나 이성간의 신체적 접촉이 동일하게 취급되어야 한다고 주장한다. 모순되게도 이러한 이성간의 신체적 접촉의 제한은 사실 동성애에 대한 관대함으로 이어지게 된다. 그것은 일반의 인식과 태도가 재소의 이성간 신체적 접촉을 제한하도록 요구하기 때문에 이성간 접촉에 대한 제한이 우선시되고 동성애는 더 가볍게 다루어지고 있기 때문이다.[9]

---

8 Ross *et al.*, *op. cit.*, pp. 244~245,

9 Ross *et al.*, *op. cit.*, p. 246.

제 3 절 모   형

Ross 등은 남녀공동교도소에 대한 전국적인 평가연구를 하면서 남녀공동교도소는 재통합 (reintegration), 시설통제(institutional control) 그리고 요법처우(therapy)의 세 가지 프로그램적 모형(programmatic model)과 감시와 제재(surveillance and sanction)와 교체선택(alternate choice)의 두 가지 비프로그램적 모형(nonprogrammatic model)이 있다고 주장하였다.[10]

1. 프로그램적 모형

(1) 재통합모형

교정의 재통합모형에서의 남녀공동교도소의 활용은 전통적인 남녀분리수용교도소보다 덜 파괴적이고 자유로운 환경에서 보다 폭넓은 대안을 통상적으로 제공하고, 출소 후 지역사회로의 복귀와 재통합을 용이하게 하는 데 도움이 되도록 시설환경을 보편화(normalize)하기 위해서 남녀수형자간의 상호작용을 이용하려는 노력을 반영하는 것이다. 수용경험의 파괴성을 가능한 한 정상화하고 수형자의 사회로의 재진입을 용이하게 하는 것을 전반적인 목적으로 하는 재통합모형 내에서의 남녀공동교도소의 기능은 교도소에서 이성간의 상호작용을 유지하게 함으로써 수형자의 개인적 성장에 영향을 미치도록 하는 것이라고 할 수 있다.

전통적 남녀분리교도소의 부정적 영향이 출소 후 적응을 방해하고 지속적인 범인성을 유발하며, 전통적 분리교도소에서의 정상적인 감정적 관계의 박탈은 수용상의 폭력이나 약탈적 동성애의 상당한 원인으로 밝혀지고 있다. 또한 남성우월주의가 지배하는 성역할과 그로 인한 폭력성은 교도소환경에서 바람직한 것이 아니며, 교도소에서의 성적 관계가 강압적이고 동성애적인 것보다는 자발적이고 이성적인 것이 바람직하다는 논리이다.

요약하자면 남녀공동교도소에서의 재통합모형은 보다 정상적인 시설환경의 존재로 상황적

---

10 James Ross et al., *Assessment of Co-Correctional Corrections*, U.S. Department of Justice, National Institute of Law Enforcement and Criminal Justice, Washington, D.C. : U.S. Government Printing Office, 1978.

동성애활동이 최소화될 수 있으며 남녀분리교도소에서 이송된 수형자에 대한 이성적 대안의 제공으로 출소 전 이성적 관계기술의 재개발을 위한 시간을 제공할 수 있는 등의 결과를 기대할 수 있다. 바로 이러한 결과들이 출소 후 적응문제를 줄여 주고, 결과적으로 재범률도 낮추는 데 기여할 것으로 간주되고 있다.[11]

(2) 시설통제모형

남녀공동교도소의 시설통제모형은 재통합모형에서와 같이 시설환경을 정상화하는 데 있어서 남녀간 상호작용의 가치를 반영하는 것이다. 시설통제모형은 시설 내 폭력성의 감소를 위한 관리도구로서 남녀수형자간의 상호작용의 힘에 초점을 맞추고 있다. 재통합모형과 시설통제모형간에는 과정이나 결과 등이 차이가 있으나 시설환경을 정상화하는 데 남녀간의 상호작용을 활용한다는 점에서 유사한 면이 있다. 시설통제모형은 시설통제에 직접적인 책임이 있는 직원들에 의해서 주로 주창되고 있는데, 그들의 주장은 다음과 같은 가정에 기초하고 있다.

남녀분리수용교도소의 이성과의 정상적인 상호작용을 박탈하는 것이 시설 내의 폭력, 동성애 등 기타 문제의 근본적인 원인이며, 남성다움을 강조하는 지배적인 남성성역할과 폭력성은 교도소환경에서 결코 바람직스러운 것이 아니다. 만약 성관계가 이루어진다면 그것은 강제적이거나 약탈적인 동성애적인 관계보다는 자발적이고 이성적인 관계가 바람직하며, 시설 내 이성의 존재는 시설 내 폭력, 동성애 그리고 기타 문제행위를 약화시키는 근거가 될 수도 있다.[12]

(3) 요법처우모형

요법처우모형도 위의 두 모형과 유사하게 시설환경의 정상화를 위하여 남녀수형자의 상호작용을 활용한다. 그러나 외부세계에서 일상적으로 주어질 수 있는 대안을 폭넓게 제공하는 것보다는 성적으로 비정상적인 태도와 행위를 치료하고 교정할 수 있는 여건의 개발에 중요한 가치를 두고 있다. 그래서 요법처우모형은 약탈적 행위의 빈도와 필요성을 제한하는 환경의 조성과 범죄의 직·간접적인 원인이라고 할 수 있는 현저한 성적 비정상성을 줄이는 데 대한 남녀 상호작용의 영향에 초점이 맞추어진다. 물론 선정기준, 수용인구통제수단, 통제의 수준, 주요기대결과 등은 다르지만, 요법처우모형은 재통합모형과 동시에 활용되는 경우가 많다. 이러한 요

---

11 James Ross, Esther Heffernan, James Sevick, and Ford Johnson, *op. cit.*, pp. 204~206.

12 Ross *et al.*, *op. cit.*, pp. 206~207.

법처우모형은 요법처우환경을 제공하는 것으로 알려진 시설 내 처우요원과 행정가들에 의해서 가장 빈번하게 주창되는 것으로 다음과 같은 가정에 기초하고 있다.

상당수 범죄행위가 이성과의 건전한 관계의 부재로부터 직·간접적으로 야기되어 전통적 남녀분리수용교도소의 수용은 동성애와 때로는 폭력적 부문화의 발전을 부추기기 때문에 범죄자의 성적 비정상성을 악화시키고, 교도소에서도 성관계는 발생하게 된다. 그런데 이왕이면 그것이 강제적이고 때로는 동성적인 것보다는 적어도 자발적이고 비약탈적인 이성간의 관계가 더 바람직하며, 성적으로 비정상적인 행위와 태도를 교정하기 위해서는 약간의 표출행위는 용인되고 통제정책이 입안되며, 재량권과 민감성을 가지고 집행되어야 한다는 것이다.[13]

2. 비프로그램적 모형

남녀공동교도소에서의 남녀간 상호작용의 통제와 제한의 주요 수단이 접촉의 제한, 높은 수준의 감시와 감독 및 엄격하고 철저한 징계와 연결되는 경우에는 교도소의 관리가 감시와 제재모형이라고 할 수 있다. 반면에 남녀 상호작용을 최소화하기 위한 노력이 시간과 주의를 다른 대안적으로 환기시켜 활용할 수 있도록 작업·교육·여가활동은 물론 직원·지역사회·가족관계를 극대화시킴으로써 대체적 관계를 발전시켜서 가능해진다면, 그 교도소는 대체적 선택모형(alternate choice model)이라고 할 수 있다.

(1) 감시와 제재모형(surveillance and sanction model)

이 모형은 대체로 기존의 남녀분리수용시설을 공동교도소로 전환할 때 나타나는 것으로서, 양성의 존재가 교도소의 운영에 미치는 영향과 직원과 공간의 활용이라는 명제적 필요성을 수행할 수 있도록 하는 데 초점을 모으게 한다. 이 모형이 추구하는 목표는 임신율을 낮추고, 성이나 성관련폭행을 줄이며, 감정적 개입을 줄이기 위한 것이지만, 수용인구의 통제는 앞에서 기술한 프로그램적 모형보다 훨씬 엄중하다. 만약 이 모형이 해결하려고 목표했던 임신, 성폭력 그리고 감정개입의 문제가 해결된다면, 소기의 성과를 효과적으로 성취할 수 있을 것이라는 기대하에 위의 문제를 해결하는 데 온 힘을 기울이게 된다. 이 모형은 남녀공동교도소로의 전환결정을 결정하는 행정가들에 의해서 주로 주창되는 것으로 다음과 같은 가정에 기초

13 Ross *et al.*, *op. cit.*, pp. 209~210.

하고 있다.

동일시설에 남녀수형자가 동시에 수용되는 것은 교정체제 전체의 이익을 위해서 어쩔 수 없이 감내해야 할 관리문제를 야기시키며, 이성의 존재로 교도소운영의 기준이 변경되어서는 안된다. 높은 수준의 외부통제가 없다면 교도소 내에서 성관계가 발생할 것이고, 일반적으로 직원들이 수형자의 이성관계를 용인할 가능성이 높기 때문에 정상적인 운영을 위해서는 수형자뿐만 아니라 직원에 대한 제재도 높아야 하며, 즉 외부통제를 최우선적으로 집행함으로써 정상적인 운영이 유지될 수 있을 것이라는 가정이다.

사실 교정당국의 경제적 측면에서의 필요에 의해서 공동교도소로 전환되기 때문에 이로 인한 수용관리의 문제가 야기될 수 있고, 이 모형에 따라 이성간 접촉을 최대한 제한하려고 한다. 결과적으로 접촉을 제한하고, 이를 철저히 감시하며, 그 위반에 대하여 엄격하게 제재를 가하는 것이다. 여기서 감시·감독의 강화는 시설의 개·보수, 감독직원의 증원, 이동의 제한 등을 통해서 이루어질 수 있다. 엄중한 제재는 접촉위반자에 대한 타교도소로의 이송 등의 방법으로 이루어지고 있다. 이러한 과정을 통해서 소내 임신, 성폭력, 감정개입의 문제가 감소되어 당초 교도소당국이 추구하였던 경제성이 실현될 수 있는 것이다.[14]

(2) 대체선택모형

대체선택모형(alternate choice model)은 위의 감시·제재모형과 같이 교정당국의 필요와 이익에 따라 분리시설이 공동시설로 전환될 때 나타나는 모형이다. 이 모형은 문제행위를 통제하기 위한 의식적인 관리전략이라기보다는 수용자와 직원에게 매우 통제된 시설에 적응하도록 요구하는 당국의 목표를 이루는 대체수단으로서 나타나는 것이라고 할 수 있다. 이 모형은 철저한 감시·감독 없이도 만족할 만한 조건이 충족된다면, 완전한 접촉도 관리될 수 있다는 가정에 기초하고 있다. 그래서 대체선택모형은 감시·감독제재모형에 대한 반응으로서 감시·제재모형의 테두리 안에서 일반적으로 생성되는 것으로 알려지고 있으며, 이 모형에서의 감시와 제재의 목표는 관련된 비용의 투입 없이도 성취될 수 있다고 주장한다. 이 모형은 주로 하위개선직원과 스태프직원에 의해서 주창되는 것으로 다음과 같은 가정에 기초하고 있다.

동일시설에 남녀를 공동으로 수용하는 것은 관리상 문제를 유발하나 그것은 교정의 전반적인 이익이라는 측면에서 용인되어야 하고, 이성수형자가 존재한다고 교도소운영의 기준이 변경

---

14 Ross *et al.*, *op. cit.*, pp. 212~214.

되어서는 안 된다. 성적 관계는 정상적인 것이고 불가피하게 교도소는 성적 관계의 출현을 제한하기 위해서 최소한의 외부통제를 요할 수밖에 없다. 그러나 수형자간의 성적 관계는 수형자를 바쁘게 하는 대체수단을 제공하고 대체관계의 기회를 제공함으로써 더 적절하게 제한될 수 있다고 가정한다.

위의 가정을 보면 대체선택모형은 문제행위를 최소화하고 정상적인 운영을 유지하며, 동시에 시설의 자원을 감시와 제재에 투입함으로써 생길 수 있는 부정적 문제도 피할 수 있기 위해서 비제한적 접촉정책이 채택되고 있다. 충분한 여건이 갖추어진다면 이러한 목표가 달성될 수 있다는 가정하에 수형자에 대한 접촉의 허용은 통제의 대체수단의 집행을 야기시킨다. 이 대체선택에는 대체관계(alternate relationships), 시간의 대체이용, 대체소득, 강제적 관계에 대한 선별적 감시와 제재 그리고 산아제한 등이 있다. 대체관계란 주로 귀휴, 방문, 지역사회프로그램에의 참여 그리고 직원과 수형자의 관계 등이 있으며, 시간의 대체이용은 교육훈련, 작업부과, 여가활동에의 참여 등이 있다. 여기서 대체시간의 활용이나 대체소득자원의 제공이 약간의 경비를 요할지 모르지만, 그래도 엄격한 감시·감독과 제재에 필요한 경비에는 미치지 않기 때문에 교정당국의 경제적 이익이 충족될 수 있는 것으로 주장되고 있다. 더구나 하는 일 없이 앉아서 이성관계만 생각하게 하는 것보다 수형자를 바쁘게 만들어 다른 생각을 할 수 없게끔 한다. 더불어 지역사회와의 접촉도 많이 하고, 취업가능한 직업기술도 습득하며, 출소 후 정착자금도 마련하고, 더 많은 교육도 받을 수 있는 등 궁극적으로 장래 범죄성활동을 줄이고 사회에 재통합하는 데 도움이 될 수 있다고 주장한다.[15]

제4절 평   가

통상 교도소의 성패를 저울질하는 기준은 전통적으로 재범률이라는 잣대였다. 이 재범률을 기준으로 한다면 미국에서 실험적으로 실시되어 온 남녀공동교도소는 가장 성공적인 교도소의

---

15 Ross *et al., op. cit.,* pp. 214~216.

하나라고 할 수 있다. 미국의 텍사스주 Fort Worth에 있는 연방남녀공동교도소의 출소자 중 80% 이상이 8개월에서 27개월에 이르기까지 재범을 하지 않았다는 연구결과가 있었다.[16]

물론 이러한 결과는 매우 고무적인 것이지만, 재범률 자체의 문제점이나 재범률에 미치는 외적 요인 등 보다 심도 있는 논의가 필요하다. 즉 재범률의 조사는 조사기간을 몇 년 정도로 할 것인가의 문제, 출소 후 얼마만에 재범을 하였는가, 재범시의 범행의 죄질은 무엇인가, 몇 번이나 범죄를 하였는가 등 단순히 재범자와 비재범자라는 이분법적 해석이 갖는 문제와 재범조사가 대부분 공식통계에 의존하기 때문에 생기는 숨은 범죄, 즉 암수범죄의 문제도 해결되어야 한다. 더구나 이러한 재범률과 관련된 문제가 해결되더라도 출소자가 재범을 하지 않거나 하는 것이 반드시 출소 전 교도소에의 경험과 그 영향에 의한 것이라고 확신할 수 없었다. 또한 처음부터 남녀공동교도소에 수용된 수형자가 대부분 경구금보안분류자라는 사실과 개방시설이라는 점을 고려할 때 상대적으로 재범의 위험성이 처음부터 낮은 사람이었기 때문일 수도 있다. 특히 공동교도소의 성공이 전적으로 남녀공동수용의 탓이라고만은 할 수 없을 것이다. 그러나 남녀공동수용이 그래도 공동교도소의 성공에 상당한 기여는 했다고 보편적으로 믿고 있다.

그 이유는 성적 통합으로 보다 자연스러운 사회적 환경을 조장함으로써 수형자와 고용인 모두에게 교도소 내의 생활을 살찌우게 해 준다. 다수의 남성수형자들이 여성수형자를 함께 수용함으로써 교도소 내의 폭행이나 동성강간 등의 수를 대단히 줄여 줄 정도로 교도소를 인간적인 분위기로 바꾸는 데 영향을 미쳤다고 주장한다. 여성수형자에게 있어서도 보통 남성과의 비율이 1 : 4인 정도로 인해 자신들에게 보내지는 관심으로 여성수형자에게 유리하기 때문에 여성간의 적대감이 줄어들었다고 한다. 더불어 수형자들의 긴장이나 갈등의 감소는 당연히 직원들에게도 이익이 돌아감을 뜻한다.[17]

한편 성적으로 통합된 교도소의 보다 자연스러운 환경은 신입수용자들에게는 수용의 부정적 영향을 줄여 줄 수 있고, 출소자들에게는 현실세계에의 적응을 용이하게 해 줄 수 있다.

더구나 이러한 환경적 문제뿐만 아니라 남녀공동교도소는 위생이나 사회행위에 있어서도 긍정적인 진전을 초래할 수 있다고 한다. 우선 남성이건 여성이건 자신의 외모와 외관에 신경을 쓰게 되는데, 이는 수형자가 자신에 대한 타인의 태도를 신경쓴다는 것으로서 이는 수형자의 교화개선에 있어서 긍정적인 신호이기 때문이다. 이러한 건전한 사회화는 곧 외부세계에 적응하도

16 Ruback, *op. cit.*, p. 42.
17 Ruback, *op. cit.*, p. 44.

록 수형자를 준비시키는 과정이 된다.

다음으로 수형자들은 이성관계상 문제가 있는 경우가 많은데, 이성관계에 대해서 재학습하거나 학습할 수 있는 기회를 가질 수 있다. 특히 여성은 매춘에 종사했거나 약물중독경험자가 많으며, 남성수형자는 이혼자이거나 불행한 여성관계의 경험자들이 많은데, 이들도 남녀공동교도소에서 건전한 이성관계를 발전시키는 것으로 나타났다.

이러한 모든 것들이 다 관계되겠지만 남녀공동교도소의 수형자가 자기 존중심을 고양시킨다는 장점도 발견되고 있다. 수형자들은 이성과의 상호작용을 통하여 자신감과 확신을 가지고 교육과 훈련 등의 프로그램을 통해서 이러한 자신감과 확신감이 재강화되는 것으로 알려지고 있다. 이처럼 자기 존중심이 강화되면서 수형자강령이나 수형자부문화 등에의 동조는 줄어들게 되는 것이다.

그렇다고 남녀공동교도소가 전적으로 장점만이 있는 것은 아니다. 그중에서도 가장 문제가 되는 것은 많은 장점의 원천이기도 하였던 성적 활동이다. 대부분의 직원들은 자유로운 성적 활동에 반대하는데, 이유는 그것이 잘못되었다기보다는 일반시민의 반대 때문이라고 한다. 죄를 범하여 그에 상응한 처벌을 받고 있는 수형자가 자유로운 성활동을 즐길 수 있게 한다는 것은 국민의 법감정에 맞지 않는다는 것이다. 그러나 지나치게 이성간 접촉을 제한한다면 남녀공동교도소로서의 의미가 줄어들게 된다.

남녀공동교도소의 두 번째 단점은 역시 비용의 증대이다. 대부분의 남녀공동교도소는 분리수용교도소에 비해 수형자의 수용관리상 추가적인 문제가 야기되기 때문에 더 많은 직원을 요하게 된다. 즉 수형자간의 불법적인 접촉과 성적 관계를 예방하기 위해서는 더 많은 직원이 필요하다는 것이다.

마지막으로 들 수 있는 단점은 여성의 수용으로 인한 남성수용자에 대한 교화개선의 장애가 있을 수 있다는 점이다. 여성의 미성숙성과 그에 대한 직원의 관용은 교도소일상의 방해와 남성수형자와의 공정하지 못한 훈육과 징계 등을 초래할 수 있다. 또한 남성에 비해 여성이 책임감이 약하여 일과나 학과시간에 지각하기도 하여 남성수형자들의 분위기를 흐리거나 교도소규율에 대한 권위를 떨어뜨리기도 한다. 남성에 비해 여성수형자의 교육수준이 낮지만, 남녀공동교도소에서는 교육수준이 낮은 여성을 중심으로 교육하기 때문에 남성수형자에게는 불이익이 될 수도 있다. 더불어 여성수형자와 같이 생활하므로 일부 남성수형자는 어쩔 수 없이 필요 이상으로 접촉하게 되어 결과적으로 처벌받고, 그로 인하여 수용이 장기화된다고 불평하는 경우도 있다. 그런데 이런 불평은 대부분 이성파트너가 없는 남성수형자로부터 제기된다고 한다. 남성수형자의 두 번째 반대이유는 외부사회에 부인 등 여자가 있는 수형자는 교도소에 있는 여성수형자 때문에 자신의 이성관계에 문제가 생길까봐 하는 우려이다. 혹자는 여성이 없다면 다 잊어버리고 교화개선활동에 전적으로 전념할 수 있을 것이라고 주장하지만, 대체로 여성과의 사회적 접촉은 그래도 치료적인 가치가 있다고 한다.[18]

18 Ruback, *op. cit.*, pp. 46~49.

제2장
교정의 민영화의 현안

　교정의 역사를 통하여 수많은 개혁과 변화를 경험하였지만, 교도소의 민영화만큼 많은 논쟁을 불러일으킨 것도 없을 것이다.[1] 교정의 민영화란 교도소 등 교정시설을 사적인 영리를 목적으로 하는 조직에서 재정적으로 지원하거나 운영하고, 또는 일부 프로그램을 지원하거나 운영하는 것을 의미한다.[2] 그러나 교정의 민영화가 결코 새로운 것은 아니다. 민간기업에서 다양한 재화와 용역 그리고 교도작업을 정기적으로 제공하기 위한 계약을 해 온 지 수십 년에 이르기 때문이다.[3] 특히 민간기업에서의 교정운영은 경구금시설이 사적으로 조직되고 운영되는 경우가 많은 소년사법분야에서 더욱 눈에 띄고 있다.

1　Russ Immarigeon, "Private Prisons, Private Programs, and Their Implications for Reducing Reliance on Imprisonment in the United States," *Prison Journal*, 1985, 65 : 60～74; William G. Babcock, "Corrections and Privatization : An Overview," *Prison Journal*, 1985, 65 : 1～121; Patrick Anderson, Charles R. Davoli, and Laura Moriarty, "Private Corrections : Feast or Fiasco?" *Prison Journal*, 1985, 65 : 32～41; Alexis M. Durham Ⅲ, "Correctional Privatization and The Justice Model : The Collision of Justice and Utility," *Journal of Contemporary Criminal Justice*, 1987, 3 : 57～69.

2　Russ Immarigeon, "Privatizing Adult Imprisonment in the U.S. : A Bibliography," *Criminal Justice Abstract*, 1987, March : 123～139.

3　Christine Bowditch and Ronald S. Everett, "Private Prisons : Problems within the Solution," *Justice Quarterly*, 1987, 4 : 441～453.

제1절 민영화의 배경

물론 교정의 민영화(privatization of corrections)에 대한 논의와 시도도 알고 보면 경영의 효율성에 기인한 바가 크다. 다른 공공분야에서와 마찬가지로 제한된 자원으로 맡겨진 임무를 효율적으로 수행하기 위해서는 민간분야의 경영기법의 도입 등 보다 효율적인 운영방법을 강구하지 않을 수 없게 되었다. 그러나 교정의 민영화가 이와 같이 단지 경제적 논리에만 의해서 추구되지는 않았다.

이에 대해서 많은 사람들은 과밀수용으로 인한 교정수요의 증대와 그로 인한 교정경비의 증대, 공공기관에서 독점해 온 교정사업에 대한 불만 등을 교정의 민영화를 부추기는 이유로 꼽고 있다.[4]

1. 교정수요의 증대

범죄성을 조장하거나 유발하는 사회적 환경의 악화는 전반적인 범죄발생량을 증대시키고, 과거 범죄자에 대한 교정교화에의 불만으로 범죄자에 대한 강경대응(get-tough policy) 등 형사정책의 보수화로 인해 교정시설에 수용되는 수형자의 수를 증대시킬 뿐만 아니라 수용된 수형자의 수용기간도 장기화되어 전체적인 시설수용인원을 증대시켜서 과밀수용을 초래하게 되었다.

이러한 과밀수용은 수형자에 대한 교화개선을 어렵게 하여 수형자의 누범화·재범화를 부채질하게 되고, 이는 직업적인 범죄자를 양산하게 되어 다시 이들의 과다수용과 장기수용으로 과밀수용은 더욱 악화되고 있다. 이러한 과밀수용에 대해서 사법부가 개입하여(hands-on) 수형자의 인권차원에서 이를 해소하도록 강제하고, 이에 대해서 교정당국에서는 대체로 시설수용을 줄이거나 수용능력을 증대시키는 방향에서 그 해결책을 찾으려고 한다.

과밀수용에 대한 해결책으로서 시설수용의 억제는 대체로 각종 전환제도와 같은 비시설수용적 대안을 활용하여 이루어진다. 예를 들어 보호관찰이나 각종 지역사회교정 등도 사실은 상당부분 민간분야에 위탁되거나 민간분야의 참여가 활성화되어 있어서 민영화와 직접적인 관계

---

4 이윤호, "사설교도소의 허와 실: 미국의 경험," 교정 1990년 10월호, 통권 제174호, 한국교정협회, 15~19면 참조.

가 있다. 즉 교도소의 증축은 현실적으로 어려움이 있으므로 반대로 교도소의 벽을 허물자(tear down the walls)는 주장이다. 교도소의 벽을 허물어 버림으로써 교도소에 수용되는 범죄자를 원천적으로 줄이고, 수용되어 있는 수형자는 빨리 내보내어 수용인구를 줄이자는 것이다. 과밀수용을 위한 일종의 양면작전, 즉 정문정책(front-door) 전략과 후문정책(back-door) 전략을 동시에 구사하자는 것이다. 그러나 여기에는 시민의 법감정과 사회의 위험성초래라는 두 가지 문제가 새로운 과제로 떠오를 수밖에 없다.[5]

그래서 과잉수용의 해결방안으로 더 밀접한 관계가 있는 것은 역시 수용능력의 증대라고 할 수 있다. 그러나 불행하게도 수용능력의 증대는 대체로 수용시설의 증설을 전제로 하기 때문에 막대한 예산을 요구하게 된다. 바로 이러한 입장에서 교정당국이 수용능력의 증대를 위해 찾아낸 돌파구가 교정의 민영화이다. 즉 교정시설의 건설·재정·운영 등에 사기업이나 사설단체에게 중요한 역할을 맡겨서 교정행정상 수용능력의 증대를 비용-편익차원에서 효율적으로 달성할 수 있다는 것이다. 다시 말해서 교도소의 벽을 사기업에 판매하자(sell the walls)는 것이다.

2. 교정경비의 증대와 효율성

교정민영화의 두 번째 배경은 위의 첫 번째 배경과 관련된 것이므로 교정시설의 수용인구가 늘어나면 당연히 필요한 경비 또한 그만큼 증대될 수밖에 없는데, 문제는 경비충당을 위한 재원에는 한계가 있다는 것이다. 수용인구가 증대되면 이들을 수용하기 위한 시설의 증설이 따라야 함은 물론이고, 수용자들을 관리하기 위한 인력의 증원이나 수형자에 대한 처우비용의 증대 등 제반비용이 증대되는 것은 당연한 것이다.

그러나 이러한 교정경비는 당연히 국가예산으로 지원되어야 하나 전반적인 예산의 부족으로 충분한 예산의 확보가 쉽지 않으며, 특히 교정에 대한 인식의 부족으로 국가예산집행에 있어서 교정이 차지하는 비중이 높지 않기 때문에 필요한 교정예산의 확보를 더욱 어렵게 하게 된다. 더욱이 예산확보를 위해서는 시민의 조세부담을 늘려야 하는데, 교정예산의 증대를 위한 예산확보에 필요한 세금의 증액은 국민의 조세저항을 유발하게 되고, 또한 죄짓지 않고 열심히 노력하는 선량한 시민에 대한 복지향상에 필요한 경비도 제대로 확보하기 힘든 형편에 법을 어기고 사회에 해악을 끼친 범죄자를 위한 투자의 확대는 국민들에게도 설득력이 있을 수 없는 것이다.

---

5 과밀수용의 해소방안에 대해서는 교정관리편에서 자세히 설명되어 있으므로 참조하기 바람.

교정수요의 증대와 그로 인한 교정경비의 증대에 봉착한 교정당국이 찾을 수 있는 대안은 당연히 교정관리의 효율화로 귀착될 수밖에 없다. 즉 경제원리에 입각하여 적은 투자로 산출을 극대화할 수 있는 생산성의 향상이라는 비용－편익적인 경영기법의 도입이 절실해질 수밖에 없는 것이다. 역사적 경험을 통하여 관료제란 능률성이라는 측면에서 민간기업의 수준에 미치지 못한다는 것은 자명한 일이었고, 그 결과 대표적인 예가 국가기관의 공기업화와 공기업의 민영화라는 현상일 것이다. 더욱이 현재 각급 정부기관에서 추진하고 있는 민간기업의 경영마인드와 기법의 도입에서도 이를 입증할 수 있다. 다시 말해서 같은 경비를 가지고도 교정당국보다는 민간기업이 더 생산적이고 효율적으로 교정을 운영관리할 수 있다는 사실에 입각하여 교정의 민영화가 시험되고 있다고 할 수 있다. 이러한 주장의 배경에는 물론 교정에 대한 국가독점보다는 공개경쟁이라는 시장원리에 맡기는 것이 경제적이라는 인식을 저변에 깔고 있음은 주지의 사실이다.

3. 공공교정행정의 실패

지금까지 교정이 국가기관에 의한 독점적인 공공행정의 일부로서 사실은 만족스러운 결과를 낳지 못했다는 비판의 소리가 적지 않다. 즉 공공기관인 교정당국이 범죄자를 처우하여 교화개선시키고 사회에 복귀시켜 재활할 수 있게 하여 사회와 완전히 재통합할 수 있도록 하려는 당초의 교정목표를 제대로 만족스럽게 달성하지 못했다는 것이다.

이에 대한 근거는 거의 모든 국가에서 경험하는 높은 재범률이라는 잣대로서 입증되고 있다.

더구나 최근에 강조되고 있는 교정이념이 사회재통합(social reintegration)이라는 사실을 고려할 때, 국가기관인 교정당국에만 의존하는 교정은 실패할 수밖에 없음을 알 수 있다. 사회재통합이란 범죄자는 물론이고 범죄를 유발했거나 조장하였던 사회 역시 개선되고 변화되어서 이들이 상호 재통합될 수 있어야만 범죄자의 사회로 완전한 복귀와 재활이 가능해진다는 것이다. 이를 위해서 필요한 교정당국의 노력은 바로 교정의 사회화임은 자명한 이치이다.

교정의 사회화는 교정과 사회의 의미 있는 관계의 정립을 뜻하며, 의미 있는 관계는 곧 일방적 관계가 아니라 쌍방적 관계이어야 하며, 이를 위해서는 사회의 교정참여와 교정의 개방화가 전제되어야 한다. 교정의 개방화는 교도소 문턱을 낮추는 방법도 있으나, 이보다 더 적극적인 것이 앞에서 언급된 교도소 벽을 허무는 것이다. 특히 소년사법의 목적이 청소년의 건전한 육성과 보호에 있다면 국가의 사법기관보다는 사회복지기관이, 복지기관보다는 민간분야가 더 유리하다는 것은 의심의 여지가 없을 것이다. 이는 범죄자에 대해서 국가의 사법기관이 개입하면 할수록 그만큼 부정적 낙인의 정도와 그 영향이 심화되며, 부정적 낙인이 범죄자의 사회복귀와 재활 및 재통합을 어렵게 하는 가장 큰 장애요인이라는 사실이 잘 입증해 주고 있다.[6]

제 2 절 민영화의 현주소

그 이유야 무엇이건 간에 교정의 민영화는 현재 다양한 형태로 실험되고 있어서 교정민영화의 범위와 유형 또한 매우 다양하다고 볼 수 있다. 이러한 다양성의 이면에는 민영화가 아직은 실험을 끝내고 체계적인 평가를 받아 교정의 큰 줄기로 틀을 잡지 못한 것일 수도 있지만, 보다 중요한 것은 교정의 민영화는 그만큼 범위가 넓고 다양한 가능성을 가지고 있다는 의미도 될 수 있다는 것이다.

예를 들어 민간기업이 교도소를 건설하고 직원을 조직하고, 법원으로부터 직접 또는 기타 방법으로 수형자를 받아서 직접 운영하기도 하며 교도소의 일부 용역을 제공하기도 한다. 그 외에 민간기업이나 기타 조직 또는 단체에서 교도소를 시설하여 국가기관에 임대하여 그 기관에서 자신의 인력으로 자신의 운영방식에 따라 운영하는 경우도 있을 수 있다. 또한 교정의 민영화가 애당초 기존의 교정시설의 운영경비에 대한 깊은 관심에 기초하였기 때문에 음식이나 의료서비스 등 특정서비스를 교도소가 민간기업에 계약구매하는 형태로 이루어질 수도 있다.[7] 이렇게 민영화의 범위와 정도는 폭넓게 이루어지고 있다.

물론 여기서 빼놓을 수 없는 것이 교도작업이다. 교도작업분야에 있어서 민간기업의 참여는 오랜 역사를 가지고 있다. 교도작업운영방식 중 계약과 임대 및 단가방식 등은 민간기업의 참여를 기초로 가능한 작업방식이기 때문이다. 사실 교정민영화에 있어서 가장 중요한 변수가 바로 이 교도작업일 수 있다. 즉 적은 경비로 동일한 수형자를 관리할 수 있는 등 교도소를 보다 효율적으로 운영할 수 있는 것은 민간기업이 교도소를 운영할 때 수형자들의 노동력을 보다 생산

---

6 이윤호, "비행청소년의 교정교화," 186~210면, 청소년문제론, 한국청소년연구원, 1992, 208면.

7 Mick Ryan and Tony Ward, *Privatization and the Penal System : The American Experience and The Debate in Britain*, New York : St. Martin's Press, 1989, pp. 3~4.

적으로 이용할 수 있기 때문에 가능한 것인지도 모른다. 이 점에 대해서는 교정민영화를 반대하거나 민영화의 문제점으로 많은 사람들이 수형자의 노동력착취를 들고 있다.

교정의 민영화를 논할 때 논란의 여지가 될 수도 있지만 광의로 해석할 때, 즉 국가기관이 아닌 단체나 조직에서 교정을 운영관리하는 것도 일면 민영화라는 범주에 넣을 수도 있을 것이다. 대부분의 소년사법기관이 이용하고 있는 비행청소년에 대한 전환이나 보호시설에의 위탁 등은 사실은 영리를 목적으로 하는 기업에서 영리를 목적으로 운영되는 것은 아닐지라도 교정의 민영화논의에 포함시킬 수도 있을 것으로 보인다.

1. 교도작업분야의 민영화

교도작업이 사적 이익을 위해 이용된다는 것이 전혀 새로운 사실은 아니다. 그 중 가장 착취가 심하고 대신 이익이 가장 많이 남는 교도작업은 역시 임대(lease)방식일 것이다. 교정당국이 민간기업과의 임대계약을 맺고, 계약에 따라 민간기업은 수형자를 수용하고, 먹이고, 재우고, 입히고, 감시·감독하여 관리하면서 수형자의 노동력을 이용하여 회사의 기본경비를 충당하고, 이익을 남기며 그 대신 국가는 합의된 금액을 임대료로 받는 것이다.

그런데 이러한 임대방식은 때로는 수형자의 수용관리와 작업관리의 모든 책임을 임대업자에게 넘기기 때문에 사실상 노예와 다를 바 없을 정도로 착취당하는 경우가 생기게 된다. 결과적으로 이윤의 극대화에 모든 관심을 쏟게 되어 수형자의 권익이나 교화개선은 관심의 대상에서 멀어지게 된다.[8]

반면 계약(contract)방식은 교정당국에서 수형자를 수용관리하나 계약업자에게 작업장을 임대하고, 업자가 가능한 많은 이익을 확보하기 위해서 재료를 제공하고, 작업장을 관리하는 형태이다. 이러한 계약방식의 변용된 형태가 단가(piece-price)방식인데, 이는 수형자 개인별 노동력에 따라 계약하기보다는 교도작업의 산물인 제품의 단가에 따라 계약구매하는 것이다. 따라서 이 경우는 교정당국이 교도작업의 과정을 통제하는 것은 물론이다.

그러나 이러한 교도작업은 수형자에 대한 권익의 침해, 수형자에 대한 교화개선노력의 부재 그리고 시장경쟁원리에 어긋나는 민업에 대한 폐해 등으로 많은 반대에 부딪히게 되었다. 그럼에도 불구하고 민간생산업자가 수형자의 노동력을 착취하는 교도작업을 지금도 유지하고 있는

8 Thorten Sellin, *Slavery and the Penal System*, New York : Elsevier, 1976, pp. 161~162.

것은 무엇 때문일까?

이에 대한 첫 번째 대답은 민간기업이 작업량이 많지 않은 교도작업을 양적으로 충분히 빨리 제공할 수 있기 때문이다. 물론 이것은 민간기업이 그만큼 판로가 좋기 때문일 것이다.

두 번째 설명은 민간업자가 교도작업에서 물러났던 이유는 교화개선사상이 기인한 바 큰데, 교화개선사상의 퇴조로 출소 후 수형자의 취업에 보탬이 될 수 있는 작업기술의 함양이 더욱 중시되고 작업기술의 교육훈련은 그래도 민간분야가 앞서기 때문이라고 할 수 있다. 이와 함께 교정경비의 증대로 교도작업의 효율화나 민영화를 통해 교도작업에 의한 교정경비확충의 극대화가 필요해졌기 때문이다.[9]

2. 서비스분야의 민영화

사실 교도작업은 여러 가지 방법으로 교정당국에 이윤을 남길 수 있지만, 교정서비스의 제공은 서비스가 소비재이기 때문에 아무런 이윤을 남길 수 없는 것이다. 그럼에도 불구하고 교정의 민영화에서 빠지지 않고 서비스의 제공이 논의되는 것은 대규모 전문회사는 보다 싼 값에 양질의 서비스를 제공할 수 있다고 주장하기 때문에, 교정당국으로서는 적은 돈으로 양질의 서비스를 제공받을 수 있다면 교정경비를 줄이는 좋은 방법이 되는 것이다. 즉 대규모 전문회사는 대량구매와 대량생산으로 서비스의 조달원가를 줄일 수 있기 때문이다.[10]

이와 더불어 상당수의 교정서비스가 사실은 민간분야에서 더 효율적으로 서비스를 제공할 수 있다. 예를 들어 의료서비스의 경우 수형자병원에 가야 할 정도로 항상 아픈 환자가 충분히 많지 않기 때문에 교도소에 병원을 세우거나 의료시설을 갖추고 의료진을 채용하는 것보다는 의료서비스를 외부의료단체와 계약을 통해서 의료서비스를 제공하는 것이 훨씬 비용-편익의 차원에서 경제적일 수 있다는 것이다.

더구나 교정서비스를 제공하는 민간분야가 대규모 전문회사이기 때문만이 아니라, 서비스분야의 민영화가 보다 경제적이라고 하기보다는 이들 전문회사는 항상 경쟁을 해야 하기 때문에 경쟁자보다 더 좋은 서비스를 보다 싼 값으로 공급할 수 있어야 하기 때문이다.

---

9 Ryan and Ward, *op. cit.*, pp. 20~21.

10 National Institute of Justice, *The Privatization of Corrections*, Washington, D. C. : U.S. Government Printing Office, 1985, p. 55.

3. 비시설수용분야의 민영화

교정의 민영화가 반드시 교정시설, 즉 교도소에서만 가능한 것은 아니다. 오히려 비시설수용분야가 민영화될 수 있는 범위도 넓고 쉽게 민영화될 수 있는 점도 많다. 예를 들어서 미국의 경우 많은 중간처우소(halfway house)가 사실은 영리단체에 의해서 운영되고 있는 실정이다. 물론 이 분야에서는 성인범죄자보다는 청소년범죄자를 대상으로 하는 경우가 더 많다. 그 이유는 청소년범죄자에 대한 비시설수용·지역사회교정·전환 등의 형사정책이 강조되기 때문이다. 이들 청소년범죄자에 대한 시설수용의 폐해가 지적되면서 그 대안으로 나온 것이 처음에는 자발적 비영리단체에서 청소년범죄자에 대한 지역사회교정프로그램의 상당 부분을 담당하게 되었으나, 그 후 Vison Quest와 같은 영리목적의 민간단체도 이에 뛰어들게 되었다.[11] 그렇다고 청소년범죄자에 대한 민영화가 반드시 시설수용의 대안이라는 분야에만 국한된 것은 아니다. 미국에서는 위험성이 적어서 보안등급이 낮은 상당수의 청소년범죄자 수용시설도 민간단체에 의해서 운영되고 있다고 한다.[12]

제 3 절 민영화의 쟁점

교정의 민영화를 주창하는 입장에서는 교정시설은 정부기관보다는 민간기업에 의해서 보다 부드럽고 효과적으로 운영될 수 있고, 민간기업이 국가기관보다는 양질의 서비스를 보다 싼 값에 제공할 수 있으며, 교도작업을 통하여 관리나 운영경비를 충당함으로써 교정시설도 이윤을 기초로 운영될 수 있고, 민간기업이 국가기관보다는 필요한 재화와 용역을 구매하는 데 훨씬 유리한 입장에 있다는 점을 들어 적극적으로 찬성하고 있다.[13]

---

11 Ryan and Ward, *op. cit.*, p. 28.

12 Report of the President's Commission on Privatization, *Toward More Effective Government*, U.S. Government, 1988, p. 147.

13 Francis T. Cullen, "The Privatization of Treatment : Prison Reform in the 1980's," *Federal Probation*, 1986, 50 : 8∼16.

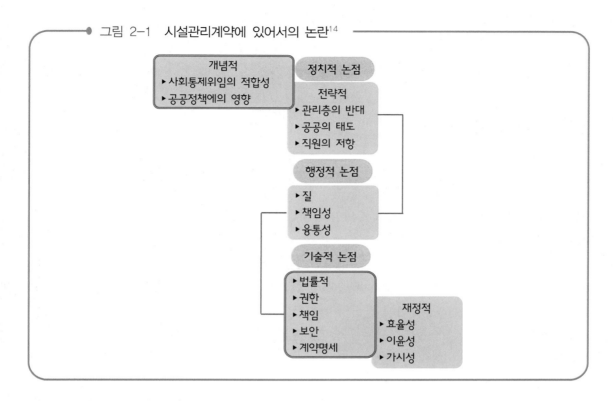

그림 2-1   시설관리계약에 있어서의 논란[14]

반면에 교정의 민영화를 반대하는 측에서는 수형자관리와 훈육에 대한 책임성, 민간인에 대한 국가형벌권의 위임, 수형자에 대한 착취와 권익의 침해, 범죄자수용의 확대 등의 논란의 여지가 많다는 점을 지적하고 있다.[15] Hackett 등은 교정의 민영화에 대한 이러한 논란을 <그림 2-1>과 같이 요약하고 있다. 이 그림에 의하면 교정의 민영화는 크게 정치적인 면, 행정적인 면, 기술적인 면으로 나누고, 정치적인 면은 다시 개념적인 면과 전략적인 면으로, 그리고 기술적인 면은 법률적인 면과 재정적인 면으로 나누어서 평가되어야 한다는 것이다.

우선 정치적인 면을 보자. 개념적인 면은 국가의 사회통제와 형벌권을 민간인에게 위임하는 것이 옳은 것인가와 그것이 공공정책에 미치는 파급효과와 영향은 무엇인가라는 측면에서 평가되어야 한다. 그리고 전략적인 면에서는 교정직원의 저항은 없는가, 관리계층의 반대는 없는가

---

14 Judith C. Hackett *et al.*, *Contracting for the Operation of Prisons and Jails*, Washington, D.C. : National Institute of Justice, 1987, p. 3.

15 Immarigeon, *op. cit.*, 1985; Albert R. Roberts and Gerald D. Powers, "The Privatization of Corrections : Methodological Issues and Dilemmas Involved in Evaluative Research," *Prison Journal*, 1985, 65 : 95~107.

그리고 일반시민대중의 태도는 어떠한가를 고려하여야 한다는 것이다.

행정적인 면에서는 민영화된 교정행정이 질적으로 향상되고, 행정책임성이 분명하며, 행정의 융통성은 확보되는가를 평가하여야 하는 것으로 간주되고 있다. 한편 기술적인 면에서 법률적인 논점은 권한, 책임, 보안 그리고 계약명세 등을 분명히 하여야 하며, 재정적인 면에서는 민영화가 과연 효율적이고, 이윤을 남길 수 있으며, 그 성과가 가시적인가를 살펴보아야 한다는 것이다.

교정의 민영화에 있어서 깊이 고려되어야 하고 배려되어야 할 논점들은 위에서 예시한 <그림 5-1>에서와 같이 여러 가지가 있을 수 있으나, 그중에서도 가장 빈번하게 그리고 가장 심각하게 논쟁의 대상이 되고 한편으로는 비판의 대상이 되기도 한 주요 사항을 중심으로 보다 자세하게 알아보기로 한다.

첫째는 행정의 전문성 문제이다. 즉 누가 교정행정의 전문가인가라고 하는 근본적인 의문이다. 물론 기업경영이나 이윤의 극대화 또는 생산성이나 효율성이라는 측면에서는 기업인이 우세한 입장일 수도 있다. 그러나 현대나 삼성의 회장이 과연 서울구치소장보다, 또는 삼성그룹이 서울구치소당국보다 구치소를 더 잘 운영한다고 확신할 수 있는가? 현재 교정당국이나 교도소당국이 많은 비판을 받기는 하지만, 그렇다고 삼성그룹의 전문경영인이 서울구치소장보다 교정행정에 더 전문가라는 것은 보장하기 힘든 것이다.[16]

둘째는 과연 사회통제나 형벌권을 국가가 아닌 민간기업이나 단체에 위임할 수 있는가라는 문제이다. 범죄자를 제재하는 것은 국가의 고유한 권한이므로 범죄자의 구금은 당연히 국가의 독점적인 권한인 것이다.[17] 그러나 이에 대해서 미국의 법원은 대체로 이들 사설교도소나 시설을 일종의 정부의 대리자(agent)로 간주하고, 따라서 사설교도소의 행위도 국가의 행위로 인정할 수 있는 것으로 보고 있다. 결론적으로 교정시설을 운영하는 민간기업의 참여를 국가제재권의 확장으로 해석하는데, 이는 국가가 고용한 국가공무원이 국가기능을 위임받은 대리인인 것과 마찬가지로 사설교도소도 국가의 대리인으로 간주하고 있다.[18]

셋째는 교도소의 이익을 위하여 수형자의 노동력을 이용하는 것이 합당한 것인가 하는 문제이다. 수형자의 노동력을 이용하여 교도작업을 하고, 거기서 얼마간의 이윤을 만드는 관행은 오

---

16 Alvin W. Cohn, "The Failure of Correctional Management : The Potential for Reversal," *Federal Probation*, 1987, 51 : 3~7.

17 Charles H. Logan, "The Propriety of Proprietary Prison," *Federal Probation*, 1987, 51 : 35~40.

18 Robert B. Levinson, "The Private Sector and Corrections," *Correction Today*, 1984, 46 : 42~46.

래된 것이다. 실제로 현대 미국의 교도소를 담장 속의 공장(factory with fences)이라고 하며, 교정당국에서도 UNICOR라는 연방작업공사라고 하는 연방기업을 운영하고 있는 실정이다. 물론 교도작업예찬론자들은 교도작업을 수형자의 지루함을 덜어 줄 수 있는 긍정적인 것으로 평가하지만, 비판론자들은 수형자에 대한 국가착취의 한 예라고 공박한다.[19] 그러나 대체로 민간기업에서 수형자의 노동력을 임대하거나 계약할 때 또는 교도소를 운영할 때는 수형자의 노동력을 이용하여 이윤을 남길 수 있다는 가정에서 시작하기 때문에 노동력의 착취라는 것은 쉽게 추측될 수 있는 현상일 것이다.

넷째는 교정의 민영화에 대한 시민의 태도이다. 아마도 교정의 민영화를 어렵게 하는 가장 큰 장애요소의 하나가 바로 이 시민의 감정과 태도일 것이다. 즉 일반시민들은 대체로 교정에 있어서 민간기업의 침투를 반대한다는 것이다. 교정행정에 대한 세금부담의 과중 등으로 최근에 와서는 시민의 반대가 많이 약화되었다고는 하나 사실 민영화의 결과 수형자는 오히려 처우나 권리라는 면에서 얻는 것보다 잃는 것이 많을 수 있다. 하지만 시민의 눈에는 그것이 범죄자에 대한 지나친 관용으로 보일 수도 있다. 한편, 시민단체 등에서는 이 점을 알고 수형자의 권익보호를 외칠 수도 있어서 아직도 민영화에 대한 반대의 목소리가 적지 않다.[20]

이외에 교정의 민영화에 있어서 민영교정시설 근무자의 파업이나 노동쟁의, 교도작업시의 사고에 대한 책임의 소재, 민영교도소 종사자의 무기사용 여부와 그 한계, 수형자의 각종 권익 침해가능성, 민영교도소에 수용될 수 있는 적정수형자의 선별문제 등이 고려되고 해결되어야 할 쟁점사항들이다.

---

19 Charles A. Kuhl, "Free Venture Employes Youths," Corrections Today, 1985, 47 : 102~110; Gerald M. Farkas, "Prison Industries : Working with the Private Sector," *Corrections Today*, 1985, 47 : 102~103; Gail S. Funke *et al.*, "The Future of Correctional Industries," *Prison Journal*, 1982, 42 : 37~51; Barbara Auerbach, "New Prison Industries Legislation : The Private Sector Reenters the Field," *Prison Journal*, 1982, 42 : 25~36.

20 Logan, *op. cit.*; Cullen, *op. cit.*; Funke *et al.*, *ibid.*

제 3 장
교정에 있어서의 피해자 역할증대와 회복적 사법의 지향

제1절 교정에 있어서의 피해자의 역할 증대

　　1982년 미국의 '범죄피해자에 관한 대통령특별위원회'는 그들의 최종보고서에서 피해자의 권리와 관련하여 시설 내 교정이나 보호관찰부 형의 유예(probation)에 대해서는 아무런 권고도 하지 않았지만 보호관찰부 가석방(parole)에 대하여 네 가지의 권고안을 제시하였다.

　　이 위원회에서는 구체적으로 범죄의 피해자와 그 가족에게 사전에 가석방심사청문회에 관하여 고지하고, 피해자, 그 가족 또는 대리인이 가석방청문회에 출석하여 가해자의 범죄가 그들에게 미친 영향에 대해서 진술할 수 있게 하며, 피보호관찰자가 범행을 하면 즉각 구금시킬 수 있도록 필요한 조치를 취하고, 보호관찰파기청문에서는 배제법칙(exclusionary rule)을 적용하지 말 것을 권고하였다.

　　이처럼 위원회의 권고가 협의의 범위에 국한된 것은 당시의 상황을 반영한 것이라고 할 수 있다. 그것은 80년대 초 교정에 있어서의 피해자권리와 서비스는 거의 존재하지 않았기 때문이다. 당시 피해자 참여의 확대를 위한 개혁조치는 대체로 형사사법제도의 초기단계에 초점이 맞추어져서 경찰, 검찰, 법원의 역할과 책임을 대상으로 하는 것이었으며, 가석방청문회에서 피해자진술권을 제외하고는 교정에 있어서 피해자권리와 서비스는 대체로 무시되었다고 할 수 있다.[1]

　　그러나 1980년대 중반에 접어들면서 교정도 피해자에 대한 관심을 가지기 시작하여, 1986년 미국교정협회(American Correctional Association)는 정책보고서에서 피해자는 존엄과 존중으로 처

1　The President Task Force on Victims of Crime, *President's Task Force on Victims of Crime Final Report*, Washington, DC : US Government Printing Office, 1982, pp. 83~85.

우 받고 가해자의 지위에 대해 통보받을 권리가 있음을 천명하였고, 1987년에는 피해자특별위원회를 설치하여 교정에 기초한 피해자 서비스를 향상시키기 위한 15가지 권고안을 제시하였다.

1991년 미국보호관찰협회(American Probation and Parole Association)도 피해자문제위원회(victim issues committee)를 설치하였고, 1995년 미국교정협회 피해자위원회(American Correctional Association Victims Committee)는 소년범죄자의 피해자에 관한 보고서를 작성하여 소년범죄자의 피해자도 성인범죄의 피해자와 동등한 권리를 가져야 한다는 권고를 하였다.

1. 교정에 있어서 피해자의 역할

전통적으로 교정기관은 자신의 역할을 범법자를 처벌하고 교화개선을 시도하는 것으로 제한해온 경향이 있다. 그러나 오늘날에는 범죄피해자에게 봉사하는 것도 교정기관의 주요한 임무의 하나로 폭넓게 받아들여지고 있다. 교정기관이 범죄피해자에게 특별한 서비스를 제공하도록 강제하는 입법적 개혁은 교정에 있어서 피해자의 권리와 서비스의 범주를 크게 확대시켰다. 그 결과 다수의 교정기관이 범죄피해자의 욕구를 더 많이 이해하게 되고 그러한 피해자 욕구에 보다 잘 대응하기 위한 정책과 절차를 마련하기에 이르렀다. 이들 교정기관은 현재 '공공의 보호'라는 그들의 책임을 개별 범죄피해자도 포함하는 것으로 해석하게 되었다.

(1) 시설 내 교정

이러한 추세를 반영하여 구치소나 교도소와 같은 교정시설 또한 피해자도 중요한 고객이라는 점을 인식하기 시작하였다. 그리고 이와 같은 목표를 추구하기 위하여 범죄피해자에 대한 서비스를 자신들의 주요업무로 통합시키고 피해자자문위원회(victim advisory boards)를 설치하는 두 가지 중요한 조치를 취하게 되었다. 이러한 과정에 따라 현재 교정기관에서는 범법자 지위에 대한 피해자통보, 배상금추징, 위협과 물리적 손상으로부터의 보호, 범죄의 영향에 대한 범법자 교육 프로그램을 포함한 다양한 종류의 정보서비스를 피해자에게 제공하게 되었다.

(2) 지역사회교정

가장 대중적 형태의 지역사회교정이라고 할 수 있는 보호관찰, 특히 보호관찰부 가석방에 있어서 피해자의 권리도 최근 들어 크게 신장된 것으로 알려지고 있다. 피해자진술을 통하여 가석방청문회에서 피해자로 하여금 자신의 입장을 설명할 수 있게 하고, 범법자 석방시 피해자에게 통보하며, 가석방청문회에 출석하여 증언할 수 있게 하며, 가석방심사위원회를 일반에 공개하기도 한다. 오늘날 다수의 보호관찰기관은 지정된 직원이 범법자의 석방과 관련된 모든 청문회에 피해자, 증인, 그 가족들을 동반하도록 하고, 가석방청문회에서 피해자와 가해자 사이의 잠재적 위협과 대면을 완화하기 위한 다양한 조치를 취하고 있다.[2]

2. 범죄피해자에 대한 교정의 대응

교정기관은 점차 피해자도 중요한 서비스를 필요로 하는 주요고객이라는 사실을 인식하게 되어 현재는 위협과 희롱으로부터 피해자를 보호하고, 가해자의 지위와 석방에 대해서 피해자에게 통보하며, 석방결정에 있어서 피해자의 의견을 반영하고 있다. 또한 교정기관은 피해자는 물론이고 가해자와 교도관 모두에게 이익이 되는 정책, 절차, 프로그램을 개발하는 데 도움을 주는 주요한 역할을 한다는 점도 인식하고 있다.

범죄피해자로 하여금 자문위원회와 기관위원회에 참여하도록 하고, 가석방위원회의 공식적인 구성원이 되며, 아울러 범법자에게 그들의 범행이 피해자에게 미친 인간적인 영향을 이해시키기 위한 교육에 참여하도록 권장하고 있다. 뿐만 아니라 교도소나 보호관찰기관은 범죄피해자에 대한 서비스를 자신들의 주요임무로 기술하고 있다.

(1) 피해자 고지(victim notification)

범법자의 석방에 대해서 피해자에게 고지해 주는 것은 피해자에 대한 중요한 서비스의 하나이다. 만약에 범법자의 석방을 고지하지 않는다면 그것은 피해자가 자신의 안전을 위한 사전주의조치를 취할 능력을 부정하는 것이다. 그래서 1982년 미국의 피해자에 관한 대통령특별위원회에서는 위원회의 핵심권고안으로서 피해자고지를 채택하여, 만약 피해자가 자신의 주소와 성명을 제공한다면 가석방청문회에 대해서 사전에 고지할 것을 권고하였다. 뿐만 아니라 피해자, 가족 그리고 대리인이 청문회에 참석하여 범죄의 영향에 관한 정보를 제공할 수 있도록 허용할 것도 권고하였다.

---

2 National Victim Center, *op. cit.*; A. Seymour, National Victim Services Survey of Adult and Juvenile Correctional Agencies and Paroling Authorities 1996, Arlington, VA : National Victim Center, 1997, p. 15.

(2) 피해자와 증인의 보호

매일 같이 많은 피해자와 증인이 심지어 구금된 범법자로부터 희롱당하고, 협박당하고, 보복당하고 있기 때문에 교정당국에서도 이 문제에 다양한 형태로 보다 적극적이고 창의적으로 대응하기 시작했다. 특히 보호관찰대상자가 피해자를 위협, 협박, 희롱, 보복하면 보호관찰을 취소하도록 하고 심지어 시설에 수용된 재소자의 서신검열과 통화차단에 이르는 다양한 조치를 취하고 있다.

특히 재소자가 보호관찰 등 지역사회교정을 위하여 석방되면 보호관찰관은 피해자와 공중의 안전을 확보하기 위하여 범법자를 수시로 접촉하여 위치와 동태 및 근황을 파악하고 보호관찰조건을 지키고 있는지 확인하도록 한다. 또한 경찰이나 검찰이 특별 부서를 설치하여 운영하는 것처럼, 보호관찰당국에서도 이제는 성폭력과 가정폭력 부서와 같은 특별 부서를 설치하여 사회전체와 피해자의 안전위험성을 줄이기 위한 집중적인 보호관찰을 제공하기 시작하였다.

그리고 교정당국에서는 피해자의 안전을 강화하기 위하여 전자감시(electric monitoring), 가택구금(house arrest), 강제배상(mandatory restitution), 집중감시 등과 같은 중간제재(Intermediate sanction)를 활용하기도 한다.

(3) 지역사회 고지(community notification)

현재 미국에서는 소위 'Megan's laws'를 중심으로 석방된 성범죄자에 대하여 지역사회에 고지하거나 일반시민, 특정개인이나 조직이 성범죄자명부를 열람할 수 있도록 하는 법을 시행하고 있다. 이와 같은 지역사회고지는 범법자의 위치와 거동에 대하여 알고자 하는 지역사회의 강한 관심을 반영하는 것이다.

그런데 지역사회고지제도가 확실히 성공하기 위해서는 법집행관련자, 법원, 교정기관, 피해자 서비스 제공자, 언론, 그리고 기타 주요 관계자 사이의 원활한 조정과 협조가 필요하다. 여기서 교정기관이 성범죄자가 언제, 어디로 석방될 것인가를 결정함으로써 이러한 서비스를 제공하는데 중심적인 역할을 하게 된다.

(4) 피해자영향진술서(victim impact statements)

오늘날 피해자들은 가석방청문회나 심지어는 보호관찰위반청문회에서까지 범죄의 영향에 대해서 직접, 녹음이나 녹화, 화상회의나 문서로 진술할 수 있는 경우가 많다. 이들의 진술은 범죄로 인한 재정적, 신체적, 감정적 영향에 관한 중요한 정보를 보호관찰당국에 제공하게 된다. 이러한 진술은 궁극적으로 가장 보편적으로 활용되고 있는 피해자권리의 한 부분이 되고 있다. 그러나 이러한 권리가 진정으로 의미가 있는 것이 되기 위해서는 보호관찰당국이 피해자와 그 가족에게 청문회를 사전에 통보하여 진술서를 준비하여 제대로 진술할 수 있는 시간적 여유와 기회를 주어야 한다.

(5) 배상(restitution)

배상은 범법자에 대한 양형의 중요한 한 부분이 되고 있다. 범죄에 대하여 범법자에게 재정적으로 책임을 물음으로써 범법자의 책임을 증대시키고 범법자의 범죄행위로 초래된 비용의 얼마라도 피해자에게 보상하게 된다. 교정기관은 배상금의 징수를 통하여 범법자가 피해자에게 책임이 있음을 확인하는 데 있어서 중요한 역할을 하게 된다.

(6) 보호관찰조건의 위반

미국의 많은 주에서는 피해자에게 보호관찰조건위반청문회에 의견을 개진할 수 있도록 허용하고 있다. 그러나 아직도 보호관찰에 있어서 감시의 조건을 위반하여 청문회를 할 때는 피해자에게 고지하는 경우는 많지 않으며, 보호관찰조건을 위반했을 경우에도 원 범죄 피해자에게 고지하는 경우는 그리 많지 않다. 그러나 피보호관찰자가 보호관찰조건의 위반을 초래하는 범죄행위의 새로운 피해자에게 범법자가 피보호관찰대상자이며, 범죄행위가 보호관찰조건의 위반이라는 사실을 통보하는 경우는 위 두 경우보다는 많다고 한다.[3]

(7) 피해자에 대한 범죄의 영향에 관한 범법자 교육

교정시설에서 범죄자와 피해자 모두를 참여시키는 교육프로그램이 최근 급증하고 있다. 그러한 프로그램의 목적은 범법자로 하여금 자신의 범죄가 피해자와 그 가족, 지역사회, 자신과 자신의 가족에게 미친 엄청난 영향을 이해할 수 있도록 도와주기 위한 것이다. 피해자에게 있어서 가해자와 함께 참여하는 이와 같은 프로그램은 비록 피해자 자신이 입은 손상은 되돌리지는 못하지만 다른 사람의 피해를 예방할 수 있기 때문에 유용하다. 물론, 그것이 자신의 감정적 상처를 치유하는 데도 도움이 될 수 있다.

---

3 Seymour, *op. cit.*, p. 5.

(8) 피해자 – 가해자 대화

이 프로그램은 주로 소년사법에서 널리 활용되고 있지만 성인사법에도 시도되고 있다. 이것은 우선적으로 재산범죄를 대상으로 하는데, 이미 자신의 유죄를 인정했거나 유죄가 확정된 가해자와의 구조화된 대화의 기회를 피해자에게 주는 것이다. 특히 피해자와 가해자 모두가 자발적으로 참여하게 하도록 조심스럽고 신중하게 시행한다면, 피해자가 자신의 고통과 손실을 극복하는 데 도움을 줄 수 있는 효과적인 도구가 될 수 있다고 한다. 그것은 이 프로그램이 피해자에게 형사사법제도에 대한 더 큰 만족을 주고, 보상받을 수 있는 가능성을 높이며, 미래의 피해에 대한 두려움을 줄일 수 있기 때문이다.

(9) 회복적 사법의 부상

형사사법제도 전반은 물론이고 특히 교정은 범법자에 대해 배타적으로 초점을 맞추었으나 이제는 피해자와 지역사회에 대한 보다 광범위한 관심으로 큰 변화를 겪고 있다. 이러한 회복적 사법의 경우, 교정을 비롯한 형사사법기관에서 봉사와 지원을 통하여 지역사회와 피해자에 대한 손상의 일부를 보상할 수 있기를 희망하고 있다.

회복적 사법의 중요한 부분은 범법자에게 직접적으로 책임을 묻고 지역사회에서 생산적이고 준법하는 시민이 되도록 도와줌으로써 범법자를 자신이 초래한 해악을 해결하는 과정에 능동적으로 참여시키는 것이다.

특히 교정기관은 범법자를 자신의 피해자와 지역사회에 대한 책임을 지게 할 수 있는 상황에 놓여 있다. 다수의 교정기관은 회복적 잠재성으로 인하여 피해자 – 가해자 프로그램을 시도하고 있고, 피해자가 겪는 재정적 손실에 대하여 범법자에게 직접적으로 책임을 물을 수 있는 배상과 같은 전통적 관행을 새롭게 강조하고 있다. 또한 많은 교도관들도 이러한 새로운 관점의 회복적 사법이 자기 업무의 효율성을 향상시키고 사회의 안녕과 안전에 긍정적으로 기여할 수 있는 훌륭한 기회를 제공하는 것으로 느끼고 있다.

제2절 교정에 있어서의 회복적 사법의 지향

 1. 회복적 사법의 이론과 실제

사실 회복적 사법은 전혀 새로운 것이 아니며 전통적으로 형사사법의 지배적인 패러다임이 었다. 회복적 사법의 궁극적인 목적은 가능한 빨리 질서와 평화를 회복하고 복수의 결과를 피하기 위한 것이었다. 그러나 이러한 기제는 현대국가의 생성과 함께 멀어지고 당사자간의 화해와 피해자의 원상회복이 아니라 범법자의 처벌에 초점을 맞추는 국가중심사법의 응보적 모형으로 대체되었다.[4]

물론 범죄를 억제하는 데 있어서 응보의 제한적 효과에 대한 불만이 교화개선모형 (rehabilitation model)을 불러왔다. 하지만 교화개선모형 또한 심각한 한계가 있는 것으로 밝혀졌으며 그 결과 다시 엄격한 형벌적 정책으로 되돌아가고 있다. 특히 소년사법은 응보적 모형과 교화개선적 모형 사이에서 둘 모두를 충족시키지 못하는 시소(see-saw)라고 특징지워지고 있는 실정이다. 이런 면에서 회복적 사법은 일종의 형사사법의 제3의 모형이라고 할 수 있을 것이다. 참고로 사법의 과거 패러다임과 새로운 패러다임을 비교하면 <표 3-1>과 같다.[5]

피해자들이 가해자를 민감하게 하고, 피해자의 피해를 회복하고, 상호적대감을 종식시키며, 양자가 사건을 뒤로 하고 각자의 생활을 재건할 수 있도록 사건을 종결하는 것이 목표인 그러한 과정에 능동적으로 참여할 기회를 제공하고 있다. 이것이 바로 회복적 사법의 목표들이다. 회복적 사법에서는 평화구축, 중재, 협상, 분쟁해결, 갈등관리, 건설적 개입과 같은 비처벌적 방법에 의존한다. 특히 이와 같은 전술은 상호이해, 피해자의 고통에 대한 가해자의 동정, 범죄를 유발한 문제의 원인에 대한 피해자의 민감성, 당사자는 물론이고 지역사회 내에서의 긴장을 화해시키는 장기적 합의 등을 위하여 이용되고 있다. 따라서 회복적 사법은 피해자권리운동, 특히 권한강화, 고지, 직접참여, 가해자책임, 배상에 중요한 주제들을 포용하고 있다.

그렇다면 회복적 사법이란 무엇인가? 회복적 사법은 여러 가지 형태가 있지만 보통 피해자,

---

4 Strang, *op. cit.*, p. 43.

5 H. Zehr, *Changing Lenses: A New Focus for Crime and Justice*, Scottsdale, PA: Herald, 1990.; Smith and Hillenbrand, *op. cit.*, p. 251에서 재인용.

표 3-1 사법의 패러다임

과거 패러다임(피해자로서 국가)	새로운 패러다임(회복적 사법)
1. 범죄는 국가의 위반으로 규정	1. 범죄는 다른 사람에 의한 한 사람의 위반
2. 과거, 유죄에 기초한 비난설정에 초점	2. 미래, 책임/의무, 문제해결에 초점
3. 대심적 관계와 과정이 보편적	3. 대화와 협상이 보편적
4. 처벌하고 미래 범죄 예방/억제 위한 고통 부과	4. 양자 회복의 수단으로서 배상 : 화해/회복의 목표
5. 의도와 과정에 의해 규정되는 사법 : 올바른 규율	5. 올바른 관계로 규정된 사법 : 결과로 판단
6. 범죄는 개인 대 국가의 갈등	6. 범죄는 대인 간 갈등으로 인식
7. 하나의 사회적 손상 다른 사회적 손상으로 대체	7. 사회적 손상의 복구에 초점
8. 지역사회는 뒷전, 국가에 의해 대변	8. 회복적 과정에서 촉진자로서 지역사회
9. 경쟁적, 개인주의적 가치의 권장	9. 상호성의 권장
10. 국가로부터 취해지는 행동 : 피해자 경시, 가해자 수동적	10. 피해자/가해자 인식; 피해자 권리/욕구 인식 : 가해자 책임수용 권장
11. 가해자책임 처벌받는 것으로 규정	11. 행동의 영향을 이해하고 잘못을 바로잡는 데 도움 주는 것으로 가해자 책임규정
12. 범행 순수히 법률적 견지에서 규정 : 사회적, 정치적, 경제적, 도덕적 관점회피	12. 범행 도덕적, 사회적, 정치적, 경제적 전체적으로 규정
13. 국가와 사회에 대한 빚	13. 피해자에 대한 빚/책임
14. 가해자의 과거행위에 초점 맞춘 대응	14. 가해자행위의 해악적 결과에 초점 맞춘 대응
15. 범죄의 악인 제거불가	15. 회복적 행동을 통하여 범죄낙인 제거
16. 회개와 용서 권장 안함	16. 회개와 용서 가능성
17. 직업적 대리인에 의존	17. 참여자의 직접개입

가해자, 지역사회의 회복(restoration)을 일컫는다.[6] 그렇기 때문에 회복적 사법은 범죄로 인한 손상(harm)의 복구(repair)를 강조한다.[7] 회복적 사법의 또 다른 핵심은 범죄가 발생하는 여건, 환경에 대한 관심이다. 또한 그래서 회복적 사법은 시민, 지역사회집단 그리고 시민사회의 기타 제도의 역할을 강조하는 범죄에 대한 덜 공식적인 대응으로의 전환을 권장한다.

사실, 회복적 사법의 핵심가치는 피해자욕구, 가해자욕구뿐만 아니라 지역사회욕구까지 균형을 이루는 것이다. 더구나 지역사회의 사법정의욕구는 단순히 범법자를 처벌하거나 처우하는 것으로만은 충족될 수 없으며, 오히려 제재, 범법자책임과 재통합, 안전과 피해자회복이라는 복

---

6 M. Brown and M. Polk, "Taking fear of crime seriously : The Tasmanian approach to community crime prevention," *Crime and Delinquency*, 1996, 42(3) : 398~420.

7 K. Daly and R. Immarigeon, "The past, present and future of restorative justice : Some critical reflections," *Contemporary Justice Review*, 1998, 1 : 21~45.

표 3-2   응보적 사법과 회복적 사법의 비교와 대조

쟁 점	응보적 사법	회복적 사법
노상범죄의 특성	국가의 규율의 위반	특정개인에 손상을 가하는 행동
관할권 해결	형사사법기관과 공무원에 의해 처리	지역사회 구성원에 의해
목 표	응보, 억제, 무능력화를 위한 유죄확정과 형벌	피해자의 회복, 가해자의 교화개선, 지역사회와의 조화를 통한 회복
배상방법	대심제도, 증거의 엄격한 규칙에 따라 유죄설정	중재, 협상, 솔직한 토론
피해자의 역할	기소를 위한 제소와 증인에 제한	중심적 존재, 직접참여자
가해자의 역할	반드시 비난수용, 결과 감내	반드시 책임수용, 갱생
지 향 성	과거 잘못된 행동, 결과의 두려움 통한 예방	과거의 손상과 미래의 회복, 교화개선

합적 욕구를 성취하기 위해서는 통합적 접근이 요구되며 회복적 사법이 이러한 욕구를 충족시킬 수 있다고 한다.[8] 참고로 응보적 사법과 회복적 사법을 비교하면 <표 3-2>와 같다.[9]

　　Van Ness는 회복적 사법이론의 기초를 다음과 같은 가정으로 규정하고 있다. 우선, 범죄는 일차적으로 피해자, 지역사회 그리고 가해자 자신에게 손상을 초래하는 개인 간의 갈등이다. 형사사법과정의 우선적 목표는 범죄로 야기된 손상을 복구하는 동시에 당사자들을 화해시키는 것이어야 한다. 형사사법과정은 피해자, 가해자, 지역사회의 적극적인 참여를 용이하게 하여야 하고 다른 사람들을 배제하고 정부에 의하여 지배되어서는 안 된다는 것이다.[10]

　　이를 바탕으로 그는 회복적 사법을 특정범행에 관련된 모든 당사자들이 함께 모여 범행의 여파를 어떻게 다룰 것이며 미래에 어떻게 응용할 것인가를 집합적으로 해결하려는 과정으로 규정하고 있다. 그러나 일부에서는 이보다 더 구체화되어야 한다는 주장에 따라 범행관련 당사자를 피해자, 가해자 그리고 양 당사자의 가족을 포함한 영향을 받은 지역사회로 규정하고 있기도 한다.[11]

---

8 G. Bazemore and C. Washington, "Charting the future of the juvenile justice system : Reinventing mission and management," *Spectrum*, *Spring* 1995, pp. 51~66.

9 Office of Justice Programs, *National Victim Assistance Academy Handbook*, *Washington*, DC : Department of Justice, 1997; A. Crowe, "Restorative justice and offender rehabilitation : A meeting of the minds," *Perspectives : The Journal of the American Parole and Probation Association*, Summer 1998, pp. 28~40; H. Zehr, "Justice as restoration, justice as respect," *The Justice Professional*, 1998, 11(1) : 71~87.

10 D. Van Ness, "New wine in old wineskins : Four challenges of restorative justice," *Criminal Law Forum*, 1993, 4 : 252~276.

11 Strang, *op. cit.*, p. 45.

그렇다면 회복되어야 할 것은 무엇인가? 그것은 대체로 재산손실, 부상, 안전의식, 존엄성, 자력감, 신중한 민주성, 정의실현에 기초한 조화, 사회적 지원 등으로 지적되고 있다.

한편, 회복적 사법 중에서 두드러진 것은 피해자-가해자 화해(victim-offender reconciliation)로서 이는 보통 양형 이후에 피해자와 가해자 사이에 중재를 하려는 지역사회선도 프로그램이다. 피해자-가해자 화해는 가해자로 하여금 개인적으로 자신의 행위에 책임을 지게 하고, 가해자에게 범죄의 인간적 영향을 느끼도록 하며, 가해자에게 피해자를 만나서 피해자에게 피해를 되갚게 하고, 사법제도에의 피해자 참여를 증진시키며, 피해자와 가해자에 대한 사법의 질을 향상시키기 위한 것이다. 프로그램 참여자는 가해자를 개인적으로 직접 만나고 범행의 이유를 이해할 수 있는 기회, 가해자로부터의 배상, 가해자가 자신의 범행에 대해 미안해 한다는 것의 인식, 중재자의 관심 등을 만족스럽게 생각하는 반면, 가해자가 배상하지 않고, 범죄와 프로그램 사이의 지나친 시간의 경과, 지나친 시간의 소비 등에 불만을 표시하였다.[12] 이 프로그램은 전반적으로 전체 지역사회에 대해서 보다 강력한 범행이 가지는 사회적, 도덕적 함의를 충분히 고려하지 않는다는 비판을 받고 있다.[13]

피해자-가해자 중재(victim-offender mediation)는 양 당사자에 의하여 공정한 것으로 간주되는 중재자의 후원 아래 갈등해결의 과정을 제공하는 데 초점을 맞추고 있다는 데서 위의 피해자-가해자 화해모형과 유사하다. 하지만, 그와는 달리 보상을 더 강조하고 화해를 덜 강조한다는 점에서 약간의 차이가 있다.

이 프로그램은 가해자에게 자신의 행위에 대한 개인적 책임을 물으며, 범죄의 인간적 영향을 강조하고, 자신의 피해자를 대면하여 잘못을 수정함으로써 자신의 행위에 대하여 책임을 질 수 있는 기회를 제공하고, 사법과정에 피해자와 지역사회의 적극적인 참여를 증진시키고, 피해자와 가해자 모두 경험하게 되는 사법의 질을 향상시키는 것을 목표로 한다.[14]

이처럼 회복적 사법프로그램에는 상당한 다양성이 있지만 핵심적인 것은 피해자와 가해자의 직접참여의 원칙이라고 할 수 있다. 그러나 근래에 와서 양 당사자 외에 보다 넓은 지역사회의 역할과 그 지역사회에 미친 손상의 복구를 주창하고 있다.

---

12 Smith and Hillenbrand, *op. cit.*

13 M. Cavadino and J. Dignan, "Reparation, retribution and rights," *International Review of Victimology*, 1997, 4 : 233~253.

14 M. Umbreit, R. CVoates, and B. Kalanj, Victim Meets Offender : The Impact of Restorative Justice and Mediation, Monsey, NY : Criminal Justice Press, 1994, p. 5.

이와 유사한 프로그램이 캐나다에서 시작된 원주 또는 순환양형(circle sentencing)으로서 이는 범죄원인의 기초가 되는 상황의 논의에 가해자, 피해자, 각자의 가족 그리고 지역사회 구성원을 포함시키는 것이다. 하지만, 이 프로그램은 중재, 평화구축과정, 합의적 의사결정의 원리에 토대하지만 주류 법정절차와 운용인력에 의존한다는 비판을 받고 있다.[15]

한편 가족집단회합(Family group conference)은 청소년 가해자와 피해자뿐만 아니라 그들의 가족까지 만나는 것을 포함하고 있다. 이 가족집단회합이 앞의 피해자-가해자 중재나 화해와 다른 점은 지역사회의 의도적 개입이라고 할 수 있다. 가족집단회합에는 그것에 자격이 있는 범행과 범법자, 입법적 기초의 존재, 운영기관에 따라 다양한 형태가 있다.

결국 이 모든 종류의 회복적 사법은 자신의 피해에 대한 공식적 대응에 있어서 피해자가 경험하는 처우의 향상이라는 열망을 공유하고 있다. 구체적으로 피해자에게 사법과정에의 참여기회의 제공, 자신이 피해자로 선택된 이유에 대한 더 나은 이해와 의문에 대한 대답, 피해자에 대한 감정적, 물질적 손실의 회복, 피해자의 두려움의 감소, 피해자에게 자신이 공정하게 대우받았다는 느낌의 제공 등이 피해자에게 가져다주는 결과라고 할 수 있다.[16]

그러나 물론 문제가 없는 것은 아니다. 1980년대의 중재나 보상 프로그램들은 때때로 피해자의 희생으로 지나치게 가해자와 그들의 욕구에 초점을 맞춘다는 비판을 받아왔다. 그래서 이들 프로그램은 피해자의 구조적 지위에 대해서는 일반적 가치가 거의 없는 것으로 밝혀졌다. 물론 개별 피해자들이 약간의 이익을 느꼈을 수도 있지만 그러한 프로그램 운영의 동기는 대부분 증가하는 수형자인구와 관련된 일반적 문제들로부터 나온 것이다. 따라서 피해자에 대한 이익이라는 견지에서는 이들 프로그램이 보여줄 것이 별로 없다. 가해자에 대한 이익은 분명한 것으로 보이지만 국가에 대한 이익은 더 분명하게 보이는 것이다.[17]

2. 회복적 사법의 장점과 문제점

최근 피해자들이 우리가 가정했던 것만큼 가해자의 처벌을 원하지는 않는다는 조사결과가

15 C. LaPrairie, "Altering course : New directions in criminal justice and corrections : Sentencing circles and family group conference," *Australian and New Zealand Journal of Criminology*, 1995, December 1998, pp. 78~99.

16 B. Galaway and J. Hudson, *Restorative Justice : International Perspectives*, Monsey, NY : Criminal Justice Press, 1996, p. 9.

17 S. Walklate, *Victimology : The Victim and the Criminal Justice Process*, London : Unwin Hyman, 1989, p. 129.

밝혀지고 있다. 특히 다수의 피해자들이 처벌보다는 보상의 기회나 심지어 화해를 환영한다고 말하고 있다. 기존의 처벌 패러다임에 대한 점증하는 환멸과 함께 이와 같은 증거들이 배상과 중재의 목표를 재지향하는 보상적 사법모형의 논의를 조장해왔다는 것이다.[18] 그 결과, 일부에서는 사법정의 실현의 또 다른 방법으로 가해자의 잘못과 피해자의 권리를 해결하는 또 다른 패러다임을 고려할 때가 왔으며 회복적 사법이 그러한 패러다임으로 간주될 수 있다고 주장한다. 바로 이런 점에서 회복적 사법은 다음과 같은 응보적 사법의 단점을 보완할 수 있는 여지가 있다고 한다.

먼저, 회복적 사법은 피해자의 견해가 고려되는 보다 덜 공식적 과정이라고 한다. 대부분의 피해자들은 직접적인 배상을 협상하기 위하여 자신의 가해자를 만날 기회를 받아들이고 나머지 다수는 직접 가해자를 만나지 않고 합의에 도달하기를 바란다고 한다. 결과적으로 대다수 피해자들은 응보보다는 자신에게 일어난 일에 대한 충분한 인식을 바란다는 것이다. 또한 다수의 피해자는 범죄의 영향을 판사에게 그리고 가해자에게 말하거나 알리고 싶어 한다는 것이다. 이에 따라 많은 피해자들이 회복적 사법에 대한 만족을 표시하며 그 이유로 자신의 능동적 역할과 감정적 치유를 들고 있다. 결국, 회복적 사법의 중심은 피해자의 사법과정에의 직접적인 개입을 통하여 사건을 종결 할 수 있는 기회라는 것이다. 따라서 회복적 사법은 피해자가 원하는 공식적 과정이 덜한 사법과정을 제공한다는 것이다.[19]

둘째, 회복적 사법은 사건의 처리과정이나 결과에 대한 더 많은 정보를 피해자에게 제공한다는 것이다. 회복적 사법의 구조는 피해자가 사건의 처분에 있어서 능동적 역할을 수행할 수 있도록 힘을 실어준다. 즉, 피해자의 능동적 참여와 종결의 기회는 당연히 피해자에게 더 많은 정보를 제공하는 것이다. 따라서 회복적 사법이 피해자에게 제공할 수 있는 세 번째는 바로 참여의 기회라고 할 수 있다.

그리고 네 번째는 회복적 사법이 피해자가 추구하는 공정하고 존중해 주는 처우를 피해자에게 제공한다는 것이다. 실제로 협의된 배상합의가 자신에게 공정하며 중재자도 자신에게 공정했다고 프로그램에 참여한 피해자들이 느낀다는 것이다.

다섯 번째는 회복적 사법이 물질적 회복을 가져다준다는 것이다. 프로그램 참여자의 대다수가 가해자로부터 배상을 받는 것이 중요한 것이었다고 한다. 실제로 가해자들이 합의를 지키는

---

18 L. Zender, 'Victims,' in M. Maguire, R. Morgan, and R. Reiner(eds.), *The Oxford Handbook of Criminology*, Oxford : Clarendon Press, 1994, p. 1234.

19 Strang, *op. cit.*, pp. 50~51.

비율이 상당히 높은 것으로 나타나고 있는 것도 법원을 통해서보다는 회복적 사법을 통해서 배상을 받을 가능성이 더 높다는 것을 보여주고 있다.

끝으로, 회복적 사법은 피해자에게 사과와 감정적 회복을 제공한다는 것이다. 대부분의 회복적 사법에서는 가해자가 피해자에게 진심으로 사과를 하고 피해자는 그것을 받아들이는 것을 조건으로 하고 있다. 물론 물질적 회복도 중요하지만 많은 경우 설명과 사과를 받는 심리적 영향이 더 가치가 크다고 한다. 그래서 최근에는 사과가 회복과정의 핵심으로 간주되고 있다.

물론 회복적 사법이 장점만 있는 것은 아니며 당연히 몇 가지 문제도 있고, 비판받는 부분도 없지 않다. 먼저, 일부 피해자는 회복적 사법의 결과로 더 두려워할 수 있다는 것이다. 특히 만약 강력사건에 회복적 사법이 제공되면 피해자가 보복을 두려워할 수도 있다는 것이다. 물론 회복적 사법은 보복을 사전차단하는 합의를 협상하고 심지어 관계를 개선할 수 있는 기회를 피해자에게 제공하지만 충분히 구조화되고 관리되지 않는 경우에는 피해자가 회합에 참여한 사람들에게 밝혀진 것들이 그들의 재피해화를 초래할 잠재성을 가질 수 있다고 느낄 수 있다는 것이다.[20] 실제로 많은 피해자들이 자신의 가해자를 만나는 것이 위협적인 경험이라는 것을 알게 되거나 걱정을 증대시키는 보복을 두려워할 수 있다는 것이 밝혀지기도 하였다.

두 번째로 피해자들이 회복적 사법의 결과로 권한불균형을 경험할 수 있다는 것이다. 회복적 사법은 피해자와 가해자 사이에 이미 존재하는 권한불균형을 반복하거나 영속화시킬 잠재성이 있다고 많은 비판을 받아왔다. 회복적 개입은 특히 피해자가 가해자와 과거 관계가 있을 때 경험할 수 있는 압박과 구조적 불균형의 문제를 해소하기 위한 것은 아니다. 권력과 강제가 비공식적 구조 내에서도 재피해화시키기 위하여 작동할 수 있다고 한다. 그러나 회복적 사법이 원래 가해자 중심적이라고 할 수 없기 때문에 피해자가 더 많은 관심이 자신의 상황과 필요에 주어지고 있다는 것을 느끼게 한다는 점에서 그러한 비판을 해결할 수 있는 잠재성을 가지고 있다는 주장도 나온다.[21]

세 번째로 피해자가 회복적 사법에서 '이용'될 수 있다는 것이다. 1970-80년대 다수의 중재 프로그램들이 뻔뻔스럽게도 가해자에 초점을 맞춘 것이었던 반면 최근의 회복적 사법은 훨씬 더 피해자에 초점을 맞추는 성향이다. 피해자의 관점에서 보아 회복적 사법의 성공의 핵심쟁점은 재피해자화의 위험으로 인하여 피해자가 참여의 이점을 볼 수 있어야 하고 결코 단순히 가해

---

20 LaPrairie, *op. cit.*

21 *Ibid.*

자의 교화개선을 위한 도구로 이용되어서는 안 된다는 것이다. 그러나 일부 피해자들은 중재자의 가해자 지향적 편견의 인식으로 인하여 참여를 강요받고 재피해를 당했다고 느낀다는 것이다. 일반적으로 회복적 사법이 중재자가 피해자의 손상을 충분히 심각하게 고려하지 않음으로써 피해자를 실패시킬 수도 있다고 경고한다.[22]

　　네 번째로 일부에서는 회복적 사법이 지나치게 피해자에 대한 손상(harm)에 초점을 맞추고 강력범죄에서 핵심적 요소인 범법자의 정신태도를 경시하고 있다는 것을 지적한다. 즉, 범죄책임과 처벌은 특정사건에 있어서 실제 일어난 것이 아니라 일차적으로 피의자의 행동의 위험성이나 사악함에 따라 결정되어야 한다는 것이다. 범법자의 범죄의사가 아니라 개별 피해자에 대한 손상에 초점을 맞추는 것은 형법과 전통적 처벌적 대응에 대해서 다시 생각할 것을 요한다. 회복적 사법에서 합의된 제재는 범행의 심각성에 비례하는 것이 아니며 유사한 범행을 한 범법자가 동일한 방법으로 제재되지 않을 수 있다는 점을 우려하는 것이다. 그런데 회복적 사법에서는 사법정의의 평등성은 피해자의 평등한 처우를 의미하기 때문에 피해자에 대한 평등한 처우는 어쩔 수 없이 가해자에 대한 평등한 처우를 손상시키게 되며 그 반대의 경우도 마찬가지다.[23]

　　다섯 번째, 회복적 사법이 공익보다는 사적 잘못(private wrong)에 지나치게 초점을 맞춘다는 비판을 받고 있다. 회복적 사법은 범죄가 사회에 대한 위반뿐 아니라 아마도 일차적으로는 특정한 피해자에 대한 사적 잘못이라는 범죄관에 기초하고 있고, 더구나 형사사법제도의 일차적 목적은 그 사적 잘못의 복구에 초점을 맞추는 것이라는 입장을 견지하고 있다. 그러나 비판가들은 회복적 사법이 사회 속의 개인이 경험한 손상을 통하여 사회 전체가 고통받는 손상에는 충분한 관심을 주지 않는다고 반대하고 있다. 형법이란 단순히 사적 이익보다는 공익을 건드리는 그러한 형태의 잘못을 벌하기 위한 것이며, 형벌은 공익적으로 행사되는 국가의 기능이라고 이들은 주장한다. 그것은 국가의 관심은 개별 사건 그 자체뿐만 아니라 다른 잠재적 미래 피해자와 지역사회 전체의 이익에도 주어져야 하기 때문이다.[24]

　　여섯 번째 회복적 사법에 대한 비판은 양형에 있어서의 예측가능성의 잠재적 부족이다. 피

---

22 L. Longclaws, B. Galaway, and L. Barkwell, "Piloting family group conferences for young aboriginal offenders in Winnipeg, Canada," in J. Hudson, A. Moris, G. Maxwell, and B. Galaway(eds.), *Family Group Conference : Perspectives on Policy and Practices*, Sydney : The Federation Press, 1996, p. 197.

23 A. Ashworth, "Punishment and compensation : Victims, offenders, and the state," *Oxford Journal of Legal Studies*, 1986, 6(1) : 86~122; R. Barnett, "Restitution : A new paradigm of Criminal Justice," *Ethics : An International Journal of Social, Political, and Legal Philosophy*, 1977, 87(4) : 279~301.

24 A. Ashworth, "Some doubts about restorative justice," Criminal Law Forum, 1993, 4 : 277~299

해자와 가해자를 회복과정에 참여시킴으로서 처분이 불균형을 초래할 수 있는 것이다. 이러한 양형불균형은 일면 법 앞에 동등한 보호를 받을 권리를 침해할 수 있는 것이다.[25]

---

25 J. M. Balboni, "*Balanced and restorative justice : Reengaging the victim in the justice process*," in Sgarzi and McDevitt(eds.), *op, cit.*, pp. 370~383.

저자약력

이 윤 호(李 潤 鎬)
동국대학교 경찰행정학과 학사
동국대학교 경찰행정학과 석사
Michigan State University 범죄학 석사
Michigan State University 범죄학 박사

現) 고려사이버대학교 석좌교수
　　동국대학교 명예교수
　　사단법인 목면사회과학원 이사장
前) 경찰위원회 위원
　　한국공안행정학회 회장
　　한국경찰학회 회장
　　대한범죄학회 회장
　　한국산업보안연구학회 회장
　　한국대테러정책학회 회장
　　동국대학교 경찰사법대학장, 경찰사법대학원장
　　동국대학교 입학처장
　　경기대학교 교정학과 경찰행정학과 교수, 대외협력처장, 행정대학원장
　　법무연수원 교정연수부 부장(개방형 이사관)
　　동국대학교 경찰행정학부 교수
　　동국대학교 사회과학대학장, 행정대학원장

저　　서

청소년비행론(박영사)
경찰학(박영사)
피해자학(박영사)
교정학(박영사)
현대사회와 범죄(박영사)
범죄, 그 진실과 오해(박영사)
기타 외 다수

증보판
교정학

초판발생   2007년 9월 5일
수정판발행   2012년 4월 15일
제3판발행   2015년 8월 30일
증보판발행   2021년 1월 10일
중판발행   2024년 12월 6일

지은이   이윤호
펴낸이   안종만·안상준

편 집   조보나
기획/마케팅 이영조
표지디자인   조아라
제 작   고철민·김원표

펴낸곳   (주) 박영사
           서울특별시 금천구 가산디지털2로 53, 210호(가산동, 한라시그마밸리)
           등록 1959. 3. 11. 제300-1959-1호(倫)
전 화   02)733-6771
f a x   02)736-4818
e-mail   pys@pybook.co.kr
homepage   www.pybook.co.kr
ISBN   979-11-303-1139-5   93350

정 가   27,000원